Beck'sche Reihe

BsR 4022

Revolutionen sind die „Lokomotiven" (Karl Marx) der Geschichte. Charles Tilly, einer der führenden Revolutionshistoriker unserer Zeit, schreibt hier eine Geschichte der europäischen Revolutionen von der frühen Neuzeit bis zur Gegenwart. Englands Glorreiche Revolution von 1688, die Französische Revolution von 1789 und die russische Oktoberrevolution von 1917 stehen im Mittelpunkt des Buches, aber auch die Umwälzungen der jüngsten Vergangenheit in Mittel- und Osteuropa werden in die Darstellung mit einbezogen.

Charles Tilly ist Professor an der New School of Social Research in New York und leitet das Center for Studies of Social Change. Er hat zahlreiche Veröffentlichungen zur Geschichte des 17. und 18. Jahrhunderts sowie zur Revolutionsforschung vorgelegt, darunter zuletzt „The Contentious French" (1986) und „Coercion, Capital and European States" (1989).

Charles Tilly

Die europäischen Revolutionen

VERLAG C.H.BECK

Aus dem Englischen übersetzt von Hans-Jürgen Baron von Koskull
Titel der englischen Originalausgabe
European Revolutions, 1492–1992

Mit 2 Karten

Dieser Band erschien zuerst in der Reihe
„Europa bauen“
im Verlag C. H. Beck

Die Deutsche Bibliothek – CIP-Einheitsaufnahme

Tilly Charles:
Die europäischen Revolutionen / Charles Tilly. – Limitierte Sonderaufl. – München : Beck, 1999
(Beck'sche Reihe ; 4022)
Einheitssacht.: European revolutions, 1492–1992 <dt.>
ISBN 3 406 44022 3

ISBN 3 406 44022 3

Limitierte Sonderauflage. 1999
Umschlagentwurf: Uwe Göbel, München
Umschlagabbildung: Eugène Delacroix, Die Freiheit führt das Volk auf die Barrikaden (Pariser Julirevolution 1830); AGK, Berlin

Satz: Fotosatz Janß, Pfungstadt
Druck und Bindung: C. H. Beck'sche Buchdruckerei, Nördlingen
Gedruckt auf säurefreiem, alterungsbeständigem Papier
(hergestellt aus chlorfrei gebleichtem Zellstoff)
Printed in Germany

Für Chris, Kit, Laura und Sarah,
einst meine Kinder, jetzt meine Freunde

Europa bauen

Europa wird gebaut. Getragen von großen Hoffnungen. Doch erfüllen werden sie sich nur, wenn sie der Geschichte Rechnung tragen. Ein geschichtsloses Europa wäre ohne Herkunft und ohne Zukunft. Denn das Heute entstammt dem Gestern, und das Morgen entsteht aus dem Vergangenen. Dieses Vergangene soll die Gegenwart jedoch nicht lähmen, sondern sie befähigen, bei allem Bewahren eine andere und im Fortschritt eine neue Gestalt zu gewinnen. Unser zwischen Atlantik, Asien und Afrika gelegenes Europa besteht ja schon seit sehr langer Zeit, so wie die Geographie es gezeichnet, die Geschichte es modelliert hat, seit die Griechen ihm diesen Namen gaben, der stets beibehalten wurde. Auf dieses Erbgut, das seit der Antike, ja seit prähistorischer Zeit dieses Europa befähigt hat, gerade wegen seiner Einheit und Vielfalt einen solchen Reichtum an Kulturgut, eine solch außergewöhnliche Kreativität zu entfalten, muß sich die Zukunft stützen.

Die aus der Initiative von fünf Verlegern unterschiedlicher Sprache und Nationalität entstandene Reihe «Europa bauen» will die Gestaltung Europas und seine nicht zu unterschätzenden Erfolgschancen erhellen, ohne die überkommenen Schwierigkeiten zu vertuschen. Daß dieser Kontinent in seinem Streben nach Einheit so manch internen Zwist, so manchen Konflikt, so manches Trennende und Widersprüchliche erst überwinden mußte, soll in dieser Reihe nicht verschwiegen werden, denn wer sich auf das Unternehmen Europa einlassen will, muß die gesamte Vergangenheit kennen und eine Zukunftsperspektive besitzen. Daraus erklärt sich der «aktive» Titel unserer Reihe. Es scheint uns in der Tat nicht an der Zeit, eine Universalgeschichte Europas zusammenzufügen. Wir wollen das Thema mit Essays umkreisen, die von den besten zeitgenössischen Historikern stammen, wobei es für uns unerheblich ist, ob sie Europäer oder Nicht-Europäer, ob sie schon berühmte oder noch kaum bekannte Autoren sind. Sie werden die entscheidenden Themen europäischer Geschichte aufgreifen – im wirtschaftlichen, politischen, sozialen, religiösen, kulturellen Bereich – und sich dabei auf die lange, von Herodot begründete historiographische Tradition und zugleich auf die in Europa entwickelten neuen Konzeptionen stützen, die die Geschichtswissenschaft im zwanzigsten Jahrhundert und insbesondere in den letzten Jahrzehnten von Grund auf erneuert haben. Durch ihr Bemühen um Klarheit sind all diese Essays für jedermann verständlich.

Wir setzen unseren ganzen Ehrgeiz darein, all denen, die am Aufbau und Ausbau Europas beteiligt sind, aber auch jenen in der Welt, die sich dafür interessieren, Bausteine zur Beantwortung der fundamentalen Frage «Wer sind wir? Woher kommen wir? Wohin gehen wir?» zu liefern.

Jacques Le Goff

Inhalt

Viertes Kapitel
Die Britischen Inseln

Fünftes Kapitel
Frankreich

Sechstes Kapitel
Rußland und seine Nachbarn

Siebtes Kapitel

Revolutionen gestern, heute und morgen

Anhang

Vorwort

Als Jacques Le Goff mich fragte, ob ich bereit sei, ein Buch über europäische Revolutionen zu schreiben, habe ich diese Anregung gern aufgenommen. Ich hatte eben ein Buch über die europäischen Staaten und einen Aufsatz über den sich wandelnden Charakter europäischer Revolutionen geschrieben. Was also könnte leichter und erfreulicher sein, als noch einmal auf das erste Thema zurückzukommen und sich ausführlicher zum zweiten zu äußern? Rod Aya, Jack Goldstone, Michael Kimmel und James Rule haben kürzlich mit der Veröffentlichung bedeutender Kritiken und Synthesen zur Literatur über Revolutionen, Rebellionen und ähnliche Vorgänge diese Aufgabe augenscheinlich erleichtert. Ich stellte mir daher vor, ich hätte nicht viel mehr zu tun als bei der Vorbereitung von Vorlesungen für Studenten der ersten Semester zu diesem Thema und könnte mich dabei auf allgemeine Theorien der Revolution, eine Darstellung der großen europäischen Revolutionen, eine Zusammenfassung der Ereignisse, zum Denken anregende Vergleiche, vorläufige Schlußfolgerungen und Anregungen für weitere Nachforschungen beschränken.

Ein solches Projekt war sehr verlockend. Aber ich hatte nicht bedacht, wohin mich mein Gewissen und meine Wißbegier treiben könnten. Obwohl ich im Verlauf von dreißig Jahren über verschiedene Revolutionen geschrieben und gelegentlich versucht hatte, revolutionäre Vorgänge begrifflich zu klären, hatte ich es noch nie unternommen, eine allgemeine Theorie zu entwickeln oder eine allgemeine Geschichte der Revolutionen zu schreiben. Nun stellte ich fest, daß ich dieses Buch nicht schreiben konnte, ohne zumindest darüber nachzudenken, wohin solche Verallgemeinerungen führen. So konnte ich den vereinbarten Ablieferungstermin nicht einhalten, der angesichts der Konsolidierung der Europäischen Gemeinschaft in den Jahren 1992 und 1993 noch dringlicher geworden war.

Als Historiker, der sich auf bestimmte Themenkreise spezialisiert hat, habe ich mich vor allem mit Frankreich vom 17. Jahrhundert bis zur Gegenwart und mit Großbritannien in den hundert Jahren nach 1750 beschäftigt. Was darüber hinausgehende Probleme betrifft, so habe ich wissenschaftliche Darstellungen zu Rate gezogen, die mir in den Fachbibliotheken zur Verfügung standen. Im Literaturverzeichnis zu diesem Buch nenne ich die Werke, die ich dabei benutzt habe. Obwohl meine Sprachkenntnisse im Englischen, Deutschen, Russischen, den meisten romanischen und anderen damit verwandten Sprachen im allgemeinen ausreichen, habe ich englischsprachige Werke bevorzugt, aber alle türkischen, finnischen, ungarischen oder arabischen Quellen außer acht gelassen. Deshalb werden die einzigen «Tatsachen» in diesem Buch, die die Fachleute für die verschiedenen Zeiträume und Regionen überraschen werden, zweifellos meine sachlichen Irrtümer sein. Bei der Beschäftigung mit der mehr als fünfhundert Jahre dauernden Geschichte eines Kontinents habe ich sicherlich bei der Bezeichnung von Personen, Orten, Vorgängen und Ursachen Fehler gemacht und die Beziehungen gewisser Ereignisse zueinander falsch dargestellt. In den wissenschaftlichen Gebieten, die mir bekannt sind, gibt es für alle in diesem Buch gegebenen neuen Interpretationen viele Vorgänger. Meine Interpretationen sind nur neue Versionen alter Argumente. Das trifft höchstwahrscheinlich auch für die Literatur zu, die ich weniger gut kenne, zum Beispiel für die über den Balkan. Ich möchte die Spezialisten unter den Historikern bitten, mir meine Fehler nicht nachzusehen, sondern, bevor sie die ganze Analyse zurückweisen, zu fragen, ob diese Fehler den Wert der hier angestellten allgemeinen Vergleiche herabsetzen.

Einige Abschnitte meines Buches nehmen Bezug auf frühere Veröffentlichungen: «State and Counterrevolution in France», in: *Social Research* 56 (1989), S. 71–97; «Changing Forms of Revolution», in: E. E. Rice (Hrsg.), *Revolution and Conter-Revolution*, Oxford 1991; «Conclusions», in: Leopold Haimson & Giulio Sapelli (Hrsg.), *Strikes, Social Conflict and the First World War. An International Perspective,* S. 587–598, Mailand 1992. Doch so alt die Ideen auch sein mögen, der ganze übrige Text ist neu.

Einige Abschnitte aus früheren Entwürfen und gewisse mündliche Darlegungen sind von den folgenden Persönlichkeiten scharf kritisiert worden: Rod Aya, Karen Barkey, Perry Chang, Randall Collins, Rafael Cruz, Jeff Goodwin, Michael Hanagan, Robert Jervis, Nikki Keddie, Sadrul Khan, Roy Licklider, Gloria Martinez Dorado, Tony Pereira, Ariel Salzmann, Theda Skocpol, Jack Snyder, Michele Stoddard, Sidney Tarrow, Wayne TeBrake, Bridget Welsh, Harrison White und Viviana Zelizer. Tarrow und TeBrake haben mir dringend empfohlen, in der Komposition des Buches wesentliche Veränderungen vorzunehmen, wozu ich nicht mehr in der Lage war. Das gibt ihnen das Recht zu behaupten, sie hätten es schon immer gewußt, wenn die Leser meine Argumente falsch auslegen. (Zum Glück arbeiten sie beide an Büchern, in denen sie meine Fehler werden korrigieren können.) Carol Stevens hat mir bei der Beschaffung russischer Quellen großzügig geholfen. Das New School's Proseminar über die Staatenbildung und kollektives Handeln und ein besonderes Seminar unter der Leitung von Harrison White am Center for the Social Sciences der Columbia University haben wichtige Teile des Manuskripts fachmännisch geprüft. Laura Kalmanowiecky und Hong Xu waren mir bei der Beschaffung von Quellenmaterial sehr behilflich, und Brigitte Lee hat das Manuskript hervorragend redigiert. Adele Rotman hat mir wichtige Ratschläge für die Komposition und die endgültige Fassung des Buches gegeben. Keiner dieser hilfsbereiten Feunde hat die endgültige Fassung gesehen, und deshalb sind sie für meine Fehler nicht verantwortlich zu machen. Ich werde diese Schuld selbst auf mich nehmen müssen.

New York City

Europa 1519
NORWEGEN
SCHWEDEN
FINNLAND
Oslo
Stockholm
Wolga
SCHOTTLAND
ESTLAND
GOTLAND
LIVLAND
IRLAND
DÄNEMARK
Moskau
NORDSEE
KURLAND
Kopenhagen
ENGLAND
HOLSTEIN
WALES
POMMERN
Hamburg
PREUSSEN
London
RUSSLAND
HOLLAND
BRANDENBURG
Weichsel
LITAUEN
Warschau
ATLANTIK
Rhein
Köln
HESSEN
LAUSITZ
P O L E N
SACHSEN
LUX.
SCHLESIEN
OBERPFALZ
WOLHYNIEN
Dnjepr
Paris
BRETAGNE
PFALZ
BÖHMEN
GALIZIEN
Seine
BAYERN
MÄHREN
PODOLIEN
Loire
LOTHRINGEN
ÖSTERREICH
Dnjestr
FRANCHE-COMTE
München
Wien
STEIERMARK
MOLDAWIEN
FRANKREICH
SCHWEIZER EIDG.
TIROL
KÄRNTEN
UNGARN
SAVOY.
Venedig
TRANSSYLVANIEN
Rhône
Mailand
WALACHEI
Genua
Douro
Ebro
BOSNIEN
Donau
SCHWARZES MEER
Florenz
Lissabon
SERBIEN
PORTUGAL
Tejo
Madrid
BULGARIEN
ARAGON
DALMATIEN
KASTILIEN
OSMANISCHES REICH
Rom
Konstantinopel
SPANIEN
Neapel
NEAPEL
ALBANIEN
GRANADA
MITTELMEER
SIZILIEN
MOREA

Europa 1992
SCHWEDEN
FINNLAND
NORWEGEN
Bergen
Oslo
Stockholm
Helsinki
St. Petersburg
Tallinn
ESTLAND
Nowgorod
Kalinin
Gorki
RUSSLAND
GROSS-
BRITANNIEN
Edinburgh
Belfast
Dublin
DÄNEMARK
Moskau
Riga
LETTLAND
Kopenhagen
NORDSEE
LITAUEN
Wilna
Smolensk
RUSSLAND
Wolga
NIEDERLANDE
Cardiff
London
Hamburg
Berlin
POLEN
BELARUS
ATLANTIK
Amsterdam
DEUTSCH-
LAND
Warschau
Weichsel
Brüssel
BELGIEN
Rhein
Dresden
Kiew
Dnjepr
Prag
Paris
Seine
Lwow
UKRAINE
Loire
TSCHECHO-
SLOWAKEI
Dnjestr
Rostow
München
FRANKREICH
Wien
Bern
SCHWEIZ
ÖSTERREICH
Budapest
MOL-
DAWIEN
Odessa
UNGARN
KASPISCHES
MEER
RUMÄNIEN
SLOWENIEN
Mailand
Zagreb
Turin
Douro
Rhône
KROATIEN
Belgrad
Bukarest
Tiflis
Baku
Ebro
Donau
SCHWARZES MEER
Lissabon
PORTUGAL
Madrid
Marseille
Florenz
BOSNIEN
Sarajevo
BULGARIEN
Tejo
ITALIEN
JUGOSLAWIEN
Barcelona
Rom
Sofia
Istanbul
SPANIEN
ALBANIEN
Neapel
Tirana
TÜRKEI
MITTELMEER
Palermo
GRIECHENLAND
Athen

Erstes Kapitel

Konflikt, Revolte und Revolution

Die Rückkehr der Revolution

Die Geschichte haßt die Hybris. 1989 feierten französische Gelehrte und Freunde Frankreichs das 200jährige Jubiläum der großen Französischen Revolution mit Revolutions-Totenmessen. Der historische Störenfried François Furet erklärte, die Französische Revolution von 1789 sei endlich zu Ende gegangen, da die Einrichtung eines vom Volk gewählten Präsidenten und eines Verfassungsgerichts die Vollmachten der Nationalversammlung endlich begrenzt habe, da die katholische Kirche ihren Frieden mit den demokratischen politischen Parteien gemacht habe und – nicht zuletzt! – da die Kommunistische Partei und mit ihr die Erben der Jakobiner ihren politischen Einfluß verloren haben. Im übrigen Westeuropa und in Lateinamerika, so fuhr Furet fort, verliere der Marxismus seine Wirkung, nachdem die Menschen die «Risiken des revolutionären Maximalismus» entdeckt hätten. (*Furet* 1989; S. 28)

Im Vorwort eines im gleichen Jahr in hoher Auflage erschienenen Lexikons der Revolution machten Furet und Mona Ozouf auf ein Paradox in der französischen Politik aufmerksam: Ein Staatsstreich habe die Revolution, die fast zweihundert Jahre lang eine offene Wunde gewesen sei, geheilt. Die Machtergreifung durch de Gaulle zu der Zeit, als französische Nationalisten gegen die Entkolonialisierung rebellierten, habe dem revolutionären Mythos ein Ende bereitet: «Offenbar hat de Gaulle den richtigen Ton getroffen, als er eine monarchische Republik schuf, die nach zweihundert Jahren das Ancien régime mit der Revolution versöhnt hat» (*Furet & Ozouf* 1989; XX). Die Revolution war endlich vorbei, und Frankreich konnte sich den politischen Aufgaben widmen, die durch die unheilvollen Ereignisse des Jahres 1789 so unsanft unterbrochen worden waren. Die meisten Europäer hatten ebenso wie die Franzosen das Gefühl, das Zeitalter der Revolutionen läge hinter ihnen.

Die Menschen in Westeuropa waren augenscheinlich zu wohlhabend und zu sehr an ihrem eigenen Vorteil interessiert, um an eine Revolution zu denken. Die Regierungen in Osteuropa erschienen andererseits zu repressiv, und die Bürger dieser Länder waren untereinander zu uneinig, um eine Revolution zu wagen.

1988 erklärte Jacques Denoyelle im Hinblick auf den Westen im allgemeinen und auf Frankreich im besonderen, die Erfahrung des autoritären Sozialismus und das Auftreten des demokratischen Individualismus hätten sich «vereinigt, um eine gewalttätige Rebellion zu einem Überbleibsel aus der Vergangenheit, einer Utopie werden zu lassen, die man ihrer Schminke beraubt habe». (*Gambrelle & Trebitsch* 1989; 2, S. 206). Im Zeitalter des Massenkonsums und der Übermacht des Staates sei es kaum möglich, daß Dissidenten in den europäischen Ländern sehr viel mehr tun könnten, als Bomben zu legen, Graffiti an die Wände zu kritzeln, in sich hineinzufluchen oder zu kapitulieren. Reformen oder Unterdrückungsmaßnahmen vielleicht; Revolution niemals! Hätten denn nicht die kläglichen Parodien revolutionärer Programme im Jahr 1968 das bewiesen?

Doch 1989 widerlegten die Menschen in Osteuropa in beeindruckender Weise jede Analyse, die zu dem Schluß kam, Rebellionen seien nicht mehr möglich. Sie veranstalteten ihre eigenen Revolutionen. Und darüber hinaus wurden sie dabei von dem Staat, der sie bisher beherrscht hatte, der Sowjetunion, ungewollt unterstützt. Nach 1985, in den Jahren nach seiner Machtübernahme in der Sowjetunion hatte Michail Gorbatschow das ganz deutlich gemacht, als er die den Staatshaushalt schwer belastenden Militärausgaben wesentlich kürzte und erklärte, er werde nicht nur versuchen, Frieden mit den Vereinigten Staaten und der NATO zu machen, sondern auch jedes militärische Eingreifen der Sowjetunion, in die inneren Angelegenheiten anderer Staaten unterbinden. Das kostspielige und demoralisierende Patt der Sowjetunion in Afghanistan – ihre unmittelbarste Konfrontation mit der amerikanischen Militärmacht in vielen Jahren – hatte das militärische Prestige der Sowjets schwer geschädigt und Zweifel an der Politik der militärischen Ausgewogenheit gegenüber den Vereinigten Staaten geweckt. Gorbatschows Programm der Nichteinmischung und Entmilitarisierung wurde auch von den osteuropäischen sowjetischen Satellitenstaaten übernommen.

Mit der Reduzierung der militärischen Präsenz und der Militärausgaben der Sowjetunion begannen die Bürger anderer osteuropäischer Staaten zu erkennen, daß ihre eigenen Regierungen nun bei innenpolitischen Auseinandersetzungen wahrscheinlich weniger mit der militärischen Unterstützung der Sowjetunion rechnen konnten. Innerhalb der Sowjetunion zogen die Bewohner der nichtrussischen Gebiete die gleichen Schlüsse. Der Verzicht auf repressive Maßnahmen ermutigte die Menschen, lange nicht erhobene Ansprüche geltend zu machen.

Die Herausforderungen in Polen, Ungarn, der Tschechoslowakei und Ostdeutschland kamen, wenn auch in verschiedener Form, sehr schnell. In den ersten drei Ländern hatten sich schon seit zehn oder mehr Jahren verschiedene oppositionelle Gruppen gebildet. Nach dem Tauwetter im Jahr 1985 wurden sie wesentlich stärker. Im Juni 1989 zogen 99 von 100 antikommunistischen Kandidaten der polnischen Bewegung *Solidarność* in ein demokratisch gewähltes Oberhaus ein. Im Unterhaus hatte das Wahlgesetz der Solidarność nur 35 % der Sitze zugebilligt, aber im August 1989 kündigte die Bauernpartei ihr bereits vierzig Jahre bestehendes Bündnis mit den Kommunisten auf, um der Solidarność eine Mehrheit zu geben, und das Land hatte nun einen nichtkommunistischen Ministerpräsidenten, Tadeusz Mazowiecky. Die Sowjets hielten still und beobachteten die Entwicklung. Eine ähnliche, wenn auch langsamere Entmachtung der Kommunistischen Partei vollzog sich nun auch in Ungarn; Ende des Jahres löste sich die bisher herrschende Ungarische Sozialistische Arbeiterpartei auf, und die Parteizellen in den Fabriken, die Auflösung der Parteimiliz und die Bekanntgabe der Höhe des Parteivermögens wurden durch eine Volksabstimmung erzwungen.

Die Führung der Tschechoslowakei unterdrückte bis zum November alle Demonstrationen mit Polizeigewalt. Der Strom der ostdeutschen Flüchtlinge durch ihr Land, die Verurteilung des Einmarsches in die Tschechoslowakei im Jahr 1968 durch zwei der Beteiligten (Ungarn und Polen) und die sichtbare Abkehr der ehemals kommunistischen Nachbarn des Landes vom Kommunismus erhöhten den Druck auf das tschechoslowakische Regime. Mitte November bewirkten Massendemonstrationen in Prag und anderswo den Stillstand der Regierungsarbeit, begünstigten die Bildung einer öffentlichen Opposition im Rahmen eines Bürgerforums und regten eine Reihe politischer Improvisationen an, die damit endeten, daß der seit langer Zeit in der Verbannung lebende Alexander Dubcek zum Sprecher des Parlaments und Václav Havel, der noch bis vor kurzem im Gefängnis gesessen hatte, zum Präsidenten der Republik ernannt wurde. Die Ironie triumphierte.

Anders als ihre Nachbarn hatten die Ostdeutschen ihrem kommunistischen Regime bisher noch kaum offenen Widerstand geleistet. Doch im Herbst 1989 erlaubten es tschechische, polnische und ungarische Behörden Tausenden von Ostdeutschen, die sie in ihren Ländern als befreundete Touristen und Urlauber behandelten, nach Westdeutschland zu reisen. Die Tatsache, daß die Sowjetunion nicht militärisch eingriff, und die Unfähigkeit des ostdeutschen Regimes, diesem Aderlaß Einhalt zu gebieten, bewiesen noch dramatischer, daß die Zeiten sich geändert hatten. Die Ostdeutschen, die im Lande geblieben waren, begannen für demokratische Reformen und gegen ihre schlechten Lebensbedingungen zu demonstrieren. Als die sowjetische Botschaft in Prag eine Abordnung des Bürgerforums tschechoslowakischer Dissidenten respektvoll empfing und nicht zurückwies, horchten die Oppositionsführer in ganz Osteuropa auf. Schon bald kam es in Rumänien, Bulgarien und Albanien zu Aufständen, und auch hier wurden die kommunistischen Führer auf jeweils verschiedene Art entmachtet.

Darüber hinaus wurde die Forderung nach Unabhängigkeit oder Autonomie in bestimmten Regionen Jugoslawiens, der Tschechoslowakei und sogar der Sowjetunion mit zunehmender Lautstärke gefordert. In der Sowjetunion begann ein Auflösungsprozeß, der bis Ende 1991 andauerte. Der Wandel in der Sowjetunion leitete auch weitreichende Machtverschiebungen außerhalb von Europa ein, und zwar in der Mongolei, in Äthiopien, Somalia und anderswo. Eine Anzahl afrikanischer Staaten, in denen zur Zeit des Kalten Krieges Tyranneien entstanden waren, begann sich in Richtung auf demokratische oder anarchische Verhältnisse hin zu entwickeln. Doch sie alle bewiesen, welches revolutionäre Potential in den Bevölkerungen schlummerte, von denen man lange geglaubt hatte, sie seien zerstritten und leicht zu lenken.

Welche europäischen Ereignisse des Jahres 1989 darf man als echte Revolutionen bezeichnen? Das hängt davon ab, wie sehr oder wie wenig wir diesen Begriff einengen. Wenn wir darauf bestehen, daß eine Revolution die gleichen Kriterien zeigen muß wie das politische Ringen in Frankreich von 1789 bis 1799 oder das in Rußland von 1917 bis 1921, dann sind die Unruhen des Jahres 1989 in Osteuropa nicht als Revolutionen zu bezeichnen. Es wird uns schwerfallen, hier Entsprechungen für die Generalstände *(États généraux)*, die Arbeiter- und Soldatenräte *(Sowjets)*, Robespierre, Lenin oder die Verstaatlichung der Kirchengüter zu finden. Doch wenn wir andererseits jede plötzliche, weitreichende, vom Volk erzwungene Veränderung des Herrschaftssystems in einem Lande als Revolution bezeichnen wollen, dann haben in jenem Jahr die meisten osteuropäischen Länder Revolutionen erlebt.

Eine enge Definition hat den Vorzug, daß sie der Auffassung des Kommunistischen Manifests entspricht, eine Revolution sei ein seltenes Ereignis, das die Geschichte eines ganzen Volkes verändert und nur unter besonderen Voraussetzungen möglich ist. Seit Marx und Engels haben so viele Radikale Theorie und Praxis dieser Idee der Revolution anzupassen versucht, daß ihre Definition den Anspruch auf eine besondere Behandlung hat. Doch eine weitergehende Definition hat den Vorzug, auf wichtige Probleme aufmerksam zu machen, die in einer engeren Definition nicht sichtbar werden: Wie weit und in welcher Weise passen sich große Revolutionen den Ordnungsprinzipien nichtrevolutionärer Politik an? Insbesondere, wie wirken sich weitgehende Veränderungen in der Organisation eines Staates auf Revolutionen aus? Dieses Buch sucht nun Antworten auf diese Fragen im Hinblick auf die Verhältnisse in Europa in der Zeit von 1492 bis 1992.

Seit Jahrhunderten haben die Historiker die Beziehungen zu den Staaten und Revolutionen untersucht. In den jüngst vergangenen Jahrzehnten haben es Historiker wie R. R. Palmer, Perez Zagorin, Roland Mousnier, Peter Blickle und Yves-Marie Bercé sogar gewagt, für bestimmte Perioden der europäischen Geschichte Rebellionen und Revolutionen zusammenfassend darzustellen (siehe *Palmer* 1959 und 1964; *Zagorin* 1982; *Mousnier* 1967; *Blickle* 1988 und *Bercé* 1980). Es fehlt uns also nicht an historischen Abrissen. Auch gibt es eine große Zahl theoretischer Abhandlungen über Revolutionen (vgl. zum Beispiel die Analysen von *Amann* 1962; *Arendt* 1963; *Aya* 1990; *Baechler* 1970; *Brinton* 1938; *Dunn* 1989; *Friedrich* 1966; *Goldstone* 1986; *Hobsbawm* 1986; *Kimmel* 1990; *Laqueur* 1968; *Rule & Tilly* 1972 und *Trotzki* 1932). Was uns allerdings fehlt, ist eine systematische, historisch begründete Analyse revolutionärer Vorgänge, die diese in einen engen Zusammenhang mit dem stellt, was wir heute über Staatenbildung und politische Auseinandersetzungen wissen. Mein Buch stellt sich dieser Herausforderung für die vergangenen 500 Jahre europäischer Geschichte.

Das vorliegende Buch behandelt die Auswirkungen europäischer Revolutionen während der vergangenen fünf Jahrhunderte auf die Veränderungen im Charakter von Staaten und die Beziehungen von Staaten zueinander. Es berichtet ganz allgemein über europäische Revolutionen, ihre Ursachen und Wirkungen und richtet seine Aufmerksamkeit insbesondere auf die Zusammenhänge zwischen Veränderungen in der staatlichen Macht und dem Wandel im Wesen, in den Bereichen des Auftretens und der Auswirkungen von Revolutionen. Darüber hinaus stellt es die englischen, französischen und russischen Revolutionen zwar in den Mittelpunkt seiner Betrachtungen, kümmert sich aber weniger um die gemeinsamen Merkmale großer Revolutionen als darum, wo sie ihren Platz in den auf lange Zeit wirksamen politischen Veränderungen in Europa haben. Dabei stellt es die Verbindung zwischen Vergangenheit, Gegenwart und Zukunft her.

Auf den folgenden Seiten werden die europäischen Revolutionen nach allen denkbaren Kriterien als solche definiert und aus drei Perspektiven beleuchtet. Zuerst fragen wir danach, wie ein mit Gewalt erzwungener Machtwechsel sich in seinem Charakter als Funktion von Veränderungen in der europäischen Gesellschaftsstruktur gewandelt hat, besonders im Hinblick auf die Organisation der Staaten und ihre Beziehungen zu anderen Staaten. Zweitens fragen wir, in welchem Zusammenhang die Veränderungen in einer Revolution zu Veränderungen in nicht revolutionären Konflikten und zum kollektiven Handeln stehen. Drittens wird gefragt, wie Revolutionen wirken und ob die Ordnungsprinzipien innerhalb der Revolutionen sich im Verlauf der hier behandelten fünf Jahrhunderte systematisch verändert haben. Diese drei Perspektiven haben einen gemeinsamen Schnittpunkt, und das ist die Beobachtung, daß Revolutionen, was sie auch sonst bedeuten mögen:

stets eine mit Gewalt erzwungene Verlagerung der staatlichen Macht bewirken und deshalb

sich jeder brauchbare Bericht über Revolutionen unter anderem mit der Frage auseinandersetzen muß, wie sich die Staaten und die Anwendung von Gewalt innerhalb von Zeit, Raum und gesellschaftlichen Gegebenheiten verändern.

Die Entstehungsbedingungen und das Wesen von Revolutionen haben sich mit der Organisation der Staaten und der staatlichen Systeme verändert. Sie werden sich nach künftigen Verlagerungen der staatlichen Macht wiederum verändern. Revolutionen sind nicht mehr das, was sie gewesen sind, weil die Staaten nicht mehr die gleichen sind. Durch welche Faktoren Revolutionen auch gekennzeichnet sein mögen, offensichtlich schließen sie in jedem Fall eine Verlagerung der staatlichen Macht ein, und deshalb sind die Wahrscheinlichkeit des Auftretens und das Wesen von Revolutionen Funktionen des jeweils geltenden staatlichen Systems.

Dabei müssen wir erkennen, daß nicht nur die Organisation eines bestimmten Staates die Wahrscheinlichkeit des Auftretens von Revolutionen beeinflußt. Auch die zwischenstaatlichen Beziehungen beeinflussen den Ort des Entstehens, die Wahrscheinlichkeit, den Charakter und das Ergebnis von Revolutionen. Man denke an die Russischen Revolutionen von 1905 und 1917: In beiden Fällen wurde der Staat durch einen verlorenen Krieg diskreditiert, und zwar sowohl konkret als auch symbolisch, denn in beiden Fällen hat der Staatsbankrott entscheidend zum politischen Zusammenbruch beigetragen. Durch den Sieg über die russischen Armeen haben die Japaner einen wesentlichen Beitrag zur Revolution von 1905 geleistet, wie auch Deutschland am Ausbruch der Russischen Revolution von 1917 mitgewirkt hat. Kriege haben stets einen entscheidenden Einfluß auf die Wahrscheinlichkeit des Ausbruchs von Revolutionen in Europa gehabt. Ein Krieg ist nicht das Ergebnis des Verhaltens eines einzelnen Staates, so aggressiv er auch sein mag; er entsteht als Folge von Störungen in den zwischenstaatlichen Beziehungen, die sich wiederum aus dem Wesen des gesamten staatlichen Systems ergeben. Wie andere Staaten auf die innenpolitischen Auseinandersetzungen eines Staates reagieren, hat zudem einen wesentlichen Einfluß auf den Ausgang solcher Auseinandersetzungen. Man frage jeden Bürger des heutigen Libanon oder Afghanistans, wie weit die innenpolitische Lage von außen beeinflußt worden ist. Um zu erkennen, in welchen Staaten der Ausbruch einer Revolution am wahrscheinlichsten ist, müssen wir nicht nur die Innenpolitik in diesen Staaten betrachten, sondern auch ihre jeweilige Stellung innerhalb der gegebenen zwischenstaatlichen Beziehungen.

Revolutionen vollziehen sich deshalb keineswegs in einem isolierten Bereich staatlicher Macht oder unabhängig von den sozialen und gesellschaftlichen Bedingungen. Im Gegenteil, gesellschaftliche Vorgänge innerhalb eines Staates beeinflussen entscheidend die Wahrscheinlichkeit und den Charakter einer möglichen Revolution. Aber sie tun es indirekt in dreifacher Weise: Erstens durch die Gestaltung der staatlichen Struktur und ihre Beziehung zu der betroffenen Bevölkerung, zweitens indem sie bestimmen, wer die Hauptakteure in einer gewissen politischen Ordnung sind und wie diese sich in einem politischen Ringen verhalten, und drittens indem sie einen Einfluß darauf nehmen, welchem politischen Druck der Staat ausgesetzt ist und aus welcher Richtung er kommt. So verändert zum Beispiel der Übergang von einer Agrarwirtschaft zu einer industriellen Wirtschaft den Charakter des Staates ebenso, wie er die Bedeutung der Grundbesitzer, Bauern oder besitzlosen Landarbeiter im Kampf um die Macht verringert. Deshalb nehmen Revolutionen in einem von der Landwirtschaft und von der Industrie bestimmten Umfeld jeweils ganz verschiedene Formen an. Wenn sich nun die Produktivität nicht erhöht und die Belastung durch die vom Staat erhobenen Abgaben deutlicher spürbar wird, schwächt das weitere Anwachsen der Bevölkerungszahl die Fähigkeit eines jeden Staats, seine Interessen wahrzunehmen, ob das nun in einem Krieg oder im Kampf gegen die innenpolitische Opposition geschieht. Wenn alle das Leben im Staat bestimmenden Faktoren die gleichen sind, wird es in einem geschwächten Staat eher zu einer Revolution kommen als in einem starken. Wenn wir unsere Aufmerksamkeit den Veränderungen in der staatlichen Struktur zuwenden, müssen wir uns in den meisten Fällen mit der Untersuchung von Veränderungen im sozialen Umfeld beschäftigen, die ihrerseits Veränderungen in der Struktur des Staates bewirken und wo sich das revolutionäre Potential entwickelt.

Nach allem, was in diesem Buch über die Voraussetzungen für das Entstehen von Revolutionen gesagt wird, können sie sich nicht aus sich selbst entwickeln und sind nicht Gesetzen unterworfen, die sie völlig von allen herkömmlichen Formen des politischen Wandels trennen. Hier denken wir zum Beispiel an den Unterschied zwischen einer Sonnenfinsternis und einer Verkehrsstauung. Revolutionen lassen sich nicht mit Sonnenfinsternissen vergleichen, weil sich diese als Folge der regelmäßigen Bewegungen der Himmelskörper in berechenbaren Zeitabständen und unter durchaus verständlichen Voraussetzungen ereignen, und zwar nur unter diesen und keinen anderen Voraussetzungen. Dagegen lassen sich Revolutionen mit Verkehrsstauungen vergleichen, die sich in durchaus verschiedener Form und mit wechselnden Folgeerscheinungen ereignen können, um dann unmerklich wieder zu einem ungehinderten Verkehrsfluß überzugehen, nachdem sie im Rahmen dieses Verkehrsflusses entstanden sind, und zwar unter den verschiedensten Voraussetzungen und aus verschiedenen Gründen. Dennoch entstehen Verkehrsstauungen nicht rein zufällig, sondern bedingt durch bestimmte zeitliche Abläufe beim Verkehr, durch die Reaktionen der Kraftfahrer auf die Wetterbedingungen, auf den Straßenzustand, auf Verkehrsunfälle und Pannen und zahlreiche andere Faktoren, deren jeder in gewisser Weise unabhängig von den anderen, aber selbst bis zu einem gewissen Grade voraussehbar ist. Das Zusammentreffen dieser Faktoren ist ein so komplexer Vorgang, daß man den Eindruck hat, es sei nur vom Zufall bestimmt. Dichter Nebel wird zum Beispiel wahrscheinlich genügen, unter bestimmten Voraussetzungen Verkehrsstauungen zu bewirken, in einem anderen Fall wird es ein steckengebliebenes Fahrzeug oder das Öffnen einer Zugbrücke sein.

Wenn es zu einem Verkehrsstau gekommen ist, erleben wir immer wieder die gleichen Erscheinungen. Fahrer, die rechtzeitig darauf aufmerksam werden, versuchen, ihn zu umfahren, und andere, die sich in der Mitte des Staus befinden, versuchen verzweifelt, sich kleine Vorteile zu verschaffen. Zudem haben diese Verkehrsstaus die verschiedensten, aber bezeichnenden Auswirkungen, nicht nur auf den Zeitplan der darin festgehaltenen Personen, sondern auch auf den Zustand ihrer Fahrzeuge, die Luftverschmutzung in der näheren Umgebung, die Inanspruchnahme öffentlicher Verkehrsmittel, den Einsatz der Polizei, die Häufigkeit neuer Verkehrsunfälle und vieles andere mehr.

Im einzelnen genommen zeigt jeder dieser ursächlichen Mechanismen – die Reaktion der Fahrer auf die Wetterbedingungen, der Straßenzustand usw. – ganz konkrete und verständliche regelmäßig zu beobachtende Formen. Die Verkehrspolizei und die Sachverständigen für den Straßenverkehr haben die hier geltenden Gesetzmäßigkeiten systematisch erfaßt, und zwar besser, als es den Historikern gelungen ist, die für das Auftreten von Revolutionen geltenden Gesetzmäßigkeiten festzulegen. Ließe man das Auftreten von unvorhersehbaren Ereignissen wie etwa der plötzlichen Erkrankung eines Polizeibeamten oder des Entstehens chaotischer Verhältnisse als Folge einer Kombination von Faktoren außer acht, dann könnte man das Zusammenwirken dieser Ursachen in einem Computer berechnen. Es wäre leichter, ein Standardmodell für einen Sonderfall zu erarbeiten, zum Beispiel für ein plötzliches Zusammenstoßen Dutzender von Fahrzeugen auf einer Autostraße bei einem unerwartet auftretenden Schneesturm. Doch gibt es weder für Verkehrsstauungen noch für Revolutionen eine allgemein gültige Theorie, welche die notwendigen und ausreichenden Voraussetzungen nennt und etwas über die generell zu beobachtenden Abfolgen von Ereignissen oder die erkennbaren unveränderlichen Konsequenzen aussagt. In beiden Fällen ist es darüber hinaus nicht nur eine Art des Zusammentreffens von Gegebenheiten und kausalen Mechanismen, die zu dem entscheidenden Ausgang führt – zu Revolutionen oder Verkehrsstauungen –, sondern es gibt zahllose Möglichkeiten dafür. Deshalb wird jedesmal, wenn irgend jemand ein einzigartiges und allgemeines Modell für das Entstehen von Revolutionen vorlegt, sehr bald auch ein anderer auftreten und nachweisen, daß es Fälle gibt, auf die dieses Modell nicht zutrifft, um vorzuschlagen, daß die

Theorie modifiziert werden oder eine neue Theorie an ihre Stelle treten müsse.

Auch wenn es unmöglich ist, die in jedem Fall notwendigen und ausreichenden Voraussetzungen für Revolutionen für alle Zeiten und Orte zu nennen, läßt sich doch durchaus zeigen, daß ähnliche kausale Mechanismen in einer Vielzahl revolutionärer Situationen zum Tragen kommen, Mechanismen wie die dramatische Demonstration, daß ein bis dahin mächtiger Staat das Entstehen einer Revolution nicht mehr verhindern kann und die staatliche Autorität zum Teil verlorengeht, wie das gewöhnlich bei der Demobilisierung der Streitkräfte nach einem Krieg geschieht. Ich hoffe zuversichtlich, zeigen zu können, daß die gleichen Mechanismen einer Vielzahl von Ereignissen zugrunde liegen, die ich als Revolutionen bezeichnen werde, aber auch den verschiedensten Konflikten, die sich schließlich nicht zu Revolutionen ausweiten. Zudem hoffe ich zeigen zu können, daß Variationen im Charakter und in der Häufigkeit von Revolutionen von Variationen in diesen wiederkehrenden Mechanismen herrühren. Schließlich hoffe ich zu zeigen, daß es bei diesen Mechanismen in der Hauptsache um die routinemäßige Bewältigung staatlicher Aufgaben und ihrer verschiedenen Formen geht. Ebenso wie die Gesetzmäßigkeiten bei Verkehrsstauungen insofern eine gewisse Gleichmäßigkeit zeigen, als es dabei um den Verkehrsfluß von Fahrzeugen auf Straßen und Autobahnen geht – wie die vorbeifahrenden Fahrzeuglenker auf Verkehrsunfälle reagieren, wie rasch die Verkehrsampeln den Verkehr freigeben oder nicht, die Lastwagenfahrer zum Ausladen ihrer Güter parken, wie Beginn und Ende der normalen Arbeitszeit und die Eisenbahnfahrpläne dazu führen, daß es zu bestimmten Zeiten zu einem hohen Verkehrsaufkommen kommt usw. –, ergeben sich auch die Gesetzmäßigkeiten für Revolutionen aus den Zuständen in Staaten, die durch das Verhalten anderer Staaten bestimmt werden, die nicht direkt an der Revolution beteiligt sind. Meine Analysen der europäischen Revolutionen gehen von dieser Arbeitshypothese aus.

Wir wollen es daher wagen, präziser zu definieren, was eine Revolution ist. Wir betrachten eine Revolution als einen mit Gewalt herbeigeführten Machtwechsel innerhalb eines Staates, in dessen Verlauf wenigstens zwei bestimmte Gruppen miteinander unvereinbare Ansprüche auf die Macht im Staat stellen, während ein wesentlicher Teil der Bevölkerung, die gezwungen ist, sich den in diesem Staat geltenden Gesetzen zu unterwerfen, die Ansprüche jedes dieser Blöcke unterstützt. Dabei können diese Blöcke aus Personen der gleichen sozialen Schicht bestehen wie etwa der Klasse der Großgrundbesitzer. Aber oft bestehen sie aus Koalitionen zwischen Angehörigen der herrschenden Schicht, ihren Mitgliedern und/oder ihren Herausforderern. In einer Revolution hört das Gemeinwesen auf, sich so zu verhalten wie bisher; die Unterschiede zwischen den Angehörigen der herrschenden Schicht und ihren Herausforderern vermischen sich und ändern sich schließlich. Im Verlauf einer Revolution werden darüber hinaus oft auch die zunächst nicht daran Beteiligten mobilisiert und greifen in das Geschehen ein. Sobald die staatliche Macht ernsthaft herausgefordert wird, gerät jedes Interesse, das nur der Staat befriedigen kann, in Gefahr. Wenn sich unter den Mitgliedern einer Bevölkerung auch nur die geringste Möglichkeit ergibt, sich zu organisieren, weil ihre gemeinsamen Interessen offensichtlich bedroht sind, dann wird jede Bevölkerung bereit sein, sich mobilisieren zu lassen.

Man beachte die Grundvoraussetzungen: Zwei oder mehr Machtblöcke finden die Unterstützung eines wesentlichen Teils der Bevölkerung. Sie haben miteinander nicht vereinbare Ansprüche an den Staat und verlangen einen Machtwechsel. Damit beginnt eine Folge von revolutionären Ereignissen, bei der zunächst der gegenwärtigen Regierung die Souveränität und der Herrschaftsanspruch im Rahmen eines Machtkampfs genommen werden und die Souveränität und Regierungsgewalt an eine neue Gruppe übertragen werden, die sie beansprucht. Der Verlauf des Machtkampfs und der dabei eintretenden Veränderungen von seinem Beginn bis zur Beendigung der von mehreren Gruppen ausgeübten Souveränität stellt den revolutionären Prozeß dar. Da wir es vermeiden wollen, eine nur kurzzeitige Übernahme der Regierungsgewalt als Revolution zu bezeichnen, sollten wir uns darauf einigen, daß das neue Regime, um eine solche Bezeichnung zu rechtfertigen, die Macht während eines bestimmten Zeitraums in Händen haben muß – sagen wir mindestens für einen Monat. Um örtlich begrenzte Herausforderungen der staatlichen Macht bei diesen Überlegungen nicht berücksichtigen zu müssen, sollten wir uns darüber hinaus darauf einigen, daß eine kleinere Gruppe, die solche Ansprüche stellt, zumindest in einem wesentlichen geographischen oder administrativen Teilbereich dieses Staates die Kontrolle ausübt.

In unserer Definition schließt nichts die Möglichkeit aus, daß es unterhalb der großen Revolutionen, in denen die Macht von Grund auf neu verteilt wird, nachdem es zu massiven Auseinandersetzungen gekommen ist, die umfassende und dauernde Veränderungen des gesellschaftlichen Lebens bewirkt haben, auch Machtverschiebungen geringeren Umfangs geben kann. In später folgenden Kapiteln werden wir uns genauer mit der Untersuchung der berühmten Englischen, Französischen und Russischen Revolutionen beschäftigen. Aber ich werde mich dabei an die umfassendere Definition halten und mich dabei um eine Differenzierung der Bedingungen bemühen, unter denen große Revolutionen, kleine Revolutionen, Bürgerkriege und andere mit Gewalt herbeigeführte Machtwechsel erfolgen. Nach einer solchen Definition darf man erfolglose Rebellionen, unblutige Staatsstreiche und von oben her eingeleitete gesellschaftliche Umorientierungen nicht als regelrechte Revolutionen bezeichnen, obwohl solche Entwicklungen durchaus verwandte Züge tragen. Wir könnten sogar den Bereich unserer Definition erweitern oder einengen, ohne unsere Analyse ernsthaft in Frage zu stellen. In diesem Buch werden wir wiederholt nachweisen und unseren Nachweis durch zahlreiche Beispiele illustrieren, daß diese mit revolutionären Ereignissen verwandten Erscheinungen viele Merkmale zeigen, die wir auch bei den Ereignissen finden, auf die unsere Definition zutrifft, und feststellen, daß sie alle in den gleichen Bereich gehören, innerhalb dessen es die Möglichkeit für zahlreiche Variationen gibt.

Revolutionäre Situationen

Nach dieser Definition hat eine Revolution zwei Komponenten; eine revolutionäre Situation und ein revolutionäres Ergebnis. In einer revolutionären *Situation* – diese Idee entspricht genau der Vorstellung Leo Trotzkis von der zweigeteilten Macht – verteilt sich die Souveränität auf mehrere Gruppen: Zwei oder mehr

Blöcke erheben von ihrer Seite jeweils begründete Ansprüche auf die Macht im Staat oder behaupten, selbst «der Staat» zu sein. Das geschieht, wenn die Mitglieder eines bis dahin von einem anderen Staat beherrschten Gemeinwesens (wie z. B. Litauen, das 1990 noch zur Sowjetunion gehörte) ihre Souveränität beanspruchen, wenn noch nicht an die Macht gelangte Gruppen sich zu einem Block zusammenschließen und nun in einem Teil des Staates die Macht ausüben (wie z. B. die 1848 vielfach geschlossenen Bündnisse zwischen Intellektuellen, dem bürgerlichen Mittelstand und den Facharbeitern) und wenn sich ein bestehendes Gemeinwesen in zwei oder mehrere Blöcke aufspaltet, von denen jeder die Macht in einem wesentlichen Teil des Staates übernimmt (wie etwa 1640 bei der Aufspaltung des englischen Adels in Roundheads und Cavaliers). In einer revolutionären Situation kommen drei einander beeinflussende Ursachen zusammen:

1. Das Auftreten von Einzelpersonen oder Koalitionen, die einander ausschließende Ansprüche auf die Übernahme der Macht im Staat oder Teilen des Staates stellen;
2. die Unterstützung dieser Ansprüche durch einen wesentlichen Teil der Bevölkerung;
3. die gegenwärtigen Machthaber sind nicht in der Lager oder nicht bereit, die alternative Koalition und/oder die Unterstützung ihrer Ansprüche durch ihre Anhänger zu unterdrücken.

Dies sind nur unmittelbare Ursachen. Wenn wir eine beliebige Revolution vollständig erklären wollen, müssen wir auch sagen, warum sich Koalitionen von Bewerbern um die Macht gebildet haben, weshalb ein wesentlicher Teil der Bevölkerung ihren Ansprüchen zugestimmt hat und warum die gegenwärtigen Inhaber der Macht nicht bereit oder fähig waren, die Opposition auszuschalten. Die Fragen, warum jedes dieser Ereignisse auftritt und wie sich die Voraussetzungen für ihr Auftreten verändern, werden in einem großen Teil dieses Buches eingehender behandelt werden. Wir werden zum Beispiel fragen müssen, weshalb sich manchmal ein aus Schutzherren und ihren Schutzbefohlenen bestehendes Netzwerk, manchmal bestimmte Gesellschaftsschichten, dann wieder kleinere Gemeinwesen, religiöse

Gemeinschaften oder ethnische Gruppen zusammengeschlossen haben, um die Macht im Staat zu übernehmen. In den äußeren Umständen, aus denen die unmittelbaren Ursachen hervorgingen, werden wir keiner Gleichförmigkeit, sondern einer großen Vielfalt begegnen. Die regelmäßigen Formen werden sich nicht in den allgemeinen Voraussetzungen für Revolutionen finden lassen, sondern in den Mechanismen, die sich zeitweilig zum unwirksamen Protest vereinigen, zu anderen Zeiten zu Bürgerkriegen führen und seltener politische Spaltungen erzeugen, die grundlegende Veränderungen im gesellschaftlichen Leben zur Folge haben.

Will man die unmittelbaren Ursachen revolutionärer Situationen aufzählen, dann gleicht das dem Versuch, alles zu nennen, was zu einer Verkehrsstauung führen kann. Die Ursachen ergeben sich unausweichlich aus der Definition der Revolution als eines mit Gewalt herbeigeführten Machtwechsels, bei dem das Gemeinwesen in wenigstens zwei Blöcke auseinanderbricht. Das ist in doppeltem Sinne richtig. Solche Binsenwahrheiten haben den Vorteil, genau das zu bezeichnen, was erklärt werden muß, und damit zur Suche nach längerwirkenden und mehr vom Zufall bestimmten Ursachen anzuregen. Sie erklären auch besser, daß sich revolutionäre Situationen aus dem Zusammentreffen veränderbarer politischer Verhältnisse ergeben – aus nur von einem bestimmten Personenkreis erhobenen Ansprüchen an den Staat, aus der Unterstützung solcher Ansprüche, aus der Unfähigkeit des Staates, oppositionelle Koalitionen auszuschalten und die Verwirklichung ihrer Bestrebungen unmöglich zu machen –, Verhältnisse, die wir oft auch außerhalb von Revolutionen antreffen.

Die entscheidenden kausalen Mechanismen, die zu Revolutionen führen, lassen sich unter drei Überschriften zusammenfassen: Es sind diejenigen, die das Entstehen einander widersprechender Ansprüche an den Staat verursachen, diejenigen, die die Unterstützung solcher Ansprüche bewirken, und diejenigen, die dazu führen, daß die Inhaber der staatlichen Macht unfähig sind, die in der Opposition stehenden Koalitionen daran zu hindern, ihre Ansprüche durchzusetzen. Zu den ersten gehört zum Beispiel die Mobilisierung von zusammenhängenden Bevölkerungsgruppen, deren Aktionen die Existenz des Staates bedrohen und die Auffassung zu verbreiten suchen, der Staat sei wehrlos. Die gleichen Mechanismen wirken gelegentlich zusammen und erzeugen nichtrevolutionäre Bestrebungen, einen Machtwechsel durchzusetzen, oder führen in anderen Fällen zu revolutionären Situationen. Wir haben es uns zur Aufgabe gemacht, die Wirkungsweise dieser Mechanismen zu verstehen und festzustellen, unter welchen Umständen ihr Zusammenwirken revolutionäre Situationen auslöst.

Größere Revolutionen entstehen im allgemeinen nicht aus einer einzigen, sondern aus einer ganzen Serie von revolutionären Situationen. Im Verlauf solcher Entwicklungen wechseln die Herausforderer, die Inhaber der Macht, die politischen Ziele der einzelnen Gruppen, die Intensität, mit der die Bürger diese Ziele unterstützen, und die Fähigkeit der jeweiligen Regierungen, die Opposition auszuschalten. In lange dauernden, komplexen Revolutionen werden auch die Intensität und die Art der revolutionären Situationen verschiedene Formen annehmen, wobei zeitweilig die meisten Bürger die eine oder die andere Seite unterstützen werden und es keiner Seite gelingt, die Kontrolle des Staates zu übernehmen, während in anderen Fällen eine Koalition den ganzen Staatsapparat in die Hand bekommt. Aus eben diesen Gründen läßt sich darüber streiten, ob die Französische Revolution von 1789 bis 1799 aus einer fortlaufenden Reihe von revolutionären Situationen bestanden hat oder aus einem halben Dutzend revolutionärer Situationen, die durch eine zeitweilige Konsolidierung der staatlichen Macht voneinander getrennt wurden.

Revolutionäre Situationen führen zum Extrem eines politischen Zustandes, der außerhalb von Revolutionen häufiger vorkommt, aber eine gleich große Bedeutung hat: Hier entsteht eine Verlagerung der staatlichen Macht, die jede Gruppe bedroht, die ein Interesse am Erhalt der gegenwärtigen Machtstruktur hat, und zugleich jeder Gruppe neue Möglichkeiten bietet – einschließlich den gegenwärtigen Inhabern der Macht –, die die Fähigkeit hat, ihre Interessen durch schnelles Handeln durchzusetzen. Während Chancen und Bedrohungen im Zusammenwirken zu echten revolutionären Situationen führen, ist es gerade dieses Zusammenwirken, das uns erkennen läßt, wie eng beide miteinander verbunden sind. Am Ende von Kriegen, beim Untergang von Reichen und bei sich regelmäßig wiederholenden Protestdemonstrationen muß es nicht unbedingt zu offenen politischen Spaltungen kommen, aber solche Ereignisse zeigen stets auch erkennbare revolutionäre Züge.

Auch wenn es nicht zu offenen politischen Spaltungen kommt, zeigen sich am Ende von Kriegen oft solche Tendenzen. Fast jeder Staat macht seinen Bürgern bei der Mobilmachung zum Krieg gewisse Zusagen, die er am Kriegsende nicht einhalten kann; Verpflichtungen gegenüber der organisierten Arbeiterschaft, den Arbeitgebern, den Beamten oder ethnischen Gruppen, die ihre Forderungen zugunsten der Kriegsanstrengungen zurückgestellt haben, Versprechen, für die Veteranen und ihre Familien zu sorgen usw., die schließlich zu einer höheren Verschuldung des Staates führen. Darüber hinaus wird jeder Staat im Krieg gewisse Maßnahmen zur Verschärfung der Kontrolle des wirtschaftlichen und gesellschaftlichen Lebens ergreifen, um diese Kontrollen bei Kriegsende allmählich wieder abzubauen, wie auch die Produktivität der Rüstungsindustrie verringert wird und die ehemaligen Soldaten wieder in das zivile Wirtschaftsleben integriert werden müssen. Je mehr der Staat an Leistungsfähigkeit und Glaubwürdigkeit als Folge des Krieges verloren hat (eine vollständige Niederlage und die anschließende Verwaltung des Landes durch eine Besatzungsmacht ist die extremste Situation), desto größer wird die Belastung sein.

Unter solchen Umständen sind alte Rechtsnormen gefährdet, und der Staat wird sich nur schwer neuen Ansprüchen widersetzen können. Man denke an die Situation am Ende des Ersten Weltkriegs, als Politiker in allen kriegführenden Staaten einschließlich der Vereinigten Staaten, die erst spät in den Krieg eingetreten waren, gewichtige Forderungen erhoben, nachdem sie sich zunächst aktiv an den Kriegsanstrengungen beteiligt hatten. Die Höhe dieser Forderungen entsprach jeweils den Verlusten des einzelnen Landes in diesem Krieg. Nur in Rußland und Deutschland, die beide schwerste Verluste hatten hinnehmen müssen, waren die Voraussetzungen für eine revolutionäre Situation gegeben. Doch die italienische Nachkriegspolitik, die mit zahlreichen Streiks, Massenbesetzungen von Fabriken und einer deutlichen Zunahme faschistischer Aktivitäten zu kämpfen hatte, geriet bald an den Rand einer Revolution. Zur gleichen

Zeit war die staatliche Ordnung in Frankreich, Großbritannien und den Vereinigten Staaten, und zwar in dieser Reihenfolge, weniger stark gefährdet. Anderswo in Europa, in Irland, den Niederlanden und in den Staaten der zerfallenden osmanischen und österreichisch-ungarischen Reiche kam es zeitweilig und unter jeweils verschiedenen Voraussetzungen fast zu revolutionären Situationen.

Der Zerfall von Reichen, Koalitionen und Föderationen wird begleitet von Erscheinungen, die wir auch in revolutionären Situationen feststellen können. Wenn ein Mitglied eines staatlichen Verbandes sich aus diesem Verband herauslöst, erfolgt ein ganzer Schwall von Signalen: Jeder erkennt die Möglichkeit einer solchen Loslösung, die Fähigkeit der zentralen Exekutive, ihren Verpflichtungen nachzukommen und die anderen Mitglieder bei der Stange zu halten, wird geringer, und es ergibt sich die Chance zur Kooperation mit anderen Gemeinwesen, die sich selbständig gemacht haben, während die Kosten für die Loyalität gegenüber dem Zentralstaat steigen. Als Estland, Lettland und Litauen aus seiner Sowjetunion ausschieden, nachdem sie vom Westen dazu ermutigt worden waren, bekam Michail Gorbatschow diese bittere Logik deutlich zu spüren. Das gleiche hatten auch vor Jahrzehnten oder Jahrhunderten die Herzöge von Burgund, die Habsburger, die Osmanen und das österreichisch-ungarische Kaiserreich erfahren müssen, als sich ihre Besitzungen ihrer Kontrolle entzogen, und zwar mit dem heimlichen Einverständnis und gewöhnlich auch zum Vorteil rivalisierender Mächte.

Revolutionäre Situationen gleichen aber auch in mancher Weise der Lage in Gemeinwesen, in denen es in gewissen Abständen zu Protesten kommt, die ohne einschneidende Konsequenzen bleiben. Wie Sidney Tarrow (1989) schreibt, kommt es zu sozialen Bewegungen (sich ständig wiederholenden Herausforderungen staatlicher Autoritäten im Namen benachteiligter Teile der Bevölkerung) oft in Wellen, wie etwa bei den Studenten- und Arbeiterprotesten von 1968 in vielen europäischen Ländern und in Amerika. Während solcher Wellen scheinen gewisse Forderungen der an diesen Protesten Beteiligten immer neue nach sich zu ziehen; die solche sozialen Bewegungen tragenden Organisationen treten in Konkurrenz, wenn sie sich um die

Unterstützung durch die Öffentlichkeit bewerben, und ihre Forderungen werden eine Zeitlang immer extremer, bis die Welle der Proteste wieder abklingt. Während das geschieht, experimentieren die Aktivisten mit neuen Organisationsformen und mit der Art, in der sie ihre Forderungen erheben, bekämpfen ihre Gegner und halten an dem fest, was sie schon in Händen haben. Am Ende des Zyklus haben neue Beschwerdeführer einen gewissen Einfluß gewonnen, andere Mitglieder des Gemeinwesens haben ihn verloren, der Rahmen, in dem die Forderungen in die Öffentlichkeit getragen werden, hat sich geringfügig verändert und ebenso auch die Form der öffentlichen Auseinandersetzung.

Bei den zyklisch auftretenden Protesten haben die ersten Forderungen zwei entscheidend wichtige Auswirkungen. Erstens zeigen sie, daß die Behörden gegenüber solchen Forderungen wehrlos sind, was ihre Mitbewerber sofort anregt, ihre eigenen Forderungen geltend zu machen. Zweitens verletzen sie die Interessen dieser Mitbewerber, entweder weil die einer Gruppe gewährten Vergünstigungen die Chance der nächsten Gruppe verringern, ihre Forderungen durchzusetzen, oder weil diese Forderungen direkt gegen das Interesse einer schon bestehenden Gruppe verstoßen. Die Parallelen zu revolutionären Situationen sind deutlich erkennbar. Das Übergreifen revolutionärer Situationen auf Nachbarstaaten, wie es 1848 bei vielen Revolutionen und Revolten in Europa zu beobachten war, zeigt viele ähnliche Züge wie die noch in Grenzen gehaltenen zyklischen Protestbewegungen (*Tarrow & Soule* 1991). Der Beweis dafür, daß ein an sich starker Staat revolutionären Forderungen relativ machtlos gegenübersteht, signalisiert die Möglichkeit, anderswo ähnliche Forderungen zu stellen. Außerdem zeigt sich dabei, daß sich revolutionäre Sachkenntnisse und Dogmen weitergeben lassen, und es verringert sich die Wahrscheinlichkeit, daß der Staat, in dem es zu einer Revolution kommt, eingreifen wird, um benachbarte alte Regime zu unterstützen.

Politische Krisen nach dem Ende von Kriegen, der Zerfall von Herrschaftsbereichen, die Bildung von Föderationen oder Koalitionen und die zyklisch verlaufenden Protestbewegungen haben ganz ähnliche unmittelbare Ursachen wie das Entstehen revolutionärer Situationen: Erstens das Auftreten von Konkurrenten oder Koalitionen von Konkurrenten, die gegenüber dem Staat oder gegenüber staatlichen Teilbereichen entschiedene Forderungen erheben; zweitens die Unterstützung dieser Forderungen durch wesentliche Teile der Bevölkerung und drittens die Unfähigkeit oder mangelnde Bereitschaft der Inhaber der Macht, die Opposition auszuschalten und/oder sich ihren Forderungen zu beugen. Der Unterschied liegt insbesondere beim Ausmaß und bei der Ausschließlichkeit der gegenüber dem Staat erhobenen Forderungen. Solange alle Hauptbeteiligten den Staat als eine handlungsfähige Institution behandeln, die auch weiterhin tätig sein wird und ihre Interessen berücksichtigen sollte, ist noch keine revolutionäre Situation entstanden. Wenn ein an dieser Auseinandersetzung Beteiligter oder mehrere Beteiligte mit Ausnahme der Inhaber der Macht den Anspruch auf die alleinige Übernahme der Macht im Staat erheben, ist die Phase, in der nur routinemäßige Forderungen erhoben werden, vorbei, und es ist eine revolutionäre Situation entstanden.

Revolutionäre Ergebnisse

Ein revolutionäres *Ergebnis* ist es, wenn die politische Macht von denjenigen Machthabern, die sie vor Beginn der gleichzeitigen Übernahme der Souveränität durch mehrere gesellschaftliche Kräfte innehatten, auf eine neue herrschende Koalition übergeht – zu der natürlich auch Elemente der alten herrschenden Koalition gehören können. Vorausgesetzt es besteht eine revolutionäre Situation, dann kann es mit größerer Wahrscheinlichkeit zu revolutionären Ergebnissen kommen, wenn sich feste Koalitionen zwischen den Herausforderern des Staates und Mitgliedern des Gemeinwesens bilden (das heißt, wenn sich einige dieser Mitglieder oder sogar Angehörige der bisherigen Regierung von dieser lösen) und wenn die revolutionäre Koalition über starke militärische Kräfte verfügt. Allgemeiner ausgedrückt heißt das, daß die unmittelbaren Ursachen revolutionärer Folgen das Lossagen von Mitgliedern des Gemeinwesens von den bisherigen Machthabern, das Gewinnen bewaffneter Streitkräfte durch die revolutionären Koalitionen, die Neutralisierung oder der Abfall der Streitkräfte des Regimes von ihren bisherigen Herren und die Beherrschung des Staatsapparats durch Mitglieder einer revolutionären Koalition sind. Wenn das alles rasch geschehen ist, hat ein revolutionärer Machtwechsel stattgefunden. Diese Ursachen entsprechen wiederum der Definition der Revolution als eines mit Gewalt erzwungenen Machtwechsels im Staat, bei dem es innerhalb des Gemeinwesens zu einem Bruch gekommen ist, und die Feststellung dieser Ursachen führt uns wiederum dazu, nach längerfristig wirkenden Ursachen zu suchen.

Nur wenige revolutionäre Situationen führen zu revolutionären Folgen; in vielen Fällen können die alten Machthaber ihre Herausforderer wieder für sich gewinnen. Die Machthaber ziehen oft einige ihrer Konkurrenten auf ihre Seite, und anschließend gelingt es ihnen, die restlichen im Zaum zu halten. Manchmal führt ein Bürgerkrieg dazu, daß ein Gemeinwesen auf die Dauer gespalten wird. Gelegentlich kommt es zu revolutionären Folgen in Gestalt eines Machtwechsels entweder so langsam oder so plötzlich, daß die Phase der von mehreren Koalitionen gleichzeitig ausgeübten Souveränität ausgelassen wird. Nur in ganz wenigen Fällen, wo die neuen Machthaber aus einer von mehreren Koalitionen ausgeübten Souveränität hervorgehen, dürfen wir mit Recht von einer wirklichen Revolution sprechen.

Aber nach unserer Definition lassen sich viele Bürgerkriege und Erbfolgekriege als Revolutionen bezeichnen, sofern der jeweilige Machtwechsel als Folge eines mit Gewalt erzwungenen Verzichts auf die Souveränität erfolgt. Das gilt auch für einige Fälle, in denen das Militär die Macht ergreift, wenn im Gemeinwesen eine Spaltung sichtbar wird; ebenso auch für siegreiche, mit Gewalt vorgehende Unabhängigkeitsbewegungen. Die Britischen Revolutionen von 1640 bis 1660 und von 1687 bis 1689 lassen sich mit Recht als solche bezeichnen, während die unterlegene Pariser Kommune von 1871, die keinen Machtwechsel durchsetzen konnte, nicht an einer wirklichen Revolution beteiligt war. Nach dieser Definition muß jedoch keine grundlegende Veränderung der Gesellschaftsstruktur erfolgen. Je größer jedoch die Veränderungen sind, die von der in einer Revolution an die Macht gekommenen Koalition bewirkt werden, desto größer sind auch die Veränderungen bei anderen Aspekten des gesellschaftlichen Lebens. Kurz gesagt, in diesem Konzept der Revolution wird eine größere Zahl von Ereignissen berücksichtigt als bei den großen Revolutionen, aber der Rahmen ist immer noch enger als bei der Gewaltanwendung als Ausdruck des zivilen Ungehorsams, bei Protestbewegungen, beim friedlichen Machtwechsel oder bei Rebellionen.

Der Unterschied zwischen revolutionären Situationen und revolutionären Ergebnissen erleichtert es, die Beziehungen zwischen mehreren Typen politischer Aktionen zu erkennen, die revolutionäre Elemente enthalten. Die Abbildung 1 stellt das schematisch dar. Eine große Revolution erzeugt ihrem Wesen nach eine grundsätzliche Spaltung des Gemeinwesens (eine tiefgreifende revolutionäre Situation) und eine weitgehende Verschiebung der politischen Macht (ein ernstzunehmendes revolutionäres Ergebnis). Zu einem Bürgerkrieg kann es nur in einer tiefgreifenden revolutionären Situation kommen, aber er führt nicht unbedingt zu einem revolutionären Ergebnis, zu einem entscheidenden Machtwechsel. Eine Machtergreifung von oben nach unten kann einen regelrechten Machtwechsel bedeuten (ein revolutionäres Ergebnis), aber nicht unbedingt ein Ausein-

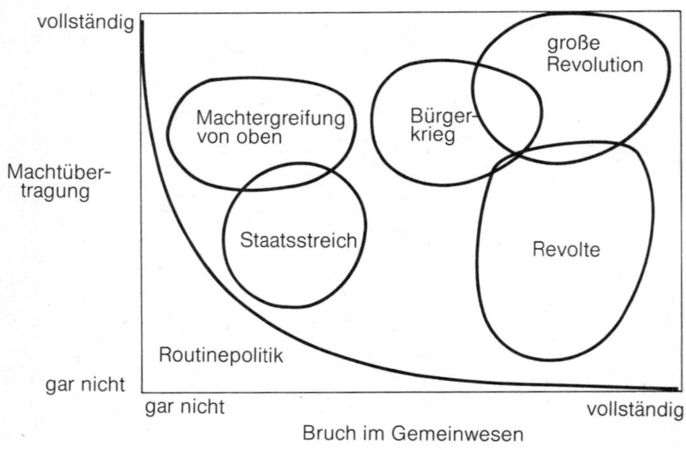

Abbildung 1: Typen der Revolution als Funktion revolutionärer Situationen und Ergebnisse

anderbrechen des Gemeinwesens (eine revolutionäre Situation). Bei all diesen Erscheinungen kommt es auf das Ausmaß und die zeitliche Abfolge an: Aus Revolten können große Revolutionen werden, Staatsstreiche können außer Kontrolle geraten und zu einem entscheidenden Machtwechsel führen. Doch alle diese Ereignisse haben gewisse revolutionäre Züge.
Diese weitgefaßte Definition des Begriffs Revolution stellt uns vor eine empirische Frage: Warum bringen mit Gewalt erzwungene politische Machtwechsel so erstaunlich verschiedene Ergebnisse – von tiefgreifenden Veränderungen des gesellschaftlichen Lebens bis zur Wiederherstellung des *status quo ante*? Diese Frage wird wahrscheinlich nur beantwortet werden können, wenn wir uns genauer ansehen, was innerhalb der Koalition geschieht, die nun an die Macht kommt, also den Vorgang, durch den das Auseinanderbrechen des Gemeinwesens und der revolutionäre Prozeß selbst herbeigeführt werden.

Übersicht

Wenn wir uns hier bemühen, den Begriff der Revolution zu analysieren, sollte eines schon jetzt klar sein: Um zu verstehen, wie revolutionäre Situationen und revolutionäre Ergebnisse zu echten Revolutionen werden, müssen wir beide zunächst getrennt behandeln. Die Geschichte der revolutionären Situationen führt uns zur Untersuchung zahlreicher Auseinandersetzungen, die nicht zu einem wirklichen Machtwechsel geführt haben, ebenso wie uns die Untersuchung revolutionärer Ergebnisse zwingt, darüber nachzudenken, wie sich die Ausübung der politischen Macht im allgemeinen verändert hat. Diese Entwicklungen zu verfolgen und sie dann miteinander zu verknüpfen ist das Ziel dieses Buches. Weil frühere Veröffentlichungen so großen Wert darauf gelegt haben, die entscheidenden Ursachen für revolutionäre Ergebnisse zu erforschen, sucht dieses Buch den darin liegenden Mangel auszugleichen und konzentriert sich auf den Beginn revolutionärer Situationen und auf revolutionäre Vorgänge als solche.

Das Buch sucht zudem eine der stets wiederkehrenden Sünden der Revolutionsforschung zu vermeiden, die Teleologie.

Englische Historiker aus dem 17. Jahrhundert, französische Historiker aus dem 18. Jahrhundert oder russische aus dem 19. und dem Anfang des 20. Jahrhunderts sind immer wieder versucht gewesen, ihre Zeitalter als Vorbereitungen für die großen Revolutionen anzusehen, die sich bald darauf ereignet haben. Hier deutet alles auf die Jahre 1640, 1688, 1789, 1799, 1905 oder 1917 hin. Auf diese Weise werden frühere Ereignisse aus dem Zusammenhang gerissen, Ursache und Wirkung werden vertauscht, die Möglichkeit, daß Revolutionen hätten vermieden werden können – und diese Möglichkeit hat es immer wieder gegeben –, bleibt unbeachtet. Obwohl ein Vertreter der teleologischen Betrachtungsweise zweifellos feststellen wird, daß auch auf den folgenden Seiten in diesem Buch hin und wieder in der Vergangenheit liegende Ursachen angesprochen werden, behandeln sie die Geschichte im allgemeinen als ein Eröffnen und Verschließen von Möglichkeiten, als einen Prozeß des Auswählens, dem jedoch durch vergangene historische Ereignisse enge Grenzen gezogen werden.

Soweit ihre Erklärungen kausale Verallgemeinerungen implizieren, beschäftigen sich die folgenden Analysen mit sozialen Mechanismen, die im kleinen Rahmen wirken und zusammenwirken, und weniger mit in langer Reihe aufeinanderfolgenden Ereignissen, mit in einer Richtung verlaufenden Veränderungen umfassender sozialer Strukturen oder allgemein wirksamer historischer Kräfte. Ich behaupte zum Beispiel, daß die Beziehung zwischen einer bestimmten Form der Besteuerung und dem Wirtschaftsraum, in dem diese Steuern erhoben werden (z. B. die Erhebung von Verbrauchssteuern in hochkommerzialisierten Wirtschaften im Gegensatz zu Subsistenzwirtschaften), nicht nur die finanzielle Wirksamkeit dieser Steuern, sondern auch den Widerstand der Bevölkerung gegen diese Steuern und die Art, mit der die Behörden gegen diesen Widerstand einschreiten, stark beeinflußt. Andererseits werde ich niemals behaupten, daß die Höhe der Besteuerung mit Sicherheit in jedem Staat und in jeder Gesellschaft das Entstehen revolutionärer Situationen wahrscheinlicher machen kann. Der entscheidende Mechanismus besteht darin, daß der öffentliche Widerstand durch bestimmte Kombinationen aus fiskalischer Strategie und wirtschaftlichem Umfeld geweckt wird. Ob ein solcher Widerstand eine revolutionäre Situation fördert, hängt jedoch von anderen Umständen ab, die nichts mit der Finanzpolitik zu tun haben – Umständen wie etwa die vorhandene oder nicht vorhandene Unterstützung von Rebellen durch fremde Mächte.

Ich werde auch wiederholt darauf hinweisen, wie es zu Beginn der Neuzeit in Europa anläßlich von Thronbesteigungen zu Krisen gekommen ist, weil die Erbfolge durch die Heiratspolitik in diesen Fürstenhäusern manipuliert wurde. Revolutionäre Situationen konnten in solchen Dynastien besonders dann entstehen, wenn der Thronerbe (oder noch häufiger die Thronerbin) sehr jung oder aus anderen Gründen unfähig war, die Regierungsgeschäfte zu leiten, und wenn zwei oder mehrere Fürstengeschlechter glaubten, berechtigte Ansprüche auf den Thron zu haben. Es wäre allerdings lächerlich zu behaupten, daß die Thronbesteigung durch unfähige Fürsten zu unserer Zeit eine notwendige oder ausreichende Voraussetzung für Revolutionen in Europa sei, so wünschenswert das auch sein mag. Die Form der Besteuerung und die Regelung der Erbfolge in Monarchien haben jedoch in vielen Staaten deutliche Auswirkungen auf die Art, wie die Regierungsgeschäfte geführt werden. Aber nur in wenigen Fällen und unter ganz bestimmten Voraussetzungen fördern oder verhindern sie Revolutionen. Historische Gesetzmäßigkeiten treten nicht in wiederkehrenden Abfolgen, analogen Strukturen und sich wiederholenden Tendenzen in Erscheinung, sondern in den kausalen Mechanismen, die kontingente Ensembles von Gegebenheiten miteinander verbinden.

Ich will jedoch keineswegs behaupten, daß alles einzigartig sei und daß hinter Ebbe und Flut revolutionärer Situationen und revolutionärer Ereignisse keinerlei Gesetzmäßigkeiten lägen. Im Gegenteil, die folgenden Kapitel werden immer wieder zeigen, wie in verschiedenen Kombinationen auftretende Sachverhalte revolutionäre Prozesse fördern oder verhindern können. Das sind die Art der Besteuerung, die Unterstützung rebellierender Gruppen durch mächtige Verbündete, die Formen der Erbfolge in den Monarchien und deren Schwächung in solchen Fällen, in denen die Erbfolge umstritten ist, sowie eine ganze Anzahl weiterer Mechanismen. Diese Mechanismen haben sich systematisch verändert, sobald es in der Wirtschaft, in den

Staaten und in den staatlichen Systemen Europas zu weitreichenden Veränderungen kam. Es gibt historische Gesetzmäßigkeiten; sie liegen in der Wirkungsweise dieser Mechanismen.

Es wird allerdings nicht möglich sein, in den folgenden Kapiteln zweifelsfrei nachzuweisen, daß ich mit meinen Argumenten recht habe. Nach den für mich in der historischen Forschung und in der Geschichtsschreibung geltenden Normen enthält dieses Buch nur Illustrationen der wichtigsten darin aufgestellten Thesen. Ich habe bei meiner Arbeit bestimmte Werke der Fachliteratur aus britischen Nationalarchiven über die Zeit von 1750 bis 1830 und in französischen nationalen, regionalen oder örtlichen Archiven über den Zeitraum von 1600 bis in die 1980er Jahre zu Rate gezogen. Im übrigen stütze ich mich bei meiner Darstellung ausschließlich auf Veröffentlichungen und Synthesen anderer Historiker, und zwar auch hier nur auf eine Auswahl aus dieser umfangreichen Literatur. Meine Sprachkenntnisse reichen nicht aus, um alle in fremden Sprachen erschienenen Bücher zu lesen, deren Inhalt man kennen muß, um die europäischen Revolutionen von 1492 bis 1992 gründlich zu erforschen – eine geradezu beunruhigende Vorstellung. Vielleicht wird eines Tages ein Universalgelehrter, ein Forscherteam oder ein Computer alle erforderlichen Daten in einem Bündel zusammenfassen. Bis dahin kann ein einzelner Wissenschaftler nur entweder einen kleinen Teil des Problems behandeln oder das Wagnis unternehmen, eine vorläufige Synthese zu formulieren. Ich habe einen großen Teil meines Lebens als Wissenschaftler damit zugebracht, ersteres zu tun. Hier versuche ich letzteres.

In den meisten folgenden Kapiteln werden die zeitlichen Abläufe von Kriegen und revolutionären Situationen behandelt. Diese Chronologien sind Standardwerken wie *War in the Modern Great Power System. 1495–1975* von Jack S. Levy und *War in International Society* von Evan Luard entnommen, und ich habe sie gelegentlich nach der Lektüre einiger Nationalgeschichten ergänzt oder modifiziert. Als Faustregel habe ich dabei als revolutionäre Situationen berücksichtigt, in denen diesen Chronologien zufolge einen Monat oder länger in einer Region oder Stadt die bisherige Regierung von einem politischen Gegner oder einer oppositionellen Gruppe abgelöst wurde. Um ehrlich zu sein und mich dabei auch der Kritik auszusetzen, habe ich eine chronologisch geordnete Liste von den wichtigsten Ereignissen zusammengestellt, die ich behandeln wollte. Ich zweifle nicht, daß ich dabei manches bedeutende Ereignis ausgelassen und andere falsch eingeordnet habe. Bevor Spezialisten in diesem oder jenem Land diese chronologische Zusammenstellung in Bausch und Bogen als unzutreffend ablehnen und sich damit auch gegen die in meinem Buch aufgestellten Thesen wenden, möchte ich sie bitten zu überlegen, ob diese Irrtümer meine allgemeinen Schlußfolgerungen über Tendenzen und Unterschiede entkräften. Wenn Zweifel an der Richtigkeit meiner Argumentation sachkundige Kritiker zu weiteren Nachforschungen und zu Widersprüchen anregen, dann kann ich sie nur dazu ermutigen. Ich habe dieses Buch nicht geschrieben, um ein Forschungsvorhaben abzuschließen, sondern um es zu beginnen.

Wenn es mir gelingt, in diesem Buch einen zusammenhängenden Bericht über Veränderungen und Variationen im Wesen europäischer Revolutionen zu liefern, wie ich das hoffe, werden sich Beobachter in anderen Teilen der Welt veranlaßt sehen, meinen Ausführungen ihre Beachtung zu schenken. Theoretisch legen die Berichte über Revolutionen überall in der Welt ein unverhältnismäßig großes Gewicht auf die europäischen Revolutionen; die Französische und die Bolschewistische Revolution werden auch weiterhin als Modelle für Revolutionen in Lateinamerika oder Asien angesehen. Wegen der beherrschenden Stellung der europäischen Staaten haben die europäischen Revolutionen darüber hinaus politische Ereignisse beeinflußt, zu denen es an ganz anderer Stelle gekommen ist, zum Beispiel als Toussaint l'Ouverture und seine Verbündeten die Französische Revolution zum Anlaß nahmen, in der französischen Kolonie Haiti eine freie Republik der Schwarzen zu gründen. Das heutige Wiederaufblühen der Wirtschaftskraft Europas ist praktisch eine Garantie dafür, daß frühere, gegenwärtige und künftige europäische Revolutionen sich auch in außereuropäischen Ländern auswirken werden. Schließlich ist das heute in der ganzen Welt vorherrschende Regierungssystem in Europa entstanden und zeigt noch immer europäische Züge. So haben wir gute Gründe zu glauben, daß es unser Verständnis für die gegenwärtigen und künftigen Revolutionen außerhalb von Europa erleichtern wird, wenn wir die Bedeutung des Verhältnisses zwischen Revolutionen und dem Wandel in den europäischen Regierungssystemen begriffen haben.

Im Bemühen um dieses allgemeine Verständnis sucht das vorliegende Buch die sozialen und politischen Veränderungen in Europa und ihren Einfluß auf revolutionäre Situationen in der Zeit von 1492 bis zur Gegenwart (2. Kapitel) in großen Zügen zu skizzieren, einen vorläufigen Vergleich revolutionärer Situationen in den Niederlanden, auf der Iberischen Halbinsel und auf dem Balkan nach 1492 vorzunehmen (3. Kapitel), die Revolutionen auf den Britischen Inseln, besonders die Unruhen im 17. Jahrhundert, näher zu untersuchen (4. Kapitel), wendet sich dann Frankreich insbesondere für die Zeit nach 1750 zu (5. Kapitel) und untersucht die Verhältnisse in Rußland, vor allem im 20. Jahrhundert (6. Kapitel). Es folgen Vergleiche der einzelnen Revolutionen miteinander und abschließende Überlegungen (7. Kapitel). Die entscheidenden Kapitel stellen die Jahrhunderte in den Vordergrund, in denen es in den Niederlanden (1550–1650), auf den Britischen Inseln (1600–1700), in Frankreich (1750–1850) und in Rußland (1900–1992) zu größeren revolutionären Auseinandersetzungen gekommen ist. Am Schluß sollten wir zumindest in der Lage sein, die osteuropäischen Revolutionen von 1989 und danach fest in den Kontext der Revolutionen einzuordnen, die sich in den 500 vergangenen Jahren ereignet haben.

Zweites Kapitel

Strukturwandel in Europa

Veränderungen nach 1492

Wir wollen mit dem Beginn unserer Untersuchungen um ein halbes Jahrtausend bis ins Jahr 1492 zurückgehen. Dieser Zeitpunkt scheint zwar willkürlich gewählt zu sein, aber wir haben unsere Entscheidung aus gutem Grund getroffen. Das Ende des 15. Jahrhunderts brachte einen Wendepunkt in der europäischen Wirtschaft und Politik. Mit den Entdeckungsreisen des Kolumbus begann 1492 die endgültige Integration von Nord- und Südamerika in die europäische Einflußsphäre. Schon bald verlegten die Spanier und ihre portugiesischen Nachbarn die Versuche im Anbau tropischer Nutzpflanzen wie etwa des Zuckerrohrs von den näher im Atlantik gelegenen Kanarischen Inseln in die Karibik und kauften afrikanische Sklaven, die die schwere körperliche Arbeit verrichten mußten. Als Gegengabe für Teile der europäischen Flora und Fauna (z. B. des Löwenzahns, des Pferdes und der Masern), die sich in ganz Amerika verbreiteten, wurden amerikanische Produkte sehr bald zu wichtigen Bestandteilen des europäischen Lebens. Seinem amerikanischen Abenteuer aus dem 15. Jahrhundert verdankt Europa nicht nur die Coca Cola, den Tango und den Jazz, sondern auch den Mais, die Kartoffel, den Tabak und vielleicht die Syphilis.

Jenes Hinübergreifen nach Amerika ist nur ein Teil des erfolgreichen Bemühens von Europa, zum wirtschaftlichen Zentrum der Welt zu werden. Bis zum 14. Jahrhundert hatte Europa an der nordwestlichen Peripherie eines weiträumigen Wirtschaftssystems gelebt, das sich bis in den Pazifik ausgedehnt hatte und dessen Mittelpunkt die von den Mongolen beherrschten Gebiete Zentralasiens gewesen waren. Vorher waren in Europa Reiche gegründet worden und wieder untergegangen, vor allem im Mittelmeerraum und um das Schwarze Meer, aber nur das Römische Reich hatte mehr als die Hälfte des europäischen Raums eingenommen und Europa fest in das eurasische System des Handels, der Politik und der Kultur eingebunden. Weder die spärlichen, ungleichmäßig fließenden Handelsströme noch die weit verstreuten landwirtschaftlich genutzten Flächen brachten den Gewinn, der notwendig gewesen wäre, um starke Armeen, Priesterhierarchien, komplexe Bürokratien und verschwenderische Fürstenhöfe zu finanzieren. In Nordwesteuropa gelang es nicht einmal den wagemutigen, raubgierigen Normannen, ein dauerhaftes Reich zu gründen.

Als byzantinische, persische, arabische und dann moslemische Reiche die Römer ablösten und die südöstliche Hälfte Europas unter den Einfluß der durch den Seidenhandel entstandenen Achse Bagdad-Hangtschou geriet, verfiel das übrige Europa und wurde an der Peripherie des Weltgeschehens in die Bedeutungslosigkeit gedrängt. Doch vom 10. bis zum 13. Jahrhundert erlebte das ganze eurasische System einen solchen Aufschwung, daß auch große Teile des übrigen Europa daran teilnahmen. Der Handel blühte, die Bevölkerung vermehrte sich, und die Städte wuchsen, besonders in den Bereichen des Kontinents, die die engsten Beziehungen zum eurasischen Handel unterhielten. Im Jahr 1000 waren die größten Städte der Welt wahrscheinlich Konstantinopel, Córdoba, Kaifeng, Sian, Kyoto, Kairo und Hasa. Die europäischen Städte Sevilla, Palermo und Kiew blieben weit dahinter zurück. Um die Jahrtausendwende lagen daher die größten Städte der Welt außerhalb von Europa, während die europäischen Großstädte im Einflußbereich des Islam zu suchen waren.

Um das Jahr 1300 begann die Liste mit Hangtschou, Peking, Kairo und Kanton. Paris, Granada, Konstantinopel, Venedig, Mailand und Genua gehörten jetzt zu den zwanzig größten Städten. Um 1500 waren die größten Städte wahrscheinlich Peking, Vijayanagar, Kairo und Hangtschou – zwei von ihnen in China, eine in Indien und eine im moslemischen Afrika –, während Paris, Konstantinopel, Adrianopel und Neapel in Europa an erster Stelle standen, aber noch bedeutend kleiner waren als die asiatischen Großstädte. Während im Jahr 1700 die japanische Stadt Edo wahrscheinlich die größte der Welt war, gehörten nun zum erstenmal drei europäische Städte zu den zehn größten der Welt. Das waren Konstantinopel, London und Paris (*Chandler & Fox* 1974; S. 308–321). Ein deutlich erkennbarer Wandel zugunsten Nordeuropas vollzog sich in der Zeit von 1000 bis 1700, besonders nach 1500.

Was war in diesen siebenhundert Jahren geschehen? Während der beiden Jahrhunderte nach 1300 unterbrach der Schwarze Tod zeitweilig die Verbindung zwischen Europa und Asien, nach dem Zerfall des mongolischen Reiches entstanden fast unüberwindliche Schranken auf den über Land führenden Handelswegen, China zog sich aus seinem bis dahin weitreichenden Seehandel zurück, die Segelschiffe der atlantischen Mächte begannen, die Galeeren zu verdrängen, die bisher das Mittelmeer beherrscht hatten, die Europäer fingen an, das in Asien erfundene Schwarzpulver zu benutzen, und die Einnahme Konstantinopels durch die Osmanen im Jahr 1453 (hier wurde zum erstenmal in Europa in größerem Umfang Belagerungsartillerie eingesetzt) bezeichnete die erste Konfrontation des Christentums und des Islam und begründete eine Beziehung der Haßliebe zwischen der moslemischen Türkei und dem orthodoxen Rußland. Alle diese neuen Entwicklungen machten Europa zu einem zusammenhängenden, autonomen Gebilde, wie es das bisher noch nie gewesen war. Europa und die angrenzenden weiten Gebiete brauchten ein Jahrhundert oder noch länger, um sich von den durch den Schwarzen Tod verursachten demographischen Verwüstungen zu erholen. Nachdem das Bevölkerungswachstum vom 10. bis zum 13. Jahrhundert stetig zugenommen hatte, um dann während des 14. Jahrhunderts bis auf die Hälfte zurückzugehen, beschleunigte es sich wieder im 16. Jahrhundert. Darauf stärkte sich auch sehr bald das ganze eurasische System. Von nun an nahm Europa im Verhältnis zum Rest der Welt eine viel bedeutendere Stellung ein als je zuvor und gewann sogar eine noch größere Bedeutung als zur Zeit des Römischen Reiches.

Es war jedoch nicht so, daß Europa 1492 das goldene Tor zur modernen Welt durchschritten hätte. Die politische Struktur im Jahr 1492 unterschied sich wohltuend von der heutigen. Damals erstreckte sich das Königreich Aragon, gestützt auf die katalanische Seefahrt, von der Iberischen Halbinsel bis nach Sardinien und Sizilien. Der katholische Papst war der Souverän eines der mächtigsten Staaten in Italien. Das riesige Königreich Polen beherrschte nominell einen großen Teil Osteuropas, während das

Gebiet des heutigen Rußland aus Teilbereichen bestand, die vom Großfürsten von Moskau, der Republik Pskow, der Goldenen Horde, den Krimtataren und anderen Eroberern aus der eurasischen Steppe regiert wurden. Ein großer Teil «Deutschlands» unterstand der nominellen Oberhoheit der Habsburger, aber in Wirklichkeit zerfiel es in nahezu selbständige Bistümer, freie Städte, Herzogtümer und andere kleine Herrschaftsbereiche.

Europa war auch weit davon entfernt, die Welt zu beherrschen. 1492 war China eine achtunggebietende politische Macht im Osten. Die Land- und Seegebiete im Einflußbereich des Islam überdeckten die zentralen kommerziellen und kulturellen Verbindungswege der Welt, und der islamische Einfluß erstreckte sich von Südostasien bis nach Afrika. Auf dem Indischen Ozean und den Landwegen in Asien folgten die Europäer lange Zeit den moslemischen Kaufleuten oder schlossen Verträge mit ihnen, bevor sie anfingen, selbst an ihre Stelle zu treten. Als Kolumbus versuchte, einen in westliche Richtung führenden Seeweg nach Indien zu finden, folgte er nicht etwa einer phantastischen Idee, sondern es war ein Unternehmen, dessen Gelingen ganz konkrete Vorteile gebracht hätte. 1492 wehrte sich die europäische Schiffahrt gegen die Ausweitung des Osmanischen Reiches und drang in den vom moslemischen Handel beherrschten Bereich des Indischen Ozeans ein. 1498 hatte Vasco da Gama Indien von Portugal aus erreicht. Portugiesische, nach ihnen spanische und schließlich holländische Kaufleute und Seefahrer begannen, die außereuropäischen Meere zu beherrschen. In den Jahren 1500 und 1501 sichtete die Flotte von Pedro Alvares Cabral die Küste von Brasilien, bevor sie sich wieder nach Osten wendete, um nach Indien zu fahren und dann nach Portugal zurückzukehren. Von 1519 bis 1522 umfuhr ein Schiff der Flotte von Ferdinand Magellan den ganzen Erdball, Magellan selbst starb jedoch auf den Philippinen und mußte dort zurückgelassen werden.

Europa übernahm nun eine beherrschende Rolle in der Weltwirtschaft und der Weltpolitik. Aus rein europäischer Sicht begann Ende des 15. Jahrhunderts die Verlagerung des kommerziellen Schwerpunkts vom Südosten in den Nordwesten, aus den im Mittelmeerraum und am Schwarzen Meer gelegenen Gebieten in den atlantischen Raum. Obwohl die iberischen

Staaten mit dieser Neuorientierung begannen, beteiligten sich schon bald französische Häfen daran, denen sich die Niederlande, die Ostseeländer und zuletzt auch die Britischen Inseln anschlossen. 1496 unterzeichneten zum Beispiel Flandern und England den *Intercursus Magnus,* einen Handelsvertrag, in dem die Unterzeichner einander bestimmte Vorrechte einräumten und der die Bedeutung des Woll- und Textilhandels unterstrich, der sie bereits miteinander verband. Der Atlantik, der lange Zeit nur eine periphere Bedeutung gehabt hatte, kam nun zu seinem Recht.

1492 wurde die Eroberung von Granada durch die Doppelmonarchie von Kastilien und Aragon – in der sich die Erbländer von Isabella und Ferdinand vereinigt hatten, aber nicht miteinander verschmolzen waren – vollendet. Damit verschwand der letzte Rest des einst großen moslemischen Reiches von der Iberischen Halbinsel. Zugleich begannen die spanischen Juden, die auch unter Androhung der Todesstrafe nicht bereit gewesen waren, sich wenigstens nominell zum Katholizismus zu bekehren, ihren Zug in die Diaspora über den europäischen Kontinent und den Mittelmeerraum. Als teilweise Reaktion auf die Bedrohung durch ein vereinigtes Spanien entschloß sich Frankreich nur zwei Jahre später zu dem verhängnisvollen Einmarsch nach Italien. Unmittelbar darauf schickten die Spanier starke Streitkräfte nach Italien, und die bis dahin miteinander im Wettstreit stehenden, aber relativ autonomen italienischen Stadtstaaten fanden sich als Marionetten der Großmachtpolitik wieder.

Dieser französische Anspruch auf die Vorherrschaft in Italien löste eine ganze Epoche europäischer Kriege aus. Allein das französische Haus Valois und die spanischen Habsburger führten in der Zeit von 1494 bis zum Vertrag von Cateau-Cambrésis im Jahr 1559 elfmal Krieg gegeneinander. Seit 1492 hatten sich die Methoden der Kriegführung und die internationalen Beziehungen rasch und entscheidend verändert. Während der Kriege in Burgund in den 1470er Jahren hatte die mit Piken bewaffnete Schweizer Infanterie bewiesen, daß sie durchaus in der Lage war, sich der Angriffe jeder gut ausgebildeten Kavallerie zu erwehren, wenn sie sich geschlossen zum Kampf stellte. Nun hatte man diese veraltete Taktik aufgeben müssen und war dazu übergegangen, zur Verteidigung gegen die moderne Belagerungsartillerie starke Festungsanlagen zu bauen, und damit nahm der Bedarf der Armeen an Geldmitteln und Soldaten erheblich zu, gar nicht zu reden von der erhöhten Nachfrage nach Festungsbaumeistern und Schweizer Söldnern. Diese Kriege bewirkten wiederum eine Umgestaltung des europäischen Staatensystems und schufen die Voraussetzungen für europäische Eroberungen außerhalb des Kontinents. Auch trugen sie zum Entstehen der klar voneinander getrennten, zentral regierten autonomen und bürokratischen Staaten bei, die im Lauf der Zeit in Europa und dann auf der ganzen Welt die Vorherrschaft übernahmen.

Zugleich regte die Ausweitung des europäischen Handels über die Schiffahrtswege des Atlantik, des Pazifischen und des Indischen Ozeans die Kapitalbildung an, die ihrerseits bewirkte, daß kriegführende Staaten nun über die notwendigen Geldmittel verfügten, ihre Streitkräfte weiter auszubauen. Was Immanuel Wallerstein das kapitalistische Weltsystem mit dem Mittelpunkt in Europa nennt, begann nun Gestalt zu gewinnen. Allerdings verursachten die Ereignisse des Schicksalsjahres 1492 nicht alle diese folgenschweren Entwicklungen. Dennoch haben die in kurzer Zeit erfolgten Veränderungen der Verhältnisse auf der Iberischen Halbinsel und die Überwindung des Atlantik, für die 1492 das entscheidende Jahr gewesen ist, sie kräftig vorangetrieben. Wenn wir unsere Analyse der Veränderungen in den Regierungssystemen, der Wirtschaft, den politischen Konflikten und Revolutionen mit dem Jahr 1492 beginnen, dann gewinnen wir dabei einen Überblick über die ganze Periode, in der etwas wie ein zusammenhängendes europäisches Staatensytem bestand.

Auf der europäischen Landkarte von 1492 können wir England, Irland, Schottland und Frankreich etwa in den gleichen Grenzen wie heute erkennen, wir müßten dabei jedoch die späteren Eroberungen Frankreichs im Osten seiner heutigen Grenzen übersehen, gar nicht zu reden von der unter großen Schwierigkeiten zustande gekommenen Bildung dessen, was wir heute mit einiger Übertreibung das Vereinigte Königreich nennen. Insgesamt zeigt uns die europäische Karte von 1492 etwa 200 staatenähnliche Gebilde, wobei sich deren Gebiete zum Teil überschnitten und viele von ihnen aus einzelnen Teilgebieten mit halb autonomen Regierungen bestanden.

Obwohl sich die Sowjetunion im Jahr 1992 aufgelöst hat, haben sich diese zweihundert Gebilde zu etwa fünfunddreißig souveränen Staaten zusammengeschlossen, von denen nur Andorra, Liechtenstein, Luxemburg, Monaco, San Marino und der Vatikan noch an die vom Staatsgebiet größerer Staaten eingeschlossenen Kleinstaaten erinnern, die noch vor fünfhundert Jahren eine Selbstverständlichkeit waren. Selbst wenn alle Unabhängigkeitsbestrebungen größerer Volksgruppen in der ehemaligen Sowjetunion und im ehemaligen Jugoslawien zu neuen Staatenbildungen führen würden, würde Europa bei weitem nicht das gleiche Bild der politischen Zerstückelung bieten wie 1492. Vielmehr gibt es 1992 viele Anzeichen dafür, daß sich die europäischen Staaten zu größeren Einheiten zusammenschließen könnten, und zwar nach Art der Europäischen Gemeinschaft oder in einer ähnlichen Form. Während die einzelnen Regionen und Nationalitäten höchstwahrscheinlich gegenüber den heutigen Staaten eine größere Autonomie erreichen werden, entwickelt sich die Souveränität in Richtung auf einen Zusammenschluß mehrerer Staaten. Wenn ein solches Gemeinwesen auch über gemeinsame Streitkräfte verfügt, wird die Tendenz zur Souveränität zu einer in umgekehrter Richtung laufenden Lawine werden.

Aber das ist noch nicht alles; 1992 vollziehen sich innerhalb des Staatensystems auf der ganzen Welt einschneidende Veränderungen: Die Sowjetunion hat sich aufgelöst, die Konfrontation der Blöcke unter der Führung der Sowjetunion und der Vereinigten Staaten beherrscht nicht mehr die Weltpolitik, der Einfluß militärisch schwacher, aber wirtschaftlich starker Staaten wie Japans und Deutschlands dehnt sich weiter aus, und ebenso das multinationale Kapital, das im Drogenhandel, im Waffenhandel, im Bereich der Elektronik, der Medien, des Erdöls oder bei den korporativen Kapitalgesellschaften einen ungeheuren Einfluß und eine Mobilität in der teilweisen Unabhängigkeit von den Staaten gewinnt, deren Bürger sie geschaffen und dieses Kapital zusammengebracht haben. Kurz gesagt, 1492 ist nicht die Schwelle, über die wir sofort zu den europäischen Staaten gelangen, die erst in den letzten Jahrhunderten entstanden sind. Was wir 1492 vorfinden, ist nur die Grundlinie, von der gewaltige, in späterer Zeit erfolgte Veränderungen der staatlichen Strukturen ausgegangen sind.

Es hat sich aber noch mehr verändert als die Staaten. Das ganze europäische Leben hat nach 1492 eine neue Gestalt angenommen. Erinnern wir uns an das Europa Ende des 15. Jahrhunderts: Mit Indien und Ostasien war es bereits eines der drei landwirtschaftlich produktivsten Gebiete der Welt mit einer entsprechenden Bevölkerungsdichte und ansehnlichen Städten. Beiderseits der Alpen und entlang der Küsten des Mittelmeers, des Atlantik, der Ostsee und des Schwarzen Meeres gab es ein ganzes Netz durch gute Straßen miteinander verbundener Handelsstädte. Die meisten von ihnen hatten ein reiches Hinterland, wo das Kleingewerbe und der Ackerbau blühten. Das übrige Europa war aufgeteilt in zwei Arten von Regionen. Die einen wurden von kriegerischen Großgrundbesitzern (einige von ihnen waren Kirchenfürsten) beherrscht, denen die Bauern tributpflichtig waren. In den anderen Regionen lebten Kleinbauern, Fischer und Jäger mit Kaufleuten, Soldaten, Priestern und Beamten zusammen. Ungarn gehörte zu den ersten, Skandinavien zu den zweiten.

Nach 1492 erlebte dieses vielgestaltige, aber zunehmend enger miteinander verbundene Europa zum Erstaunen der übrigen Welt einen beispiellosen Aufschwung der Industrialisierung, Urbanisierung, Proletarisierung und eine ungewöhnlich starke Zunahme des Bevölkerungswachstums. Das geschah allerdings nicht sofort und nicht auf einmal. Während es im 16. Jahrhundert im großen und ganzen zu einer starken Urbanisierung und einem erheblichen Anwachsen der Bevölkerung kam, verlangsamte sich diese Entwicklung im 17. Jahrhundert. Nach 1750 beschleunigte sich beides wie nie zuvor und verlangsamte sich erst wieder gegen Mitte des 20. Jahrhunderts. Diese demographische Entwicklung erfaßte im übrigen im 16. Jahrhundert mit einem verbreiteten Anstieg des Bevölkerungswachstums den ganzen eurasischen Raum, und zu Anfang des 17. Jahrhunderts begann eine hundert Jahre dauernde Verlangsamung dieses Prozesses. Anfang des 18. Jahrhunderts beschleunigte sich das Bevölkerungswachstum wieder, was eine Verknappung der Nahrungsmittel und ein Ansteigen der Preise zur Folge hatte (*Goldstone* 1991, S. 355).

Doch das Bevölkerungswachstum hatte in einigen Regionen Eurasiens deutlich verschiedene Auswirkungen. In China und Japan gelang es den Regierungen, die Großgrundbesitzer und Kapitalisten im Zaum zu halten und einen wesentlichen Anteil ihrer Gewinne abzuschöpfen. In Europa gab es jedoch keinen Staat, der die Macht der Großgrundbesitzer und Kapitalisten auf dem ganzen Kontinent in die Schranken weisen konnte. Dort wirkten sich steigende Preise und geringe Arbeitslöhne zugunsten der Großgrundbesitzer und Kapitalisten aus und erlaubten es ihnen, sich in vielen Teilen des Kontinents miteinander zu verbünden oder sogar zu gemeinsamen Unternehmungen zusammenzuschließen. Wo die Märkte für ihre Erzeugnisse in erreichbarer Nähe lagen, bildeten die Großgrundbesitzer, die Pächter großer Ackerflächen und die Großbauern die Speerspitze des landwirtschaftlichen Kapitalismus, und deshalb nahm in diesen Gebieten die Zahl der landlosen Lohnarbeiter in ihrer Mitte zu. Dann bereiteten die Kaufleute den Weg zum industriellen Kapitalismus.

Die Industrialisierung läßt sich schwerer datieren als die Urbanisierung oder das Bevölkerungswachstum, weil sich die Industrieproduktion zuerst in bäuerlichen Haushalten und einzelnen kleinen Werkstätten entwickelte, wo die Menschen ihre Zeit nach Jahren oder Tagen auf die handwerkliche Tätigkeit, den Handel und die Bodenkultur verteilten. Grob gesagt können wir uns dennoch das 17. und das 18. Jahrhundert als Perioden eines massiven Anwachsens der Industrieproduktion in Kleinbetrieben vorstellen, die in Städten und in ländlichen Bezirken in der Umgebung von Großstädten wie Liège und Zürich arbeiteten, die auf dem Kapitalmarkt eine besondere Rolle spielten. Das 19. und 20. Jahrhundert war die Zeit der Konzentration, in der sich das Kapital, die Arbeiter und die Industrieproduktion zunehmend in die Städte verlagerten, während auf dem flachen Land der Ackerbau zum fast ausschließlichen Erwerbszweig wurde. Darüber hinaus begannen sich im 20. Jahrhundert die Industriebetriebe als Produktionsform zu stabilisieren, während die Dienstleistungsbetriebe – die Regierungen, das Transportwesen, das Bankwesen, die Erziehung, der Gesundheitsdienst usw. – auf Kosten der Landwirtschaft, der Forstwirtschaft und der Fischerei expandierten.

Als Folge der Umstellung in der Organisation der Produktion begann die Proletarisierung der europäischen Bevölkerung. Die Proletarisierung bedeutete die vermehrte Abhängigkeit der Haushalte von den Arbeitslöhnen und/oder den zunehmenden Verzicht auf die Kontrolle der Produktionsmittel durch die Menschen. Obwohl man sich im 19. Jahrhundert unter «Proletariern» schmutzige Fabrikarbeiter vorstellte, fand die Proletarisierung Europas bis weit in das Jahrhundert hinein vor allem auf dem Land und in den kleinen Städten statt. Die Zahl der landlosen landwirtschaftlichen Arbeiter, der Teilzeit-Weber und anderer Arbeiter, die nach Stunden, Tagen, Monaten, Jahren, nach der Arbeitsleistung oder der Stückzahl von den Großgrundbesitzern, Kaufleuten, Bauern und Handwerkern bezahlt wurden, nahm stetig zu. Wie sich dieser Vorgang schätzungsweise vollzogen hat, zeigt Tafel 1 (nach *Tilly* 1984, S. 36).

Tafel 1: Proletarisierung in Europa, 1500–1990

	Millionen von Personen einschließlich der Familienangehörigen			
	1500	1800	1900	1990
Gesamtbevölkerung	56	150	285	800
Nichtproletarier	39	50	85	200
Proletarier in Städten	1	10	75	450
Proletarier auf dem Land	16	90	125	150

Das sind nur annähernde Vergleichszahlen und keine präzisen Angaben. Die für das Jahr 1990 angegebenen Zahlen sind weniger genau geschätzt als die für die früheren Jahre. In den nach 1917 entstandenen sozialistisch regierten Staaten wird die Zuordnung der Proletarier ironischerweise problematischer, während die Statistiken zuverlässiger werden; hier fragt es sich zum Beispiel, ob die Mitarbeiter auf einer landwirtschaftlichen Kollektive Proletarier waren. Doch eines zeigt sich ganz deutlich: Vor 1800 hat die Zahl der Proletarier in ländlichen Gebieten rasch zugenommen; im 19. Jahrhundert verlagerte sich die Proletarisierung deutlich in die Städte. Nach 1900 stabilisierte sich das ländliche Proletariat nahezu, während das städtische Proletariat prozentual sehr viel schneller zunahm als die Gesamtbevölkerung.

Diese Veränderungen bedeuteten, daß in der Zeit von 1492 bis 1992 ein ganz neuer Personenkreis bei politischen Konflikten, kollektiven Aktionen und Revolutionen die Initiative ergriff. Viele neue handelnde Personen wie Fabrikarbeiter und Kapitalisten aus der Industrie betraten die politische Bühne. Selbst diejenigen, deren Betätigungsfeld nominell das gleiche geblieben war, wie Geistliche, Bauern und Großgrundbesitzer, glichen kaum noch denen, die früher diese Berufe ausgeübt hatten. Auch die sozialen Verhältnisse, mit denen es die Machthaber, ihre Vasallen, ihre Verbündeten und ihre Feinde zu tun gehabt hatten, veränderten sich von Grund auf. In einer Welt der städtischen Lohnarbeiter entstehen ganz andere politische Bedürfnisse als in einer von der Landwirtschaft geprägten Welt der Kaufleute und Ackerbauern. Angesichts solcher Veränderungen konnten Revolutionen und ähnliche politische Prozesse kaum ihre bisherige Form bewahren, und zwar um so mehr, weil auch die Staaten, gegen die sich die Revolutionen richteten, ebenfalls tiefgreifende Veränderungen durchmachten.

Der Weg vom segmentierten zum konsolidierten Staat

Über Jahrtausende wurde die Geschichte der Staaten auf der ganzen Welt im wesentlichen von den Wechselwirkungen der Kriege, den Organisationen, die diese Kriege führten, und der jeweiligen Bevölkerung bestimmt, die die Lasten des Krieges zu tragen hatte. Erst in den letzten Jahrhunderten sind die Staaten so stark geworden, daß sie Tag und Nacht direkt in das Leben ihrer Bürger eingreifen. Die Ausweitung der staatlichen Macht begann mit der Vermehrung der Kriege und ihrer Kosten nach 1750 durch die Aufstellung starker, gut ausgerüsteter und vom Staat finanzierter stehender Heere, die sich aus der Bevölkerung dieser Staaten rekrutierten. Im Verlauf der durch die zahlreichen Kriege ausgelösten heftigen innenpolitischen Auseinandersetzungen verwandelte sich der Staat in ein mit weitgehenden Machtbefugnissen ausgestattetes Instrument, das zugleich mehreren Zwecken dienen konnte. Sobald diese Macht gesichert war, erhoben große Teile der Bevölkerung den Anspruch, sie für ihre eigenen, meist nichtmilitärischen Zwecke benutzen zu dürfen. Im Verlauf der mehr als ein Jahrhundert dauernden Auseinandersetzungen übernahmen die Staaten schließlich die Verantwortung für die ökonomische Infrastruktur, die Erziehung, die öffentliche Wohlfahrt und sogar für die Gestaltung des Wirtschaftslebens. Die heutigen aufgeblähten, anspruchsvollen und leistungsfähigen westlichen Staaten erinnern kaum noch an die schmächtigen, kapriziösen, oft tödlich agierenden Staatsapparate der Zeit vor einigen hundert Jahren.

Die alten europäischen Staaten waren nicht verkleinerte Ausgaben ihrer Nachfolger, Zwergelefanten, die erwarteten, eines Tages zu Riesenelefanten heranzuwachsen; die Zeit nach 1492 erlebte massive Veränderungen in der Anatomie europäischer Staaten. Zu diesen Veränderungen kam es vor allem in den hundert Jahren nach 1750, obwohl sie sich in einigen Teilen Europas schon vor Beginn des 18. Jahrhunderts anbahnten und die Ausweitung der staatlichen Macht nach 1850 weiter voranging. In dieser entscheidenden Übergangszeit verschwanden die Söldnerheere, die von selbständigen militärischen Führern aufgestellt worden waren und die Kriegführung in Europa über Jahrhunderte beherrscht hatten, praktisch von der europäischen Bühne. Die Streitkräfte wurden der Zivilverwaltung unterstellt, die jetzt einen stärkeren Einfluß auf ihre Verwendung hatte als je zuvor. Die Aufgabenbereiche des Militärs und der Polizei wurden schärfer voneinander getrennt (das Militär wurde in erster Linie zum Kampf gegen andere bewaffnete Organisationen eingesetzt, während die Polizei die Ordnung im zivilen Bereich zu gewährleisten hatte). Die Staaten schufen umfangreiche und relativ einheitliche Verwaltungsbehörden auf den Ebenen der Gemeinden und Regionen. Die zentralen Bürokratien im militärischen und zivilen Bereich nahmen an Umfang zu und waren verpflichtet, sich bei ihrer Arbeit an bestimmte Regeln zu halten. Die Steuer- und Finanzbehörden wurden zu einem bedeutenden Teil des Staatsapparats. Die repräsentativen Institutionen gewannen (so elitär sie auch sein mochten) im innenpolitischen

Machtkampf eine zunehmend größere Bedeutung, als die öffentliche Meinung diese repräsentativen Institutionen und die zentrale Exekutive gezielt zu beeinflussen begann.

Im Gefolge der militärischen Umstrukturierung wurden in den meisten größeren europäischen Staaten die indirekten Regierungssysteme von direkten abgelöst. Anstatt sich auf weitgehend autonome Zwischengewalten wie Großgrundbesitzer, Kirchenfürsten und Kaufleute zu stützen, schufen die Herrscher jetzt Staatsapparate, die bis in die einzelnen Gemeinden und sogar in die Haushalte hineinwirkten, und zwar durch die Besteuerung, die Wehrpflicht, die Registrierung aller Einwohner, die öffentliche Erziehung und andere Formen der Überwachung. Vertreter der Zentralregierungen beschäftigten sich intensiver als je zuvor mit der Förderung des Vorrangs einer bestimmten Version der nationalen Kultur in der Sprache, der Kommunikation, den Künsten, der Erziehung und den politischen Überzeugungen. Sie sorgten dafür, daß die Ressourcen – das Kapital, die Arbeitskräfte, die Waren, das Geld und die Technologien – innerhalb der Landesgrenzen blieben. Sie überwachten den Verkehr über diese Grenzen, deren Verlauf mit zunehmender Genauigkeit von Geographen, Generälen und Politikern festgelegt wurde. Sie erließen im ganzen Land geltende Verordnungen für die Verwendung der nationalen Ressourcen und sicherten dem Staat den entscheidenden Zugriff vor allen anderen Interessenten.

In der Französischen Revolution und im Kaiserreich wurden die weitreichendsten Neuerungen eingeführt, aber auch die meisten anderen europäischen Staaten gingen in die gleiche Richtung (zum Teil als Folge französischer Eroberungen und/oder dem französischen Beispiel folgend, zum Teil als Reaktion auf die gewaltige Verstärkung der Armeen und Kriegsflotten während der von Frankreich geführten Kriege. Dabei wurden umfassendere, den Bürgern mehr Handlungsfreiheit und Gleichheit zubilligende Rechtsvorschriften erlassen: Den Bewohnern des Landes und den staatlichen Behörden wurden allein aufgrund der Tatsache, daß sie den rechtmäßigen Anspruch auf einen Wohnsitz im Land hatten, bestimmte wechselseitig einzuhaltende Pflichten auferlegt. Im offensichtlichen, entschiedenen Gegensatz zu dem vom Adel beherrschten Rußland, der in Teilregionen aufgespaltenen, streitsüchtigen Schweiz und zu einem in Klassen aufgeteilten, aber teilweise demokratischen Großbritannien stärkten die Regierungen im allgemeinen die Staatsmacht auf Kosten langwieriger und zeitraubender Verhandlungen mit der Bevölkerung.

Die Wege, auf denen diese Neuerungen erreicht wurden, unterschieden sich nach Regionen und Zeiträumen ganz erheblich voneinander. Nach 1492 gab es in Europa irgendwann und irgendwo stets Stadtstaaten, Kaiserreiche, Staatenbünde, Republiken, zentralistische Königreiche, locker zusammengehaltene Wahlmonarchien und zahlreiche Varianten dieser Regierungsformen. Alle diese Staaten bestanden mehr oder weniger aus einzelnen Regionen. Entweder handelte es sich um eine einzige kleine Region wie etwa einen auf eine Stadt und ihr unmittelbares Hinterland begrenzten Bischofssitz, oder die Staaten bestanden aus den verschiedensten Gemeinwesen, von denen jedes einen ganz bestimmten Charakter hatte und über eine relativ weitgehende Autonomie verfügte. Die größten Unterschiede ergaben sich aus der relativen Konzentration des Kapitals und den im Umfeld der verschiedenen Staaten ausgeübten Zwängen. Wo sich viel Kapital angesammelt hatte – besonders in den Handelsstädten von Norditalien und dem Gebiet beiderseits der Alpen bis hinunter in die Niederlande –, spielten Kaufleute und Finanziers bei der Staatenbildung und den einzuführenden Neuerungen die Hauptrolle. In diesen Regionen ermöglichten die Kapitalisten die Finanzierung staatlicher Aktivitäten, besonders der Kriege, errichteten aber wirksame Schranken gegen die Aufstellung starker stehender Heere, einflußreicher Bürokratien oder mächtiger zentraler Exekutivorgane. Das führte dazu, daß einflußreiche, aber locker organisierte Stadtstaaten und Föderationen wie Genua, Dubrovnik, die Schweiz und die Republik Holland in den urbanen Regionen den stärksten Einfluß hatten. Sie folgten einem *kapitalintensiven* Weg.

In den Teilen Europas, wo Viehzucht und Ackerbau die Haupterwerbszweige waren, gab es lange Zeit nur geringe und auf viele Eigentümer verteilte Kapitalreserven. Die Magnaten behinderten den Städtebau und den Handel. Eroberungs- und Erbfolgekriege waren an der Tagesordnung, und die Staatsmacht stützte sich allein auf die Privatarmeen des grundbesitzenden Adels. Wenn es den Regierungen in diesen Staaten gelang, eigene starke Armeen aufzustellen, dann entstand hier eine paradoxe Kombination aus mächtigen, privilegierten Adelsverbänden und einflußreichen Bürokratien. Rußland, Ungarn, Polen, Portugal und Kastilien waren Länder, in denen dieser *zwangsintensive* Weg beschritten wurde.

Dazwischen lagen Regionen, in denen sich einiges Kapital angesammelt hatte und der grundbesitzende Adel über schlagkräftige Streitkräfte verfügte. Hier herrschte im Mittelalter ein von den Historikern zutreffend so bezeichnetes «Feudalsystem». Im 17. und 18. Jahrhundert nannte man es «absolutistisch». Hier entstand ein ganzes Netz von Handelsstädten, und die auf den weiten Ackerflächen erzeugten landwirtschaftlichen Produkte wurden ebenso wie die heimischen Industrieerzeugnisse auf den städtischen Märkten verkauft. Oft gelang es den Regierungen in diesen Gebieten, ihre Macht dadurch zu festigen, daß sie Adel und Bürgerstand gegeneinander ausspielten, um sie dann gemeinsam in den Dienst der Krone zu stellen. Als die Kriegführung um die Zeit nach 1700 immer kostspieliger wurde, konnten solche Staaten leichter starke stehende Heere mit den eigenen Hilfsquellen und aus der eigenen Bevölkerung rekrutieren, ausrüsten und finanzieren als ihre kapitalintensiven und mit Zwangssystemen regierenden Nachbarn. So wurden sie schließlich militärisch und außenpolitisch zu den stärksten europäischen Staaten. England, Frankreich und Preußen sind die besten Beispiele für diesen Weg des *kapitalisierten Zwangs*.

Die Kriegführung beeinflußte entscheidend den Charakter der Staaten und damit auch der Revolutionen. Welche Bedeutung hatten diese Kriege? Nach einigen Versuchen mit Nationalarmeen im 17. Jahrhundert, vor allem in Schweden und Rußland, gab es im 18. Jahrhundert kaum noch Söldnerheere. An ihre Stelle traten starke stehende Heere und Kriegsflotten, die sich fast vollständig aus der eigenen Bevölkerung rekrutierten, in einigen Fällen sogar nach Einführung einer allgemeinen Wehrpflicht. Finanziert wurden sie in erster Linie mit dem Volk auferlegten Steuern. Mit der vom französischen Nationalkonvent beschlossenen *Levée en masse* (der Einführung der allgemeinen militärischen Dienstpflicht) war ein entscheidender Punkt in dieser Entwicklung erreicht. Die Zwangsrekrutierungen stießen überall dort, wo das Land nicht unmittelbar von außen bedroht wurde, auf heftigen Widerstand, der jedoch von den Beauftragten des Staates gebrochen wurde. Nachdem auf diese Weise in Frankreich, Preußen und anderen Ländern starke Armeen und Flotten aufgestellt worden waren, konnten die meisten europäischen Staaten auf die Einstellung von Söldnern verzichten. Jeder Staat, der zur Durchsetzung seiner politischen Ziele eine starke Armee brauchte, folgte dem Beispiel der Großmächte.

Die Aufstellung so starker militärischer Kräfte auf diese besondere Art hatte eine ganze Reihe unbeabsichtigter, aber weitreichender Konsequenzen: Die Herrscher gerieten in langwierige Auseinandersetzungen und Verhandlungen mit ihren Untertanen; die Bürgerrechte mußten zum Teil neu definiert werden; dabei kamen neue Ideen über die Verwirklichung der Volkssouveränität zur Sprache; die Untertanen erhoben gegenüber den Staaten durchsetzbare Ansprüche wie zum Beispiel auf das Recht, Bittschriften einzureichen und sich zu Interessengemeinschaften zusammenzuschließen; solche Bürgervertretungen gewannen immer mehr an Einfluß; aber auch die Zuständigkeitsbereiche der Behörden wurden erweitert; die indirekte Regierungsform verwandelte sich in eine direkte; die staatlichen Kontrollen erstreckten sich auf den Einsatz von Arbeit und Kapital, den Warenverkehr und die Finanzen innerhalb genau festgelegter Landesgrenzen und ihren Verkehr über diese Grenzen hinweg; der Staat übernahm besondere Verpflichtungen gegenüber den Kriegsveteranen und ihren Familien, und die Veteranen nahmen vermehrt am politischen Leben teil, wobei sie die Erfahrungen nutzten, die sie im Militärdienst gemacht hatten. In Großbritannien kam es zum Beispiel während der Kriege in der Zeit von 1792 bis 1815 nicht nur zu einer massiven Verstärkung der Streitkräfte und wesentlichen Steuererhöhungen, einer erheblichen Erstarkung und Zentralisierung des Nationalstaats und einer Ausweitung der Zuständigkeiten des Parlaments, sondern auch zu einem erheblichen Wandel des kollektiven Handelns der Bevölkerung, in dessen Mittelpunkt die Schaffung von Interessenvertretungen, ein Mitspracherecht in nationalen Fragen und an das Parlament gerichtete Forderungen standen (*Tilly* 1982, 1991a, 1991b).

Diese vielfachen Neuerungen bestanden aus drei einander überschneidenden erstens einschränkenden, zweitens kontrollierenden und drittens verpflichtenden Maßnahmen. Wie nie zuvor beschränkten die Staaten die Verwendung des Kapitals und der Arbeitskräfte, den Warenverkehr, die Anwendung neuer Technologien und den Geldverkehr auf das eigene Staatsgebiet und verboten die Ausfuhr über die genau festgelegten Landesgrenzen. Diese Ressourcen sollten in erster Linie zum Nutzen des Staats und (manchmal auch) seiner Bürger eingesetzt werden. Alle Staaten üben innerhalb relativ klar definierter Grenzen Hoheitsbefugnisse aus. Daran erkennen wir unter anderem, daß es sich um Staaten und nicht um Fürstengeschlechter, einzelne Gruppierungen, Kirchen, Korporationen oder ähnliches handelt. Allerdings gibt es erhebliche Unterschiede im Hinblick darauf, in welcher Nachbarschaft ihre Territorien liegen und wie scharf sie voneinander abgegrenzt sind, aber natürlich auch im Hinblick darauf, wie stark die staatliche Kontrolle an und innerhalb ihrer Grenzen entwickelt ist. Im 18. Jahrhundert wurde die Kontrolle an den nicht genau gekennzeichneten Grenzen der größeren europäischen Staaten, an denen es zahlreiche Enklaven gab, recht großzügig gehandhabt. Innerhalb dieser Grenzen reichte die Kontrolle nicht sehr weit ins Landesinnere hinein, oder sie wurde selbständig handelnden Institutionen überlassen. Wanderarbeiter, Kaufleute, der Waren- und Geldverkehr wurden vielfach durch Straßenräuber gefährdet und durch Wegezölle behindert, aber im übrigen verliefen diese Bewegungen innerhalb der Staatsgebiete und über deren Grenzen hinaus verhältnismäßig ungestört.

Nur in wenigen Staaten wurden Eigentum und Personen genau registriert. Das beweisen die Seltenheit der landesweiten Steuerschätzungen und die überraschenden Ergebnisse der Volkszählungen im 19. Jahrhundert. Auch die Erfüllung der Wehrpflicht ließ sich dort, wo sie im 18. Jahrhundert schon eingeführt war, nur erzwingen, wenn die Namen aller wehrpflichtigen Männer bekannt waren, und da das nicht der Fall war, war es nicht schwer, sich dieser Verpflichtung zu entziehen. Mit der Aufstellung der nationalen stehenden Heere, für die eine besondere Infrastruktur geschaffen wurde, gingen die europäischen Staaten mit aller Schärfe gegen Personen vor, die sich der Wehrpflicht entzogen. Im Einvernehmen mit den Nachbarstaaten wurden die Grenzen streng bewacht, und Menschen, die diese Grenzen überschritten, erhielten von den Staaten beiderseits der jeweiligen Grenze ausgestellte Pässe oder Visa, die ihnen auch verweigert werden konnten. Diese Einrichtung wurde von den staatlichen Behörden als natürlich, angemessen und sogar dringend notwendig bezeichnet.

Auch die Überwachung der Bevölkerung, des Warenverkehrs und anderer Aktivitäten innerhalb dieser Grenzen durch den Staat wurde verschärft. So wurden Kontrollsysteme für das Einziehen der Steuern, die Erfassung der Wehrpflichtigen und deren Einberufung geschaffen, die es erlaubten, alle diese Vorgänge zu regulieren und fest in der Hand zu behalten. Während die nationalen Armeen immer stärker wurden und die Staatsausgaben sich entsprechend erhöhten, entstanden in fast allen Staaten umfassendere, gründlichere und direktere Kontrollsysteme. Die von zentraler Stelle ausgehende Kontrolle erstreckte sich, wie nicht anders zu erwarten, insbesondere auf den Grundbesitz, die Warenproduktion und politische Aktivitäten. Die Regierungen überließen es nicht mehr weitgehend autonomen Magnaten, ihre Interessen wahrzunehmen, sondern begannen, einen direkten Einfluß auf die Erfüllung der innerstaatlichen Aufgaben zu nehmen. So wurden Verwaltungsbehörden geschaffen, die bis hinunter zu den einzelnen Gemeinden und Haushalten die direkte Überwachung durch den Staat garantierten. Das betraf im besonderen auch die Kultur, denn die Regierungen bemühten sich um die Schaffung einer einheitlichen sprachlichen, historischen, künstlerischen Tradition, die gegenüber allen anderen Entwicklungen innerhalb des Staatsgebiets den Vorrang haben sollte. So wurden, was bisher noch nie geschehen war, einheitliche Erziehungssysteme geschaffen. Es wurde eine gemeinsame Amtssprache festgelegt. Man organisierte Ausstellungen, richtete Museen ein, unterstützte die Künste und alles, was der Förderung des kulturellen Erbes nützen konnte. Man bemühte sich darum, bessere Verständigungsmöglichkeiten innerhalb der Gesamtbevölkerung zu schaffen, erfand Nationalflaggen, Symbole, Nationalhymnen, nationale Feiertage, Rituale und Traditionen.

In der Folge dieser Entwicklung verlor ein großer Teil der Bevölkerung seine Vielsprachigkeit. Allerdings ist es kaum irgendwo gelungen, auch nur annähernd die Homogenität des idealen Nationalstaats zu erreichen. Immerhin erstreckte sich die homogenisierende Wirkung sogar auf so tiefgreifende Angelegenheiten wie das demographische Verhalten (*Watkins* 1990; *Winter* 1986). Das Bürgertum und die Intelligenz waren im allgemeinen bereit, sich an solchen Bemühungen zu beteiligen, die zunächst die Exklusivität und den Standesdünkel des Adels oft in Mißkredit brachten, manchmal sogar die Krone. Schließlich hatten der Adel und die Könige in der Zeit vor dem 19. Jahrhundert oft eine ganz andere Sprache gesprochen als die Masse der Bevölkerung, die sie beherrschten. Doch nachdem dieser Prozeß einmal begonnen hatte, ließ er sich nicht mehr aufhalten, und auch die Mitglieder nationaler Minderheiten erkannten allmählich die Vorteile einer einheitlichen Landessprache und eines nationalen Lebensstils, der an die Stelle einer Existenz innerhalb eines schrumpfenden, von den übrigen Mitbürgern mißtrauisch betrachteten Umkreises getreten war.

Im Verlauf dieser Entwicklung wurden der Staat und die Bürger wie noch nie zuvor durch gegenseitige Verpflichtungen aneinander gebunden, besonders die Bürger an den Staat. Als Folge von Zwangsmaßnahmen und von heftigen Auseinandersetzungen um die Beschaffung der für die Kriegführung erforderlichen Mittel mußten sich die Bewohner des Staatsgebiets in zunehmendem Maße zur Loyalität gegenüber dem Staat verpflichten und ihm das Recht zugestehen, über ihre Arbeitskraft, ihren Besitz und ihr Geld zu verfügen. Doch gleichzeitig erkämpften sie sich auch das Recht, angehört und in begründeten Fällen für erlittenes Unrecht entschädigt zu werden. Damit erweiterten sich die Möglichkeiten für eine Beteiligung der Bevölkerung an den politischen Entscheidungen und für die Bildung von Interessengruppen, die vom Staat Dienstleistungen und Schutz verlangen konnten, und zwar in der Form der wirtschaftlichen Infrastruktur, des Polizeischutzes, der Gerichte, der Schulen und Universitäten, der Wohlfahrtseinrichtungen und auf vielen anderen Gebieten. Mit der Ausdehnung dieser wechselseitigen Verpflichtungen schufen die Europäer das Bild eines Bürgers, das auf den größten Teil der Bevölkerung zutraf und nicht nur auf die wenigen Mitglieder der herrschenden Klassen. Die Bürgerrechte gewannen schon damals etwa die gleiche Bedeutung wie in den modernen europäischen Staaten: Es waren Rechte und Verpflichtungen im Hinblick auf den Staat, die mehr oder weniger auch für die große Masse der Menschen galten, die innerhalb der Grenzen dieses Staates geboren oder «eingebürgert» worden waren.

Obwohl es vor 1800 in Europa viele andere Arten von Staaten gegeben hat, die alle in dieser oder jener Weise segmentiert waren, begann mit dem 18. Jahrhundert eine Zeit, in der vor allem eine besondere Staatsform dominierte. Wir könnten sagen, daß dies der konsolidierte Staat gewesen ist; ein großes, aus den verschiedensten Teilen bestehendes staatliches Gebilde, innerhalb dessen heterogene Territorien direkt regiert wurden und das seinen Bürgern ein einheitliches fiskalisches, monetäres, rechtliches, legislatives, militärisches und kulturelles System verordnete. Die Heraufkunft dieses konsolidierten Staates war ein außergewöhnliches historisches Ereignis. Verglichen damit erscheinen alle Staaten, die es bis dahin gegeben hat, geradezu unbedeutend. Das Chinesische Reich war, als es in seinen Glanzzeiten zentral regiert wurde, der bemerkenswerteste Vorgänger des konsolidierten europäischen Staates. Selbst der mächtige, aber aus einzelnen Teilen bestehende japanische Staat läßt sich kaum mit dem europäischen vergleichen.

Viele Beobachter haben diesen neuen Typ des Staates als Nationalstaat bezeichnet. Bevor ich erkannte, wieviel Unheil dieses Wort angerichtet hat, habe ich selbst vom «nationalen» Staat gesprochen. Der Begriff «Nationenstaat» ist irreführend; er ist Ausdruck eines Programms und nicht einer Realität. Der Ausdruck «nationaler Staat» wirkt fast ebenso verwirrend. Obwohl viele konsolidierte Staaten behaupten, ihre Bevölkerung sei homogen und bestünde aus einem in sich geschlossenen Volk, trifft das nur in sehr wenigen Fällen zu, vielleicht auf Schweden und Norwegen nach ihrer Trennung im Jahr 1905 (wenn wir die Bevölkerung von Lappland außer acht lassen), auf Finnland nach der Finnisierung in den 1920er und 1930er Jahren (auch hier berücksichtigen wir die Lappländer nicht). Für Dänemark gilt es für die Zeit nach dem Verfall des Dänischen Reiches, für Irland und die Niederlande, wenn wir von der Spaltung zwischen Protestanten und Katholiken absehen, für Ungarn nach seiner Magyarisierung von 1866 und der Verkleinerung seines

Territoriums nach dem Ersten Weltkrieg. Es gibt aber nicht viele andere Länder, von denen man das sagen kann (*Ostergard* 1992). Belgien, die Schweiz, das Vereinigte Königreich, Spanien, Frankreich und Preußen haben niemals eine auch nur annähernd kulturell homogene Bevölkerung gehabt. Dennoch kamen in dieser Behauptung zwei wichtige Tatbestände zum Ausdruck, erstens das beispiellose Bemühen der Regierungen, eine gemeinsame Landessprache, ein einheitliches Erziehungssystem und eine bestimmte kulturelle Identität zu schaffen sowie die Loyalität der Bevölkerung zu sichern, und zweitens die neue Legitimierung des Grundsatzes, daß eine zusammenhängende, eng miteinander verbundene homogene Bevölkerung, die *wirklich* existierte, auch das Recht habe, gegenüber ihrem Staat eine eigene politische Stellung einzunehmen. Daraus wurden zwei wesentliche Grundsätze des Nationalismus.

Konfliktformen im Wandel

Die lange Zeit in Anspruch nehmenden Veränderungen der europäischen Staaten, Wirtschaften und Kulturen wirkten sich auch auf den Charakter aller Auseinandersetzungen, einschließlich der Revolutionen, aus. Denken wir daran, in wie verschiedener Weise die Bevölkerung versucht hat, ihre Ansprüche zur Geltung zu bringen: Durch das offene Aussprechen ihrer Forderungen, durch Drohungen, Bitten, Angriffe und andere Formen der Aufforderung zum Handeln oder zur Anerkennung ihrer Wünsche. Wir können uns auf bestimmte *aggressive* Formen solcher Forderungen konzentrieren (das heißt, in diesen Fällen gefährden sie die Interessen anderer), auf *kollektiv* erhobene Forderungen (das heißt, einzelne stimmen ihre Ansprüche mit denen anderer ab) und Forderungen, die von oder im Namen von weitgehend *wehrlosen* Menschen erhoben werden. Unter welchen Umständen stellen gewöhnliche Menschen solche Ansprüche? Arbeiten über diese Frage aus jüngster Zeit haben uns dazu geführt, daß wir uns entschieden von der einst vorherrschenden Auffassung abgewandt haben, das «kollektive Verhalten» müsse als eine besondere, in den meisten Fällen unpolitische Erscheinung behandelt werden, die sich auf die Auflösung herkömmlicher gesellschaftlicher Kontrollen zurückführen ließe und dadurch gekennzeichnet sei, daß sie die Gebote der Vernunft verhöhne (siehe z. B. *Aya* 1990; *McPhail* 1991; *Rule* 1989). Obwohl es heute bei der Auseinandersetzung mit diesem Thema große Meinungsverschiedenheiten gibt, behandeln die neuesten Analysen alle Versuche, bestimmte Forderungen durchzusetzen, als einen eminent wichtigen politischen Prozeß, gestützt auf klar umrissene Interessen relativ straff organisierter Bevölkerungsgruppen.

Nach den jüngsten Erkenntnissen stellen gewöhnliche Menschen kollektive Ansprüche, wenn sie damit gemeinsame Interessen vertreten, den gleichen Organisationen angehören, über die notwendigen Mittel verfügen und einigermaßen sicher sind, dafür nicht verfolgt zu werden, während sie andererseits im Hinblick auf ihre gemeinsamen Interessen eine Gelegenheit sehen, ihre Berücksichtigung durchzusetzen, oder wenn sie glauben, diese Interessen seien bedroht. Die Wahrscheinlichkeit, daß solche Forderungen erhoben werden, und zwar mit größerem Nachdruck, erhöht sich nach Ansicht der meisten Analytiker, wenn die Menschen, die sie erheben, sich deutlich ihrer sozialen Identität bewußt sind und sich in einer Organisation vereinigen, die sie unterstützt, wenn diese Identität mit wohlerworbenen Rechten oder Privilegien verbunden ist und wenn diese Menschen die gleichen Gründe haben, sich über klar erkannte Feinde oder Rivalen zu beschweren. Werden die gleichen Ansprüche über eine längere Zeit immer wieder gestellt (und das tun durchaus nicht nur verwirrte Individuen oder entwurzelte Randgruppen), dann geschieht das nur dort, wo relativ eng zusammenarbeitende gesellschaftliche Organisationen agieren. Außerdem werden Ansprüche nicht immer nur von einzelnen Gruppen gestellt, sondern auch im Rahmen der Interaktion von Gruppen. Mindestens jedoch besteht eine enge Beziehung zwischen denen, die eine Forderung erheben, und dem Gegenstand dieser Forderung. Noch häufiger geschieht das jedoch als Teil eines fortlaufenden Gebens und Nehmens einer Vielzahl von Beteiligten. Deshalb übersehen diejenigen immer die Hälfte der Geschichte, die behaupten, «Proteste» ließen sich nur mit den Bedingungen derjenigen erklären, die protestieren. Solche Behauptungen werden meistens von den Behörden aufgestellt oder von denjenigen, die sich auf die Seite der Behörden stellen.

Wir können nicht sehr viel näher auf diese sehr abstrakten Überlegungen eingehen, ohne die historischen Aspekte der Problematik zu berücksichtigen. Im Hinblick auf die Geschichte Europas seit 1492 bedeutet das, wir müssen erstens an die großen sozialen Veränderungen auf dem Kontinent denken, in deren Rahmen sich auch die Art gewandelt hat, in der solche Forderungen erhoben wurden, und wir müssen zweitens die Geschichte dieser Verhaltensweise selbst untersuchen, indem wir feststellen, welche Möglichkeiten es für das kollektive Handeln gegeben hat. Eine ganze Reihe struktureller Veränderungen hat den Charakter und die Häufigkeit solcher Forderungen beeinflußt: die beschleunigte Urbanisierung nach 1800, der Übergang vom merkantilen zum industriellen Kapitalismus, die zunehmende Proletarisierung der ländlichen und der städtischen Arbeiterschaft, das rasche Anwachsen der Bevölkerung, die Massenauswanderung, der steigende Einfluß großer, gewinnsüchtiger, bürokratischer Staaten. Diese Entwicklungen haben den Rahmen für die Veränderungen und Variationen der kollektiv erhobenen Forderungen gebildet.

Eine historische Einordnung der Methoden, mit denen in Europa seit 1492 solche Forderungen erhoben wurden, muß die beiden wichtigsten Prozesse der neueren europäischen Geschichte hervorheben: die Entstehung des modernen Staates und die Entwicklung des Kapitalismus. Beide Prozesse haben solche Forderungen geradezu provoziert, weil sie mit fundamentalen Konflikten einhergingen. Erstens wuchsen die Staaten durch die Inanspruchnahme der Ressourcen ihrer Untertanen – Menschen, Geld und Waren –, und zwar so weit, daß nur die Staaten als Gewinner übrigblieben, während andere, die ebenfalls ein Recht auf diese Mittel hatten, auf der Verliererseite standen. Obwohl ausländische Söldner einen wesentlichen Teil der Bevölkerung ausmachten, spürten die Familien, die Bauern und die Kaufleute etwa in England um das Jahr 1700 sehr deutlich das Fehlen ihrer jungen Männer, auch wenn nur etwa 5 bis 6 % der Gesamtbevölkerung (einschließlich aller Männer, Frauen und Kinder) in den Streitkräften dienten.

Zweitens rangen die Staaten in der Konsolidierungsphase mit konkurrierenden Gewalten innerhalb und außerhalb ihres Territoriums um die Gefolgschaft und die materielle Unterstützung der Bevölkerung. Wo der Hochadel über zahlreiche von ihm abhängige Gefolgsleute verfügte, verlor er sie schließlich, als der Staat die Privilegien des Adels beschnitt und er damit seine Unabhängigkeit einbüßte. Schließlich beanspruchten auch Gruppen im Umkreis des Staates die Machtmittel, Einrichtungen und Vorteile, über die der Staat bereits verfügte. Als es sich nun zeigte, daß die Fürstenhöfe ihre Ansprüche durchsetzen wollten und konnten, bemühten sich der Adel, die Bauern und der Klerus darum, ihre Ansprüche vor Gericht zu verteidigen. Im Rahmen von drei verschiedenen Konfliktsituationen wurden immer neue Forderungen erhoben. Dabei ging es um den Widerstand gegen die Wehrpflicht oder die Besteuerung, um den Kampf zwischen Fürsten und Hochadel und um die an den Staat gerichtete Aufforderung, bestimmte Personen oder Personengruppen zu belohnen oder zu bestrafen.

In ähnlicher Weise kam es im Verlauf der Entwicklung des Kapitalismus zu drei fundamentalen Konflikten – erstens zwischen Kapital und Arbeiterschaft, zweitens zwischen den Kapitalisten und anderen, die ein Recht auf den Grundbesitz, die Arbeitskräfte und andere Produktionsmittel erhoben, und drittens zwischen den Konkurrenten auf den gleichen Märkten, den Warenmärkten, den Arbeitsmärkten und den Kapitalmärkten. Im Rahmen dieser Konflikte entstanden wiederum neue Forderungen, und zwar bei Streiks und Arbeiterunruhen, bei Protesten gegen einschränkende Bestimmungen und bei den Versuchen, das Monopol auf Arbeitsplätze mit Gewalt gegen Außenseiter zu verteidigen. Zeitweilig betrafen diese Konflikte gleichzeitig die Beziehungen zum Staat und zum Kapital, zum Beispiel wenn die Arbeiter gegen Staaten rebellierten, die von Kapitalisten beherrscht wurden.

Andere Entwicklungen und das Zusammenwirken von staatlichem Wandel und Kapitalismus haben jedoch den zeitlichen Ablauf, den Charakter, die soziale Basis und die Ergebnisse der kollektiv erhobenen Forderungen wesentlich beeinflußt. Zu massiven Bauernrevolten kam es zum Beispiel vor allem in großen, autoritär regierten Staaten, die über nur geringe Kapitalreserven verfügten, während die in Gilden organisierten Handwerker meistens dort um mehr Einfluß und Privilegien kämpften, wo die Wirtschaft über reichliche Geldmittel verfügte und der Staatsapparat von Kapitalisten beherrscht wurde. 1493 rebellierten im Elsaß die von den Großgrundbesitzern in die Leibeigenschaft getriebenen Bauern unter einer Fahne, auf der als Symbol ein Bundschuh abgebildet war, im Namen der göttlichen Gerechtigkeit gegen ihre Grundherren (*Blickle* 1981; VIII). In den ländlichen Gebieten, wo die Bauern besonders unter der Willkür der Großgrundbesitzer zu leiden hatten, wurde der Bundschuh dreißig Jahre später im deutschen Bauernkrieg zum äußeren Zeichen dieses Freiheitskampfes. Doch im 17. Jahrhundert war die Zeit der religiös begründeten, egalitären Bauernaufstände fast in ganz Europa vorüber.

Im Laufe der Jahrhunderte änderten sich die äußeren Formen der Konflikte und Rebellionen von Grund auf. Als die wirtschaftlichen und politischen Probleme immer mehr zur Sache der ganzen Nation wurden, rückten die lokalen Probleme in den Hintergrund, und die Forderungen betrafen eher Fragen des nationalen Interesses. Nicht mehr die Grundherren wurden aufgefordert, bestimmten Ansprüchen zu genügen oder diese bei den regionalen oder nationalen Machthabern geltend zu machen, sondern die Forderungen wurden im Namen ganzer Kategorien der Bevölkerung erhoben. Diese Entwicklung hat zwar niemals zu einer völligen Umkehr geführt, aber die kollektiven Forderungen wurden nun von einem anderen Personenkreis erhoben oder gingen in eine andere Richtung. So richteten die Arbeiter ihre Forderungen teilweise nicht mehr an die einzelnen Arbeitgeber, sondern an die Arbeitgeberverbände einer ganzen Industrie oder an den Staat. Doch der Weg zur Verstaatlichung nahm seinen Verlauf als Funktion einander zum Teil widersprechender Neuerungen in den kapitalintensiven oder autokratisch regierten Staaten.

Die historischen Veränderungen im Repertoire kollektiver Aktionen sind deutlich geprägt von der jeweiligen Beziehung zu kapitalorientierten oder autoritären Regierungen. In jeder in sich geschlossenen Bevölkerung verfügen die Menschen über eine begrenzte Zahl traditioneller Methoden, ihre Ansprüche zur Geltung zu bringen, Verhaltensweisen, wie sie sich im Laufe der Zeit beim Ringen um die Durchsetzung ihrer Forderungen entwickelt haben. Im 18. Jahrhundert konnten englische Arbeiter zum Beispiel Bittschriften einreichen oder versuchen, ihre

Arbeitgeber bei Massendemonstrationen zu beschämen, mit ihrem Beifall Kandidaten für einen Parlamentssitz im Wahlkampf zu unterstützen (aber natürlich nicht als Wähler) und ihren Forderungen auf andere Weise Nachdruck zu verleihen. Sie konnten aber nicht ihre Kollegen in anderen Firmen zum Streik aufrufen, sich zu Gewerkschaften zusammenschließen, politische Parteien mobilisieren und veranlassen, sie zu unterstützen, oder sich zu anderen gemeinschaftlichen Aktionen zusammenschließen wie ihre Kollegen im 19. Jahrhundert. Bei all diesen Aktionen kam es zum Zusammenwirken einzelner Gruppen von Arbeitern mit bestimmten anderen, mit den Arbeitgebern, Arbeitskollegen, dem örtlichen Adel und so weiter. Alle diese Methoden, mit denen die Arbeiter ihre Ansprüche gegenüber anderen geltend machten, sowie die Reaktionen ihrer Gegenspieler bildeten zusammen das Repertoire kollektiver Aktionen, über das die Arbeiter verfügten. Diese Möglichkeiten, Ansprüche zu stellen, wechselten von Gruppe zu Gruppe, von Region zu Region und von Epoche zu Epoche.

Dabei beschränkten sich diese Möglichkeiten für die Arbeiter und andere Personenkreise auf eine jeweils begrenzte Zahl von Methoden, so daß gewisse Forderungen und Ansprüche leichter durchzusetzen waren als andere, bei denen dieser Versuch fast immer zum Scheitern verurteilt war. Die Arbeiter im 18. Jahrhundert konnten sehr wirksam gegen Streikbrecher vorgehen, hatten aber fast keine Möglichkeit, auf ein Parlamentsmitglied einzuwirken, das nicht bereit war, ihre Forderungen zu unterstützen. Im Verlauf solcher Auseinandersetzungen änderte sich gelegentlich auch das Repertoire kollektiver Aktionen, wenn eine der beiden Parteien ihre Methoden variierte und damit Erfolg hatte. Bestimmte Verhaltensweisen erwiesen sich aber auch als unwirksam oder zu kostspielig, und deshalb verschwanden sie. Die Geschichte von Rough Music oder Charivari in England und Frankreich zeigt uns sowohl Neuerungen als auch das Versagen bestimmter Methoden (*Le Goff & Schmitt* 1981; *Thompson* 1972). In früherer Zeit kam es zu Versammlungen junger Leute vor den Wohnungen von Männern, die ihre Frauen schlugen, von betrogenen Ehemännern, Ehebrechern, alten Männern, die junge Frauen geheiratet hatten, und anderen, die gegen den lokalen Kodex für Verheiratete verstießen. Mit lautem Krach, dem Zusammenschlagen von Topfdeckeln, dem Absingen von Spottliedern oder auf andere Art demonstrierten sie dann ihren Unwillen. Anfang des 19. Jahrhunderts wurde diese althergebrachte Form der aggressiven Verhöhnung häuslicher Sünden von einigen Neuerern für Demonstrationen auf politischer Ebene übernommen. Aber auf diese politische Phase folgte wiederum eine Zeit, in der diese Art der kollektiven Mißbilligung sehr schnell außer Mode kam.

So trat auch der Streik ganzer Belegschaften an die Stelle der Aufmärsche, bei denen sich zahlreiche Mitglieder eines Berufsstandes am Stadtrand versammelten und dann vor die Fabriktore marschierten, die Arbeiter herausriefen, an den Stadtrand zurückkehrten, sich über ihre Forderungen einigten und eine Delegation zu den Arbeitgebern schickten, um mit ihnen zu verhandeln. Überall in Europa machten die Arbeiter sehr bald die Erfahrung, daß sie kaum mehr die Möglichkeit einer direkten Auseinandersetzung mit ihren Arbeitgebern hatten, nachdem die großen Fabriken und die Proletarisierung an die Stelle des Systems der kleinen Handwerksbetriebe getreten waren. Nun begannen sie, jeweils in einer Firma die Arbeit niederzulegen. Im Laufe der Zeit betrachteten die Europäer das Bestreiken einzelner Firmen als durchaus normal und den Generalstreik als Ausnahme.

Sidney Tarrow und Sarah Soule sprechen von einer ganz neuen Entwicklung im 19. Jahrhundert: Die Methoden wurden *modular* (*Tarrow & Soule* 1991). Im 18. Jahrhundert gab es sehr wirksame Methoden, sich gegen bestimmte Maßnahmen zu wehren, zum Beispiel als es um die Frage ging, wieweit die Inbesitznahme von staatlichem Grund und Boden berechtigt sei (bei den Protestaktionen wurden Zäune abgerissen, und das Land wurde in vielen Fällen von den benachbarten Farmern landwirtschaftlich genutzt). Man ging aber auch gegen einzelne Arbeiter vor, die sich bereit erklärt hatten, für einen zu geringen Lohn zu arbeiten (hier wurde der Schuldige auf einem Esel oder einer Stange sitzend durch die Stadt geführt oder getragen und dem Gespött und den Wurfgeschossen der Zuschauer ausgesetzt). Doch diese Methoden waren nicht ohne weiteres von einer auf die andere Situation übertragbar. Die im 19. Jahrhundert entwickelten Protestmethoden ließen sich jedoch leicht von den verschiedensten Gruppen an allen denkbaren Orten anwenden und wurden daher oft im ganzen Land zur Norm. Die Massenversammlungen, Demonstrationen und das Vorlegen von Bittschriften eigneten sich für das Geltendmachen der verschiedensten Interessen, und konfligierende Parteien verwendeten oft die gleichen Methoden in der Hoffnung, sich auf diese Weise besser durchsetzen zu können.

Die Entwicklung des Kapitalismus und die Veränderungen in den Regierungsformen führten gemeinsam dazu, daß sich die bisher üblichen Methoden, Forderungen zu stellen, die Art dieser Forderungen, der Personenkreis, der sie aufstellte, und der Inhalt der Forderungen änderten. In Staaten mit relativ kapitalistisch orientierten Wirtschaften, in denen die nationalen Interessen durch starke Institutionen repräsentiert wurden, nahm zum Beispiel die soziale Bewegung auf nationaler Ebene im 19. Jahrhundert deutlich Gestalt an. Diese Bewegung war dadurch gekennzeichnet, daß sie im Namen eines ganzen unterprivilegierten Teils der Bevölkerung gegenüber den Machthabern unermüdlich klar formulierte Forderungen erhob – das waren zum Beispiel alle Frauen, alle Bretonen, alle Arbeiter, alle Flamen usw. Das Vorgehen dieser Bewegung erinnerte stark an das Verhalten der Parteien in einem Wahlkampf. Der größte Unterschied liegt darin, daß eine nationale soziale Bewegung sehr viel länger dauern kann als ein Wahlkampf und daß die politischen Parteien sich selten für die Ziele von sozialen Bewegungen engagieren. Häufig sind sie selbst Gegenstand solcher Forderungen. Obwohl es auch vor 1800 zu Zeiten einer vorübergehend geschwächten Souveränität wie etwa bei der Englischen und der Französischen Revolution eine Reihe ähnlicher Ereignisse gegeben hat, wurden die nationalen sozialen Bewegungen erst nach den Napoleonischen Kriegen in Westeuropa zu einer typischen Erscheinungsform bei der Aufstellung politischer Forderungen.

Die nationale soziale Bewegung entwickelte sich aus älteren Formen organisierter, an die politischen Machthaber gerichteter Herausforderungen. Als die Staaten ihre Untertanen zwangen, die Regierungen bei ihren Kriegsanstrengungen stärker zu unterstützen (in der Form höherer Steuern, durch die Ableistung des Wehrdienstes und die Abführung von Vermögenswerten), entdeckten geschickte Politiker, daß sie aus der im Grunde konservativen Idee des alten Völkerrechts eine progressive Doktrin der Volkssouveränität machen konnten. Deshalb haben die Amerikanische und die Französische Revolution und die Napoleonischen Kriege dieser neuen Form, Forderungen zu stellen, einen starken Auftrieb verliehen. Obwohl sich in ihrer äußeren Form und in den Taktiken Wesentliches geändert hat, sind diese Neuerungen bis in unsere Zeit erhalten geblieben. In Frankreich haben sich sogar die Regierungsbehörden an der Institutionalisierung der Praktiken dieser sozialen Bewegung beteiligt. Als die Polizei und das Militär gegen gewalttätige Demonstrationen eingesetzt wurden und neue Taktiken zur Eindämmung der Gewalt entwickelten, arbeitete die Nationalversammlung Gesetze aus, nach denen die Polizei, das Militär und die Gerichte mit dem Ziel zusammenwirken konnten, den Demonstrationen, bei denen politische Forderungen erhoben wurden, Grenzen zu setzen. Aber durch diese Eindämmungsmaßnahmen, Verhandlungen und Gesetze trugen die Behörden zur Stabilisierung der Bewegung bei. Zudem sahen sie sich in ihrem Bemühen um Kontrolle selbst zur Reorganisation gezwungen. Mit der Aufstellung nationaler Polizeikräfte wurde es zum Beispiel leichter, Massendemonstrationen unter Kontrolle zu halten und sich durch Agenten über die Absichten politischer Gruppierungen zu informieren. Gleichzeitig wurde dabei aber auch die Bürokratie in ihre Schranken gewiesen, und der Staat übernahm gegenüber der Masse der Bevölkerung bestimmte Pflichten, die er nicht ohne weiteres vernachlässigen konnte.

Sowohl im 19. als auch im 20. Jahrhundert haben sich die nationalen sozialen Bewegungen auf das Zusammenwirken zwischen denen, die angeblich die Interessen unterprivilegierter Gruppen vertraten, und den Vertretern der jeweiligen Machthaber konzentriert. Zu ihren charakteristischen Aktionsformen gehören Protestmärsche, Massenversammlungen, Demonstrationen, Konferenzen, die Vorlage von Bittschriften und die Verteilung von schriftlichem Propagandamaterial – und das alles zeigt deutlich die Parallelen zu den Wahlkämpfen. Meistens erledigen die Organisationen der sozialen Bewegung den größten Teil dieser Arbeit. Das sind Zusammenschlüsse von Interessenten, die sich mit der Lösung eines bestimmten Problems beschäftigen und dabei ein genau festgelegtes Programm verfolgen, das allerdings gelegentlich auch geändert werden kann. Diese Tatsache hat oft dazu geführt, daß Analytiker solche Organisationen irrtümlich so behandelt haben, als seien sie selbst die Bewegung. Zu diesem Irrtum kann es leicht kommen, weil die Organisatoren einer sozialen Bewegung großen Wert darauf legen, sich als Sprecher größerer, genau definierter, straff organisierter Teile von unterprivilegierten Bevölkerungsschichten darzustellen. Die im Rahmen der sozialen Bewegung entstandenen Organisationen bleiben oft auch länger bestehen als die Bewegung selbst. Wenn die Bewegung ruht, konzentrieren sich viele von ihnen darauf, sich ihre Identität bestätigen zu lassen, indem sie die Organisation am Leben erhalten und mit ihrer Hilfe ihre politischen Gegner unter Druck setzen.

Nationale soziale Bewegungen entstehen gewöhnlich durch Zusammenschlüsse von Organisationen und Aktivisten mit neuen Organisationen und Pseudoorganisationen, die sich ihrerseits als Ergebnis von Bemühungen bilden, die Menschen zur Artikulation ihrer Ansprüche zu mobilisieren. In der Geschichte ist es nur selten dazu gekommen, daß soziale Bewegungen solche Forderungen erheben. Wenn wir die revolutionären Situationen in den verschiedenen Teilen Europas vor 1800 betrachten, dann werden wir nur dort, wo es zu so tiefgreifenden Auseinandersetzungen gekommen ist wie in den deutschen Bauernkriegen der Jahre 1524 bis 1526, auf über längere Zeit und wirklich energisch erhobene Forderungen stoßen. Doch in den vergangenen 150 Jahren ist dies die typische Reaktion unterprivilegierter Menschen gewesen, die auf diese Weise die Öffentlichkeit mit ihren Beschwerden und Forderungen bekannt machen wollten. Teilweise haben sie damit Erfolg gehabt. Sie haben die Einführung des allgemeinen Wahlrechts, Verbesserungen bei den Leistungen der Sozialfürsorge und in den meisten europäischen Ländern gelegentlich auch die Einsetzung neuer politischer Akteure erreicht.

Es gibt die verschiedensten Möglichkeiten, Ansprüche geltend zu machen. Sie reichen von der subtilen Andeutung bis zur sozialen Revolution, von der stillschweigenden Opposition im faschistischen Italien bis zur mit militärischer Gewalt erzwungenen Befreiung Finnlands vom russischen Joch nach dem Ersten

Weltkrieg. Im Verlauf der Jahrhunderte von 1492 bis 1992 waren die bedeutendsten politischen Umwälzungen in Europa, die auf diese Weise erreicht wurden, die Gründung autonomer Nationalstaaten als Folge mit militärischer Gewalt ausgetragener Konflikte, die Ausweitung der unmittelbar gegenüber der Staatsmacht erhobenen Forderungen, die Erweiterung der genossenschaftlichen Basis für das kollektive Handeln und die zunehmende Bedeutung der kollektiv erhobenen Forderungen der einzelnen Klassen innerhalb des kapitalistischen Systems. Alle diese Veränderungen standen im direkten Zusammenhang mit der Entstehung der konsolidierten Staaten und der Ausbreitung des Kapitalismus.

Typen revolutionärer Situationen

Die genannten weitreichenden Veränderungen haben auch den Charakter der Revolutionen wesentlich gewandelt. Im 16. Jahrhundert ist es in Europa zu zahlreichen Revolutionen gekommen, und auch im 20. Jahrhundert hat es hier häufig Revolutionen gegeben, aber in neuerer Zeit hat sich ihre Form drastisch verändert. In einer zweidimensionalen Vereinfachung können wir zwei Arten von revolutionären Situationen danach unterscheiden, welche revolutionären Koalitionen daran beteiligt waren. Die einzelnen Arten entstehen durch die Überschneidung von zwei Dimensionen. Das sind erstens die *Basis der Gruppenbildung*, die einmal territorial und andererseits von Interessen bestimmt sein kann, und zweitens die *Direktheit der Beziehungen* der Beteiligten untereinander, denn diese Beziehungen sind entweder direkt oder indirekt. Abbildung 2 zeigt eine graphische Darstellung dieser Beziehungen.

Diese Beziehungen sind fließend, und wir zeigen hier die relative Direktheit der Beziehungen zwischen den Mitgliedern von Gruppen und das relative Gewicht der territorial oder durch Interessen bestimmten Beziehungen. Bei revolutionären Situationen in den Beziehungen zwischen Schirmherren und den von ihnen abhängigen Personen haben sich zum Beispiel ganze Gemeinwesen, die sonst kaum etwas miteinander zu tun hatten, mit ihren Schirmherren, in den meisten Fällen mächtigen adeligen Großgrundbesitzern, zum massiven Widerstand gegen die Autorität der Fürsten vereinigt. Hier verbanden sich territorial und von Interessen bestimmte Gruppen. Im 16. und 17. Jahrhundert werden wir zahlreiche Bündnisse dieser Art antreffen, die sich jedoch im 18. Jahrhundert wieder aufgelöst haben. Im 19. Jahrhundert haben sich aus Gründen, die wir noch untersuchen werden, auf der Iberischen Halbinsel, auf dem Balkan und in anderen Teilen Europas militärische Junten gebildet. Sie haben sich im Kampf um die politische Macht gewöhnlich mit dynastischen Gruppen oder fortschrittlichen oder konservativen Teilen des Bürgertums verbunden. Dabei spielten gemeinsame Interessen eine Rolle, aber die Beziehungen zwischen den verschiedenen militärischen Verbänden, die die schmutzige Arbeit der Machtergreifung leisteten, wurden gewöhnlich über ehrgeizige Offiziere hergestellt.

Der Widerstand ganzer Gemeinwesen gegen Steuereintreiber, den wir besonders in der Zeit vom 17. bis zum 19. Jahrhundert im Zusammenhang mit der militärischen Aufrüstung beobachten können, gehört in die kommunale linke untere Ecke unserer graphischen Darstellung. Er war relativ einfach strukturiert und erfolgte im Rahmen der territorialen und sozialen Bindungen, die er bewirkte. Im allgemeinen beteiligten sich an den innerhalb der Gemeinwesen entstehenden Revolutionen die Mitglieder bereits bestehender Gemeinschaften wie Gemeinden von Bauerndörfern, Handwerksgilden und religiösen Orden. Viele revolutionäre Situationen hatten ihren Ursprung innerhalb von Gemeinwesen, aber die Folgen von Revolutionen haben sich niemals ausschließlich auf die Struktur solcher Gemeinwesen ausgewirkt. Das geschah am ehesten bei den erfolgreichen Kämpfen um die Errichtung örtlicher protestantischer Kirchen im 16. Jahrhundert. Doch selbst dort war der Erfolg in den meisten Fällen der Mitwirkung der Großgrundbesitzer oder städtischer Oligarchien zu verdanken.

An den dynastischen revolutionären Situationen war der Hochadel beteiligt, besonders diejenigen Familien, die selbst Anspruch auf die Krone erhoben, und der von ihnen abhängige Personenkreis. Dabei wollte der Hochadel entweder selbst die politische Macht an sich reißen oder seine Privilegien vor den Angriffen der Fürsten schützen. Zu den dynastischen Revolu-

Abbildung 2: Typen revolutionärer Koalitionen als Funktion des Territoriums gegenüber den Interessen und der Direktheit von Beziehungen unter den Beteiligten.

tionen gehören auch die wiederholten Erbfolgekriege, in welche die europäischen Monarchien bis zum 18. Jahrhundert verwikkelt waren. Den Dynastien fehlte oft die eindeutig abgegrenzte territoriale Basis, aber sie unterhielten in den meisten Fällen weit über die Landesgrenzen hinausgehende Beziehungen. Wenn sich Dynastien und Gemeinwesen in einer Revolution vereinigten, dann hatte diese meist weitreichende Folgen.

Wenn Revolutionen von Klassenkoalitionen ausgingen, dann entsprachen sie eher den klassischen marxistischen Modellen, doch an solchen Auseinandersetzungen waren oft auch Angehörige der herrschenden Klassen beteiligt. In diesem Zusammenhang sind der Fronde-Aufstand in Frankreich (1648–1653) und die holländische Revolte gegen Spanien ebenso zu nennen wie die große Englische, die Französische und die Russische Revolution. Die Gemeinsamkeit der nationalen mit den kommunalen Revolutionen lag darin, daß sie sich auf die einheimische Bevölkerung und die sich daraus ergebenden Bindungen stützten, aber ihr Wirkungskreis war sehr viel größer, und es entstand eine viel komplexere Arbeitsteilung zwischen Intellektuellen, politischen Abenteurern, dem Militär und gewöhnlichen Mitgliedern nicht immer genau feststellbarer Nationalität. Im Laufe der Zeit kam es immer häufiger zu erfolgreichen, von Klassenkoalitionen bestimmten und nationalen Revolutionen. Das lag daran, daß sich die Struktur der Staaten und staatlichen Systeme so veränderte, daß der Ausbruch von Revolutionen erleichtert wurde.

Das zweidimensionale Schema klassifiziert Koalitionen, innerhalb derer revolutionäre *Situationen* entstehen, aber nicht solche, die von den Ergebnissen einer Revolution profitieren. Es zeigt die wesentlichen Beziehungen zwischen den Beteiligten und weist insbesondere auf diejenigen hin, die die etablierte Staatsmacht herausfordern. Die Ergebnisse einer Revolution führen oft in eine ganz andere Richtung, als dies aufgrund der Differenzen am Ausgangspunkt zu erwarten war. Das zeigt sich auch bei den Unruhen von 1826 im Osmanischen Reich. Sie begannen mit dem Widerstand der Janitscharen gegen die Beschränkung ihrer gewaltigen Macht durch den Sultan, endeten jedoch mit einem Massaker und der Auflösung der Janitscharen. Ebenso begann auch die Auflösung der Sowjetunion im Jahr 1991 mit einem Putschversuch der Vertreter und Verteidiger des alten zentralistischen bürokratischen Staates, endete aber damit, daß eine Revolution der anderen folgte.

Jedes Zeitalter – oder besser gesagt: jedes erkennbare Zusammenwirken politischer, wirtschaftlicher und kultureller Gegebenheiten – hat zu Revolutionen individuellen Typs mit jeweils anderen Beteiligten und Ergebnissen geführt. Im 16. und 17. Jahrhundert führte zum Beispiel der Umstand, daß nur ein Fürstengeschlecht und seine Vasallen den rechtmäßigen Anspruch auf die Macht im Staat hatten, zu einer Gefährdung der Position der regierenden Fürsten durch die Unterbrechung der Erbfolge (wenn ein König starb und es keinen erwachsenen männlichen Thronerben gab, entstanden Streitigkeiten unter den potentiellen Thronerben). Ebenso konnte es geschehen, daß ein Thronprätendent versuchte, die Vasallen auf seine Seite zu bringen, und ihnen die Gewährung neuer Privilegien anbot, oder die überhöhten materiellen Forderungen des Monarchen auf Widerstand stießen (etwa bei Steuererhöhungen zur Finanzierung von Kriegen, die der König aus den normalen Staatseinkünften hätte finanzieren müssen). Unter all diesen Umständen konnte es dazu kommen, daß die Machthaber und ihre Vasallen in einen Machtkampf verwickelt wurden, daß einflußreiche Gruppen innerhalb des Gemeinwesens gemeinsam mit dem von ihnen abhängigen Personenkreis die Autorität des Monarchen in Frage stellten und jede dieser Gruppen sich veranlaßt sehen konnte, mit einer beliebigen anderen ein Bündnis einzugehen.

Doch im 17. und 18. Jahrhundert festigte sich die Macht der regierenden Fürsten in den meisten europäischen Ländern. Als der Professionalismus sowie der Umfang und die Kosten der Armeen und ihres Einsatzes rapide anstiegen, bemühten sich die regierenden Fürsten darum, den bisher weitgehend autonomen Adel und die freien Städte mit deren Streitkräften unter ihre Kontrolle zu bringen. Dabei suchten sie die Unterstützung von Finanziers, die ihnen die notwendigen Geldmittel leihen und bei der Eintreibung der Steuern behilflich sein konnten. Söldnerheere zogen plündernd durch Dörfer und Städte, und die gewaltig gestiegenen Steuern belasteten die Bevölkerung. Alle diese Erscheinungen konnten zum kollektiven Widerstand führen, entweder weil die Zunahme des Pro-Kopf-Einkommens zurückging oder weil sich die Anforderungen des Staates rasch und sichtbar erhöhten. In diesen Fällen bekamen ganze gesellschaftliche Klassen oder zusammenhängende Bevölkerungsteile gleichzeitig den vom Staat ausgeübten Druck zu spüren und sahen sich daher veranlaßt zu rebellieren. Paradoxerweise förderte die Entwicklung der Staaten in Richtung auf die direkte Herrschaft mit großem Nachdruck das Entstehen revolutionärer Situationen im indirekten Zusammenwirken der Beteiligten; auf nationaler Ebene verfügten nur Gruppen, die enge Beziehungen zu Maklern und Unternehmen unterhielten, und Koalitionen solcher Gruppen über die Fähigkeit, die Macht im Staat an sich zu reißen.

Konsolidierung, Nationalismus und Revolution

Was ist nun zu den Beziehungen zwischen Klassenkoalitionen und nationalen Revolutionen und der Konsolidierung des Staates zu sagen? Wo die europäischen Staaten begannen, starke militärische Streitkräfte aufzustellen, die sich aus den eigenen Bevölkerungen rekrutierten, nahmen Machtfülle und Umfang des Staatsapparates rapide zu. Die Machthaber sicherten die Grenzen ihrer Territorien und nahmen die darin vorhandenen Hilfsmittel für sich in Anspruch wie nie zuvor. Sie griffen in den Kapitalmarkt ein und bestimmten autoritär den Einsatz der Arbeitskräfte, den Warenverkehr und die Verwendung der Geldmittel. In Zusammenarbeit mit den Bevölkerungsschichten, die ein eigenes Interesse an der nationalen Identität hatten, bemühten sich die Machthaber um die Homogenisierung der Bevölkerung durch die Einführung einer für alle geltenden gemeinsamen Landessprache, die Schaffung nationaler Erziehungssysteme und die öffentliche Betonung eines gemeinsamen kulturellen Erbes.

Der Mythos vom Nationalstaat und dann dessen teilweise Verwirklichung traten in die Geschichte ein, als staatliche und internationale Zusammenschlüsse sich um eine Stärkung der staatlichen Legitimität auf der Grundlage geschlossener Identität bemühten. Zugleich kam es im Verlauf des Ringens um die Aufstellung starker Streitkräfte zu Vereinbarungen mit großen Teilen der Bevölkerung, zur Erweiterung der Bürgerrechte und zur Übernahme zahlreicher Aufgaben durch den Staat, die er bisher kaum wahrgenommen hatte. Als Folge dieser Ausweitung und Homogenisierung kamen diejenigen, die an der Kontrolle des Staatsapparates beteiligt waren, in den Genuß von Vorteilen, auf die andere verzichten mußten, und zwar in einer dramatischen und für alle deutlich sichtbaren Weise. Das geschah auf den verschiedensten Ebenen. Zu den Nutznießern gehörten auch regionale Machthaber, die als Sprecher für bestimmte kulturelle Gruppen aufgetreten waren. Damit erhöhte sich der Anreiz, einen Teil der Staatsmacht für sich in Anspruch zu nehmen oder einen eigenen Staat zu gründen, was wiederum zu revolutionären Entwicklungen führte.

Zwei unterschiedliche Phänomene lassen sich als «Nationalismus» bezeichnen. Wir können auf der einen Seite von einem *staatlich gelenkten* Nationalismus sprechen, andererseits aber von einem Nationalismus, der sich um seine Verwirklichung in *einem* Staat bemüht. Bei dem vom Staat gelenkten Nationalismus verfolgen die Machthaber aggressiv ein bestimmtes nationales

Interesse, während sie ihre Forderungen mit Erfolg und im Namen der ganzen Nation an eine großzügig definierte Bürgerschaft richten, ohne zu berücksichtigen, welche anderen Verpflichtungen diese Bürger haben. Bei dem Nationalismus, der nach seiner Verwirklichung in einem Staat strebt, beanspruchen Vertreter einer Bevölkerung, die bis dahin noch nicht an der kollektiven Kontrolle des Staats beteiligt war, einen bestimmten politischen Status oder sogar einen eigenen Staat. Gelegentlich vereinigten sich beide in dem Bestreben, Territorien in Nachbarstaaten, deren Bevölkerung mit der eigenen verwandt war, einem angeblichen Mutterstaat anzugliedern. Auf jeden Fall stimmten beide Phänomene insofern überein, als jedesmal die Meinung vertreten wurde, Staaten sollten homogenen Bevölkerungen entsprechen, homogene Bevölkerungen hätten ganz bestimmte eigene politische Interessen, die Angehörigen homogener Bevölkerungen schuldeten den Staaten, in denen ihr Erbe gepflegt wurde, Loyalität und die Welt solle daher aus Nationalstaaten bestehen, deren Bürger überzeugte Patrioten sein müßten.

Der europäische Nationalismus, der im 18. Jahrhundert entstand, hatte durchaus seine Vorläufer. Die Vorstellung, daß die Nation existierte und die Loyalität, die sie beanspruchte, den Vorrang gegenüber anderen Loyalitäten habe, hat eine lange Geschichte, und ihre Wurzeln liegen in der Kritik an bestehenden Staaten (*Greenfeld* 1990; *C. C. O'Brien* 1989). Hier geht es jedoch um die Frage, wie eine solche Idee zum Programm geworden ist oder vielmehr zu einer ganzen Reihe von miteinander konkurrierenden Programmen, die von Millionen unterstützt wurden und zur rationalen Grundlage Hunderter revolutionärer Situationen in Europa geworden sind.

Im Verlauf der protestantischen Reformation im 16. Jahrhundert wurde oft gleichzeitig die religiöse und die politische Autonomie gefordert, besonders in den Teilen des Heiligen Römischen Reiches und des Habsburgerreichs, in denen die freien Städte oder Vasallenfürsten den Kaiser dadurch herausforderten, daß sie seinem Verbündeten, dem katholischen Papst, die Anerkennung verweigerten. In Rußland, Serbien und Griechenland stand die orthodoxe Kirche hinter der staatlichen Macht, ebenso haben sich die nationalen protestantischen Kirchen später in England, Schottland, den Niederlanden und Skandinavien hinter die Staatsmacht gestellt. So diente die Religion auch weiterhin der Solidarität innerhalb der Gemeinwesen und der politischen Rivalität in den zwischenstaatlichen Beziehungen. Aber als Ausgangspunkte für revolutionäre Ansprüche hatten eine gemeinsame Landessprache, ein gemeinsames Vaterland und der Mythos von einem gemeinsamen Ursprung eine sehr viel größere Bedeutung als die Religion.

Nach 1789 verlangten die Machthaber in Europa im Namen der Nation immer größere Opfer von ihren Bürgern und erklärten, das Interesse der Nation müsse gegenüber allen anderen Interessen den Vorrang haben. Die Staaten entwarfen Programme für die Indoktrinierung der Bevölkerung mit dem Ziel, das Gemeinschaftsgefühl und die Bereitschaft zu stärken, sich für das nationale Interesse einzusetzen. Die kulturelle Uniformität innerhalb der Staaten nahm zu, ebenso die kulturellen Unterschiede zwischen den einzelnen Staaten. Sprecher nationaler Minderheiten verlangten häufiger als vor 1789 die politische Anerkennung oder die Gründung eigener Staaten. Obwohl wir den Eindruck haben, die einhundertfünfzig Jahre nach 1789 seien das Zeitalter der Klassenrevolutionen gewesen, ereigneten sich gerade zu dieser Zeit die meisten mit Gewalt herbeigeführten politischen Machtwechsel im Namen unterdrückter Bevölkerungen in bestimmten begrenzten Territorien (*Luard* 1987; S. 54–58).

Warum nahm der Nationalismus einen solchen Aufschwung? Weil angesichts der Kriege, für welche die Bevölkerung mehr Männer, Ressourcen und Geld zur Verfügung stellen mußte als je zuvor, die Frauen und vor allem die Männer, die in den europäischen Staaten die Macht in der Hand hatten, sehr viel mehr Hilfsmittel verlangten und zusammenbrachten als vorher; und weil sie es für vorteilhaft hielten, den Gemeinsinn ihrer Bevölkerungen zu stärken und die Menschen zu verpflichten, sich an der Erfüllung der staatlichen Aufgaben zu beteiligen. Um das zu erreichen, ergriffen sie gemeinsam mit Angehörigen des Bürgertums, die ihre eigenen Vorstellungen von der nationalen Identität gegen parochiale Identitäten durchsetzen wollten, geeignete Maßnahmen und verringerten damit den Einfluß anderer Vermittler kultureller Werte. Damit vergrößerte sich der

Einfluß jener, deren kulturelles Erbe in einem Staat den Vorrang gegenüber allen anderen hatte.

Dieser von oben nach unten wirkende Druck kennzeichnete den vom Staat gelenkten Nationalismus und ließ ihn als eine normale politische Gegebenheit in einer Welt erscheinen, die vor gar nicht langer Zeit ganz andere politische oder dynastische Interessen erlebt und Erfahrungen mit der indirekten Regierungsform, mit wirklicher Volksvertretung, mit dem friedlichen Zusammenleben der verschiedensten ethnischen Gruppen und einem verbreiteten Partikularismus gemacht hatte. Der staatlich gelenkte Nationalismus aktivierte die Bildung und Mobilisierung ethnischer Gruppen und animierte sie, eigene Forderungen zu stellen. Er tat das durch die Legitimierung des sehr wirksamen Grundsatzes von der gegenseitigen Abhängigkeit der Bevölkerung und des Staats. Dabei spielte auch der Umstand eine wichtige Rolle, daß jede Gruppe, die über einen eigenen Staat verfügte, eine bevorzugte Stellung einnahm (gar nicht zu reden von den Nachteilen, die diejenigen auf sich nehmen mußten, bei denen das nicht der Fall war). Die Bildung solcher Gruppen wurde auch dadurch gefördert, daß häufig kulturelle Minderheiten in einem Staat unweit solcher Minderheiten in Nachbarstaaten lebten, daß die Nationalstaaten weniger geneigt waren, diese kulturellen Enklaven zu dulden, und Versuche unternommen wurden, die Assimilierung von Minderheiten zu erzwingen, was wiederum die Stellung von Angehörigen der regionalen Intelligenz und des Bürgertums in ihrer Aufgabe als kulturelle Vermittler schwächte. Die Modalitäten der Mobilisierung und des Widerstandes wechselten je nach der Zusammensetzung der Bevölkerung, ihrer Bereitschaft zur Toleranz, dem Ausmaß und der Intensität kultureller Gegensätze und der Aggressivität der Assimilationsversuche. Dennoch stießen in ganz Europa die Gruppen, die den Staatsapparat kontrollierten und sich um die Homogenisierung und Assimilierung der Bevölkerung bemühten, nicht nur vielerorts auf Widerstand, sondern auf neu belebte Forderungen nach politischer Autonomie und sogar nach politischer Unabhängigkeit. Aus dem vom Staat gelenkten Nationalismus wurde auf diese Weise ein Nationalismus, der sich darum bemühte, neue Staaten zu gründen.

Kollektive Aktion, Konflikt und Revolution

Im 19. und 20. Jahrhundert wurden in Europa die beiden Formen des Nationalismus zum Hauptanlaß für kollektive Aktionen und Konflikte. Zugleich wurden die durch den agrarischen und industriellen Kapitalismus erzeugten Spaltungen in der Bevölkerung zum Ausgangspunkt gewisser Forderungen, und verschiedene Formen spezifischer Interessenorganisation wurden zu Transmissionsriemen der politischen Auseinandersetzung. Das Ergebnis war, daß Revolutionen, mit denen bestimmte Einzelinteressen verfolgt wurden, und nationale Revolutionen an die Stelle der dynastischen und kommunalen Revolutionen aus der Zeit vom 16. bis zum 18. Jahrhundert traten.

Man erinnere sich an unsere Arbeitsthese zur Definition von Revolutionen: mit Gewalt erzwungener Machtwechsel im Staat, in dessen Verlauf wenigstens zwei konkurrierende Blöcke unvereinbare Ansprüche auf die Übernahme der Macht im Staat stellen, wobei ein wesentlicher Teil der Bevölkerung, die verpflichtet ist, sich den in diesem Staat geltenden Gesetzen zu beugen, jeweils mit den Forderungen eines dieser Blöcke einverstanden ist. Man erinnere sich auch daran, daß wir zwei Komponenten einer regelrechten Revolution erkennen können; eine revolutionäre Situation und ein revolutionäres Ergebnis. Die annähernden Voraussetzungen für jede dieser Komponenten sind:

Revolutionäre Situationen

1. Das Auftreten von Einzelpersonen oder Koalitionen, die einander ausschließende Ansprüche auf die Übernahme der Macht im Staat oder Teilen des Staates stellen.
2. Die Unterstützung dieser Ansprüche durch einen wesentlichen Teil der Bevölkerung.
3. Die gegenwärtigen Machthaber sind nicht in der Lage oder nicht bereit, die alternativen Koalitionen und/oder die Unterstützung ihrer Ansprüche durch ihre Anhänger zu unterdrücken.

Revolutionäre Ergebnisse

1. Mitglieder des Gemeinwesens wenden sich gegen das Regime.
2. Die revolutionären Koalitionen verfügen über militärische Streitkräfte.
3. Die Streitkräfte des Regimes werden neutralisiert oder laufen zum Gegner über.
4. Mitglieder der revolutionären Koalitionen übernehmen die Macht im Staatsapparat.

Entscheidende Veränderungen in der europäischen Gesellschaftsstruktur während der Jahrhunderte von 1492 bis 1992 haben auch die Rahmenbedingungen für das Entstehen all dieser möglichen Ursachen geändert. Zur Zeit der dynastischen Staaten traten zum Beispiel Personen oder Gruppen, die unvereinbare Ansprüche auf die Macht im Staat stellten, häufig beim Tod eines Souveräns auf; Brüder, illegitime Söhne, Neffen, Vettern und falsche Thronanwärter erhoben Ansprüche auf die Krone. Nun fragte es sich, ob irgendein Teil der Staatsbürger (in diesem Fall besonders der Adel) diese Ansprüche anerkennen würde und ob die Vertreter konkurrierender Ansprüche die anderen Bewerber ausschalten würden. Als jedoch die dynastische Ordnung auseinanderbrach, versiegte zugleich auch diese Quelle revolutionärer Situationen.

Auch die Aufstellung bewaffneter Streitkräfte durch revolutionäre Koalitionen und die Ausschaltung der Streitkräfte eines Regimes ließen sich sehr viel schwerer bewerkstelligen, nachdem die mächtigen Mitglieder des Hochadels dazu gezwungen worden waren, auf ihre Privatarmeen zu verzichten, es keine Söldnerheere mehr gab, die normalen Bürger entwaffnet worden waren und die stehenden Heere der zentralen Gewalt des Staates unterstanden. Jetzt hing das Gelingen eines revolutionären Machtwechsels zunehmend von besonderen Voraussetzungen ab, die etwa nach einem verlorenen Krieg gegeben waren. Der Abfall der Regierungstruppen wurde mehr denn je zu einem entscheidenden Faktor für das Entstehen revolutionärer Situationen. Andererseits erhöhte die Existenz eines in den Industriestädten entstandenen mächtigen Großbürgertums und proletarisch organisierter, auf gegenseitige Hilfe ausgerichteter Verbände, politischer Klubs und anderer Zusammenschlüsse die Wahrscheinlichkeit, daß ein beträchtlicher Teil der Bürgerschaft revolutionäre Forderungen erhob oder sie unterstützte. Jede größere Veränderung, die wir in der wirtschaftlichen, kulturellen und politischen Struktur haben feststellen können, beeinflußte die Wahrscheinlichkeit und den Charakter möglicher Revolutionen.

Darüber hinaus haben sich die gleichen Veränderungen, die revolutionäre Entwicklungen beeinflußten, auch auf alle anderen innenpolitischen Auseinandersetzungen ausgewirkt. Alle diese Dinge gingen ineinander über, wie es die Nationalisten oft bewiesen haben, und das führte manchmal zu revolutionären Situationen. Religiös motivierte Bauern griffen gelegentlich ihre Grundherren an und stellten sich manchmal zum Kampf gegen die Truppen des Königs. Organisierte Radikale versammelten sich, um gegen die Methoden der Regierungen zu protestieren, und beteiligten sich zeitweilig an Revolten. Das darf heute niemanden mehr überraschen. Revolutionen sind nun einmal ein wesentliches Element kollektiver Auseinandersetzungen. Die gleichen Voraussetzungen, unter denen sich die Form dieser kollektiven Konflikte wandelt, verändern auch die Bedingungen, unter denen es zu revolutionären Situationen und revolutionären Ergebnissen kommt. Im folgenden Kapitel werden wir diese Veränderungen in drei ganz verschiedenen europäischen Regionen in der Zeit von 1492 bis 1992 darstellen und miteinander vergleichen. Dabei werden die Niederlande an erster Stelle stehen (besonders bei ihren revolutionären Kämpfen in der Zeit von 1550 bis 1650), und dann werden wir die Ereignisse dort denen auf der Iberischen Halbinsel und dem Balkan gegenüberstellen.

Drittes Kapitel

Revolutionen, Rebellionen und Bürgerkriege in den Niederlanden und anderswo

Die Niederlande, das Ursprungsland der bürgerlichen Revolution

Wer 1492 die Burgundischen Niederlande besuchte, erlebte dort eine Blüte des Handels und der Kultur, wie sie sonst nirgends auf der Welt anzutreffen war. Außerdem betrat er ein bedeutendes politisches Machtzentrum ganz besonderer Art. Wie in manchen Gebieten des mittleren und nördlichen Italien, der Schweiz und Süddeutschlands lag auch hier die Regierungsgewalt zum großen Teil in den Händen der städtischen Behörden ohne Rücksicht darauf, zu welchen größeren politischen Einheiten sie nominell gehörten. 1492 gehörten die Niederlande wenigstens dem Namen nach zu dem aus mehreren Teilstaaten bestehenden Herzogtum Burgund. Vor dem Tod Karls des Kühnen in der Schlacht bei Nancy im Jahr 1477 umfaßte sein Herrschaftsbereich nicht nur das Gebiet von Burgund und einen großen Teil von Lothringen, sondern auch Flandern, Brabant, Luxemburg, Holland, Seeland und Hainaut und damit auch das Rheindelta, die Scheldemündung und die Mündung der Maas. Zum Herrschaftsbereich Karls des Kühnen gehörten in den Niederlanden etwa das heutige Belgien, die Niederlande und Luxemburg, allerdings mit einigen wichtigen Ausnahmen: Zwar gehörte damals auch ein größerer Teil des heutigen Nordfrankreich dazu, es fehlten aber Friesland und Groningen sowie die unabhängigen Enklaven der Bistümer Overijssel, Utrecht, Liège, Tournai und Cambrai.

Heute gelten die Beneluxländer trotz der häufigen Konflikte um die Sprachenfrage, die Sozialpolitik und die Einwanderung als durchaus friedlich. Im Gegensatz zu den Verhältnissen in Jugoslawien sind die Bürger dieser drei kleinen und reichen Staaten augenscheinlich eher geneigt, ihre Streitigkeiten gewaltlos beizulegen. Doch in der Geschichte der Niederlande hat es lange Perioden gegeben, in denen es immer wieder zu Kriegen, Rebellionen und Revolutionen gekommen ist. Im 15. Jahrhundert hatten die Burgundischen Niederlande bereits reiche Erfahrungen mit solchen Unruhen. Die darauffolgenden zwei Jahrhunderte erlebten eine der härtesten revolutionären Auseinandersetzungen, die es in Europa gegeben hat, und auch im 18. und 19. Jahrhundert kam es in den Nachfolgestaaten ständig zu neuen Konflikten. Die Formen, die äußeren Umstände und die Ergebnisse der revolutionären Situationen in den Niederlanden haben sich allerdings im Verlauf der fünf Jahrhunderte nach 1492 ganz wesentlich verändert. Und das ist auch der Grund dafür, daß wir uns besonders eingehend mit ihnen beschäftigen wollen.

In diesem Kapitel betrachten wir zunächst die zeitliche Abfolge der zahlreichen Revolutionen in den Niederlanden von 1492 bis 1992, bevor wir dazu übergehen, die durch Revolutionen bewirkten Veränderungen in zwei ganz anderen europäischen Gebieten zu behandeln, auf der Iberischen Halbinsel und auf dem Balkan. Dabei werden wir das Entstehen von Revolutionen in einer kapitalintensiven Region (den Niederlanden), einer autokratisch regierten Region (dem Balkan) und einer durch das Kapital und Zwangsmethoden bestimmten Region (der Iberischen Halbinsel) miteinander vergleichen. In jeder Region erleben wir den Übergang von kommunal, dynastisch oder durch Störungen in den Beziehungen zwischen den Grundherren und den von ihnen abhängigen Personen bestimmten revolutionären Situationen zu solchen, die national und durch das Aufeinandertreffen von Klassenkoalitionen verursacht wurden, sich aber in ihrem Verlauf deutlich voneinander unterschieden, und zwar je nach Art der Wechselwirkungen zwischen Zwangsmaßnahmen und Kapital. Auf der Iberischen Halbinsel und dem Balkan, wenn auch nicht in den Niederlanden, sehen wir zudem, unter welchen Bedingungen die Berufsheere weitgehend an den revolutionären Situationen beteiligt waren.

In diesem Kapitel machen wir drei wesentliche Feststellungen. Erstens hat sich der Charakter der Revolutionen im Verlauf der von uns behandelten fünfhundert Jahre entscheidend verändert, und zwar als eine Funktion des gleichen Vorgangs, der schließlich zum Entstehen konsolidierter Staaten geführt hat.

Zweitens gibt es in den einzelnen europäischen Regionen große Unterschiede in der Form und Häufigkeit der Revolutionen, besonders als Funktion des relativen Übergewichts von Kapital und Zwang in diesen Regionen. Drittens haben sich Revolutionen und andere nichtrevolutionäre politische Konflikte von Region zu Region und von Epoche zu Epoche parallel verändert. Was in den Niederlanden geschah, illustriert sehr deutlich den Zusammenhang zwischen Revolution, Staatenbildung und den in den einzelnen Epochen erfolgten Veränderungen im Charakter der Revolutionen, wir können daraus jedoch kaum irgendwelche Schlüsse auf die regionalen Variationen auf dem ganzen europäischen Kontinent ziehen. Um die letzteren zu untersuchen, werden wir Vergleiche mit den Zuständen auf der Iberischen Halbinsel und auf dem Balkan anstellen.

Mit der Schlacht bei Nancy endete der Versuch Karls des Kühnen, ein eigenes Königreich zu gründen. Mit den französischen Armeen verbündete *Schweizer Pikeniere* wehrten die Angriffe seiner Kavallerie ab und erbeuteten seine Geschütze. Als er ohne einen männlichen Erben starb, löste sich sein Herzogtum, das er zum Königreich hatte machen wollen, auf. Burgund selbst fiel wieder an die französische Krone, während Lothringen als französisches Herzogtum seine teilweise Autonomie zurückgewann und Karls Tochter Maria von den Ständen in den Küstenprovinzen als Nachfolgerin ihres Vaters anerkannt wurde. Im Widerstand gegen die zentrale Autorität demonstrierten die Provinzen, die Karl mit militärischer Gewalt unterworfen hatte, eine Solidarität, die sie bisher für eine positive Zusammenarbeit nicht hatten aufbringen können. Von diesem Zeitpunkt an verfolgten die niederländischen Provinzen zwei einander im Grunde widersprechende Ziele: Einerseits brauchten sie einen Souverän, dessen internationale Beziehungen sie vor feindlichen Einfällen schützen konnten, und andererseits wollten sie ihre sehr weitgehende Handlungsfreiheit auf wirtschaftlichem Gebiet und in Angelegenheiten der Regionalverwaltung bewahren. 1477 versammelten sich die niederländischen Generalstaaten, die nun keinen starken Herrscher mehr zu fürchten hatten, auf eigene Initiative und zwangen Maria zum Erlaß des «Großen Privilegs», das den niederländischen Städten und Provinzen weitgehende Sonderrechte einräumte, schufen eine vorläufige (wenn auch im Prinzip repräsentative) regierende Ratsversammlung und setzten eine Verordnung in Kraft, die das Niederländische zur Amtssprache bestimmte. Maria wurde während dieser Zeit bei zwar höflicher Behandlung in Gent unter Hausarrest festgehalten.

Angesichts des drohenden Einmarsches französischer Truppen und unter dem Druck der Nationalstaaten heiratete die 19jährige Maria den habsburgischen Thronerben, Erzherzog Maximilian. Margarethe von York, die dritte Frau Karls des Kühnen und Stiefmutter von Maria von Burgund, war die Schwester des englischen Königs Edward IV. Mit ihrem Eingreifen förderte sie 1481 das Zustandekommen eines formalen Bündnisses mit England. So beeinflußten die Bemühungen einer jungen Frau um ihr Erbe das Schicksal von Nationen. Die Kriege mit Frankreich und die Auseinandersetzungen mit regionalen Machthabern dauerten noch fünfzehn Jahre an. 1483 führte Maximilian Krieg gegen Gent und Brügge, und 1492 beherrschten die Habsburger bereits den größten Teil dieses Gebiets mit von ihnen beauftragten Generalgouverneuren. Der letzte große Rebell, Philipp von Cleve, gab noch im gleichen Jahr seinen Widerstand auf und ging nach Frankreich. Während der folgenden Jahrzehnte bewahrten die Niederlande ihren Zusammenhalt und erfreuten sich einer gewissen Selbständigkeit. Das unabhängige Burgund war zerfallen, aber die Burgundischen Niederlande blieben als zusammenhängendes Ganzes ein Teil des habsburgischen Besitzes und eng mit dem Heiligen Römischen Reich verbunden.

Dabei waren sie nicht nur ein geschlossenes Staatengebilde, sondern genossen auch einen beachtlichen Wohlstand. Die niederländischen Weber verarbeiteten Wolle aus Spanien und England und verkauften ihre Erzeugnisse in fast alle Teile der damals bekannten Welt. Ihre Kaufleute beherrschten zudem den einträglichen Handel mit den baltischen Staaten. Bald konkurrierten sie auch mit spanischen und portugiesischen Kaufleuten im Handel mit den Ländern am Indischen Ozean. Als Hugo Grotius 1609 seine berühmte Schrift über die Freiheit der Meere verfaßte, gab er ihr den Untertitel, *Über das Recht, das den Niederlanden am Handel von Ostindien zusteht.* Obwohl die niederländischen Städte eben erst begonnen hatten, als ernstzunehmende Konkurrenten an diesem Handel teilzunehmen, befanden sich dort schon jetzt Niederlassungen von Handelshäusern aus der ganzen Welt.

Als eine Region mit einer erfolgreichen kommerzialisierten Landwirtschaft, einem gut ausgebauten Verkehrsnetz, einer schnellen Handelsflotte und einer kleinen, aber leistungsfähigen Textilindustrie stellten die Niederlande die Verbindung zwischen dem Kapitalismus und der Renaissance her. Wenn wir von der Renaissance sprechen, dann meinen wir vor allem die Städte beiderseits der Alpen von Norditalien bis zu den Niederlanden. Im Verlauf des 15. Jahrhunderts dehnte sich der lebendige Einfluß der Renaissance immer weiter nach Norden aus. Um 1492 schufen Hieronymus Bosch, Sebastian Brant, Hans Memling, Gerard David und Quentin Metsys ihre Meisterwerke in den Städten der Burgundischen Niederlande und deren Umgebung. Wie wir aus den Portraits von Würdenträgern und den Altarbildern erkennen können, auf denen sie als fromme Beter kniend dargestellt sind, waren die Auftraggeber der genannten Künstler wohlhabende, kultivierte Patrizier und Kaufleute. Gemeinsam verfügten der Landadel, die Kirchenfürsten, das städtische Patriziertum und besonders die großbürgerlichen Kaufleute aus den Niederlanden über großen Einfluß in der europäischen Welt des Kapitals und des Handels.

Aus den Dialekten, die in weiten Teilen dieses Gebietes gesprochen wurden, entwickelte sich mit der Zeit das Holländische. In Flandern und im südlichen Brabant jedoch war die Umgangssprache der Patrizier das Französische, während ihre bürgerlichen Nachbarn und deren Gefolgschaft im Norden bei Gesprächen über Fragen der Verwaltung und der Geisteswissenschaften vom Lateinischen zum Holländischen übergingen. Südlich einer etwa von Aachen nach Calais verlaufenden Linie sprach das einfache Volk mit dem Französischen verwandte Dialekte, besonders das Wallonische. Neben der sprachlichen Geographie ließen sich im Süden der Niederlande eine sehr viel stärkere Orientierung nach Frankreich und sehr viel markantere politische Unterschiede beobachten, als sie durch die Sprachgrenzen gegeben waren. In Antwerpen und weiter nördlich waren die Bindungen an England stärker. Als sich der niederländisch-englische Handel ausweitete und die dynastischen Beziehungen zu England enger wurden, wurden auch diese Bindungen stärker spürbar. Trotz der Gegensätze zwischen Norden und Süden bestanden enge Beziehungen zwischen allen niederländischen Städten als Folge eines regen Austauschs von Waren, Kapital, Menschen und Informationen. Die meisten Kaufleute hatten darüber hinaus einige französische oder englische Sprachkenntnisse und beherrschten zudem das Niederdeutsche als kaufmännische Umgangssprache in dem großen Dreieck von den Niederlanden nach Skandinavien und von dort nach Süddeutschland. So wurden die Burgundischen Niederlande zum Knotenpunkt des gesamten europäischen Lebens.

In dem dichten Handelsnetz, das den europäischen Kontinent einschließlich seiner landwirtschaftlich genutzten Flächen überdeckte, spielten die Städte mit mehr als 10000 Einwohnern eine wichtige Rolle. In ganz Europa gab es etwas mehr als 150 davon. Am Ende des Jahrhunderts gehörten zu den Städten mit mehr als 10000 Einwohnern in den Niederlanden Amsterdam, Antwerpen, Bois-le-Duc, Brügge, Brüssel, Delft, Dordrecht, Gent, Gouda, Groningen, Haarlem, Leiden, Louvain, Liège, Lille, Maastricht, Mechelen, Mons, Nijmegen, Tournai, Utrecht, Ypern und vielleicht Valenciennes. Hundert Jahre vor dieser Zeit hatten Gent und Brügge den Kern eines ausgedehnten Handelssystem gebildet. Antwerpen hatte erst in neuerer Zeit an Bedeutung gewonnen. Jetzt ging das Wachstum der Städte, die weiter nördlich in der Umgebung von Amsterdam entstanden waren, noch schneller voran. In den Burgundischen Niederlanden drängten sich auf einem Prozent der gesamten Fläche des europäischen Kontinents fast 17 % der europäischen Städte und 4 % der Bevölkerung Europas. 18,5 % der Bewohner dieser Region lebten in Städten mit mehr als 10000 Einwohnern. Das war bei weitem der höchste Prozentsatz in einer größeren europäischen Region (*de Vries* 1984, S. 39; siehe auch *Prevenier & Blockmans* 1985, S. 392).

Politische Kämpfe in den Niederlanden

Angesichts der dichten Besiedlung dieses Raumes mit großen Städten dürfen wir annehmen, daß die politische Souveränität auf viele Machthaber verteilt und das Bürgertum sehr selbstbewußt und einflußreich war. Das war auch so, obwohl über dem ganzen eine burgundische Administration die Regierungsgewalt ausübte. Die burgundischen Bürger suchten ihren Einfluß von den Städten aus in das Hinterland auszudehnen und einer mehr als nur provisorischen Konsolidierung der Macht übergeordneter Behörden in ihren Städten Widerstand zu leisten. So schufen sie ein dezentralisiertes Regierungssystem, innerhalb dessen die Stadtparlamente und deren Organe, die von örtlichen Oligarchien beherrscht wurden, die entscheidenden Gremien waren, die Provinzen als Zusammenschlüsse dieser Stadtparlamente verwaltet wurden, aber der Staat, den diese Region darstellte, einen nur sehr geringen Einfluß hatte. Dann brachten die Bürger von Holland (der wichtigsten Provinz im Norden des Landes) auf der Ebene der Provinzen ein System für die Verwaltung der Staatsfinanzen mit Hilfe von Schuldverschreibungen (Renten) hervor, die durch bestimmte künftige Steuereinnahmen gesichert wurden, und dieses System wurde die Grundlage für billige, abgesicherte öffentliche Kredite in einem großen Teil der Niederlande. Die Steuereinnahmen aus einem blühenden Handel sorgten dafür, daß die Holländer keinen Staatsbankrott erklären mußten und es nicht mit inflationären Entwicklungen zu tun bekamen, wie das häufig in den an Kapitalmangel leidenden französischen und spanischen Monarchien geschah. Das fiskalische System in Holland erlaubte es den Holländern, ihre Kriege rasch und wirksam zu finanzieren. Später wurde es zum Modell der britischen Finanzverwaltung, als Wilhelm von Oranien 1689 König von England wurde (*Tracy* 1985; *'t Hart* 1989, 1990, 1991).

Die einzige Schwierigkeit lag darin, daß Außenseiter wie die Herzöge von Burgund immer wieder versuchten, dieses reiche Gebiet in die Hand zu bekommen, um es für ihre eigenen dynastischen Zwecke zu nutzen, während die Bürger nicht mehr verlangten als eine Garantie der Großmächte, sie vor militärischen Überfällen und der Inbesitznahme durch fremde Eroberer zu schützen. Außerdem wollten fremde Fürsten in den meisten Fällen ihre Berufsarmeen auf Kosten dieser Gebiete rekrutieren und finanzieren, während die Bürger sich, solange sie nicht durch den Einmarsch feindlicher Truppen bedroht wurden, mit ihren Flotten, die sich sowohl als Handels- wie als Kriegsflotten verwenden ließen, und ihren städtischen Milizen zufriedengaben. Die Fürsten spezialisierten sich auf die Aufstellung und den Einsatz militärischer Streitkräfte, während es den Kaufleuten darauf ankam, den Handel zu schützen. So widersprachen sich die politischen Ziele der Fürsten und der handeltreibenden Bürger.

Deshalb kam es in den kaufmännisch orientierten Regionen in der Zeit von 1477 bis 1847 oft zu Rebellionen und Revolutionen, die, wenn sie beigelegt waren, nur zu einer relativ gemäßigten, wenn auch streitbaren liberal-bürgerlichen Politik führten. Im 15. und 16. Jahrhundert gab es häufig solche Auseinandersetzungen. 1484 versuchte Maximilian zum Beispiel, seine vermeintlichen Untertanen dadurch unter Druck zu setzen, daß er eine Verordnung erließ, nach der alle ausländischen Kaufleute das große Handelszentrum Brügge verlassen sollten. Daraufhin verbündete sich die politische Führung von Brügge mit den Feinden Maximilians. 1488 hielten rebellierende Truppen unter der Führung von Philipp von Cleve Maximilian vier Monate in Brügge gefangen und zwangen ihn, die Regierungsgewalt in Flandern einem Regentschaftsrat zu übertragen, dem regionale Würdenträger und seine Frau Maria angehörten.

Nach dieser Zeit übernahm Maximilian wieder die Macht. In den auf die 1490er Jahre folgenden drei Jahrzehnten erlebten Flandern und die Burgundischen Niederlande eine Periode des wirtschaftlichen Aufschwungs und der politischen Erneuerung, in der es außerhalb der Bezirke von Geldern und Friesland, wo die Habsburger immer noch auf entschiedene Ablehnung stießen, zu keinen größeren Rebellionen gegen die Herrschaft der Habsburger kam. Ein Beobachter, der 1492 in die Zukunft blickte, hätte mit gutem Grund voraussagen können, daß die Niederlande in ein anderes Reich integriert werden würden, das größte, das Europa seit der Zeit des Römischen Reiches erlebt hatte, ein Habsburger Reich, das sowohl durch Heiraten und Erbfolge als auch durch Eroberungen entstehen sollte. Philipp der Schöne, ein Sohn von Maria und Maximilian, heiratete die Tochter Ferdinands von Aragon und Isabellas von Kastilien, Joanna. Joanna wurde während eines großen Teils ihres Lebens als Geisteskranke in Gewahrsam genommen, aber nicht bevor sie Karl von Luxemburg (auch Karl von Gent genannt) geboren hatte, der als Karl V. und Familienoberhaupt der Habsburger Kaiser des Heiligen Römischen Reiches werden sollte. Er übernahm die Herrschaft jedoch nicht, ohne auf Widerstand zu stoßen. 1539 rebellierten die Bürger von Gent zum Beispiel mit Unterstützung eines großen Teils der Bevölkerung gegen die Einführung von Reichssteuern anstelle von Kriegsdiensten, die zu leisten sie sich geweigert hatten. Schließlich erklärten sie sich bereit, dem Kaiser statt Geld Soldaten zur Verfügung zu stellen, was durchaus verständlich war.

Doch Karl brauchte Geld zur Finanzierung seiner Armee und wollte sich nicht auf Truppen verlassen, die sich seinen aufsässigen Untertanen verpflichtet fühlten. Schon bald kehrte er aus Spanien in die Niederlande zurück und brachte fast 5000 Soldaten mit, um den Widerstand seiner Gegner zu brechen. Er ließ neun Rebellen hinrichten, widerrief die Privilegien der Stadt, konfiszierte die Kirchenglocken und die Artillerie, ließ die Stadttore niederreißen, die Festungsgräben mit Erde auffüllen, stationierte eigene Truppen in Gent ... und ließ sich das geforderte Geld auszahlen. Aber Karl und seine Soldaten konnten nicht überall gleichzeitig sein. Oft mußte der Kaiser seine Untertanen in Verhandlungen dazu bewegen, ihren Widerstand aufzugeben.

1548 gliederte Karl seine niederländischen Provinzen als geschlossene politische Einheit in das burgundische Territorium des Reiches ein. Unter der Herrschaft Karls übernahm bezeichnenderweise eine nahe Verwandte als Statthalterin die Regierungsgewalt in den Niederlanden, während auch in den anderen Provinzen Statthalter zu Vertretern der Zentralregierung ernannt wurden. Dem in den Niederlanden geborenen und fließend holländisch sprechenden Karl gelang es, obwohl er in Madrid residierte, sich bis zu seiner Abdankung im Jahr 1555 die Loyalität des niederländischen Adels und Bürgertums zu sichern. Dann übernahm sein in Spanien geborener Sohn Philipp II. die Macht, und neue Kämpfe begannen. In der Regierungszeit Philipps bekehrten sich die Bewohner der Städte im Norden ebenso wie ihre deutschen Nachbarn vor ihnen massenweise zum Protestantismus, besonders zum Calvinismus. Außerhalb von Spanien und Italien fand die eine oder andere Art des Protestantismus in weiten Teilen des katholischen Europa zahlreiche Anhänger. In Polen, Litauen und Livland bekehrten sich zum Beispiel im frühen 16. Jahrhundert viele Menschen dazu. Doch die Dauerhaftigkeit dieser Bekehrungen hing davon ab, wie weit die Behörden sie unterstützten oder zumindest tolerierten. Im polnischen und livländischen Einflußbereich blieben nur Estland und Finnland vorwiegend protestantisch. Im 16. Jahrhundert bekehrten sich Franzosen in großer Zahl zum Calvinismus, um im 17. Jahrhundert wieder von der katholischen Kirche vereinnahmt zu werden. Wenn der Bauernkrieg von 1524 bis 1526 nicht mit einer blutigen Niederlage geendet hätte, wären wahrscheinlich Süd- und Mitteldeutschland auf die Dauer protestantisch geworden.

Im übrigen Europa wendete sich die Bevölkerung vor allem in den Randgebieten des Heiligen Römischen Reichs und den von den Habsburgern beherrschten Ländern dem Protestantismus zu, obwohl die Könige in Skandinavien und England ihre eigenen protestantischen Staatskirchen schufen. Während Zwingli besonders die Anhänger einer ausgesprochen «kommunalistischen» Bewegung in den selbständigen bäuerlichen Gemeinwesen ansprach, war der Protestantismus im großen und ganzen am stärksten in den Städten und deren Hinterland vertreten, wo die adligen Großgrundbesitzer nur einen geringen Einfluß hatten. Dort war das Bekenntnis zum Protestantismus zugleich ein stillschweigender Protest gegen das Bündnis zwischen dem Kaiser und dem Adel (*Blickle* 1987; *Wuthnow* 1989; S. 52–82). In weiten Teilen Mitteleuropas verbündeten sich die Lutheraner, Zwinglianer oder Calvinisten in den städtischen Oligarchien mit einflußreichen, von der Bevölkerung getragenen Bewegungen (*Brady* 1985).

1967 veröffentlichte Guy E. Swanson ein beachtenswertes Buch über die Reformation. Allerdings spielte es in der wissenschaftlichen Diskussion kaum eine Rolle, weil niemand wußte, was er damit anfangen sollte. In einer stark von Emile Durkheims Ideen beeinflußten Theorie behauptete Swanson, daß die

Beziehungen zu den Regierungen, unter denen sie leben, einen großen Einfluß darauf hätten, welche Religion die Menschen bevorzugten. Swanson hatte in einer früheren Arbeit den Zusammenhang zwischen der religiösen Orientierung der Bevölkerung und der Struktur der Staatsautorität in den verschiedensten analphabetischen Bevölkerungen untersucht. Jetzt befaßte er sich mit 41 regionalen Zuständigkeitsbereichen in Europa. Dazu gehörten zehn deutsche Staaten, 13 Schweizer Kantone, die meisten anderen größeren Staaten des katholischen Europa, einige kleine Staaten und, voneinander getrennt, das schottische Hochland und das schottische Tiefland. Das von ihm erarbeitete Schema sieht folgendermaßen aus:

Typus	Beschreibung	Erwartetes religiöses Bekenntnis
kommensal	der Inhaber der Regierungsgewalt ist ein direkter Vertreter des katholischen Gemeinwesens: (Appenzell, Florenz, Fribourg, Glarus, Polen, Schwyz, Unterwalden, Uri, Venedig, Zug)	katholisch
zentralistisch	der Herrscher ist der alleinige Inhaber der politischen Macht: (Österreich, Bayern, Berg, Frankreich, Irland, Jülich, Luzern, Portugal, das schottische Hochland, Solothurn, Spanien)	katholisch
begrenzt zentralistisch	der Herrscher gewährt einen Teil seiner Macht anderen staatlichen Einrichtungen (Brandenburg, Dänemark, England, Hessen, Preußen, Sachsen, Schweden, Württemberg)	anglikanisch lutherisch
ausgewogen	Gleichgewicht der politischen Macht zwischen dem Herrscher und den Vertretern der Wählerschaft (Böhmen, Genf, Ungarn, Niederlande, Schottland, Siebenbürgen, Cleve, Mark)	calvinistisch
heterarchisch	die Herrschaft der Vertreter von Sonderinteressen (Basel, Bern, Schaffhausen, Vereinigte Provinzen, Zürich)	calvinistisch

Die Struktur der Staatsautorität klassifiziert im wesentlichen die Beziehungen zwischen der gesamtstaatlichen Exekutive, den gesetzgebenden Versammlungen und den offiziell anerkannten Sonderinteressen des Staates. Swanson ordnete eine politische Einheit jeweils einer religiösen Kategorie zu, wenn sie diese Kategorie auf die Dauer zur offiziellen Staatsreligion machte oder (wo es eine solche Staatsreligion nicht gab) wenn wenigstens 60% der Bevölkerung sich im späten 18. Jahrhundert für diese Religion entschieden hatten. Swansons Kriterien lassen protestantisierende Teilgebiete solcher politischen Einheiten des 16. Jahrhunderts unberücksichtigt (z. B. Estland), die später vorwiegend protestantisch wurden, sowie einige größere Staaten im 16. Jahrhundert (z. B. Polen und Litauen), in denen die protestantischen Glaubensgemeinschaften zunächst eine große Zahl von Anhängern hatten, die aber wieder zurückging, weil der Protestantismus vom Staat verfolgt wurde. Nach der Einteilung von Swanson haben nur Appenzell und Glarus nicht seinen theoretischen Erwartungen entsprochen (hier bekannte sich die Mehrheit der Bevölkerung zu den Glaubensgemeinschaften Zwinglis oder Calvins, obwohl die Regierenden die direkten Vertreter des politischen Gemeinwesens waren).

Es ist leicht, an Swansons Definitionen und Bewertungen herumzumäkeln und die Heterogenität der politischen Einheiten zu kritisieren, die er miteinander vergleicht. Wie weit die Herrscher in Frankreich, Irland und dem schottischen Hochland selbst nach geltendem Recht über die absolute Regierungsgewalt verfügten, ist umstritten. Immerhin würden revidierte Auswertungen der Beziehungen zwischen der gesamtstaatlichen Exekutive, den gesetzgebenden Versammlungen und den offiziell festgelegten Sonderinteressen des Staates zu ähnlichen Verbindungen politischer Einheiten führen, und die Unterschiede in der religiösen Orientierung bei den einzelnen Kategorien blieben auch dann noch auffallend. Was wir auch von der von Swanson vorgetragenen *Durkheimischen Erklärung* der Beziehung zwischen Religion und Regime halten mögen, die Feststellung dieser Zusammenhänge ist beeindruckend.

Man erlaube mir eine Interpretation der Beobachtungen von Swanson. Autonome städtische Oligarchien und starke Monarchen hielten am orthodoxen Katholizismus fest, Monarchen, die die politische Macht mit ernst zu nehmenden adeligen und bürgerlichen Rivalen teilten, entschieden sich für die Stärkung des finanziellen und politischen Einflusses der von der Krone kontrollierten Staatskirche, während Regime, in denen die Bevölkerung ein, wenn auch nur indirektes Mitspracherecht hatte, sich dem Calvinismus und dem Zwinglianismus zuwendeten. In den rivalisierenden protestantischen Kirchen gab es nur vergleichsweise geringe theologische Unterschiede. Bei den brennenden Fragen ging es darum, wer die Kirchen beherrschen würde und wie. Die radikaleren Formen des Protestantismus wirkten ungeheuer anziehend auf die Bevölkerung in weiten Gebieten des katholischen Europa, besonders dort, wo das Leben vom kommerziellen Kapitalismus bestimmt wurde. Ob solche Länder wirklich protestantisch wurden und blieben, hing davon ab, ob die herrschenden Klassen sich den Forderungen des Bürgertums und der Arbeiterklasse widersetzten oder sie unterstützten. Insoweit war der enorme Zulauf, dessen sich der Protestantismus erfreute, einem demokratischen Impuls zu verdanken.

Philipp II. hat das klar erkannt und 1559 erklärt, daß «ein Religionswechsel nicht vorkommt, es sei denn gleichzeitig mit einer Entwicklung in Richtung auf eine Republik, und oft stellen sich die Armen, die Faulen und die Vagabunden unter neue Fahnen, um den Besitz der Reichen anzugreifen» (*van Kalken* 1946, S. 241). Die Formel «starke Stadt + schwacher Adel = Reform» trifft durchaus für die geographische Verteilung des Protestantismus in den Niederlanden zu. Im Süden hat das Zusammenwirken eines starken Landadels, dessen Angehörige enge Beziehungen zu hohen Kirchenfürsten unterhielten, mit einem stärkeren Einfluß der Krone die Möglichkeiten für ein dauerhaftes Bündnis zwischen Handwerkern und Bürgertum zugunsten von Reformen verringert. Obwohl Antwerpen in den 1540er Jahren zu einer Hochburg des Calvinismus wurde, blieb der Süden im allgemeinen katholisch. Trotz aller Bemühungen Karls V., die gegen seine Religion geführten Angriffe abzuwehren, die sich natürlich auch gegen sein Regime wendeten, bekehrte sich der größte Teil der Bevölkerung im Norden zum Protestantismus. 1559 suchte Philipp II. die Stellung der katholischen Kirche dadurch zu festigen, daß er eine Anzahl neuer Bistümer gründete und sich die Kandidaten für ihre Besetzung von den regionalen Granden nennen ließ. Aber damit stieß er auf den entschiedenen Widerstand des katholischen Hochadels und der Kirchenfürsten, die im übrigen geneigt gewesen wären, sich bei der Bekämpfung des Protestantismus auf seine Seite zu stellen.

Die Kämpfe gingen weiter. Als die Statthalterin der Niederlande, Margarethe von Parma (die leibliche Schwester Philipps II.), und ihr Berater, Kardinal Granvelle, eine Steuer zur Finanzierung der spanischen Garnisonen in den Niederlanden einführten, Edikte gegen Ketzer erließen und damit drohten, die Inquisition einzuführen, sprach sich eine Gruppe von Adeligen («Kompromiß der Adeligen») entschieden für den Schutz der religiösen Freiheiten aus, während in den von der Textilwirtschaft beherrschten Gebieten von Flandern und weiter nach Norden bis nach Friesland die Bevölkerung die katholischen Kirchen plünderte und die Heiligenbilder zerstörte. 1567 schickte Philipp eine spanische Armee unter dem Herzog von Alba in die Niederlande, der sofort jeden Widerstand brach und führende Persönlichkeiten wie Egmont und Hoorn hinrichten ließ, obwohl auch sie sich gegen die aufständische Bevölkerung gewendet hatten. In den folgenden beiden Jahren ließ der von Alba eingesetzte Rat für die Bekämpfung der Unruhen fast 8000 Verdächtige hinrichten (*van Kalken* 1946, S. 251). Damit begann eine Reihe von Konflikten, die später von den Holländern als der Achtjährige Krieg bezeichnet wurde. Heute nennen die Historiker diese Vorgänge «den Aufstand der Niederlande».

Beim Eintreffen Albas floh der Generalkapitän der Niederlande, Wilhelm von Oranien, kehrte aber dann mit eigenen Truppen zurück, die jedoch vor den überlegenen Kräften Albas den Rückzug antreten mußten. Die von Alba zur Finanzierung seiner Streitkräfte erhobenen hohen Steuern lösten eine neue Rebellion aus, bei der sich Adel und Bürgertum verbündeten. Als rebellierende Matrosen 1572 die Stadt Brill einnahmen, verstärkte sich der Widerstand gegen die spanische Herrschaft in weiten Teilen der Niederlande, besonders in den nördlichen Provinzen. Von nun an beherrschten die seefahrenden Holländer die vor ihrer Küste gelegenen Gewässer. Zu Lande war die

Lage anders. Mit ihren tapfer kämpfenden Truppen gelang es Alba und seinem Nachfolger Requesens oft, den Feind zu schlagen und rebellierende Städte einzunehmen. Sie hatten jedoch großen Schwierigkeiten zu begegnen. Spanien schickte ihnen nicht genug Geld, um ihre Soldaten zu bezahlen und zu versorgen. Deshalb versuchten sie, dieses Geld und die von den Streitkräften benötigten Versorgungsgüter im Lande einzutreiben, wobei sie gerade jetzt auf erheblichen Widerstand stießen, da die um ihren Sold betrogenen Söldner die Städte verwüsteten und sich ebenfalls vor Ort bedienten. 1574 besiegten zum Beispiel die Truppen von Requesens die Streitkräfte der Rebellen Louis und Henry von Nassau bei Nijmegen. Beide Rebellenführer fielen bei diesen Kämpfen, aber Requesens konnte seinen Sieg nicht ausnutzen, weil die spanischen Truppen, die achtundzwanzig Monate keinen Sold mehr bekommen hatten, meuterten.

Nachdem die Spanier 1576 Antwerpen, Maastricht, Gent und andere Städte geplündert hatten, schlossen sich alle Provinzen dem Friedensvertrag von Gent an und unternahmen nun zum ersten Mal gemeinsam den Versuch, die Spanier aus dem Lande zu vertreiben. Unter anderem sah dieser Vertrag die Duldung des Protestantismus in 15 Provinzen und die Vorherrschaft der Protestanten in Holland und Seeland vor. Wie wir die vergangenen zwanzig Kriegsjahre auch beurteilen mögen, damals war in den Burgundischen Niederlanden eine gefährliche revolutionäre Situation entstanden. In der Provinz Holland kam es schon 1572 zur offenen Rebellion. Ob daraus eine Revolution werden würde, war jedoch noch nicht sicher.

Der Nachfolger von Requesens, Don Juan von Österreich, konnte der Unruhen nicht Herr werden, aber der Herzog von Parma, der von 1578 bis 1592 Gouverneur der Niederlande war, eroberte die südlichen Provinzen mit Waffengewalt zurück und brachte sie mit dem Versprechen, ihre alten Rechte zu wahren, auf seine Seite. Diese Aufspaltung des Rebellenbündnisses führte dazu, daß sich die nördlichen Provinzen in der Union von Utrecht mit im Süden gelegenen Städten wie Brügge, Gent und Antwerpen verbündeten (1579). Die nächsten Schritte waren die Ablehnung der Oberhoheit Philipps II. (1581) und die Ernennung des Calvinisten Wilhelm von Oranien zum Statthalter.

Der Statthalter übernahm die Pflichten des Generalgouverneurs im Namen eines nicht näher bestimmten Souveräns. Nach einer Version waren die Bewohner der Generalstaaten der Souverän, nach einer anderen waren es die einzelnen Städte und Provinzen, und einige wenige behaupteten, es sei die Gesamtbevölkerung der Niederlande. Da es den rebellierenden Provinzen trotz einiger fehlgeschlagener Werbungen um französische und englische Fürsten nicht gelang, einen nominellen Monarchen zu gewinnen, in dem sich internationales Ansehen mit der Bereitschaft vereinigte, die ihm auferlegten einschränkenden Bestimmungen anzuerkennen, glich die politische Struktur, die sich während dieser entscheidenden Jahre herausbildete, einer Konföderation von Stadtstaaten, die von einer Exekutive koordiniert wurde, deren Machtausübung an die zufriedenstellende Erfüllung ihrer Aufgaben gebunden blieb. Damit entstand eine Art Republik. Der Statthalter war kein König.

Für Philipp II. war Wilhelm von Oranien, so begrenzt seine Macht auch sein mochte, der Hauptfeind, und er hielt diesen Feind für so gefährlich, daß er ihn 1580 in den Bann tat und ihm das Recht auf seine Besitzungen absprach. Dazu bestimmte er:

«Damit dieser Zweck rascher erreicht werden kann und unser Volk schneller von dieser Tyrannei und Unterdrückung befreit wird und in dem Bestreben, die Tugend zu belohnen und das Verbrechen zu bestrafen, verpflichten wir uns mit dem Wort eines Königs und eines Dieners Gottes, daß wir jedem, sei es einer unserer Untertanen oder ein Fremder, der den guten Willen besitzt und das starke Verlangen hat, uns und der Öffentlichkeit mit solcher Kraft zu dienen, daß er die Durchsetzung der obigen Anordnung bewirkt und uns von dieser Heimsuchung befreit, indem er uns Oranien tot oder lebendig ausliefert oder ihn nur tötet, ihm und seinen Erben die Summe von 25 000 Goldkronen nach seiner Wahl in der Form von Grundbesitz oder barem Geld unmittelbar nach der Ausführung dieser Tat überlassen werden. Sollte er sich eines Verbrechens oder einer Gesetzesübertretung schuldig gemacht haben, versprechen wir ihm die sofortige Begnadigung. Darüber hinaus werden wir ihn, wenn er kein Adeliger ist, für seine Tapferkeit in den Adelsstand erheben.» (*Rowen* 1972; S. 79)

Zwei Männer unternahmen den Versuch, sich diese Belohnung zu sichern. Nachdem der erste 1582 Wilhelm von Oranien schwer verwundet hatte, tötete ihn der zweite, Balthazar Gérards, 1584 in Delft. Vier Jahre waren vergangen, seit Philipp II. zu diesem Mord aufgerufen hatte.

Doch der Tod Wilhelms bedeutete noch nicht die Niederlage der Holländer. Mit der militärischen Unterstützung Englands (der Sieg der englischen Flotte über die spanische Armada im Jahr 1588 hatte die Lage entscheidend verändert) und unter Ausnutzung der Tatsache, daß die Spanier zu dieser Zeit auch Krieg gegen Frankreich führten, vertrieb Moritz von Nassau mit seinen holländischen Streitkräften die Spanier aus den Niederlanden, und der Waffenstillstand von 1609 gab den jetzt so bezeichneten Vereinigten Provinzen *de facto* ihre Unabhängigkeit zurück. Schon lange vorher hatten England und Frankreich mit Vorbedacht diese Provinzen als einen unabhängigen Staat anerkannt. Doch erst mit dem Westfälischen Frieden (1648) wurde die Republik Holland international als selbständiges Staatswesen anerkannt.

Wie es in solchen Fällen oft geschieht, hatte die siegreiche Koalition Schwierigkeiten, Spaltungen in den eigenen Reihen zu vermeiden, besonders als man sicher mit einem solchen Sieg rechnen konnte. In der Zeit zwischen dem Waffenstillstand und dem Abschluß des Friedensvertrages kam es zu erheblichen Meinungsverschiedenheiten über die Machtstellung der Calvinistischen Kirche, die zu einem Gerichtsverfahren und zur Hinrichtung des Generalkapitäns der Generalstaaten, Johan van Oldenbarnevelt, sowie zur Verurteilung von Hugo Grotius, einem Fachgelehrten für internationales Recht und Anhänger von Oldenbarnevelt, zu einer lebenslänglichen Gefängnisstrafe führten. Nach dem Friedensschluß von 1648 wurde die holländische Reformierte Kirche ebenso wie die Anglikanische in England in den meisten Provinzen zur Staatskirche. Zu dieser Zeit waren immer noch zwei Drittel der holländischen Bevölkerung katholisch, Juden oder Personen, die die Autorität der Staatskirche nicht anerkannten und deshalb keine öffentlichen Ämter bekleiden durften.

Darf man nun sagen, daß dieser acht Jahre dauernde Krieg ganz oder teilweise eine Revolution gewesen ist? Es ist dabei sicherlich als Folge bewaffneter Auseinandersetzungen zu einem Machtwechsel gekommen, in dessen Verlauf wenigstens zwei deutlich voneinander sich unterscheidende Blöcke nicht miteinander vereinbare Ansprüche auf die Macht im Staat stellten, und es hat auch jeweils ein größerer Teil der Bevölkerung, die der Jurisdiktion des Staates unterstand, den Ansprüchen eines dieser Blöcke zugestimmt. Nach unseren Kriterien ist es im Verlauf der Unruhen von 1567 bis 1648 mit Sicherheit einmal zu einer Revolution gekommen. Hätte es nur eine einzige Zäsur gegeben und hätten sich nur zwei Blöcke gegenübergestanden, dann wäre die Analyse der Revolte in den Niederlanden in der Tat sehr einfach. Doch siebzehn verschiedene, formal autonome Souveränitäten haben sich an diesen Revolten beteiligt, jede mit einer etwas anderen Beziehung zu Spanien und zu den übrigen Souveränitäten. Revolutionäre Situationen brachen aus wie Krater auf dem Mars, während revolutionäre Ergebnisse mehr als einmal im Norden, Süden und in beiden Landesteilen zugleich zu verzeichnen waren.

Noch 1618 entstand durch die tödliche Konfrontation zwischen Moritz von Nassau und Johan Oldenbarnevelt eine weitere revolutionäre Situation. Einige Historiker haben sogar den ganzen acht Jahre dauernden Kampf als eine große Revolution bezeichnet; «vergleichbar mit den großen Revolutionen, die am Beginn der Neuzeit standen, steht sie auf der Liste der Revolutionen ganz oben an» (*Griffiths* 1960, S. 452). Das ist eine klare und sogar begründete Schlußfolgerung: Getrennt voneinander betrachtet, sehen die Kämpfe im Norden und Süden aus wie Unabhängigkeitsbestrebungen, die mit einer jeweils fehlgeschlagenen Revolte endeten. Zusammengenommen bewirkten sie jedoch einen tiefgreifenden Wandel der Machtverhältnisse im gesamten Bereich der Niederlande. Man könnte durchaus die Ansicht vertreten, diese Ereignisse in den Niederlanden stellten das europäische Modell der bürgerlichen Revolution dar.

Von den südlichen Niederlanden nach Belgien

Doch das war noch nicht die letzte Revolution im Süden. Mit dem Vertrag von Utrecht (1713) wurden die spanischen Niederlande dem Herrschaftsbereich der österreichischen Habsburger zugeschlagen, allerdings mit Ausnahme des Fürstbistums von Liège, das ein unabhängiger Teil des Reichsgebiets blieb. Als Ergebnis des eben beendeten Krieges sahen sich die jetzt österreichischen Niederlande von den Holländern besetzt und mit der Verpflichtung konfrontiert, jährlich 500000 Ecus für den Erhalt von acht holländischen Festungen im ganzen Land zu zahlen. Die Scheldemündung wurde gesperrt. Obwohl die französischen Streitkräfte, gegen die diese sogenannte Barriere aus acht Festungen errichtet worden war, sie im Verlauf des österreichischen Erbfolgekrieges (1740–1748) recht durchlässig machten, kehrten die holländischen Besatzungen am Ende des Krieges wieder in die österreichischen Niederlande zurück. Im weiteren Verlauf des Jahrhunderts gingen die Menschen in dieser Region ihren Geschäften unter der Aufsicht der Österreicher nach, die allerdings sehr viel strenger gehandhabt wurde, als es den Spaniern je gelungen war. Mächtige Adelige und Kirchenfürsten arbeiteten im allgemeinen mit der kaiserlichen Regierung zusammen, und während das Bürgertum von seinen alten Freiheiten träumte, hatte es trotz gelegentlicher Revolten politisch keinerlei Einfluß.

Der neue Kaiser Joseph II., das Musterbeispiel eines aufgeklärten Despoten, stattete 1781 den südlichen Niederlanden als erster nomineller Herrscher nach 1559 einen Staatsbesuch ab. Anschließend verfügte er eine Reihe von Verwaltungsreformen, die einerseits die Macht der Kirche schwächten und andererseits die Regierungsgewalt stärkten. Sein Entschluß, das österreichische Gebiet von allen holländischen Streitkräften räumen zu lassen, fand die Unterstützung weiter Kreise. Seine Bemühungen um eine Umgestaltung der geographischen Verwaltungsstruktur stießen jedoch auf den Widerstand fast aller Teile innerhalb des allmählich entstandenen Mosaiks der bisherigen Regionalregierungen. Das waren vor allem der Stadtrat von Brabant, die Vertreter des Adels und der Geistlichkeit in Brabant, die einzelnen Stadtverwaltungen und die Kaufmannsgilden. Diese

«Revolution von Brabant» ging in eine konservative Richtung und forderte die Beendigung der religiösen Toleranz und die Wiederherstellung der dieser Provinz gewährten Privilegien. Dabei bemühte man sich um eine Unterstützung dieser gegen das Kaiserreich gerichteten Bestrebungen von außen. Die Bewegung hatte aber auch ihre populistische Seite im Zusammenhang mit dem verbreiteten Freimaurertum, das besonders an Einfluß gewann, als das benachbarte Frankreich 1789 seine eigene Revolution erlebte. Im gleichen Jahr wurden die österreichischen Verwaltungsbeamten bei bewaffneten Revolten, die von einer patriotischen Armee in der Republik Holland unterstützt wurden, aus Gent, Brügge, Namur und Brüssel vertrieben. Das damals verkündete *manifeste du peuple brabançon* entsprach etwa der Deklaration von 1581, die sich im Namen lokaler und regionaler Freiheiten gegen den Herrschaftsanspruch Philipps II. gerichtet hatte (*Kossmann* 1978, S. 59). Der bürgerliche Kern der revolutionären Bewegungen in den Niederlanden wurde nun noch klarer erkennbar.

1790 verkündete eine Versammlung von Abgeordneten aller südlichen Provinzialstaaten mit Ausnahme von Luxemburg die Gründung einer Föderation nach dem Vorbild der Vereinigten Staaten von Amerika mit einem Kongreß und einer Unabhängigkeitserklärung. Doch dann führten Meinungsverschiedenheiten zwischen den Befürwortern der staatlichen Zentralgewalt und den Demokraten fast zum Bürgerkrieg. Noch vor Ende des Jahres 1790 hatten österreichische Truppen den noch verbliebenen Rest der revolutionären Regierung auseinandergetrieben. Viele Demokraten flohen nach Frankreich, während die Vertreter der staatlichen Zentralgewalt ins Exil nach England oder Holland gingen. Im Fürstbistum Liège wiederholte sich die Pariser Revolution in verkleinertem Maßstab, einschließlich des Sturms auf die Bastille. Da die Revolution in Liège in einem kirchlichen Staat stattfand, wendete sie sich sehr viel mehr gegen den Klerus als im benachbarten Belgien, was zur Folge hatte, daß das vorwiegend katholische Belgien den Revolutionären die kalte Schulter zeigte. Als österreichische Truppen 1791 in Liège einmarschierten, trafen sie auf nur sehr geringen Widerstand. Sowohl in Belgien als auch in Liège hatten die reaktionären Kräfte Mitte 1791 stark zugenommen.

Dann ergriffen die Franzosen die Initiative. Sehr bald erwählten sie die Niederlande zum Schlachtfeld für die Kämpfe gegen Österreich und ihre anderen Feinde. Als der französische General Dumouriez seine Truppen im Herbst 1792 nach Belgien führte, hoffte er, als demokratischer Befreier begrüßt zu werden, doch während nur wenige Demokraten ihm als einem Freund die Hand reichten, behandelten ihn die Zentralisten als gefährlichen Gegner. Dennoch schufen seine belgischen Verbündeten eine politische Institution nach dem Vorbild der Jakobiner. Indessen entschied sich die Konvention von Liège für die Vereinigung mit Frankreich. 1793 kehrten die österreichischen Truppen zurück, besetzten erneut wichtige Teile der südlichen Niederlande, und ein großer Teil der anderen Gebiete wurde zum Schlachtfeld. Die französischen Streitkräfte führten einen Gegenangriff. 1795 hatten sie die Niederlande in nördlicher Richtung bis nach Amsterdam zurückerobert. In den Jahren 1794 und 1795 unternahm die französische Besatzung den Versuch, Belgien in das politische System Frankreichs zu integrieren. Dazu gehörten auch die Säkularisierung zahlreicher kirchlicher Einrichtungen und die Einführung des Französischen als Amtssprache. Von diesem Zeitpunkt bis 1814 blieb Belgien ein besetztes Land und wurde dann Teil eines Satellitenkönigreichs. Es entstand ein zentralisierter Staat nach französischem Vorbild. Auch die Belgier erlebten 1798 ihre eigene kleine Vendée, eine von der Landbevölkerung getragene Widerstandsbewegung gegen die allgemeine Wehrpflicht.

Die kriegerischen Holländer

Und wie entwickelte sich die Lage im Norden? Zur Zeit der Rebellionen im 16. und 17. Jahrhundert wurden die nördlichen Provinzen zu einer in der ganzen Welt erfolgreichen Handelsmacht, zum Beispiel durch die Gründung der Holländisch-Ostindischen Kompanie im Jahr 1602. Sie bildeten einen beeindrukkenden Staatenbund aus bürgerlichen Republiken, die jeweils über eine eigene Miliz verfügten und ihre Privilegien gegenüber dem Statthalter und ihrer eigenen Schöpfung, den Generalstaaten, verteidigten. Dennoch kam es zwischen den Provinzen und den Generalstaaten zu einer durchaus wirksamen Arbeitsteilung, wobei die Provinzen für die Besteuerung und die Verwaltung und die Generalstaaten für die Kriegführung verantwortlich waren.

Anfang des 17. Jahrhunderts führten die Vereinigten Provinzen Kriege gegen England und andere Rivalen im Kampf um die überseeische Expansion, die sie oft gewannen. Auf Tafel 2 sind die größeren kriegerischen Auseinandersetzungen aufgeführt, an denen die Holländer beteiligt waren. Die hier angegebenen Daten sind allerdings nicht immer ganz präzise. Im Atlantischen, Pazifischen und Indischen Ozean kämpften die holländischen Flotten fast ununterbrochen, während sich die Kriege in Europa im 17. Jahrhundert manchmal über Jahre hinzogen, ohne daß es zu großen Schlachten kam. Trotzdem gehörte Holland im 17. und 18. Jahrhundert zu den Staaten, die am häufigsten in Kriege verwickelt waren; durchschnittlich befanden sich die Holländer im 17. Jahrhundert in vier von fünf Jahren im Krieg. Unsere chronologische Darstellung beginnt mit der Beteiligung holländischer Streitkräfte an Kriegen im Mittelmeer- und adriatischen Raum (wo sie sich an der Seite der anderen großen Seemacht, Venedigs, an den Kämpfen gegen die Uskoken beteiligten, die von den österreichischen Habsburgern unterstützt wurden). Anschließend kam es zu teilweise erfolgreichen Auseinandersetzungen mit Portugal um die Vorherrschaft zur See und den lange dauernden Bemühungen um die Errichtung eines Kolonialreichs, bevor die vereinigten Provinzen offiziell als unabhängige Macht anerkannt wurden. Nach dem Spanischen Erbfolgekrieg beteiligte sich Holland seltener an militärischen Unternehmungen. Die Holländer haben nach 1715 kaum mehr eine größere Rolle in den europäischen Kriegen gespielt. Obwohl ihre Bedeutung als Handelsmacht zunahm, haben die Historiker diesen Verzicht auf weitere militärische Eroberungen im 18. Jahrhundert im allgemeinen mit einem Verfall der politischen Macht Hollands gleichgesetzt.

Tafel 2: Kriege im 17. und 18. Jahrhundert, an denen Holland beteiligt war

1567–1648	Holländisch-spanischer Krieg (mit Unterbrechungen)
1605–1606	Holländisch-portugiesischer Krieg um Malakka

1615–1618	Krieg Venedigs gegen die Uskoken und das habsburgische Österreich
1611–1628	Die Eroberung von Ceylon durch die Holländer, in deren Verlauf es zu einem Krieg gegen portugiesische Streitkräfte kam
1616–1619	Holländische Eroberungen auf Makassar
1619	Holländische Eroberungen auf Java
1622	Holländisch-portugiesischer Krieg um Macao
1624–1654	Holländisch-portugiesische Kriege um Brasilien (mit Unterbrechungen)
1628–1629	Krieg Hollands um Mataram und Java
1638–1640	Holländisch-portugiesischer Krieg um Ceylon und Goa
1640–1641	Holländisch-portugiesischer Krieg um Malakka
1641	Holländisch-portugiesischer Krieg um Angola
1646	Holländische Eroberungen auf den Molukken
1648	Holländisch-portugiesischer Krieg um Angola
1650–1656	Eroberung der Molukkeninsel Amboina durch die Holländer
1651	Eroberung der Molukkeninsel Ceram durch die Holländer
1652–1653	Holländisch-portugiesischer Krieg auf dem Indischen Ozean und auf dem Atlantik
1652–1655	Englisch-holländischer Seekrieg
1654–1670	Holländische Eroberungen auf Sumatra
1654–1660	Großer Nordischer Krieg
1657–1661	Holländisch-portugiesischer Krieg
1661–1662	Holländisch-chinesischer Krieg um Taiwan
1663–1667	Englisch-holländischer Seekrieg
1669–1681	Holländische Intervention auf Java
1672–1679	Holländischer Krieg gegen Ludwig XIV.
1669–1680	Holländischer Krieg gegen Algerien
1688–1697	Krieg der Augsburger Liga
1701–1714	Spanischer Erbfolgekrieg
1703–1705	Holländische Eroberungen auf Java und Mataram
1715–1726	Holländischer Krieg gegen Algier
1718–1720	Krieg des Viererbündnisses
1740–1748	Österreichischer Erbfolgekrieg
1780–1783	Amerikanischer Unabhängigkeitskrieg
1795	Französischer Revolutionskrieg

Diese Kriege hatten auch eine innenpolitische Nebenwirkung; sie stärkten im allgemeinen den politischen Einfluß des Statthalters. In Kriegszeiten wurden die Statthalter und mit ihnen das

Haus Oranien gewöhnlich stärker von der Bevölkerung unterstützt als im Frieden. Doch die Menschen feierten nicht nur die Siege der militärischen Führung, sondern es kam auch zu Angriffen gegen die herrschenden Klassen in den Städten (*Dekker* 1982, S. 41–45). Andererseits nahm im Krieg auch die Bedeutung der finanziellen Unterstützung zu, die die Provinzen der Zentralregierung gewährten, und das stärkte wiederum die Stellung der Behörden in den Provinzen und Städten. Bald nach der Unabhängigkeitserklärung im Jahr 1650 suchte der Statthalter Wilhelm II. aus der Begeisterung des Volkes Nutzen zu ziehen und seine fürstliche Macht in Holland zu festigen, doch das Scheitern dieses Versuchs bestätigte die Selbständigkeit der Provinzen. Während der folgenden hundert Jahre mußten sich seine Nachfolger mit einer beschränkten Regierungsgewalt zufriedengeben, auch wenn sie mit der Unterstützung der Bevölkerung rechnen konnten, sobald es zum Krieg kam.

Nachdem der Statthalter Wilhelm III. 1677 die Tochter Jakobs II. geheiratet hatte, wurde er in der «Glorreichen Revolution» von 1688/89 *(Glorious Revolution)* König von England. Nun wurden aus den bisher verfeindeten Holländern und Engländern militärische Verbündete, und die regierenden Häuser in beiden Staaten festigten ihre Beziehungen durch mehrere Heiraten. Doch obwohl der Statthalter in militärischen Angelegenheiten und besonders im Krieg an Einfluß gewann, verhielten sich die Provinzen (und besonders Holland) wie fast souveräne Staaten. Jede Provinz wählte ihren eigenen Statthalter oder verzichtete ganz auf die Berufung eines geeigneten Mannes auf diesen Posten. Als Wilhelm III. mit seinen Truppen nach England übersetzte, um sich an die Spitze der protestantischen Revolte von 1688 zu stellen, war er in Wirklichkeit nicht Statthalter der Vereinigten Provinzen, sondern nur gewählter Statthalter in fünf der sieben niederländischen Provinzen. Als er im Jahr 1702 starb, war in allen Provinzen außer Groningen und Friesland (das einen anderen Statthalter hatte) dieses Amt nicht besetzt. Erst 1747 während der Beteiligung der südlichen Niederlande am Österreichischen Erbfolgekrieg nach einem größeren Aufstand ernannten die Generalstaaten wieder einen erblichen Statthalter für das ganze Land. Doch auch jetzt stieß er noch häufig auf die Opposition einer oder mehrerer Provinzen.

In den 1780er Jahren mobilisierte eine patriotische Partei zum erstenmal den Widerstand der ganzen Nation gegen den Statthalter. Die Teilnahme der Niederlande am Amerikanischen Unabhängigkeitskrieg hatte die Gegner des Statthalters von der Möglichkeit überzeugt, der autokratischen Regierungsform durch kollektives Handeln ein Ende zu setzen. Ihre Vorstellung von der Freiheit konzentrierte sich bezeichnenderweise auf die Autonomie der örtlichen Gemeinwesen und die Herrschaft der besitzenden Klassen, was schließlich dazu führte, daß die Arbeiterschaft ihnen die Gefolgschaft versagte. Von 1785 bis 1787, als Wilhelm V. preußische Truppen zu seiner Unterstützung herbeirief, kam es zu bürgerlich demokratischen Revolutionen, die von den Patrioten angeführt wurden, und der Aufstellung von Freikorps in Holland und anderswo. Frankreich unterstützte die Patrioten wiederholt finanziell und politisch, während Großbritannien das gleiche für ihre Feinde von der Partei der Oranier tat. Mit der preußischen Intervention endete jedoch die revolutionäre Situation.

Einige Patrioten wurden wieder an der Regierung beteiligt, als französische Truppen 1795 Holland eroberten und die Batavische Republik gegründet wurde. Sie blieben auch im Satellitenkönigreich Holland an der Macht, in dem Napoleon seinen Bruder Louis Bonaparte als König eingesetzt hatte (1806–1810). Nach jedem französischen Eingreifen mußten die reichen Niederlande beträchtliche Tributzahlungen an Frankreich leisten. Nach der Abdankung von Louis Bonaparte annektierte Napoleon Holland und machte es zum Teil des schon an Einfluß verlierenden französischen Kaiserreichs, anstatt es nur auszubeuten. An die Stelle der alten föderalistischen Struktur trat nun eine französische Verwaltung mit einer bürokratisierten Zentralregierung, wie sie auch in Belgien eingeführt worden war. Als sich die französische Besatzung Ende 1813 auflöste, kam der Sohn des verstorbenen Statthalters in die Niederlande zurück und führte eine «Revolte» an, die im wesentlichen darin bestand, die abziehenden Franzosen abzulösen. Schon nach zwei Wochen entwarf eine Kommission eine neue Verfassung, und der Statthalter übernahm die Regierungsgewalt in einem provisorischen Staat.

Die siegreichen Verbündeten veranlaßten den Zusammenschluß der nördlichen und südlichen Provinzen, zu denen jetzt auch Liège gehörte, zu einem neuen Königreich der Niederlande, das eine gewisse Ähnlichkeit mit den alten Burgundischen Niederlanden hatte, sich jedoch weiter nach Norden ausdehnte und zu dem auch die Enklaven gehörten, die vorher selbständig gewesen waren. Wilhelm von Oranien wurde nun König in einer konstitutionellen Monarchie, in der zwischen den nördlichen und südlichen Provinzen ein politisches Gleichgewicht hergestellt wurde, obwohl die Bevölkerung im Süden zahlenmäßig überwog. Die Regierungsstruktur entsprach dem französischen Vorbild, und es galten die gesetzlichen Bestimmungen des *Code Napoléon* und des *Code pénal*. Da ihm die Einkünfte aus den Kolonien persönlich zur Verfügung standen, erfreute sich der König einer beträchtlichen Selbständigkeit.

Die Konflikte zwischen dem Süden und dem Norden dauerten bis 1839 an und endeten mit der endgültigen Trennung beider Landesteile. 1828 bildete sich eine belgische Union der oppositionellen Kräfte, die sich gegen die offiziellen Kandidaten wendete. Sie regte die Gründung einer aus den südlichen und nördlichen Niederlanden bestehenden Föderation an. Im Oktober 1830 folgte eine aus Bürgertum und Arbeiterklasse bestehende Koalition der Französischen Revolution, die eine autonome Regierung verlangte, das Eingreifen holländischer Truppen abwehrte und bei ihren Bestrebungen von ausländischen Kräften unterstützt wurde. Nach einem Jahr internationaler Verhandlungen wählten die Belgier Leopold von Sachsen-Coburg zum König, den Witwer der britischen Thronerbin und damit Onkel und Mentor von Victoria, die sechs Jahre später selbst englische Königin wurde. Der holländische König Wilhelm lehnte die Bedingungen für eine Beilegung der Streitigkeiten ab und ließ seine Truppen in Belgien einmarschieren.

Nachdem auch die Franzosen die belgische Grenze überschritten hatten, folgten langwierige Verhandlungen mit den Besatzungsmächten (in deren Verlauf Leopold seine Position dadurch stärkte, daß er die Tochter des neuen französischen Königs Louis-Philippe heiratete), die Holländer erklärten sich schließlich 1833 zu einem Waffenstillstand und 1839 zur offiziellen Anerkennung Belgiens bereit. Die Belgier selbst gaben sich eine erstaunlich liberale Verfassung, die dazu führte, daß die Bevölkerung stärker als je zuvor am politischen Leben beteiligt wurde. Dabei hielten sie sich strikt an die politische Neutralität, zu der sie sich im Rahmen der internationalen Vereinbarung von 1839 verpflichtet hatten. 1847 wurde die klerikal-liberale Regierungskoalition in Belgien von einem Parteiensystem abgelöst, in dem die bürgerlich Liberalen die Mehrheit hatten. Das neue Regime kam mit der Einführung eines großzügigeren Wahlrechts und damit, daß es den Kleinbürgern und organisierten Arbeitern eine stärkere Beteiligung an den politischen Entscheidungen gewährte, den Revolutionen von 1848 zuvor. Auch in den Niederlanden setzte das Bürgertum weitgehende Reformen durch, bevor es in anderen europäischen Staaten zu den Revolutionen von 1848 kam.

Von der Mitte des 19. Jahrhunderts bis zur Besatzungszeit während der Weltkriege erlebten Holland und Belgien keine wirklich revolutionären Situationen mehr, das heißt, es kam zu keiner Aufspaltung der Bevölkerung in zwei oder mehr Blöcke, die jeweils einen stärkeren politischen Einfluß gewannen. Um die Mitte des 19. Jahrhunderts begann sich Belgien sehr rasch zu einem der bedeutendsten europäischen Länder in der Schwerindustrie zu entwickeln. Die Zahl der Angehörigen der Arbeiterklasse nahm entsprechend zu. Zugleich erwarb Belgien seine ersten Kolonien in Afrika. In der belgischen Innenpolitik wurden die Gegensätze zwischen Katholiken, Liberalen und Sozialisten immer deutlicher. Eine besondere Belastung waren die Konflikte zwischen den flämisch sprechenden und den wirtschaftlich bessergestellten französisch sprechenden Bevölkerungsteilen. Die sprachliche Trennung zwischen Flämisch und Französisch führte nicht nur zu politischen Rivalitäten, sondern bezeichnete auch sehr deutlich spürbare gesellschaftspolitische Unterschiede. Die Sprachengrenze war zugleich die Trennungslinie zwischen Gebieten ganz unterschiedlicher Produktivität (*Lesthaeghe* 1977, S. 111–114).

Doch die im 19. und 20. Jahrhundert in Belgien entstehenden Konflikte stellten für die innenpolitische Stabilität keine größere Bedrohung dar als die Streikwellen, die Massendemonstrationen und die mit großer Leidenschaft geführten Wahlkämpfe, die nun zu den normalen Begleiterscheinungen der demokratischen Politik in vielen europäischen Ländern geworden waren. Im

Ersten und im Zweiten Weltkrieg wurde Belgien von deutschen Truppen besetzt, die zu dieser Zeit auch die Regierungsverantwortung übernahmen. Nach dem Zweiten Weltkrieg führten sprachliche, religiöse, regionale und Klassenunterschiede zu erheblichen Konflikten, die jedoch niemals ein solches Ausmaß erreichten, daß dadurch Revolutionen hätten entstehen können. Diese Gefahr bestand am ehesten 1950 bei der Abdankung von Leopold III., der während des Krieges belgischer König gewesen war, als eine Volksabstimmung zeigte, daß er zwar von der Mehrheit unterstützt wurde, aber zahlreiche Gegner im französisch sprechenden Bevölkerungsteil und bei den Antiklerikalen hatte, von denen viele glaubten, er habe während des Krieges allzu bereitwillig mit der nazistischen Besatzungsmacht zusammengearbeitet.

Auch die Regierungen in Holland folgten mit ihren liberalen Reformen dem Geist der Revolutionen von 1848 und berücksichtigten mit ihrer Politik die religiösen und Klassengegensätze. Das Problem der Zweisprachigkeit gab es hier allerdings nicht. Obwohl Holland mit seinem Mangel an Bodenschätzen und seiner bereits führenden Stellung im Welthandel niemals eine mit der belgischen vergleichbare Schwerindustrie entwikkelt hat, ging es im 19. Jahrhundert sehr viel energischer an die Herstellung von Verbrauchsgütern und verwendete dabei das Erdöl und andere Produkte aus seinen Kolonien, um seine Stellung in der europäischen Wirtschaft auszubauen. Im Ersten Weltkrieg hatte Holland seine Neutralität gerade noch bewahrt, konnte aber die Besetzung durch deutsche Truppen im Zweiten Weltkrieg nicht verhindern. 1918 entstand zwar eine revolutionäre Bewegung, die jedoch sehr rasch an Einfluß verlor. Obwohl es in den 1930er Jahren zu einem Schlagabtausch zwischen rechten und linken politischen Kräften kam, führten diese Auseinandersetzungen bei weitem noch nicht zu einer revolutionären Situation.

Das Entstehen einer wirtschaftlichen und außenpolitischen Union Belgiens, Hollands und Luxemburgs öffnete 1950 den Weg zum geschlossenen Beitritt dieser drei Länder zur Europäischen Gemeinschaft. Dieser Zusammenschluß verringerte die Wahrscheinlichkeit, daß in einem der drei Länder revolutionäre Situationen entstanden, denn jedes von ihnen konnte für den

Fall plötzlich auftretender Schwierigkeiten mit der Unterstützung der beiden anderen rechnen. Während Freiheitsbestrebungen wie die der Provos (Provokateure) in den 1960er Jahren auch in Holland einen ziemlichen Zulauf hatten, verlief die Politik des Landes größtenteils in den Bahnen, die ihr von den im 19. Jahrhundert geschaffenen liberaldemokratischen Institutionen gewiesen wurden. So war es der bürgerlichen Politik im Norden und im Süden der Niederlande gelungen, die revolutionären Kräfte im bürgerlichen Lager in den von Recht und Ordnung gegebenen Schranken zu halten.

Eine Bilanz der Revolutionen in den Niederlanden

In der Zeit von 1477 bis 1992 entstanden in den Niederlanden zahlreiche revolutionäre Situationen, aus denen nur zum Teil wirkliche Revolutionen hervorgingen. Solche revolutionären Situationen gab es bei der Machtübernahme der Generalstaaten (1477), bei der zum Teil erfolgreichen Rebellion von 1484 bis 1488, bei der Befriedung von Gent (1576), bei der Gründung der Republik Holland (1609 und/oder 1648), bei der patriotischen Revolution und der Revolution in Brabant in den 1780er Jahren, bei den verschiedenen Machtwechseln unter dem Einfluß der Französischen Revolution und des französischen Kaiserreichs, bei der nach diesen Kriegen erfolgten Gründung des Königreichs der Niederlande und bei der Belgischen Revolution von 1830. Die Republik Holland, die England einen neuen König lieferte, spielte auch eine Rolle in Englands *Glorious Revolution* von 1688/89. Im 20. Jahrhundert kam es in der Zeit der Besetzung des Landes durch die Deutschen vorübergehend zu revolutionsähnlichen Auseinandersetzungen, die aber von den meisten Beobachtern nicht als Revolutionen bezeichnet werden.

Man kann darüber streiten, ob man den enormen Erfolg des Calvinismus im 16. Jahrhundert in Antwerpen und den nördlichen Niederlanden als eine Revolution ansehen darf. Nach unserer Definition dieses Begriffs war das keine Revolution, obwohl diese Ereignisse einen starken Einfluß auf spätere Kämpfe, Revolutionen und das gesellschaftliche Leben gehabt haben. Man könnte auch die belgischen Verfassungsreformen von 1847 und die holländischen Reformen von 1848 als revolutionär bezeichnen, aber nicht nach den Kriterien dieses Buches. Eines ist jedoch klar: In den vergangenen fünf Jahrhunderten hat es in der Geschichte Hollands und Belgiens zahlreiche revolutionäre Situationen und Revolutionen gegeben. Wenigstens sechsmal ist es dabei zu revolutionären Machtwechseln gekommen, bei denen länger andauernde Machtverhältnisse geschaffen wurden. Das an diesen Veränderungen beteiligte mächtige Bürgertum hat seine Haltung zwar häufig gewechselt, jedoch fast immer den Charakter und den Ausgang revolutionärer Situationen entscheidend mitbestimmt.

Tafel 3: Revolutionäre Situationen in den Niederlanden von 1492 bis 1992

1487–1493	Rebellionen in Gent, Liège, Brügge, Louvain, Cleve gegen Burgund
1498–1500	Erneuter Bürgerkrieg in Friesland
1514–1523	Kampf zwischen Burgund und Geldern um die Vorherrschaft in Friesland
1522–1528	Widerstand gegen die Bestätigung der Souveränität Karls V. in den Niederlanden in weiten Teilen der Bevölkerung
1532	Volksaufstand in Brüssel
1539–1540	Rebellion in Gent
1566–1609	Revolte in den Niederlanden (deutsche, französische und englische Intervention)
1618	Machtergreifung durch radikale Calvinisten in vielen Städten
1650	Gescheiterter Staatsstreich Wilhelms II.
1672	Machtergreifung durch die Oranier in vielen Städten
1702	Entmachtung der Anhänger des Hauses Oranien in Gelderland und Overijssel
1747–1750	Revolte der Oranier in den Vereinigten Provinzen
1785–1787	Revolution holländischer Patrioten, niedergeschlagen durch eine Intervention Preußens
1789–1790	Revolution in Brabant
1795–1798	Batavische Revolution
1830–1833	Belgische Revolution gegen Holland (französische und britische Intervention)

Vom 15. bis zum 17. Jahrhundert prägten dynastische oder die einzelnen Gemeinwesen betreffende Fragen die revolutionären Situationen und Ergebnisse in den Niederlanden, wobei die jeweiligen Regenten und autonomen Städte die entscheidende Rolle spielten. Deshalb war es kaum möglich, Bürgerkriege, Kriege gegen auswärtige Mächte, Privatkriege und Revolutionen klar voneinander zu unterscheiden. Als die jeweiligen Staaten mächtiger und in ihren Ansprüchen fordernder wurden, lösten durch Klassenkoalitionen bedingte und nationale Revolutionen die kommunalen Formen ab. Von nun an unterschieden sich revolutionäre Situationen und Ergebnisse deutlicher von den Kriegen, auch wenn es dabei zu bewaffneten Auseinandersetzungen kam. Wenn man den späteren Mythos beiseite läßt, nach dem die Rebellionen im 16. Jahrhundert der berechtigte Aufstand eines einigen Volkes gewesen sind, dann hat es in den Niederlanden zwei große nationale Auseinandersetzungen gegeben. Bei der ersten löste sich Belgien 1830 vom Königreich der Niederlande, und in der zweiten kämpften in Belgien Flamen und Wallonen um die Vorherrschaft im Staat und verteidigten, nachdem diese Versuche gescheitert waren, jeweils ihre Stellung innerhalb des Staatswesens. Im ersten Fall kam es zu einer echten, wenn auch begrenzten Revolution; im zweiten Fall führte eine lange Reihe von Schlachten zu einer allmählichen Veränderung des Staatswesens, nicht aber zu einer wirklich revolutionären Situation.

Der Unterschied zwischen den beiden großen nationalistischen Episoden in Belgien verdeutlicht einen weiteren entscheidenden Punkt. Die Revolutionen in jeder dieser Perioden zeigten vielfach die gleichen Merkmale wie die nicht revolutionäre Politik jener Zeit. Es war nicht etwa so, daß sich die Zahl dieser Merkmale vermehrte, vielmehr kam es zu revolutionären Spaltungen, bewaffneten Auseinandersetzungen und revolutionären Machtwechseln, weil Ausnahmesituationen zum Widerstand gegen die Machthaber anregten und es ausnehmend günstige Gelegenheiten gab, sie zu stürzen. Als der Herzog von Alba 1567 seine Armeen heranführte, um einen in sich geschlossenen Adel und gut auf einen Krieg vorbereitete Städte Hunderte von Kilometern von seinen Versorgungsbasen entfernt zu bekämpfen, und dann auch noch versuchte, die Bevölkerung für die übermäßig hohen Kosten seines Unternehmens aufkommen zu lassen, schwächte er sein Regime zu genau dem Zeitpunkt, zu dem er die althergebrachten Rechte und Privilegien in verstärktem Maße bedrohte. Das Zusammenwirken dieser Faktoren verschärfte die revolutionäre Situation. Dennoch glichen die Beteiligten, die Interessen und die Kämpfe in vieler Hinsicht denen, die in der turbulenten Politik der vergangenen neunzig Jahre eine Rolle gespielt hatten, gar nicht zu reden von den Verhältnissen im darauffolgenden Jahrhundert.

Aus diesem kurzen Rückblick ergibt sich jedoch eine wichtige, wenn auch unerwartete Schlußfolgerung: Revolutionen, die, gemessen an ihrem Ausgang, ganz verschieden aussahen, zeigten sehr ähnliche Grundelemente und Beteiligte. Die «erfolgreiche» Revolution im 16. Jahrhundert im Norden und die «gescheiterte» Revolution im Süden hatten ihren Ursprung in einer im wesentlichen sehr ähnlichen Gesamtlage, wobei der Unterschied in den Ergebnissen auf die relative Stärke der Hauptbeteiligten in jeder dieser Regionen zurückzuführen war. In ähnlicher Weise hatten auch die Brabanter Revolution in den Österreichischen Niederlanden und die patriotische Revolution in der Republik Holland viele gemeinsame Aspekte, obwohl in der ersten, wenn man das Ergebnis betrachtet, die konservativen Kräfte und in der zweiten, bis zu dem Augenblick, in dem die preußischen Truppen eingriffen, die relativ liberalen Kräfte die Hauptrolle spielten. Zwischen beiden gab es sogar Wechselwirkungen, wobei die Brabanter Revolutionäre mit ihrer militärischen und politischen Basis auf holländischem Territorium in Breda von den dortigen Patrioten unterstützt wurden. Auch hier hatte das Gleichgewicht der Kräfte einen entscheidenden Einfluß auf den deutlich erkennbaren Inhalt und die Bedeutung der Revolutionen. Wenn die Niederlande das Ursprungsland der bürgerlichen Revolutionen waren, dann änderten sich die jeweilige Haltung und die Bündnisse des Bürgertums nach Zeit und Ort ganz wesentlich, und diese Variationen erzeugten jeweils ganz andersartige Revolutionen.

Als extremes Beispiel einer kapitalintensiven Staatenbildung hatten die Niederlande nicht voraussehen können, was sich in nächster Zeit im übrigen Europa ereignen würde. In anderen Teilen Europas kam es im 16. Jahrhundert zum Beispiel zu einer großen Welle von Revolten der Bauern, die sich von der Versklavung durch ihre Grundherren bedroht sahen und nun um einen größeren wirtschaftlichen und politischen Einfluß kämpften. Vergleichbare Ereignisse gab es in den Niederlanden nicht, und zwar weil die Landwirtschaft kommerzialisiert war, die Bauern ein gutes Auskommen hatten und die Grundherren angesichts eines außerordentlich einflußreichen Bürgertums nur über eine begrenzte politische Macht verfügten. Sogar in den 1780er Jahren erlebten die nördlichen und südlichen Niederlande keine revolutionären Entwicklungen, wie sie in den 1640er Jahren in England oder in den 1790er Jahren in Frankreich zu verzeichnen waren. Nach dem 16. Jahrhundert erreichte die kollektive Gewalt in den Niederlanden bei weitem nicht das Ausmaß dessen, was in Rußland oder Ungarn geschah. Zweifellos haben das Interesse der Bürger an Ruhe und Ordnung, der frühe Verzicht auf Privatarmeen, die Weigerung der städtischen Milizen, auf ihre Mitbürger zu schießen, und die relative Schwäche der niederländischen Staaten dazu beigetragen.

Das hohe Ansehen und die Selbständigkeit der Patrizier und Bürger in diesem Teil Europas, verbunden mit der weitgehenden Abhängigkeit der regierenden Fürsten von ihrer finanziellen Unterstützung, begünstigten ihre führende Rolle bei der erfolgreichen Ausbeutung des Reichtums der Niederlande. Die Herzöge, Bischöfe und Gouverneure hatten kaum eine andere Wahl, als sich mit den reichen Männern und Städten in ihren Territorien zu einigen, wenn auch nur deshalb, weil sich fast jedesmal, wenn sie versuchten, ihren Willen mit militärischer Gewalt durchzusetzen, eine Koalition aus Bürgern und unzufriedenen Adligen bildete. Wenn es zu einer solchen Einigung kam, stärkte sie die Staaten auch militärisch, denn die Finanziers konnten in kurzer Zeit hohe Geldsummen zu niedrigen Zinssätzen aufbringen, und viele gewöhnliche Bürger legten ihr Geld in festverzinslichen Staatspapieren an. Während des größten Teils des 18. Jahrhunderts wurden die Kriegsvorbereitungen im Norden nach kapitalistischen Grundsätzen getroffen, und dort entstand ein wenig differenzierter, relativ schwacher Staatsapparat, während man sich im Süden für eine indirekte Regierungsform entschied und die Verwaltung nur verhältnismäßig geringe Kosten verursachte. So gab es in beiden Teilen des Landes vor der Besetzung durch Napoleon keine sehr umfangreiche Staatsbürokratie.

Die Konsolidierung des Staates wurde in den Niederlanden von häufigen Interventionen fremder Mächte begleitet. Obwohl die Patrioten versuchten, die Regierung bis zu einem gewissen Grad zu liberalisieren, und der von den Demokraten vertretene Grundsatz der Volkssouveränität zu einer erheblichen Verringerung der Privilegien führte, wären beide Staatswesen ohne das Beispiel Frankreichs, die Besetzung durch fremde Truppen und eine gezielte Umstrukturierung sicherlich mit einer sehr viel weniger ausgewogenen Regierungsform ins 19. Jahrhundert gegangen. Die Franzosen errichteten zentralisierte, bürokratisierte und nach einheitlichen Grundsätzen regierte Staaten in den Niederlanden; diese Organisationsformen überlebten die Niederlage Frankreichs im Jahr 1815, auch wenn die einzelnen von den Franzosen gegründeten Staaten nicht in der bisherigen Form weiterbestanden.

Was sich während dieser Zeit in den Niederlanden ereignete, bewies die Stärke und Beständigkeit des Handels und des Kapitals und zeigte die Schwächen eines Systems, das sich auf Zwangsmaßnahmen konzentrierte. Wo es an Kapital mangelte, erhöhte sich der Zwang, und es entstanden ganz verschiedenartige Staaten. Der konzentrierte Zwang bedeutete im allgemeinen, daß der Adel das ganze Land, die Bauern, den Handel und den Staatsapparat selbst beherrschte. Durch die Aufstellung starker stehender Heere wurde der Adel in den Staatsdienst integriert und stellte die hohen Staatsbeamten und Offiziere. Je größer sein Einfluß und seine Selbständigkeit bis dahin gewesen waren, desto wahrscheinlicher war es, daß der Adel jetzt für seine Loyalität die Gewährung ganz bestimmter, unantastbarer Vorrechte in den Bereichen verlangte, in denen er tätig war. Die preußischen Junker dienten ihrem König und wurden nicht nur zu hohen Offizieren befördert, sondern auch als Richter und Verwaltungsbeamte eingesetzt und erfreuten sich als Großgrundbesitzer besonderer Privilegien. Im 19. Jahrhundert führten die Aufstellung kostspieliger militärischer Streitkräfte und die Ausbreitung des Kapitalismus zur Entstehung der konsolidierten Staaten, wie sie sich nun auf dem ganzen Kontinent bildeten. Diese Entwicklung hatte allerdings nur selten zur Folge, daß die Vormachtstellung des landbesitzenden Adels ins Wanken geriet.

In den einzelnen Staaten entsprachen die Grundmuster der Revolutionen der jeweiligen Regierungsform. In den autoritär regierten europäischen Staaten nahmen die revolutionären Situationen lange Zeit entweder die dynastische, die kommunale, die von den Beziehungen zwischen Schutzherren und den von ihnen abhängigen Personenkreisen bestimmte Form oder gleichzeitig alle drei Formen an. Zu dynastischen Revolutionen kam es in den meisten Fällen, wenn sich der Hochadel gegen die Herrschaft des regierenden Fürsten auflehnte oder einzelne Parteien, die sich im Hochadel gebildet hatten, gegeneinander um die Krone kämpften. Zu revolutionären Situationen der dynastischen Form kam es häufig – besonders nach dem Tod eines Monarchen –, und sie endeten recht oft mit Revolutionen, die zu einem Machtwechsel führten. Bei den typischen kommunalen Revolutionen verbündeten sich Bauern und Handwerker, um sich gegen die Ansprüche der Grundherren auf höhere Abgaben und Dienstleistungen zu wehren oder auch dagegen, daß das Gemeinwesen eine kollektive Identität forcierte. Obwohl täglich irgendwo Widerstand gegen solche Ansprüche des Adels geleistet wurde, waren aus kommunalen Problemen erwachsende revolutionäre Situationen, in denen das gewöhnliche Volk Teile des Staatsapparats beherrschte oder eigene vergleichbare Institutionen schuf, selten.

Daß solche revolutionäre Situationen zu revolutionären Ergebnissen führten, kam noch seltener vor. Die Tatsache, daß Bauern, Handwerker und städtische Gemeinwesen kaum eine Möglichkeit hatten, sich zu bewaffnen, während der Adel über große Arsenale verfügte, war für die ersteren ein großer Nachteil. Dennoch kam es gelegentlich zu Revolutionen, bei denen dynastische und kommunale Probleme eine Rolle spielten und regierungsfeindliche Adelige sich mit rebellierenden Gemeinwesen verbündeten. In solchen Fällen mußten beide Parteien mit hohen blutigen Verlusten rechnen. Als sich zum Beispiel burgundische Städte mit dem Herzog Philipp von Cleve, dem Grafen Lamoral von Egmont und den Oraniern verbündeten –

die alle keine Kaufleute, sondern mächtige, eigenständige Adelige waren –, wurden die Bürger in verheerende Kämpfe gegen spanische Truppen verwickelt.

An die Stelle der dynastischen, der zwischen Schutzherren und Schutzbefohlenen entstehenden und der kommunalen Formen der Revolution traten in den autokratisch regierten Ländern Europas die revolutionären Auseinandersetzungen zwischen Klassenkoalitionen und die nationalen Formen der Revolution, aber nur wenn ein partiell unabhängiges Bürgertum und Proletariat stark genug geworden waren, die Gewährung von Bürgerrechten, Reformen des Regierungssystems und regionale Autonomie zu fordern. Das Entstehen staatlicher Bürokratien, die Einführung nationaler Erziehungsprogramme und der Ausbau umfangreicher Kommunikationssysteme trugen zu diesen Veränderungen bei, aber die Grundvoraussetzungen waren die Erhöhung der kapitalistischen Produktion, die Ausweitung des Handels und das Anwachsen der Städte – mit anderen Worten eine Schwächung des autoritären Regierungssystems und die Zunahme der Bedeutung des Kapitals in diesen Regionen. 1848 kam es in ehemaligen Bastionen des autokratischen Regierungssystems wie Ungarn und Sizilien zu von Bürgerlichen geführten Revolutionen im Namen der Klassen und der ganzen Nation.

Wenn wir von Ungarn (das damals Teil des Habsburger Reichs war) und Sizilien (damals Teil des Königreichs Beider Sizilien) sprechen, dann müssen wir ausdrücklich darauf hinweisen, daß die Territorien der meisten europäischen Staaten aus sehr viel mehr einzelnen Teilen zusammengesetzt waren und sich ihre Grenzen sehr viel häufiger verschoben, als dies in meinem einfachen Schema zum Ausdruck kommt. Hier geht es um Fragen des Ausmaßes solcher Ereignisse und darum, zu welchen Zeiten sie eingetreten sind. Wir haben sogar feststellen können, daß es in den Niederlanden sehr uneinheitliche politische Entwicklungen gegeben hat und es in den verschiedenen Staaten oft zu wesentlichen Veränderungen der Gesellschaftsstruktur als Folge von Grenzverschiebungen und Regierungswechseln gekommen ist. Ein Vergleich mit zwei ganz anderen Gebieten mit relativ starren autokratischen Regierungsformen – der Iberischen Halbinsel und dann dem Balkan und Ungarn –

wird aufzeigen, welche Bedeutung den verschiedenen Wegen zukommt, auf denen sich diese Staaten gebildet haben und dann reformiert worden sind.

Iberische Revolutionen

Trotz all ihrer engen und folgenschweren Beziehungen zu den Niederlanden erlebte die Iberische Halbinsel Revolutionen, die sich ganz wesentlich von denen in den Niederlanden unterschieden. Das politische Leben in dieser Region prägten vier Einflüsse. Das waren erstens das Erbe eines lange andauernden Kampfes gegen die Herrschaft der Moslems, in dessen Verlauf dem Adel und den Städten von der Krone Sonderrechte eingeräumt wurden, besonders von der Krone Kastiliens; zweitens der Gegensatz zwischen dem von den Großgrundbesitzern beherrschten Landesinneren mit seiner von der Viehzucht lebenden Wirtschaft und den Küstenregionen, deren Bewohner intensiv am Welthandel beteiligt waren; drittens die Vorherrschaft von reich begüterten Familien mit weitgehenden Herrschaftsansprüchen; und viertens die unmittelbare Nähe Frankreichs, das eine starke und schlagkräftige Armee aufstellte und von einem Monarchen zentralistisch regiert wurde. Diese Einflüsse haben die Art und den Verlauf der iberischen Revolutionen vom 15. bis zum 18. Jahrhundert unmittelbar bestimmt, und wir finden ihre Spuren auch noch in den wiederholten, mit Gewalt herbeigeführten späteren Machtwechseln.

Die Iberische Halbinsel hat lange Zeit ganz eigenartige Wirtschaftsbeziehungen zur übrigen Welt unterhalten: Im Inneren des Landes gab es neben einem Mosaik von Subsistenzwirtschaften riesige auf den weiten Flächen weidende Herden, besonders Schafherden, die den spanischen Großgrundbesitzern die Wolle lieferten, die diese auf dem Weltmarkt verkauften; die Häfen und das Kapital in den Küstenregionen unterhielten enge Verbindungen zu ausländischen politischen und Handelsmächten. Nach 1492 finanzierten Portugal und Spanien ihre Herrscherhäuser mit den Einkünften aus den Kolonien und dem Welthandel, obwohl die Binnenwirtschaft an diesen Einkünften nicht sehr stark beteiligt war. Die Kredite, die die Landesfürsten im Ausland aufnahmen, sowie der Import und Export von Verbrauchsgütern oder Silber aus den Kolonien glichen weitgehend den Verhältnissen in vielen kleinen ölerzeugenden Staaten des 20. Jahrhunderts, wo die Reichen immer reicher werden, die Mächtigen immer mächtiger, die Masse der Landesbewohner (die zum großen Teil aus Ausländern besteht) jedoch an dieser Verteilung des Wohlstands nicht teilnimmt.

Auf der Iberischen Halbinsel verstärkte der Einfluß der adeligen Großgrundbesitzer und der Patrizier in den Städten im Landesinneren das zwiespältige Verhältnis zu den Weltmärkten. Der gleiche Einfluß verlangsamte die wirtschaftliche Erneuerung, und er sorgte für die Hervorhebung der wirtschaftlichen Autarkie. In Spanien führten die Verminderung der Einkünfte aus Lateinamerika und dann die Rebellionen in fast allen lateinamerikanischen Kolonien zur Zeit der Napoleonischen Kriege zur Schwächung der Unabhängigkeit der Krone, bevor der Weg für die allmähliche landwirtschaftliche und industrielle Kommerzialisierung nach 1815 frei wurde. In Portugal mit seinen reichen Kolonien, besonders Brasilien, entstand bis 1820 fast eine Doppelmonarchie, aber dann verlor auch dieses Land ebenso wie Spanien an internationaler Bedeutung.

Die iberischen Staaten wurden lange Zeit als Monarchien mit männlichem Erbrecht regiert. 1492 gab es auf der Halbinsel vier größere politische Einheiten. Das waren Portugal, Kastilien, Navarra und Aragon. Navarra, ein landumgrenztes Königreich mit einer größtenteils baskischen Bevölkerung und einem französischen Königshaus, erstreckte sich über die Pyrenäen. 1516 annektierte Ferdinand von Aragon seinen iberischen Teil, und es überlebte nur ein winziges französisches Königreich, das mit der Krönung Heinrichs von Navarra zum französischen König Heinrich IV. direkt zu Frankreich kam. Portugal und Aragon waren Seemächte mit den Hauptstädten Lissabon und Barcelona. Kastilien hatte seine Stärke in erster Linie dem Wollexport zu verdanken. Während die portugiesischen und katalanischen Kaufleute an Einfluß im eigenen Land gewannen und sich gleichzeitig mit dem Überseehandel beschäftigten, beherrschten ihre genuesischen Kollegen einen wesentlichen Teil des kastilischen Handels über die Häfen Sevilla und Cadiz. Die kastilischen Kaufleute besaßen nur einen sehr geringen Einfluß.

Die königlichen Familien in allen vier Regionen der Iberischen Halbinsel waren vielfach miteinander verschwägert, so daß es leicht zu einer politischen Verschmelzung (von Portugal und Kastilien auf der einen und Aragon und Navarra auf der anderen Seite) oder zur Vereinigung der ganzen Insel unter einer Krone hätte kommen können. Aber auch eine Aufspaltung wäre möglich gewesen, denn zeitweilig haben es mit den Königshäusern verwandte Adelige versucht, in Andalusien und Valencia selbständige Fürstentümer zu gründen. Die Heirat von Ferdinand und Isabella, den Thronerben von Aragon und Kastilien, im Jahr 1469, hatte zu einem Bürgerkrieg geführt, bei dem die Verlierer die Unterstützung der stets wachsamen Franzosen fanden. Hier wurde jedoch das Fundament eines mächtigen Reiches gelegt. Ferdinand und Isabella konsolidierten ihre Macht durch ein bei solchen Auseinandersetzungen übliches Verfahren: Sie bestätigten die Privilegien und ausbeuterischen Methoden der Granden und der Städte, die sie bei ihren dynastischen, militärischen und finanziellen Unternehmungen unterstützten. 1492 eroberte eine erstarkte Doppelmonarchie Granada, das letzte moslemische Bollwerk auf der Halbinsel, verwies alle Juden des Landes, die sich nicht zum Katholizismus bekehrten, und folgte dem unabhängigen Portugal in den Atlantischen und Indischen Ozean. Schon bald konkurrierten Aragon und Kastilien mit Frankreich um die Vormachtstellung in Italien und vertrieben auch alle Moslems, die sich nicht zum Christentum bekehren wollten, aus ihren Ländern.

1516 vereinigte Karl I. von Gent ganz Spanien unter seiner Krone als Karl I. von Spanien. Er herrschte bereits in den Niederlanden (soweit diese überhaupt kollektiv beherrscht werden konnten) und wurde 1519 (jetzt als Karl V.) zum Kaiser des Heiligen Römischen Reiches gewählt. 1580 erzwang Karls Sohn Philipp II. die Durchsetzung seines umstrittenen Anspruchs auf die jüngst freigewordene portugiesische Krone durch eine militärische Intervention, mit der er seine Mitbewerber ausschaltete. Zwar verlor Portugal weder seine Stellung als besondere politische Einheit, noch wurde seine Rolle als politische und Handelsmacht geschwächt, es blieb jedoch während der folgenden sechzig Jahre bis zur erfolgreichen Portugiesischen Rebellion von 1640 ein spanisches Lehen. Anschließend blieben

Portugal und Spanien selbständige Staaten innerhalb relativ dauerhafter Grenzen. Ihre Eigenständigkeit und ihr Bestand als Staaten waren jedoch nur relativ: Spanien war bis zu den Einfällen Napoleons nur noch ein Element innerhalb der Familienbesitzungen europäischer Monarchien. Beide Staaten hatten außerhalb von Europa große Kolonialreiche erobert und wieder verloren. Für die Zeit von 1512 bis 1516 übernahm Spanien von Frankreich den iberischen Teil von Navarra, und 1659 trat es Cerdagne und Roussillon endgültig an Frankreich ab. Unter Napoleon besetzten die Franzosen zeitweilig die ganze Halbinsel und führten ihr eigenes Regierungssystem ein. Ebenso wie in Belgien und Holland haben diese Maßnahmen die Form und Arbeitsweise der staatlichen Institutionen über lange Zeit entscheidend beeinflußt. Während Spanien und Portugal an einem beträchtlichen Teil ihres politischen Erbes festhielten, begannen sie jetzt allmählich zu konsolidierten Staaten zu werden.

Der zwangsintensive Weg, der zu den politischen Veränderungen auf der Iberischen Halbinsel führte, kennzeichnete auch die Revolutionen in diesen Ländern. Auf Tafel 4 sind die revolutionären Situationen auf der Halbinsel von 1492 bis 1992 in chronologischer Reihenfolge aufgeführt, einschließlich einiger Randerscheinungen wie der Vertreibung der Juden, Mauren und Jesuiten, wobei es weitverzweigte Untergrundorganisationen, aber nur einen kaum spürbaren Widerstand der Bevölkerung gegeben hat. Im Zusammenhang mit den iberischen Revolutionen fallen zwei Tatbestände sofort ins Auge. Das sind die lange Dauer der dynastischen Streitigkeiten und die ungewöhnliche Häufigkeit revolutionärer Situationen in der Zeit von den Kriegen gegen Frankreich bis in die 1930er Jahre. Obwohl für die Ereignisse in Portugal und Spanien jeweils ein eigener Zeitplan gilt, haben beide Länder auch noch lange nach 1850 royalistische Erhebungen und über mehr als ein Jahrhundert eine Reihe von Bürgerkriegen erlebt.

Gemessen an der Schärfe und Tragweite der Auseinandersetzungen waren die wichtigsten revolutionären Epochen zweifellos die Kämpfe der Comuneros und Germanias (in den Jahren 1519 bis 1522), die Revolten in Portugal und Katalonien, die 1640 begannen, der Spanische Erbfolgekrieg (1701–1714), die zahlreichen durch den Krieg gegen Frankreich (1793–1814) ausgelösten inneren Unruhen, die wiederholten Machtkämpfe in beiden Staaten in den Jahren 1820 bis 1932 und der Spanische Bürgerkrieg (1936–1939). Ganz im Gegensatz dazu vollzog sich der politische Wandel nach dem Tod von Franco und Salazar in beiden Ländern auf relativ friedliche Weise (trotz der Staatsstreiche in beiden Hauptstädten und des Guerillakrieges im spanischen Baskenland).

Tafel 4: Revolutionäre Situationen auf der Iberischen Halbinsel von 1492–1992

1499–1500	Krieg gegen die Mauren
1509–1511	Krieg gegen die Mauren
1519–1522	Rebellionen der Germanias und Comuneros in Valencia, Kastilien
1568–1571	Revolte der Mauren
1580	Philipp erzwingt mit einem militärischen Überfall auf Portugal die Nachfolge auf den portugiesischen Thron
1591	Rebellion in Aragon
1609	Vertreibung der Mauren
1640–1659	Katalanische Revolte
1640–1668	Revolte der Portugiesen
1667	Der Bruder des Königs Alfonso, Pedro, übernimmt als Regent die Macht in Portugal
1701–1714	Spanischer Erbfolgekrieg, militärische Besetzung Spaniens und Portugals, Bürgerkrieg, der mit dem Verlust der Spanischen Niederlande und der Integration von Katalonien und Valencia in den kastilischen Herrschaftsbereich endet
1758	Verschwörung der Tavoras in Portugal
1759	Ausweisung der Jesuiten aus Portugal
1793–1814	Wiederholte Kriege gegen Frankreich, dabei Einmarsch französischer Truppen, Zerstückelung des Staatsgebiets, Rebellionen in Lateinamerika
1801	Krieg der Oranier, Portugal gegen Spanien
1807	Erhebung gegen Goday (Aranjuez)
1808	Volksaufstand in Spanien, teilweiser Abzug der Franzosen
1820	Meuterei spanischer Truppen unter Oberst Rafael Riego, führt zur Revolution von 1823, Beendigung durch französischen Einmarsch

1820	Revolution in Oporto, Portugal
1822–1823	Royalistische Erhebung in Spanien
1823–1824	Bürgerkrieg in Portugal
1827	Britische Landung in Portugal zur Unterstützung der Konstitutionalisten
1827	Revolte der Unzufriedenen in Spanien
1828	Portugiesischer Staatsstreich durch Dom Miguel, gefolgt von bis 1834 andauernden Kriegen unter Miguel
1833–1839	Karlistenkriege in Spanien
1834–1853	Wiederholte Aufstände in Portugal
1836	Erhebung der Progressisten in Andalusien, Aragon, Katalonien und Madrid, die mit der Verfassung von 1837 endet
1840	Revolte des Generals Baldomero Espartero, der die Macht in Spanien übernimmt
1841	Spanischer Staatsstreich zur Unterstützung der Königin Christina scheitert
1842	Aufstand in Barcelona, Ausrufung der Republik, niedergeschlagen von Espartero
1843	Koalition stürzt Espartero; Narvaez Präsident bis 1851
1846–1850	Bürgerkriege in Portugal
1854–1856	Spanische Revolution, geführt von O'Donnell und Espartero
1866	Gescheiterter Aufstand unter General Juan Prim
1868	Pronunciamento des Admirals Juan Topete, der Aufstand ergreift das ganze Land; Absetzung der Königin, Machtübernahme durch eine liberale Regierung
1873–1874	Erste Spanische Republik, Karlistenaufstände
1874	Militärrevolte, Fortführung der Karlistenkriege bis 1876, anschließend ein Aufstand mit dem Ziel, den Sohn der abgesetzten Königin Isabella, Alfonso, an die Macht zu bringen
1889–1908	Sporadische Revolten, Streiks und Verschwörungen in Portugal
1890	Anarchistische «Ausschreitungen» in Spanien
1909	Katalanischer Generalstreik, Erhebung
1910	Erhebung in Lissabon; die Republik wird ausgerufen
1912	Generalstreik in Lissabon
1915	Portugiesischer Aufstand des Generals Pimenta de Castro, gefolgt von einer demokratischen Revolte
1917	Erhebung und Machtergreifung durch General Sidonio Paes (ermordet 1918); gescheiterter Generalstreik
1919	Royalistischer Aufstand im Norden Portugals

1923	Meuterei der Garnison Barcelona, durch die Separatistenbewegung verursachte Unruhen, Staatsstreich von Primo de Rivera
1925	Versuchter Staatsstreich in Portugal
1926	Erfolgreicher Staatsstreich in Portugal
1926	Versuchter Staatsstreich in Katalonien
1927	Gescheiterte Erhebung gegen das portugiesische Militärregime (1930 kommt Salazar an die Macht)
1930	Meuterei der Garnison in Jaca; die Soldaten verlangen die Errichtung einer Republik
1931	Bei den spanischen Wahlen entscheidet sich die große Mehrheit für die Republikaner; Alfonso verläßt das Land; neue Verfassung
1932	Revolte des Generals José Sanjurjo
1933	Anarchisten und Syndikalisten in Barcelona revoltieren
1934	Revolte der Arbeiterklassen in Asturien, Generalstreik und Revolte in Katalonien
1936–1939	Spanischer Bürgerkrieg
1974	Staatsstreich in Portugal
1981	Umsturzversuch in Spanien

Die Comuneros und Germanias rebellierten, als Karl V. und seine flämischen Anhänger versuchten, die spanischen Territorien fester in die Hand zu bekommen und seine Wahl zum Kaiser des Heiligen Römischen Reiches zu finanzieren. Die Comuneros bestanden im wesentlichen aus Juntas, die die Regierungsgewalt in den kastilischen Städten und ihrem Hinterland übernahmen und sich weigerten, dem König die verlangten Geldmittel zur Verfügung zu stellen, solange er sich nicht bereiterklärte, seine ausländischen Berater zu entlassen, ihre Freiheiten zu achten und in Kastilien zu leben. Die Juntas bekämpften sich nicht mehr gegenseitig, sondern vertrieben die Anhänger des Königshauses, stellten Volksarmeen auf und kämpften gegen die Gefolgsleute des Königs. In vielen Städten rebellierte die Bevölkerung gegen die Reichen und den Adel. Als Germanias wurden die Bruderschaften oder Gilden in Valencia bezeichnet. Sie führten Angriffe gegen den Adel und dessen maurische Vasallen, nachdem viele Reiche während einer Pestepidemie aus den Städten geflohen waren. Die Comuneros und Germanias wendeten sich noch entschiedener gegen den Adel, als dieser sich in weiser Voraussicht auf die Seite der Krone stellte, doch die Volksarmeen mußten in den Kämpfen gegen die königlichen Truppen schwere Verluste hinnehmen. Um ihre Macht zu demonstrieren, ließen die Anhänger des Königs zahlreiche Rebellenführer hinrichten. In Valencia starben 150, auf Mallorca 200. 1522 konnte Karl mit seiner deutschen Armee unbehindert nach Spanien zurückkehren.

Obwohl Karls Sohn, Philipp II., große Schwierigkeiten mit den rebellischen, halb bekehrten Mauren hatte, setzte er seinen Anspruch auf die portugiesische Krone mit Waffengewalt durch und schlug eine gefährliche Revolte in Aragon nieder, so daß die nächste große revolutionäre Krise auf der Iberischen Halbinsel bis zum Dreißigjährigen Krieg auf sich warten ließ. Nach Ausbruch eines neuen Krieges gegen Frankreich im Jahr 1635 brauchte die Krone dringend die finanzielle Unterstützung aller Provinzen. 1639 suchte der Minister Philipps IV., Olivares, die für den Kampf gegen die Franzosen dringend benötigten Soldaten und Geldmittel in Katalonien zu finden. Französische Truppen hatten bereits die Festung Salses in den Pyrenäen eingenommen. Nun wollte Olivares eine königliche Armee in Katalonien stationieren und mit ihrer Hilfe die Unterstützung der Kriegsanstrengungen erzwingen, stieß dabei jedoch auf entschiedenen Widerstand. Im Juni 1640 töteten rebellierende Erntearbeiter in Barcelona den Vizekönig, den Grafen von Santa Coloma. Daraufhin wurden kastilische Truppen nach Katalonien in Marsch gesetzt, während die katalanischen Rebellenführer die Franzosen um Hilfe baten. Der Führer der katalanischen Abordnung, Kanonikus Pau Claris, rettete die Unabhängigkeit der Provinz, indem er Katalonien zur selbständigen Republik erklärte. Der Kampf dauerte bis zum Jahr 1659, als die Katalanen sich wieder dem Königreich Spanien anschlossen, nachdem ihnen die gleichen Freiheiten gewährt worden waren, deren sie sich vor der Abtrennung erfreut hatten. Die von den Franzosen während des Krieges besetzten Städte Roussillon und Cerdagne blieben allerdings bei Frankreich.

Während der katalanischen Revolte verpflichtete Olivares den Herzog von Braganza und den portugiesischen Adel, die die Hoffnung nicht aufgegeben hatten, ihre alte Autonomie wiederzugewinnen, den kastilischen Angriff gegen die Katalanen zu unterstützen. Doch diese Maßnahme hatte eine Verschwörung in Lissabon zur Folge, die zur Besetzung des Königspalastes, der Hinrichtung und Ausweisung von Beauftragten des Königs und zur Ausrufung von Braganza zum König Juan IV. führte. Fast dreißig Jahre versuchten spanische Armeen vergebens, die Portugiesen zu unterwerfen, doch 1668 erkannte Spanien schließlich die Unabhängigkeit Portugals als einer selbständigen Macht an (wo es im Jahr zuvor zu einem Staatsstreich des Bruders von König Alfonso, Pedro, gekommen war). Im Westfälichen Frieden hatte Spanien 1648 bereits endgültig auf den Besitz der nördlichen Niederlande verzichtet.

Als nächstes wurde die Iberische Halbinsel vom Spanischen Erbfolgekrieg heimgesucht (1701–1714), nachdem es Ludwig XIV. gelungen war, einen Bourbonen auf den spanischen Thron zu setzen. Das löste blutige Auseinandersetzungen zwischen den Anhängern rivalisierender Thronbewerber aus. Außerdem führte es zur Integration Kataloniens und Valencias in den kastilischen Herrschaftsbereich und zur endgültigen Loslösung der Niederlande von Spanien, deren südliche Provinzen an Österreich fielen. Im 18. Jahrhundert versuchten die Könige aus dem Hause Bourbon wiederholt, das Militär unter ihre Kontrolle zu bringen, aber ironischerweise scheiterten diese Bemühungen an den Einkünften der Krone aus den Kolonien: In friedlichen Zeiten sahen sich die Könige nicht in so heftige Auseinandersetzungen um die Staatseinnahmen wie ihre französischen Vettern verwickelt. Deshalb schufen sie keine autonomen zivilen Bürokratien, die das Militär im Zaum hielten. In schlechten Zeiten mußten sie auf rasch fließende Geldquellen zurückgreifen, die ihre Machtposition zersplitterten. Sie gerieten in Abhängigkeit von den regionalen Machthabern und den Generälen, die von den Granden oder städtischen Behörden unterstützt wurden. Die spanischen *capitanes generales* wurden angesichts ihres Einflusses und ihrer Selbständigkeit immer hochmütiger.

Nach dem Spanischen Erbfolgekrieg kam es in den folgenden neunzig Jahren weder in Portugal noch in Spanien zu gefährlichen revolutionären Situationen. Anders als die Niederlande reagierte die Iberische Halbinsel kaum auf die Revolution im benachbarten Frankreich. Aber trotzdem beteiligte sich Spanien an den internationalen militärischen Interventionen gegen die revolutionären Kräfte in Frankreich in den Jahren 1793 bis 1795. Die dann folgenden Napoleonischen Kriege führten zu einer der gefährlichsten revolutionären Krisen auf der Iberischen Halbinsel.

Schon bald wechselte Spanien auf die Seite seiner bisherigen Gegner über. Unter der Führung Godoys, einem mit diktatorischen Vollmachten ausgestatteten Günstling der Königin, verbündete sich Spanien zunächst mit Napoleon gegen Portugal, aber dieser beschloß unmittelbar danach, Spanien zu seinem Satelliten zu machen. 1808 wurden Godoy und sein König vertrieben, als sich Bürgertum und Adel zu einem Aufstand vereinigten, um den Thronerben Ferdinand an die Macht zu bringen. Das war der sogenannte Tumult von Aranjuez. Doch der neue König Ferdinand VII. beugte sich schon nach kurzer Zeit dem Verlangen des französischen Kaisers, zugunsten von Napoleons Bruder Joseph abzudanken. Um genau zu sein, gab Ferdinand die Krone an seinen Vater zurück, der sie seinerseits Joseph Bonaparte überließ. Aus den Volkserhebungen gegen die französische Herrschaft entwickelte sich sehr bald ein Bürgerkrieg, der mit seinen Guerillakämpfen das ganze Land ergriff. Dabei schlossen sich zahlreiche örtliche Machthaber dem Widerstand gegen die Franzosen an, um ihn in geregelte Bahnen zu lenken. In Saragossa erklärte sich zum Beispiel der angesehene Aristokrat Palafox – der alles andere als ein rebellierender Demokrat war – mit seiner Ernennung zum Generalkapitän der Rebellen einverstanden.

Der französische Einmarsch nach Spanien, der Widerstand gegen die Franzosen und die Verbreitung liberaler Ideen bei den oppositionellen Kräften erleichterten es den Unabhängigkeitsbewegungen in den lateinamerikanischen Kolonien, ihre politischen Ziele zu verfolgen. Auch die spanische Opposition wurde dazu angeregt, Vorbereitungen für die Einführung einer konstitutionellen Monarchie zu treffen. Als die Briten unter der Führung von Wellington die Franzosen von der Iberischen Halbinsel vertrieben, versammelten sich liberale Kräfte in Cadiz, um eine vorläufige Verfassung zu verabschieden. Bei der Rückkehr Ferdinands VII. aus französischer Gefangenschaft im Jahr 1814 vereinigten sich konservative Offiziere mit dem König zu einem antiliberalen Staatsstreich. Doch damit begann nur ein Konflikt, der mit wechselndem Erfolg während der folgenden einhundertsechzig Jahre fortgesetzt wurde.

Daß das Militär in der Zeit danach stets im Mittelpunkt des spanischen Widerstandes stand, war in gewisser Weise eine Wiederholung der Ereignisse, die vor einem halben Jahrtausend während der Reconquista zur Gewährung von Privilegien an den Adel und die Städte geführt hatten: Unter der Führung von wortgewaltigen, ehrgeizigen Adeligen und ohne Rücksicht auf irgendwelche Zivilbeamte hatte sich die Armee wie eine politische Kraft oder vielmehr wie ein Zusammenschluß bestimmter politischer Kräfte verhalten, die jeweils ihre eigenen Schutzherren hatten. Die große Selbständigkeit und der starke Einfluß der spanischen Armeen während der Napoleonischen Kriege schufen die Voraussetzungen für eine Nachkriegspolitik, in der die Soldaten wiederholt im Namen der Nation die politische Macht übernahmen. Ein konservativ-klerikal-royalistischer Block stand einem liberal-antiklerikalen und verfassungstreuen Block gegenüber, und jeder dieser Blöcke hatte seine Anhänger in der Armee. Diese Konstellation führte zu einer fortschreitenden Enteignung der Kirche, der allmählichen Einführung liberaler Institutionen und fast unaufhörlichen bewaffneten Auseinandersetzungen. Zu folgenschweren Streitigkeiten, in deren Verlauf das Militär die politische Macht übernahm, kam es in den Jahren 1820–1823, 1833–1839, 1840–1843, 1854 und 1868–1876. Später erlebte das Land immer wieder Generalstreiks, anarchistische Angriffe auf die Regierung und Aufstände, aber bis 1917 fand kein politischer Machtwechsel mehr statt.

Es folgten sechs weitere unsichere Jahre. 1923 kam der Staatsstreich von Primo de Rivera. In den nächsten acht Jahren hatte das Militär einen starken Einfluß auf das politische Leben in Spanien, es kam aber trotzdem zu einer Militärrevolte. 1931 wurden der König und das Militärregime bei den allgemeinen Wahlen auf relativ friedliche Weise entmachtet. Die nun gegründete Republik bestand fünf Jahre bis zum Ausbruch des Bürgerkriegs, allerdings nicht ohne gelegentliche Revolten von rechts und links. Zur gleichen Zeit durchlebte auch Portugal eine recht turbulente Periode mit Staatsstreichen, Bürgerkriegen und

Rebellionen bis zur Gründung einer Republik im Jahr 1910. Es folgten sechzehn Jahre, in denen Portugal wiederholt in revolutionäre Situationen geriet. Dann konsolidierte sich die Lage mit der Machtergreifung durch Oliveira Salazar Ende 1920. In den folgenden vierzig Jahren wußte Salazar dafür zu sorgen, daß der portugiesische Kessel nicht mehr überkochte.

Francisco Franco hielt sich und sein Regime in Spanien über drei Jahrzehnte an der Macht, aber nur nach einem drei Jahre dauernden mörderischen Ringen. Der Bürgerkrieg begann mit dem Versuch eines Militärputsches, der von der marokkanischen Basis Francos ausging, dem aber dann eine ganze Reihe militärischer Überfälle, Vergeltungsmaßnahmen und revolutionärer Aktionen auch innerhalb der republikanischen Koalition folgte. Die entscheidende Auseinandersetzung war der Kampf zwischen den Nationalisten und den Republikanern, wobei im republikanischen Lager manchmal Kommunisten Anarchisten umbrachten, Anarchisten Kommunisten töteten und Kommunisten gegen Kommunisten kämpften. Das Eingreifen des nationalsozialistischen Deutschland und des faschistischen Italien auf der einen Seite und der Sowjetunion mit einem internationalen, aus linksgerichteten Freiwilligen bestehenden Korps auf der anderen ließ die Kämpfe noch grausamer und verlustreicher werden. Doch 1939 gelang es den militärisch besser organisierten und besser versorgten Nationalisten, ihre Feinde zu besiegen. Während der folgenden drei Jahrzehnte regierte Francos Falange in Spanien, ohne daß ihre Vorherrschaft ernstlich bedroht wurde.

In Spanien und Portugal schufen die älter werdenen Diktatoren in den 1960er Jahren die verfassungsmäßigen Voraussetzungen für den Übergang zu einer begrenzt repräsentativen Regierung – einer Monarchie in Spanien und einer Republik in Portugal –, wobei sie kaum auf ernsthaften revolutionären Widerstand stießen. Salazar starb 1970, Franco 1975, ohne daß die Frage nach ihrer Nachfolge irgendwelche Krisen auslöste. Allerdings führte 1974 ein Putsch jüngerer portugiesischer Offiziere, der sich gegen die Kolonialpolitik Portugals in Afrika richtete, zu einer großen oppositionellen Massenbewegung gegen das Nachfolgeregime unter Marcello Caetano. Das brachte Portugal für zwei Jahre an den Rand einer revolutionären Situation, bevor das Land seinen Weg in das normale Chaos der parlamentarischen Politik fand.

In Spanien versuchte die von 1969 bis 1973 amtierende Regierung Carrero Blanco, der in den vorangegangenen Jahren erfolgten Mobilisierung der Arbeiterklasse und der immer deutlicher spürbaren Aktivität der baskischen Separatistenbewegung (ETA) Grenzen zu setzen. Mit der Ermordung Carrero Blancos durch Angehörige der ETA ging diese Phase zu Ende, und es begannen drei Jahre, in denen die Regierung Mühe hatte, an der Macht zu bleiben. Während dieser Zeit starb Franco. Der designierte Erbe Francos, König Juan Carlos, überstand eine ganze Welle von Arbeiterunruhen dadurch, daß er der Bevölkerung die Gelegenheit gab, mit Volksentscheiden und Wahlen den Charakter der neuen Regierung zu bestimmen. 1981 scheiterte ein Putschversuch von Offizieren, die die politischen Verhältnisse wiederherstellen wollten, die vor einem halben Jahrhundert in Spanien geherrscht hatten. So erlebten Portugal und Spanien die letzten Interventionsversuche des Militärs, bevor die politische Arbeit in der angestrebten parlamentarischen Form aufgenommen werden konnte.

Auf der Iberischen Halbinsel verlief der Weg von den durch kommunale Fragen, durch Gegensätze zwischen Schutzherren und den von ihnen abhängigen Personen und den durch dynastische Ansprüche bestimmten Revolutionen zu den von Klassenkoalitionen bewirkten und auf nationale Fragen beschränkten Revolutionen nicht immer geradlinig. Im Namen althergebrachter Rechte stützten sich nationale Revolutionen in Aragon schon im 16. Jahrhundert mehr auf ehrwürdige Privilegien und Verträge als auf das allgemeine Recht der Unabhängigkeit, und in Portugal und Katalonien hatten sie im 17. Jahrhundert mit solchen Forderungen Erfolg. Andererseits kam es in Portugal und Spanien noch in den 1870er Jahren zu dynastischen Revolutionen und gleichzeitig zu von Klassenkoalitionen getragenen Revolutionen unter aktiver Beteiligung des Militärs. Zeitlich entsprachen diese Revolutionen genau den Vorgängen, die das Entstehen der Staaten in diesem Teil Europas bewirkt hatten. Wie schon gesagt, waren die iberischen Königreiche im 16. und 17. Jahrhundert eigenständige Staaten, die sich mit den steigenden und dann abnehmenden Einkünften aus den überseeischen

Besitzungen finanzierten. Innenpolitisch wurde der Einfluß der Regierungen durch die Privilegien des mächtigen Adels, der Städte und Provinzen eingeschränkt, doch suchten die Königreiche wiederholt ihre Einkünfte zu erhöhen und ihre Dynastien sowie ihre internationale Stellung dadurch zu stärken, daß sie die Befugnisse der Zentralregierung ausweiteten. Die Revolutionen jener Zeit waren Ausdruck des Widerstands einzelner Bevölkerungsteile gegen die Methoden, mit denen diese Regierungen ihre Ziele zu erreichen suchten.

Im 18. Jahrhundert stieß der Versuch, das Gleichgewicht zwischen den zentripetalen und zentrifugalen Kräften aufrechtzuerhalten, immer wieder auf Schwierigkeiten, aber die Notwendigkeit, den französischen Einfällen und Besatzungstruppen bewaffneten Widerstand zu leisten, verschaffte den Armeen eine so selbständige und einflußreiche Stellung, wie sie sie vorher noch nie besessen hatten. Im 19. Jahrhundert und auch noch bis ins 20. Jahrhundert entstanden die revolutionären Situationen als Folge der engen Beziehungen zwischen Offizieren der Armee und Teilen des Bürgertums und/oder den Angehörigen der Fürstenhäuser, die einen Anspruch auf den Thron geltend machten (wobei in Katalonien gelegentlich nationalistische Tendenzen eine Rolle spielten). Im Laufe der Zeit wurden die dynastischen Blöcke schwächer, während sich der Einfluß der Klassenkoalitionen verstärkte, aber das Militär beteiligte sich auch weiterhin mit Erfolg an dem Kampf um die Macht im Staat. Als in Spanien und Portugal nach 1930 autoritäre Regierungen an die Macht kamen, wurden beide Länder stärker in die kapitalistische Weltwirtschaft integriert, ein Vorgang, der wiederum wesentlich zur Stärkung der Arbeiterklasse und des Bürgertums beitrug. Als die älter werdenden Diktatoren die Zügel der Zentralregierung zu lockern begannen, gewannen die Koalitionen zwischen Arbeitern und Bürgern an politischer Bedeutung. Nach dem Tod von Franco und Salazar waren ihre Erben darauf angewiesen, sich nicht nur mit den Koalitionen zwischen Bürgern und Arbeitern zu einigen, sondern auch mit den ehemaligen Angehörigen der autoritären Regime und ihren Streitkräften. Ihre Verhandlungen mit diesen drei Gruppierungen bestimmten die Politik der 1980er Jahre.

Die revolutionären Entwicklungen in Spanien und Portugal unterschieden sich deutlich von denen in den Niederlanden und natürlich auch von jenen, die zu den großen Revolutionen geführt hatten. Der entscheidende Unterschied lag vielleicht im raschen Wechsel von den relativ seltenen Angriffen auf den Staat im Namen verletzter Privilegien zum unaufhörlichen Eingreifen des Berufsheeres in die Führung des Staates, das dabei oft die Forderungen ziviler Gruppierungen unterstützte. Die Schaffung einer aus der eigenen Bevölkerung rekrutierten Berufsarmee nach 1790 und die weitgehende Konsolidierung des Staates unter französischem Einfluß haben zweifellos zu dieser Verlagerung beigetragen. Doch gewisse Faktoren, die dabei eine Rolle gespielt haben, kennen wir bereits aus anderen Teilen Europas, besonders den Umstand, daß die aus Bürgertum und Arbeiterschaft bestehenden Koalitionen nach 1830 zunehmend im Mittelpunkt liberaler Revolutionen standen. Ebenso wie sich die Staaten und die Wirtschaft auf der Iberischen Halbinsel den Verhältnissen im übrigen Europa anglichen, taten es auch die revolutionären Situationen in diesen Ländern.

Der Balkan und Ungarn

Die Revolutionen auf dem Balkan und in Ungarn nahmen einen ganz anderen Verlauf, und zwar aufgrund der besonderen geographischen Lage dieser Region. Über Jahrhunderte bildete der Balkan die westliche Grenze, an der die großen Eroberungszüge und Wanderbewegungen aus der eurasischen Steppe endeten, und durch balkanisches Gebiet führten die Europa und Asien verbindenden Handelswege. Die Hänge mächtiger Gebirgszüge reichten bis an die Küsten der Adria und des Mittelmeers, der Gebirgszug der Karpaten umschloß das Gebiet im Nordosten, und zwischen den Gebirgen flossen die Donau und ihre Nebenflüsse durch zwei von den Transsilvanischen Alpen gesäumte Tiefebenen. Die Bewohner dieses Gebiets waren zum größten Teil Kleinbauern, Hirten, Fischer und Krieger, obwohl es auch einigen reichen Grundherren gelungen war, weite Flächen in den fruchtbaren Tiefebenen an sich zu bringen und die Bauern zum Frondienst zu zwingen.

Schon in den Jahrhunderten vor 1492 erfreute sich der Balkan einer großen Bedeutung als Treffpunkt des eurasischen Handels. Der lebhafte Handelsverkehr ermöglichte es den Fürstentümern, ihren Wohlstand durch die Erhebung von Zöllen zu sichern, ohne die eigene Bevölkerung finanziell zu stark belasten zu müssen. Doch als die Osmanen das Gebiet eroberten und das Handelsmonopol beanspruchten, während sich zugleich die Bedeutung der Karawanen mit dem Aufleben des Seehandels über den Indischen Ozean verringerte, verlor diese Praxis ihre Voraussetzungen. Die Balkanstaaten wurden ärmer und schwächer, und der Adel sah sich zunehmend genötigt, sein Einkommen durch die Ausbeutung der Bauern zu sichern. Die Zusammensetzung der Bevölkerung, die Topographie und die geographisch interstitielle Lage des Balkans verhinderten den Zusammenschluß der Region zu einer einzigen politischen Einheit. Noch schwieriger wäre es gewesen, die verschiedenen Bevölkerungsteile zu einem kohärenten Ganzen zu vereinen, obwohl Bulgaren, Serben, Ungarn und Türken zu verschiedenen Zeiten den Versuch unternommen haben, die ganze Halbinsel ihrem Herrschaftsbereich zu unterwerfen. Die Türken kamen der Verwirklichung dieser Absicht am nächsten. Doch selbst unter den Osmanen erfreuten sich angesehene Familien, die Häuptlinge von Räuberbanden und adelige Großgrundbesitzer einer weitgehenden Selbständigkeit, die sie allerdings in einem unaufhörlichen, mörderischen Kleinkrieg gegeneinander verteidigen mußten. Die Adeligen und die Kirchenfürsten wählten gewöhnlich ihre Könige – oft war es jeweils ein König für jede dieser Gruppen –, und dann mußten diese Möchtegern-Könige ihrerseits um die Krone kämpfen.

Die Könige auf dem Balkan herrschten gewöhnlich im Schatten der Großmächte. Während des größten Teils des vergangenen Jahrtausends lebte der Balkan in unmittelbarer Nachbarschaft rivalisierender Imperien. Das waren die Reiche der Mongolen, Tataren, Byzantiner, Russen, Polen und Litauer, Habsburger und Osmanen. Wenn eines dieser Reiche sein Staatsgebiet wesentlich ausgeweitet hatte, fanden seine örtlichen Rivalen und Opfer mächtige Verbündete unter den auswärtigen Widersachern dieses Reichs, die ihm seine Eroberungen streitig machen wollten. Die nominellen Herrscher auf dem

Balkan mußten sich oft auch gegen ernst zu nehmende lokale Konkurrenten zur Wehr setzen. Das waren zum Beispiel die Adeligen, die auf ihrem Recht bestanden, die Bauern auszubeuten, gelegentlich selbst Anspruch auf die Krone erhoben und oft im Namen des Königs die Steuern eintrieben und dabei selbst ein glänzendes Geschäft machten. Im Osmanischen Reich wechselten die Methoden, mit denen diese Abgaben erhoben wurden, je nach der Entfernung von Konstantinopel und der militärischen Sicherheit der Region. An der Peripherie der osmanischen Eroberungen überstiegen die Abgaben nicht das normale Maß. In den näher gelegenen Gebieten, wo der türkische Einfluß deutlicher zu spüren war, wurde ein indirektes Verwaltungssystem eingerichtet, zu dem auch bezahlte Steuereinnehmer gehörten, während unmittelbar in der Nähe der Hauptstadt Staatsbeamte diese Aufgaben übernahmen. Die meisten von den Osmanen eroberten Gebiete auf dem Balkan gehörten zu einer der beiden ersten Kategorien.

Die Entfernung des Teilgebiets vom Zentrum hatte auch einen Einfluß darauf, wie stark die osmanischen Armeen und Beamten die Fürsten oder Armeen unterstützten. Im großen und ganzen wurde die Stellung der Fürsten durch Tributzahlungen gefestigt, während das Prinzip der Steuereintreibung weit mehr den Adeligen zugute kam. Während sich diese Faktoren im Lauf der Zeit verschoben, wuchs auch die Neigung der Fürsten zu Rebellionen gegen die Osmanen und die Neigung des Adels zu Rebellionen gegen die Fürsten. Die vom osmanischen Regime bevorzugt behandelten Kräfte unterstützten gewöhnlich die Eroberer. Gewisse Methoden der Osmanen bei der Beherrschung dieser Gebiete sind fast während der ganzen Zeit von 1492 bis in die Gegenwart beibehalten worden. Mit dem Zusammenbruch des Sowjetblocks, der Desintegration der NATO und den Konflikten zwischen den moslemischen Mächten ist der Balkan heute zum erstenmal seit Hunderten von Jahren nur noch durch eine politische Macht gefährdet, eine geradezu exotische Variante, die Europäische Gemeinschaft.

1492 befanden sich die Osmanen in einer Phase außerordentlich energischer Expansion. Sie hatten Konstantinopel 1453 eingenommen, Bosnien 1462, Albanien 1467, die Krim 1474 und bedrohten nun auch Ungarn. 1526 wurde Buda von türkischen

Truppen erobert. Die Osmanen führten Krieg gegen Venedig um den Besitz von Dalmatien, Albanien und den Peloponnes. Auf dem Gipfel ihrer Macht beherrschten sie in der Mitte des 16. Jahrhunderts fast die ganze Balkanhalbinsel einschließlich großer Teile des heutigen Ungarn. Ausdehnung und Kontraktion des Osmanischen Reichs bestimmten in der Zeit von 1492 bis 1992 im wesentlichen den Rhythmus der Revolutionen auf dem Balkan. Erst nach dem Ersten Weltkrieg verlor die Bevölkerung dieser Region die engen Beziehungen zu der Macht, deren politische Basis Konstantinopel war.

Angesichts der zahlreichen Eroberungskriege und territorialen Konflikte auf dem Balkan verwischte sich der Unterschied zwischen Krieg und Revolution hier sehr viel mehr als irgendwo sonst in Europa. Der bei den Gebirgsvölkern und Steppennomaden übliche Kleinkrieg hielt darüber hinaus einige Gebiete ständig am Rande revolutionärer Situationen, in denen die jeweilige Staatssouveränität oft jahrzehntelang bedroht wurde. Eine Vielfalt religiöser Bekenntnisse (moslemisch, römisch-katholisch, griechisch-orthodox, bulgarisch-orthodox, serbisch-orthodox, calvinistisch, lutherisch, unitarisch usw. entstand parallel zu den neuen Herrschaftsbereichen, und diese religiöse Vielfalt überlebte dann die Gemeinwesen, in denen sie entstanden war. Die Folge waren erbitterte Kämpfe um politische und religiöse Grenzen, die mit heftigerer Leidenschaft ausgetragen wurden als in jeder anderen größeren europäischen Region. Potentielle Eroberer fanden wiederholt in örtlichen Gruppen, die Ansprüche auf die Macht im Staat erhoben, geeignete Verbündete. In gewisser Weise kann man sagen, daß der Balkan fast 500 Jahre ununterbrochener Revolution erlebt hat.

Der Balkan hat sich während der vergangenen fünf Jahrhunderte am offenkundigsten dadurch von den Niederlanden unterschieden, daß er sehr viel weniger kommerzialisiert und urbanisiert war. Der große Unterschied gegenüber den Verhältnissen auf der Iberischen Halbinsel lag darin, daß es auf dem Balkan weniger reiche Grundherren und selbständige Städte gab, aber eine noch weitgehendere und sich häufiger verändernde Zersplitterung der Souveränität. Diese Unterschiede hatten einen tiefgreifenden Einfluß auf die Form der Revolutionen in den Ländern des Balkan. Hier verschmolzen oft dynastische und kommunale Revolutionen, denn wenn sich die Bauern gegen ihre Grundherren erhoben, gab es jedesmal Adelige, die sich auf ihre Seite stellten. Die Expansion des Osmanischen Reichs im 16. Jahrhundert, seine Stabilisierung im 17. Jahrhundert und seine allmähliche Auflösung vom 18. bis zum 20. Jahrhundert wurden begleitet von Revolutionen, in denen kommunale, dynastische, von den Beziehungen zwischen Schutzherren und Schutzbefohlenen bestimmte, militärische, nationale und sogar durch Klassenkoalitionen verursachte Formen zusammenflossen.

Tafel 5 zeigt die chronologische Reihenfolge der relativ bedeutsamen und lange dauernden revolutionären Situationen auf dem Balkan und in Ungarn. Hier werden nur die hohen Wellen einer ununterbrochen stürmischen See sichtbar. Dazu gehören zum Beispiel die größeren albanischen Rebellionen in den Jahren 1910 und 1912. Unerwähnt bleiben dagegen die weniger bedeutsamen albanischen Unruhen in den Jahren 1900, 1905, 1906, 1907 und 1909. Wir sehen hier drei Hauptarten von Ereignissen. Das sind erstens die Erbfolgekriege im 16. Jahrhundert, zweitens die Bauernaufstände vom Anfang des 16. Jahrhunderts bis zum Anfang des 20. Jahrhunderts und drittens die Rebellionen lokaler und regionaler Bevölkerungsteile gegen Herrschaftsansprüche fremder Mächte, von der kroatischen Rebellion im Jahr 1570 bis zum kroatisch-serbischen Krieg von 1992.

Tafel 5: Revolutionäre Situationen auf dem Balkan und in Ungarn, 1492–1992

1509–1512	Osmanische Erbfolgekriege
1514	Ungarische Bauernrevolten
1515	Bauernaufstand in der Steiermark
1526–1528	Ungarischer Erbfolgekrieg
1566	Janitscharenrevolte in Konstantinopel und Belgrad
1570–1573	Rebellion in Kroatien
1572–1574	Rebellion in Moldawien
1594–1598	Rebellionen in der Walachei, Moldawien und Siebenbürgen
1604	Ungarischer Widerstand gegen die habsburgische Gegenreformation

1605–1606	Protestantische Rebellion in Ungarn und Siebenbürgen
1607–1608	Heiduckenrebellion in Siebenbürgen
1618	Protestantische Rebellion in Böhmen
1622	Staatsstreich der Janitscharen in Konstantinopel
1655	Revolte in der Walachei
1670–1682	Wiederholte Rebellion in Ungarn
1683–1699	Wiederholte kriegerische Rebellionen in der Walachei, Moldawien und angrenzenden Gebieten
1703–1711	Unabhängigkeitskrieg der Ungarn gegen die Habsburger
1730–1731	Rebellion in der Türkei
1770	Griechische Rebellion gegen die Osmanen
1784–1875	Bauernaufstand in Siebenbürgen
1803	Rebellion in Griechenland
1803–1822	Rebellion und Bürgerkrieg in Albanien
1803–1804	Bulgarische Rebellion im Bündnis mit den Janitscharen
1804–1817	Serbische Unabhängigkeitskriege (offizieller Friedensschluß erst 1830)
1807	Janitscharenrevolution in Adrianopel und Konstantinopel
1821–1824	Unabhängigkeitskriege in Moldawien und der Walachei
1821–1825	Unabhängigkeitskrieg auf Kreta
1821–1831	Unabhängigkeitskrieg in Griechenland
1826	Janitscharenrebellion in Konstantinopel; Auflösung der Janitscharen
1830–1835	Unabhängigkeitskrieg in Albanien
1831–1836	Unabhängigkeitskrieg in Bosnien
1843	Aufstand für die Verfassung in Griechenland
1838	Unabhängigkeitskrieg in Moldawien
1848–1849	Revolution in Ungarn, Böhmen, Mähren, Siebenbürgen und der Walachei
1852–1859	Unabhängigkeitskriege in Montenegro
1861	Von Montenegro unterstützte Revolte in der Herzegowina
1862	Militärputsch in Griechenland, der König wird abgesetzt
1862	Unabhängigkeitskrieg in Bosnien
1862	Unabhängigkeitskrieg in Serbien
1866–1868	Revolte auf Kreta
1875–1878	Erhebungen in Bosnien, der Herzegowina und Bulgarien
1878	Unabhängigkeitskriege in Bosnien, der Herzegowina und Thessalien während des russisch-türkischen Krieges
1878	Unabhängigkeitskrieg auf Kreta

1885	Probulgarische Revolution im östlichen Rumelien
1888	Bauernerhebung in Rumänien
1896–1898	Unabhängigkeitskrieg auf Kreta und in Griechenland, britische Intervention
1902–1903	Unabhängigkeitskrieg in Mazedonien
1905	Unabhängigkeitskrieg auf Kreta
1907	Bauernaufstand in Moldawien
1908–1909	Revolution junger Türken im Osmanischen Reich, verbunden mit einem Aufstand in Mazedonien
1905	Unabhängigkeitskrieg in Rumänien
1910	Albanischer Aufstand
1912	Unabhängigkeitskrieg in Albanien während des Balkankrieges
1918–1919	Unblutige Revolution in Ungarn, beendet durch das Eingreifen fremder Truppen
1923	Entmachtung von Stamboliski in Bulgarien
1935	Von Venizelos angeführte Erhebung in Griechenland
1938	Revolte auf Kreta
1943–1945	Antifaschistischer Widerstand in Jugoslawien und anderswo
1944–1949	Griechischer Bürgerkrieg, Besetzung osteuropäischer Staaten durch die Sowjetunion
1955–1956	Machtkampf auf Zypern mit britischer Intervention
1956	Versuch einer Revolution in Ungarn, beendet durch sowjetische Intervention
1963–1964	Bürgerkrieg auf Zypern
1968	Freiheitliches Regime in der Tschechoslowakei durch sowjetische Intervention gestürzt
1974	Türkisch-zypriotischer Krieg, dabei Guerillakrieg auf Zypern
1989–1991	Sturz der kommunistischen Regierungen in Albanien, Bulgarien, Ungarn, Rumänien und Jugoslawien
1991–	Bürgerkrieg in Kroatien und Bosnien-Herzegowina

Der Ungarische Erbfolgekrieg von 1526–1528 zeigt deutlich, durch welche Unsicherheiten die Position der Machthaber in dieser vielfach aufgespaltenen Region gefährdet war. 1526 brachten osmanische Streitkräfte den starken ungarischen Armeen bei Mohacs eine vernichtende Niederlage bei. König Ludwig von Ungarn, ein Angehöriger des Hauses Habsburg, starb bei einem Fluchtversuch nach verlorener Schlacht. Die Mehrheit des ungarischen Adels wählte bald darauf Johann Zapolya, einen reichen Großgrundbesitzer und militärischen Führer, zu ihrem König. Aber eine Minderheit, zu der auch die verwitwete Königin gehörte, entschied sich für den Habsburger Erzherzog Ferdinand. Das führte zu einem Krieg zwischen den Anhängern der beiden rivalisierenden Könige. Zunächst konnte Ferdinand seinen Rivalen Zapolya aus dem Felde schlagen, aber auf die Dauer gelang es ihm nicht, sich gegen die Osmanen zu behaupten, während Zapolya (der zeitweilig von den Osmanen anerkannt und dadurch gestärkt wurde) in großen Teilen des Landes die Regierung übernahm. So ging praktisch weder Zapolya noch Ferdinand als Sieger aus diesem Streit hervor, und die Osmanen gewannen als lachende Dritte den Krieg. 1541 eroberten osmanische Streitkräfte die Stadt Buda. Obwohl Siebenbürgen (mit Zapolyas unmündigem Sohn als erstem nominellen Regenten) als halb selbständiger Pufferstaat bestehen blieb, gehörte jetzt fast die ganze Balkanhalbinsel zum Osmanischen Reich.

Während der folgenden zwei Jahrhunderte wurde die Mitte dieses Reichs immer wieder von dynastischen Streitigkeiten heimgesucht, die den Balkan jedoch nur indirekt berührten. In Konstantinopel und seinem Hinterland kämpften in der Zeit zwischen 1560 und der Auflösung der Janitscharen im 19. Jahrhundert diese und die zivilen Herrscher um die Vorherrschaft im Osmanischen Reich. Dabei kam es, neben anderen regionalen Konflikten, in den Jahren 1566, 1622, 1803–1804, 1807 und 1826 zu größeren Unruhen, an denen die Janitscharen beteiligt waren. Auf dem Balkan boten diese Kämpfe den Bewohnern die Gelegenheit, gegenüber der Zentralgewalt Sonderrechte durchzusetzen. Die Französische Revolution wirkte sich auf dem Balkan kaum aus. Doch 1809 annektierte Frankreich unter Napoleon die bis dahin österreichischen Provinzen Illyrien, Dalmatien, Istrien, Kärnten, Krain (Westslowenien) und ein Gebiet am rechten Ufer der Save. Zugleich verweigerten die Franzosen serbischen Nationalisten die Unterstützung im Kampf gegen ihre osmanischen Oberherren. Die Eroberungen Napoleons demonstrierten die Schwäche von Staaten, die bis dahin als unüberwindlich gegolten hatten, und bestätigten das Prinzip der Nationalität als Basis für die Gründung unabhängiger Staaten. Die Zunahme der Unabhängigkeitsbewegungen nach 1803 bedeutete einen dramatischen Schritt über die Politik des 18. Jahrhunderts hinaus, die von provinziellen Rebellionen gekennzeichnet gewesen war.

Die Kämpfe gegen die Machthaber in den bereits bestehenden Staaten oder gegen Kräfte, die das Recht beanspruchten, die Macht in diesen Staaten zu übernehmen, dominierten in diesem Gebiet nach 1492 die politischen Ereignisse. Die Geschichte der Revolutionen auf dem Balkan besteht zum großen Teil aus dem ständigen Wechsel der Regierungsformen und der Beteiligten an den nationalen Befreiungskriegen (wie sie aus der Perspektive des Mythos vom Nationalstaat im 20. Jahrhundert genannt werden sollten). Selbst die bürgerlich-liberalen Revolutionen von 1848/49 im Habsburger Reich waren entscheidend von der Idee der nationalen Befreiung geprägt. Entsprechend der teleologischen Terminologie von Evan Luard habe ich die meisten dieser revolutionären Situationen als «Unabhängigkeitskriege» bezeichnet und dabei unterstellt, daß sie vor 1815 im allgemeinen damit endeten, daß ein – neuer oder alter – Herrscher die Regierungsgewalt ausübte. 1813 eroberte zum Beispiel der Pascha von Janina das mittlere und südliche Albanien und suchte dann, griechisches Territorium seinem neuen Königreich anzugliedern. Die Armeen des osmanischen Sultans konnten den Pascha erst 1822 gefangennehmen, hinrichten lassen und damit die Rebellion endgültig niederschlagen.

Im 19. Jahrhundert, als das Osmanische Reich sichtlich schwächer wurde, brachen auf dem ganzen osmanischen Balkan Unabhängigkeitskriege aus, die häufig von anderen europäischen Mächten gefördert und unterstützt wurden. Der russisch-türkische Krieg von 1877–1878 wurde von Aufständen in Bosnien, der Herzegowina, Thessalien und auf Kreta begleitet. Bulgarien kämpfte gemeinsam mit Rußland gegen die Türken und gewann damit am Ende des Krieges seine Unabhängigkeit unter dessen Schutzherrschaft. Auch die bedingte Unabhängigkeit Rumäniens, Montenegros und Serbiens wurde anerkannt. Doch zugleich besetzten österreichisch-ungarische Truppen ehemalige osmanische Gebiete in Bosnien und der Herzegowina. 1908 annektierte das Österreichisch-Ungarische Reich diese beiden Territorien und durchkreuzte damit die Expansionspläne Serbiens und das Vorhaben Kroatiens (das damals zu

Ungarn gehörte), sich einem unabhängigen südslawischen Staatenbund, buchstäblich einem «Jugoslawien», anzuschließen. Als sich die Osmanen zurückzogen, erhoben Rußland, Ungarn und Österreich den Anspruch auf die Vorherrschaft in den Balkanstaaten. Deren tatsächliche Unabhängigkeit blieb eine Illusion.

Die Bauernaufstände auf dem Balkan unterschieden sich nicht so sehr von den antiimperialen Rebellionen, wie es den Anschein haben mochte, denn das Osmanische Reich hatte das Recht, Steuern einzutreiben, den Militärs und adeligen Grundherren übertragen, gegen die sich solche Revolten richteten. Die große ungarische Bauernrevolte von 1514 galt nicht dem Osmanischen Reich, denn Ungarn war damals immer noch ein relativ unabhängiger Staat; die Osmanen haben den größten Teil des ungarischen Gebiets erst zwölf Jahre später besetzt. Doch wo adelige Magnaten praktisch den Staat darstellten und ihre Macht dazu mißbrauchten, die Bauern immer rücksichtsloser zu unterdrücken, hatte diese Revolte natürlich auch eine gegen den Staat gerichtete Komponente. Als der Erzbischof Bakócz zu einem Kreuzzug gegen die Osmanen aufrief und sich Tausende von Bauern als Freiwillige meldeten, fehlten ihm die Adeligen, die einen solchen Feldzug hätten führen können, und deshalb wendete er sich an Gyorgy Dózsa, einen im Kampf gegen die Osmanen bewährten alten Krieger.

Doch als die Armee nach Süden vorrückte und immer stärker wurde, beschuldigten die in ihr vereinigten Bauern ihre Grundherren des Verrats und griffen, um ihrer feindlichen Haltung Nachdruck zu verleihen, adelige Burgen an. Man brauchte eine ganze Armee, um sich ihrer zu erwehren. Janos Bak berichtet: «Dózsa und seine Anhänger wurden gefangengenommen und um den 25. Juli 1514 auf grauenvolle Weise hingerichtet. Dósza, der beschuldigt wurde, König werden zu wollen, wurde auf einem Marterpfahl ‹inthronisiert›, und seine Gefährten, die man tagelang hatte hungern lassen, wurden gezwungen, in sein verkohltes Fleisch zu beißen. Der gevierteilte Leichnam des Bauernführers wurde an den Stadttoren auf der ganzen Tiefebene ausgestellt.» (Bak in *Sugar*, 1990).

Jeder Feind der ungarischen Adeligen wurde nun *ipso facto* zum Staatsfeind. Das Pfählen, Vierteilen und Zurschaustellen verstümmelter Leichen war schon seit langer Zeit eine Methode der Herrscher in Südosteuropa gewesen, ihre Macht zu demonstrieren. Die Adeligen nahmen nun diese Rebellion zum Vorwand, die Bauern noch erbarmungsloser auszubeuten als bisher. Die Knechtschaft der ungarischen Bauern, eine der härtesten in ganz Europa, sollte mehr als 200 Jahre andauern.

Die Bauernrevolte von 1655 in der Walachei hatte aus drei Gründen eine besondere Bedeutung. Erstens befand sich das osmanische Regime zu dieser Zeit in einer schweren finanziellen und politischen Krise, und es fehlten ihm die Mittel für den Unterhalt seiner starken Armee. Im gleichen Jahr ließ der Sultan den Großwesir Ibschir Pascha hinrichten, nachdem es diesem nicht gelungen war, die Ordnung wiederherzustellen. Zweitens schlugen sich die Söldner (die Seimenen), deren Verbände aufgelöst werden sollten, auf die Seite der Bauern, die die mit der Steuereintreibung beauftragten Bojaren beraubten und ermordeten. Drittens forderte der Gouverneur der Walachei fremde (siebenbürgische) Truppen an, die ihm helfen sollten, die Rebellion niederzuwerfen. Auf diese Weise gewann die Rebellion der Bauern, die zunächst nur gegen ihre Grundherren gerichtet war, nationale und internationale Dimensionen.

Bei der Bauernrevolte von 1907 in Moldawien ging es, um ein drittes Beispiel zu nennen, fast ausschließlich um Fragen des Grundbesitzes. Sie begann mit der Forderung, den Landbesitz der großen Grundherren und jüdischen Gutsverwalter aufzuteilen, und im Verlauf dieser Unruhen versammelte sich eine große Masse revoltierender Bauern in der Umgebung der Stadt Iassi. Die Bauern stellten eigene Kampfverbände auf, plünderten die großen Gutshäuser und nahmen die von ihnen beanspruchten Bodenflächen in Besitz. Um den Aufstand niederzuschlagen, mußte die ganze Armee mit allen vorhandenen Reserven eingesetzt werden, insgesamt 120000 Mann. Bei diesen Kämpfen kamen fast 10000 Rebellen ums Leben (*Berend* & *Ránki* 1977, S. 56). Doch Rumänien war inzwischen zu einer mehr oder weniger selbständigen Macht geworden, eingeengt zwischen dem immer noch mächtigen Österreichisch-Ungarischen Kaiserreich und dem allmählich nach Süden ausweichenden Osmanischen Reich. Eine Zeitlang hatten diese Bauernrevolten noch keine Koalitionen zwischen fremden Mächten und inländischen Möchtegern-Herrschern zur Folge.

Mit dem Zusammenbruch des Österreichisch-Ungarischen und des Osmanischen Reiches am Ende des Ersten Weltkriegs begann auf dem Balkan eine Phase, in der eine Revolution die nächste ablöste. Die Unabhängigkeitskriege in Böhmen, Mähren und der Slowakei führten zur Gründung der Tschechoslowakei. Die unblutige Revolution in Ungarn endete mit einem blutigen militärischen Eingreifen der Alliierten. Die ebenso unblutige Revolution in Bulgarien endete (aber erst 1923) mit dem gewaltsam herbeigeführten Sturz von Stamboliski. Von nun an bis zum Ausbruch des Zweiten Weltkriegs erlebte nur noch Griechenland revolutionäre Situationen. Als die Achsenmächte im Zweiten Weltkrieg in griechisches Gebiet einmarschierten, besonders aber bei ihrem Abzug, brachten die Widerstandsbewegungen in Griechenland und Jugoslawien beide Länder an den Rand der Revolution. Die aus den verschiedensten Gruppierungen bestehenden Widerstandskräfte in Griechenland hatten sich zunächst mit ihren britischen Befreiern verbündet, doch dann kam es zu einem blutigen Bürgerkrieg, der erst 1949 zu Ende ging.

Es läßt sich darüber streiten, ob die zahlreichen Regierungswechsel nach dem Zweiten Weltkrieg in der sowjetischen Besatzungszone als Revolutionen anzusehen sind. Der Streit um den Vorschlag griechischer Zyprioten, Zypern an Griechenland anzuschließen (1955–1959), der zu einer militärischen Intervention Großbritanniens führte, ist mit Sicherheit ein Bürgerkrieg gewesen. Mit dem Wiederaufleben der Feindseligkeiten in den Jahren 1963/64 und dann wieder 1974 stürzte Zypern erneut in einen Bürgerkrieg. Die sowjetischen Interventionen in Ungarn (1956) und in der Tschechoslowakei (1968) beendeten revolutionäre Situationen, denen Bemühungen der jeweiligen Regierungen um die Befreiung dieser Satellitenstaaten vom sowjetischen Joch vorausgegangen waren. In der Folgezeit kam es auf dem Balkan wiederholt zu nationalen und gegen die eigenen Regierungen gerichteten Revolutionen. Diese Entwicklung erreichte 1989 ihren Höhepunkt.

In den antikommunistischen Revolutionen von 1989 auf dem Balkan zeigte es sich, daß sich die Staaten in dieser Region unter sowjetischem Einfluß erheblich konsolidiert hatten. Diese Konsolidierung war zweifellos dort am geringsten, wo der sowjetische Einfluß weniger fühlbar war, in Jugoslawien, Griechenland und der Türkei. Mit der Verringerung der sowjetischen Bedrohung, unter dem Einfluß der Auflösung der Sowjetunion und angesichts der Möglichkeit, engere Beziehungen zum wirtschaftlich starken Westeuropa anzuknüpfen, kam es in Jugoslawien zu einem Zerfallsprozeß, der damit begann, daß sich die albanische Minderheit gegen die Machtansprüche der Serben zur Wehr setzte.

1991 brach der Bürgerkrieg zwischen Serben und Kroaten aus, und die ehemaligen Provinzen verlangten nun, als unabhängige Staaten international anerkannt zu werden. Daraufhin suchten auch andere ethnische Minderheiten in diesen neugegründeten Staaten im Bündnis mit gleichen ethnischen Minderheiten in Nachbarstaaten ihre Selbständigkeit durchzusetzen. In Griechenland führten parlamentarisches Gerangel und Korruptionsvorwürfe im Rahmen eines komplexen Kräftespiels zum Sturz von Andreas Papandreou, aber ein Bürgerkrieg blieb aus. In der Türkei (die wegen der Aufteilung von Zypern in einen griechischen und einen türkischen Sektor schon seit langer Zeit mit Griechenland im Streit liegt) belasteten türkische Flüchtlinge aus Bulgarien die ohnedies überforderte Wirtschaft. Nachdem das Land den Amerikanern als Operationsbasis für ihren Angriff gegen den Irak gedient hatte, geriet es durch die Vertreibung der irakischen Kurden nach dem Golfkrieg in neue Schwierigkeiten mit seiner eigenen kurdischen Minderheit. Auch hier führten die andauernden inneren Konflikte (noch) nicht zum Bürgerkrieg.

Ganz anders entwickelte sich die Lage in Ungarn, Bulgarien, Albanien und Rumänien. In Ungarn führten langwierige Manöver zwischen Kritikern und Regierungsmitgliedern dazu, daß sich die Ungarische Sozialistische Arbeiterpartei selbst auflöste und eine neugebildete Regierung die Geschäfte in der Ungarischen Republik übernahm, die jetzt nicht mehr als Volksrepublik bezeichnet wurde. Doch das alles geschah, ohne daß es zu einem offenen Bruch innerhalb des staatlichen Gefüges kam. In Bulgarien trat der langjährige kommunistische Regierungschef Todor Schiwkow nach einem unblutigen, von den Sowjets gebilligten Staatsstreich zurück, ein wildes Durcheinander oppositioneller Kräfte präsentierte sich dem Licht der Öffentlichkeit, und die Kommunisten begannen mit der Selbstauflösung, doch auch hier entwickelte sich keine revolutionäre Situation. 1989 kam Bulgarien einer Revolution kurz vor dem Sturz von Schiwkow am nächsten, und zwar bei einer Konfrontation mit Moslems, die sich einem Assimilierungsversuch der Regierung widersetzten. Im Verlauf dieser Auseinandersetzungen verließen etwa 320000 Moslems das Land und gingen in die Türkei. Das altkommunistische Regime in Albanien überdauerte die Stürme des Jahres 1989, überlebte aber nicht die sich anschließende Wirtschaftskrise und die Auswanderungswelle albanischer Bürger nach Italien. Zu einer offenen Rebellion ist es aber auch dort nicht gekommen.

Unter diesen vier Zusammenbrüchen kommunistischer Regime nahm derjenige in Rumänien am deutlichsten revolutionäre Züge an, auch wenn das Ergebnis keine echte Revolution war. Obwohl es schon vor 1989 gewisse Anzeichen für einen Widerstand gegen das autoritäre Regime Ceauçescus gegeben hatte, begann die eigentliche Krise mit dem Widerstand des zur ungarischen Minderheit gehörenden lutherischen Pastors Laszlo Tokes gegen die Versuche der Regierung, ihm das öffentliche Eintreten für die ethnischen und religiösen Rechte von Minderheiten zu verbieten. Als Angehörige der Sicherheitskräfte auf eine Menschenmenge schossen, die gegen die Entlassung von Tokes demonstrierte, zogen sie die Trennungslinie zwischen dem Regime und der Opposition so scharf wie nie zuvor. Als Ceauçescu wenige Tage darauf von einer Reise in den Iran nach Bukarest zurückkehrte und versuchte, die Bevölkerung auf einer Massenversammlung für sein Regime zu mobilisieren, nutzten seine Gegner die Gelegenheit, und anstatt ihn zu bejubeln, schrie ihn die Menge nieder. Nachdem das Regime am folgenden Tag mit allen möglichen Manövern versucht hatte, die aufgebrachte Bevölkerung zu beruhigen, stellte sich der größte Teil der Armee auf die Seite der Demonstranten, und eine Nationale Rettungsfront ergriff die Macht. Der Diktator und seine Frau flohen, andere Regimegegner nahmen sie gefangen, urteilten sie ab und richteten sie hin. Nun gab auch die Sicherheitspolizei Ceauçescus den Versuch auf, die Ordnung in ihrem Sinne wiederherzustellen. Im Verlauf dieser Kämpfe sind höchstwahrscheinlich Hunderte von Menschen gestorben. Der Machtkampf in Rumänien glich in mancher Hinsicht einer Volksrevolution, erinnerte aber auch an die lange Tradition der Unabhängigkeitskriege auf dem Balkan.

Vergleiche, Zusammenhänge, Schlußfolgerungen

Die Geschichte zeigt, daß sich die Revolutionen in den Niederlanden, auf der Iberischen Halbinsel und auf dem Balkan nicht ganz unabhängig voneinander ereignet haben. In allen drei Gebieten haben die Habsburger eine wichtige Rolle gespielt. Die Eroberungen Napoleons führten zu einer neuen staatlichen Ordnung in den Niederlanden, auf der Iberischen Halbinsel und in Dalmatien, während sich die Unabhängigkeitsbestrebungen in den europäischen Gebieten des Osmanischen Reichs verstärkten. Die holländischen und belgischen Reformen in den Jahren 1847/48, die von liberalen Kräften ausgehenden Staatsstreiche in Spanien und Portugal in der Mitte des 19. Jahrhunderts und die Revolutionen von 1848/49 auf habsburgischem Territorium wurden ausgelöst durch bürgerlich geführte Protestbewegungen gegen verbriefte Privilegien, und das alles geschah im Namen der neu formulierten Begriffe Volkssouveränität, Bürgerrechte und Parlamentarismus. In diesen drei historischen Abläufen wurde der profunde Wandel spürbar, der sich von 1492 bis 1992 in der staatlichen Struktur Europas vollzogen hatte: Das waren die Konsolidierung der politischen Macht in zentral regierten, klar voneinander getrennten und begrenzten, aber eng miteinander verbundenen Staaten, die Aufstellung von starken stehenden Armeen, die sich aus der Bevölkerung der einzelnen Staaten rekrutierten, und die Tatsache, daß diese Staaten wirksamere Methoden entwickelten, Steuern einzuziehen, die allgemeine Wehrpflicht durchzusetzen, das Erziehungssystem zu vereinheitlichen, die Rechtspflege zu reformieren und das kollektive Leben ganz allgemein stärker zu regulieren.

Dennoch wurde der Verlauf der revolutionären Entwicklungen in diesen drei Regionen jeweils von zwei entscheidenden Faktoren bestimmt. Das waren erstens das sich in jeder Region wandelnde Gleichgewicht zwischen dem vom Staat ausgeübten

Zwang und dem Einfluß des Kapitals und zweitens die für jede Region wechselnde geopolitische und weltwirtschaftliche Bedeutung. In den Niederlanden sehen wir ein Land, dessen Politik entscheidend vom Kapital bestimmt wurde, während seine Nachbarn es sehr viel leichter hatten, ihre Soldaten aus der eigenen Bevölkerung zu rekrutieren. Dort bestimmten die sich verändernden Beziehungen zwischen Bürgern, Grundherren, Arbeitern, Bauern und Herrschern im Zeitraum von 500 Jahren die revolutionären Möglichkeiten. So gab es dort auch während des Übergangs von kommunal, dynastisch und vom Verhältnis zwischen Schutzherren und Klientel bestimmten zu nationalen und von Klassenkoalitionen verursachten Revolutionen weder reine Bauernrevolten noch rein dynastische Kämpfe. Doch Nachbarstaaten haben das Land immer wieder besetzt oder militärisch in seine Angelegenheiten eingegriffen. Napoleons Schicksalsschlacht bei Waterloo hat schließlich nicht in Frankreich, sondern in den südlichen Niederlanden stattgefunden.

Auf der Iberischen Halbinsel basierten die Möglichkeiten für den Ausbruch von Revolutionen lange Zeit auf Gegensätzlichkeiten: So standen die vom Adel beherrschten ländlichen Bezirke im Gegensatz zu den privilegierten Städten und den Küstenregionen, die einen beträchtlichen Anteil am Welthandel und den Auslandsunternehmungen der Herrscherhäuser hatten; die Einnahmen des Reiches im Gegensatz zu seiner fragmentierten Souveränität; der Stolz der Krone im Gegensatz zu ihrer finanziellen Ohnmacht; und das Gewicht der Bürokratie in einem Gegensatz zur Autonomie der militärisch starken Magnaten. In Spanien und Portugal operierten die kommunalen Revolutionäre schon sehr früh mit nationalen Argumenten, während die dynastichen Rivalitäten mit nationalen und durch Klassenkoalitionen geprägten Revolutionen einhergingen.

Auf dem Balkan und in Ungarn bestimmten die Ausdehnung und Kontraktion von Herrschaftsbereichen, deren Zentren außerhalb dieser Länder lagen, den komplizierten Rhythmus der Revolutionen. Während dynastische Konflikte, die sich von außen her bis auf den Balkan ausdehnten, auch hier wiederholt zu revolutionären Situationen führten, kam es im Verlauf einiger Jahrhunderte nur gleichzeitig mit kommunalen und besonders mit Bauernrevolutionen auch zu dynastischen Revolutionen.

Zu rein kommunal verursachten revolutionären Situationen kam es häufiger, wenn die Machtstellung der Herrschenden ins Wanken geriet. Mit noch größerer Bestimmtheit läßt sich sagen, daß es schon sehr früh und oft zu nationalen Revolutionen gekommen ist, während bis in die jüngste Zeit nur selten revolutionäre Situationen durch Klassenkoalitionen verursacht wurden, ohne daß wesentliche nationalistische Faktoren mitwirkten. Die Tatsache, daß die meisten Großgrundbesitzer in osmanischen Territorien Moslems waren und sich im allgemeinen aus diesen Gebieten zurückzogen, wenn sie selbständig wurden, hat entscheidend zu diesem Zusammenwirken von Nationalismus und Klassenkoalitionen beigetragen.

Die Unterschiede zwischen den revolutionären Vorgängen in den Niederlanden, auf der Iberischen Halbinsel und auf dem Balkan sind ganz offenkundig. Der auffallendste Unterschied besteht zwischen den Verhältnissen in den Niederlanden und denen in den beiden anderen Gebieten. Auf der Iberischen Halbinsel und auf dem Balkan ist es bis in die jüngste Zeit immer wieder zu revolutionären Situationen gekommen, während sie in den Niederlanden nach Beendigung des Unabhängigkeitskrieges gegen Spanien fast völlig aufgehört haben. Nachdem sie sich den Besitz ihres kleinen Landes gesichert hatten, sind die holländischen Kaufleute ihren Geschäften nachgegangen, ohne sich in irgendwelchen Kämpfen um politische Vorrechte gegenseitig umzubringen. Mit Ausnahme der Revolution um die belgische Unabhängigkeit in den Jahren 1830 bis 1833 mit ihrem deutlich nationalistischen Unterton hat es in den wenigen späteren revolutionären Situationen in den Niederlanden nur Gegensätze zwischen von Bürgern geführten Klassenkoalitionen und den Machtansprüchen des Adels und/oder des Herrscherhauses gegeben. Auf der Iberischen Halbinsel und auf dem Balkan ist es nach 1800 sehr viel häufiger zu revolutionären Situationen gekommen, wobei in Spanien und Portugal in den meisten Fällen das Militär schließlich die Macht übernommen hat, während es auf dem Balkan vor allem die Bestrebungen von Unabhängigkeitsbewegungen gewesen sind, die solche Entwicklungen auslösten.

Wenn in allen drei Regionen die nationalen und die klassenbedingten Revolutionen an die Stelle der dynastischen und kommunalen getreten sind, dann hat es nach 1492 in den Niederlanden mehr Klassenkoalitionen zwischen Bürgerlichen, Grundherren und Handwerkern gegeben, als es sich auf einfachen chronologischen Tabellen darstellen läßt, während auf der Iberischen Halbinsel dynastische Fragen und Klassenkoalitionen häufiger die Ursachen für Revolutionen gewesen sind und auf dem Balkan die größten, längsten nationalen Revolutionen in Europa zu beobachten waren. So hilft uns das Schema (kommunal + Schutzherr-Klientel + dynastisch) → (militärisch) → (national + Klassenkoalition), die Chronologie und die revolutionären Situationen in Europa in groben Zügen darzustellen. Aber das erfordert eine Modifizierung im Hinblick auf die Zusammenhänge zwischen Staatenbildung und kapitalistischer Transformation in einer Region.

Welche Modifizierung? Ganz offensichtlich geht es hier um die allgemeinen Beziehungen zwischen revolutionärer und nichtrevolutionärer Politik in Regionen, in denen das politische Leben entweder von einer autokratischen Regierung oder einer kapitalintensiven Regierung bestimmt wurde. Die Grundherren, ihre Privatarmeen und die von ihnen ausgebeuteten Bauern haben in autokratisch regierten Ländern lange Zeit eine wichtige Rolle bei revolutionären Vorgängen gespielt, während das Bürgertum und das städtische Handwerk in den kapitalintensiven Gebieten mehr im Vordergrund standen. Die Art der militärischen Kräfte, die bei den Rebellionen mitwirkten, wechselte im wesentlichen gemäß dem gleichen Schema: In den Niederlanden waren es Bürgermilizen, auf der Iberischen Halbinsel Berufsarmeen und auf dem Balkan Privatarmeen und Guerilleros. Als daher die revolutionären Situationen in den Niederlanden schon seit langer Zeit von Klassenkoalitionen erzeugt wurden, waren es auf der Iberischen Halbinsel sehr häufig noch militärische Revolutionen, und auf dem Balkan waren die nationalen Revolutionen besonders häufig.

Die Geschichte der drei Regionen zeigt deutlich das Zusammenspiel zwischen Kriegen und Revolutionen. Fast jeder mit Gewalt herbeigeführte Machtwechsel in den hier behandelten 500 Jahren erfolgte während eines Krieges, als kriegerischer Akt oder als Folge eines Krieges. Die Revolte in den Niederlanden begann mit dem Widerstand gegen Kriegssteuern und endete mit einer Reihe internationaler Kriege. Der Dreißigjährige Krieg begünstigte den Ausbruch der großen Rebellionen des Jahres 1640 in Portugal und Katalonien. Man bedenke auch die zahlreichen revolutionären Situationen, die in den Jahren 1803 bis 1815 von den napoleonischen Kriegen oder 1878 vom russisch-türkischen Krieg ausgelöst wurden. Als Rußland und das Osmanische Reich im 19. Jahrhundert ihren gewaltigen Machtkampf austrugen, begann sich der osmanische Balkan selbständig zu machen oder sogar an diesen Kriegen zu beteiligen. Kriege und Revolutionen haben einander nicht nur angeregt, sondern sind gelegentlich auch ineinander übergegangen.

Das Verhältnis zwischen Kriegen und Revolutionen war durchaus nicht immer gleichartig. Obwohl militärische Interventionen ihren Ausgang bestimmten, waren zum Beispiel die belgische Revolution von 1830 und die Revolutionen von 1848 und 1849 im österreichischen Kaiserreich nicht unmittelbar aus Kriegen hervorgegangen. Auch hat nicht jeder Krieg seine eigene Revolution zur Folge gehabt. In die Niederlande sind in der Zeit von 1477 bis 1945 immer wieder feindliche Truppen einmarschiert, das hat aber nur ganz selten zu vorübergehenden Spaltungen innerhalb des Staatswesens geführt, und nur nach sechs solchen feindlichen Überfällen ist es vorübergehend zu einem Machtwechsel gekommen. Im 19. Jahrhundert hat es auf der Iberischen Halbinsel zwischen Kriegen und Revolutionen folgenschwere, aber nur indirekte Wechselwirkungen gegeben. In den napoleonischen Kriegen sind hier starke Armeen aufgestellt worden, und nach dem Zusammenbruch der Monarchien in und nach diesen Kriegen blieben starke autonome Armeen bestehen, die kaum noch irgendwelche internationalen militärischen Aufgaben hatten. Sie haben dann ihre Kräfte darauf verwendet, die politische Macht an sich zu reißen. Spanien und Portugal haben sich in der Zeit von 1815 bis 1898 nur selten an internationalen Konflikten beteiligt. Es ist in dieser Zeit jedoch zu zahlreichen mit Gewalt herbeigeführten Machtwechseln gekommen, und dabei haben benachbarte Mächte oft militärisch interveniert. Die notwendige Voraussetzung für eine Revolution war nicht ein Krieg, sondern die militärische Schwäche des Staates. Zu dieser Schwäche ist es allerdings häufig als Folge eines Krieges gekommen.

Wie weit erhellen nun diese Erkenntnisse, die wir über die Beziehungen zwischen Revolutionen und Veränderungen in der staatlichen Struktur gewonnen haben, auch die Revolutionsgeschichte in Regionen, die wir noch nicht untersucht haben? Sehen die großen Revolutionen in England, Frankreich und besonders in Rußland aus dieser Perspektive betrachtet anders aus? In den folgenden drei Kapiteln werden wir die Revolutionen auf den Britischen Inseln, in Frankreich und Rußland auf eine etwas unkonventionelle Weise betrachten. In jedem einzelnen Fall werden wir uns einen Überblick über die Ereignisse von 1492 bis heute verschaffen. Aber in dieser Analyse wird jeweils ein Jahrhundert in jedem Gebiet eine besondere Bedeutung haben. Für die Britischen Inseln wird das die Zeit von 1600 bis 1700 sein, für Frankreich die Zeit von 1750 bis 1850 und für Rußland das ganze 20. Jahrhundert. Wir werden uns nicht darum bemühen, ein ganz neues Modell der großen Revolutionen zu entwerfen, sondern versuchen, ein differenzierteres Verständnis für die Beziehungen zwischen den großen Revolutionen und ihrem politischen Umfeld zu gewinnen.

Viertes Kapitel

Die Britischen Inseln

Revolution in Großbritannien

Die britische Geschichte ist ein oft zu Rate gezogenes Lehrbuch über die Vermeidung von Revolutionen, doch welcher Nutzen sich daraus ziehen läßt, hängt ganz davon ab, mit welchen zeitlichen und örtlichen Gegebenheiten wir uns beschäftigen. Wenn wir nur die Verhältnisse in England und Wales untersuchen, müssen wir bis ins Jahr 1687 zurückgehen, um auf das Entstehen einer echten revolutionären Situation zu treffen. Wenn wir auch Schottland berücksichtigen, dann rückt dieses Datum bis ins Jahr 1745 vor. Schließen wir das ganze britische Weltreich in unsere Betrachtungen ein, dann stellen wir fest, daß es bis in die 1950er Jahre antikoloniale Rebellionen gegeben hat. Richten wir unseren Blick auf Irland, dann sehen wir, daß der Brand in Nordirland bis heute noch nicht gelöscht ist. Die britische Geschichte der Revolutionen verläuft in den Jahren 1492 bis 1992 in den verschiedensten Richtungen, aber sie beginnt und endet in Irland. Im Verlauf von 500 Jahren haben englische Herrscher wiederholt versucht, Irland zu unterwerfen, und das hat wiederholt zu revolutionären Situationen geführt und zu wenigstens einem revolutionären Ergebnis. Dublin hat niemals ganz auf seine Unabhängigkeit gegenüber London verzichtet. Bis heute bekommt Westminster den militant revolutionären Geist von Ulster täglich zu spüren.

Wenn wir hier von den Britischen Inseln sprechen, dann sind damit Irland, Schottland, Wales, England und die unmittelbar davor liegenden Inseln gemeint, und mit dem Wort «Briten» bezeichnen wir alle ihre Bewohner. Im folgenden werden wir fragen, wie die Geschichte der verschiedenen Staaten auf den Britischen Inseln die Revolutionen dort beeinflußt hat. Insbesondere werden wir uns auf die großen Revolutionen im 17. Jahrhundert konzentrieren, uns aber auch mit den Unruhen beschäftigen, zu denen es im Verlauf der britischen Staatenbildung gekommen ist. Dabei werden wir feststellen, daß sich der Charakter der britischen Revolutionen wesentlich gewandelt hat, während sich die britischen Staaten und die Stellung Großbritanniens innerhalb der Staatengemeinschaft veränderten. Wir wollen der Versuchung widerstehen, die Entstehung des heutigen Irland und Großbritannien für das natürliche Ergebnis lang andauernder teleologischer Prozesse zu halten. Auf diese Weise werden wir erkennen, daß es in den Staaten und Revolutionen auch die Möglichkeit gegeben hat, die Entwicklung in eine ganz andere Richtung zu lenken – und dazu gehört auch die Frage, welche anderen Staatsformen es heute hier geben könnte. Wir werden auch sehen, daß es im ganzen Komplex von kapitalintensiver und zwangsintensiver Herrschaft eine Vielzahl von Variationen gegeben hat, von dem in London und seinen Trabantenstädten konzentrierten Kapital bis nach Irland und ins schottische Hochland, wo autokratische Regierungs- und Verwaltungssysteme vorherrschten. Wir werden beobachten, wie Großbritannien zu einem bedeutenden Zentrum des Weltkapitalismus wurde und zugleich militärisch erstarkte und ein Weltreich eroberte. Im Gegensatz zu der vorwiegend kapitalistischen Staatenbildung in den Niederlanden und der auf einer relativ autokratischen Grundlage erfolgten Staatenbildung auf der Iberischen Halbinsel und auf dem Balkan werden wir feststellen, daß die britischen Staaten und besonders England einen Mittelweg gegangen sind, auf dem sich das Kapital und die autokratischen Kräfte gelegentlich bekämpft, dann aber doch zum Zusammengehen entschlossen haben.

Die Dichte und Form der Urbanisierung vermitteln uns ein Bild von der sich verändernden Position Großbritanniens innerhalb der europäischen Wirtschaft. Am Ende des 15. Jahrhunderts lag das südöstliche England am westlichen Rand des am dichtesten mit Städten besiedelten europäischen Gebiets (mit dem Zentrum in Flandern); Schottland und Irland lagen weit außerhalb desselben. 1750 gehörten London und seine Umgebung zu den europäischen Regionen, in denen sich die städtische Besiedlung am stärksten konzentrierte, wobei das südliche Schottland und die Umgebung von Dublin fest mit dem Londoner Raum verbunden waren. Seither sind in Europa andere Zentren entstanden, die mit London in Konkurrenz treten, aber die Britischen Inseln gehören auch weiterhin zu den am stärksten urbanisierten Ländern Europas. Im Jahr 1500 gehörten zu den britischen Städten mit mehr als 5000 Einwohnern Bristol, Colchester, Coventry, Edinburgh, Exeter, King's Lynn, London, Newcastle, Norwich, Oxford, Shrewsbury, Yarmouth und York – zwölf von ihnen in England, eine in Schottland, aber keine in Wales oder Irland. 1750 gab es auf den Britischen Inseln wenigstens 45 solcher Städte. Sieben davon lagen in Schottland und fünf in Irland. London allein hatte 675 000 Einwohner (*de Vries* 1984, S. 270/71). 1992 lebten 95 % der Gesamtbevölkerung des Vereinigten Königreichs in den Städten, während es in Irland etwa 60 % waren. Mit dieser Urbanisierung hatten sowohl die relative Bedeutung des Kapitals für das Leben in Großbritannien als auch die Verbindung des britischen Kapitals mit dem Weltkapital ungeheuer zugenommen.

1492 gab es auf den Britischen Inseln drei bedeutende Staaten und Dutzende halbautonomer Gemeinwesen, zu denen auch die Kanalinseln gehörten. Mit Ausnahme der Zeiten, in denen um die Thronfolge gerungen wurde, hatte der englische Staat auf seinem Territorium einen entscheidenden Einfluß, während der schottische Staat gewisse Schwierigkeiten hatte, sich in seinem eigenen Hinterland durchzusetzen, und die Staatsautorität in Irland jeden Tag in Frage gestellt wurde. In ganz England verfügte der König über die uneingeschränkte politische Macht, auch wenn den mächtigen Adelsfamilien im Norden wie etwa den Percies eine weitgehende Autonomie zugestanden wurde und obwohl der Staat etwa im Vergleich mit den päpstlichen Staaten oder Burgund von seinen Untertanen relativ wenig verlangen durfte. Allerdings tat auch er nur wenig für sie.

1409 hatten englische Truppen den letzten Aufstand in Wales unter Owen Glendower niedergeschlagen. Daß die Waliser Heinrich Tudor nach seiner Landung 1485 gegen Richard III. unterstützt haben, befestigte die Beziehungen zwischen Wales und England. Von dieser Zeit an konnte England Wales behandeln wie ein königliches Lehen. Außenpolitisch verhielt sich Irland wie eine widerspenstige Kolonie, die nur heimlich und zeitweilig Beziehungen zu ausländischen Staaten unterhielt, während Schottland allgemein als selbständiger kleiner europäischer Staat anerkannt wurde. England dagegen war eine Macht, mit der Europa durchaus zu rechnen hatte. 1492 verfügte England bereits über eine ansehnliche Handels- und Kriegsflotte und unterhielt enge politische und Handelsbeziehungen zu Flandern, dem damaligen Zentrum des europäischen Textilhandels. So wurde England, das lange Zeit nur am Rande an den Entwicklungen in Europa beteiligt gewesen war, zu einer zunehmend einflußreicheren Macht, was auch Schottland veranlaßte, engere Beziehungen zu europäischen Staaten anzuknüpfen, um ein Gegengewicht gegen die englische Vorherrschaft zu schaffen, und auch irische Kriegsherren sahen sich gelegentlich genötigt, sich mit fremden Herrschern zu verständigen.

Als Handelsmacht bezog der englische Staat den größten Teil seiner Einkünfte aus Zöllen und weniger aus Kopfsteuern oder Grundsteuern. Die Einkünfte Heinrichs VII. bestanden immer noch zu etwa 40 % aus den Pachtsummen für königliche Domänen, doch als sich die Kriegskosten erhöhten, gingen die Könige des Hauses Tudor dazu über, ihre Untertanen stärker mit Steuern zu belasten (*Clay* 1984; I, S. 251–252). Von den geschätzten Staatseinnahmen in Höhe von 461 500 Pfund im Jahr 1610 kamen 31 % aus der Verpachtung von Domänen und Lehen, 54 % aus den Zolleinnahmen und nur 15 % aus anderen Quellen (*Kennedy* 1964, S. 8). Bis zur Zeit des Langen Parlaments und zum Beginn des Bürgerkriegs im 17. Jahrhundert wurden diese «normalen» Abgaben auf Anordnung der Krone eingezogen, doch die darüber hinaus für die Kriegführung benötigten Mittel mußten vom Parlament bewilligt werden.

Als sich England nach 1580 vermehrt in die europäische Politik einschaltete, wurden die Kriege wesentlich kostspieliger. Wie auch sonst in Europa führten die vermehrte Verwendung von Schießpulver und Artillerie, die Belagerungskriege, der Einsatz besoldeter Infanterie und die Anlage von Befestigungen, die den modernen Belagerungstechniken und Waffen widerstehen konnten, dazu, daß für die königlichen Streitkräfte erheblich mehr Geld aufgewendet werden mußte. Auch die Versorgung der Armeen mit Nachschub wurde schwieriger, denn es war nicht mehr möglich, daß jeder kleine Kampfverband selbst für seine Bewaffnung und Infrastruktur sorgte. Das hatte drei Konsequenzen, nämlich daß die Krone erstens allmählich ihren Grundbesitz veräußerte, daß Könige und Königinnen zweitens dazu übergehen mußten, ihre Einkünfte über das Parlament durch Grundsteuern sichern zu lassen, und daß das Parlament drittens in stärkerem Maß als bisher das Verfügungsrecht über die Einkünfte der Krone in Anspruch nahm. In den 1640er Jahren entschloß sich das Parlament zu der bisher verpönten Maßnahme, Verbrauchssteuern für Nahrungsmittel und Getränke zu erheben. In den folgenden Jahrhunderten führte die Kommerzialisierung dazu, daß die Staatseinnahmen in erster Linie aus Zöllen und Verbrauchssteuern bestanden. Da das Verfügungsrecht über diese Beträge dem Parlament zustand, wuchs dessen Einfluß auf das öffentliche Leben.

1492 war das Oberhaus die Vertretung des Hochadels und der Kirche, während das Unterhaus den kleinen Landadel und die wohlhabenden Kaufleute vertrat. Mit der finanziellen Unterstützung des Parlaments konnten Heinrich VII. und die späteren Tudors die Macht des Staates wesentlich stärken und durchsetzen, daß der Hochadel seine Privatarmeen verringerte. Damit verschwanden auch praktisch die noch im Privatbesitz befindlichen befestigten Schlösser mit Ausnahme der in der Nähe der schottischen Grenze gelegenen, während neu errichtete Festungen der Krone unterstanden. Heinrich VIII. vollzog die Loslösung der englischen Kirche von Rom, beschlagnahmte ihre Einkünfte und enteignete die Klöster. Damit erhöhten sich seine Einnahmen, und der Klerus wurde der staatlichen Aufsicht unterstellt. Von Heinrich VII. bis zu Elisabeth I. unterwarfen sich die Tudors die englischen Magnaten und stärkten die Autorität des Staates, ein Vorgang, der eine ganze Reihe von Rebellionen auslöste, doch schließlich die Macht der Regierung ausdehnte.

Wie die Holländer fünfzig Jahre zuvor erlebten die Engländer im 17. Jahrhundert schwere innere Unruhen, während sie im Ausland an Einfluß und Ansehen gewannen. Mit der Reform der Staatsfinanzen und der Verwaltung nach holländischem Vorbild entstand ein höchst ungewöhnlicher Staat; kopflastiger als der holländische, aber in sich geschlossen, kreditwürdig und handlungsfähig gründete er sich auf einen in der Verwaltung auf örtlicher und regionaler Ebene weitgehend autonomen Adel und einen relativ selbständigen Klerus. Ein starker Monarch, der über ein schlagkräftiges Heer verfügte, ein Parlament, das einen entscheidenden Einfluß auf die Verwendung der Staatsfinanzen hatte, ein sich über das ganze Land erstreckendes Netz vom König eingesetzter Gerichte, eine rasch proletarisierte Landbevölkerung, ein allmählich verschwindender Bauernstand, die Ausbreitung von Handwerk und Gewerbe, eine starke berittene Miliz und das Zusammenwirken unternehmungslustiger Grundbesitzer mit den Kaufleuten – all das machte England zu einem achtunggebietenden Staat.

Das Leben in Schottland wurde von Großgrundbesitzern, Kleinbauern, Hirten und Fischern bestimmt. Das Land konnte seine Unabhängigkeit trotz der umstrittenen englischen Oberhoheit bewahren, und zwar obwohl die englischen und schottischen Königshäuser vielfach miteinander verschwägert waren und England zahlreiche Versuche unternahm, es mit Waffengewalt zu annektieren. 1492 waren die Ansprüche des Stuartklans auf die schottische Krone besser begründet als die irgendeiner anderen Familie in Polen, Rußland oder Ungarn. Um sich vor der Bedrohung durch England zu schützen, hatten die schottischen Könige seit 1295 immer wieder Bündnisse mit Frankreich geschlossen. Doch mit diesen Bündnissen ließ sich England nicht in Schach halten. 1513 fiel der schottische König Jakob IV. im Kampf gegen die Engländer bei Flodden Field. Sein Nachfolger Jakob V. starb 1542 nach einem weiteren englischen Überfall.

Doch trotz der wechselnden englischen und französischen Einflüsse blühte das Leben in Schottland weiter, und als die schottische Königin Maria Stuart 1559 auch Königin von Frankreich wurde, verstärkte sich der französische Einfluß. 1603 wurde Marias Sohn Jakob König von England. Nach 1520 gewann der Protestantismus zahlreiche neue Anhänger in Schottland. Von den Engländern ermutigt, gründeten die Schotten 1560 eine protestantische Staatskirche, um den Einfluß ihrer jetzt in Frankreich lebenden katholischen Königin einzudämmen. Ihre französischen Verwandten und Verbündeten waren zu dieser Zeit so sehr mit eigenen Religionskriegen beschäftigt, daß sie nichts daran zu ändern vermochten. (In der Zeit von 1637 bis 1660 schaffte das revolutionäre Schottland diese Kirche wieder ab. 1690 half der neue König Wilhelm von Oranien bei der Beseitigung der schottischen Episkopalkirche zugunsten der

Presbyterianer, die keine Bischöfe kannten. Dagegen war die erste schottische Nationalkirche eine ausgesprochene Bischofskirche.) Aber nicht überall auf den Britischen Inseln konnte sich der Protestantismus durchsetzen. Irland blieb als widerspenstige Kolonie katholisch bis auf den äußersten Norden, wo sich englische Großgrundbesitzer niederließen und kleine schottische Siedlungen entstanden.

Irland war im wesentlichen ein Agrarland und hatte keinen eigenen fürstlichen Souverän. Die Kriegsherren in den einzelnen Regionen erfreuten sich einer großen Selbständigkeit und waren im irischen Parlament in Dublin vertreten, mit dem zu regieren den englischen Gouverneuren große Schwierigkeiten bereitete. Außerhalb des englischen Pale (das waren vier im Mittelalter entstandene Grafschaften in der Umgebung von Dublin) sprach der größte Teil der Bevölkerung gälisch und nicht englisch. Die Zugehörigkeit zur katholischen Kirche war der für den Zusammenhalt der Bevölkerung entscheidende Faktor. 1492 hatte sich das Gälische in Irland schon seit längerer Zeit durchgesetzt, und zwar besonders nachdem das anglo-normannische Regime vor 200 Jahren abgelöst worden war. Die inländischen und ausländischen Gegner der englischen Herrscher fanden häufig Verbündete unter den irischen Lords, deren Adelstitel noch aus der Zeit stammten, in der diese Familien die Anführer kriegerischer Klans gewesen waren. Sie waren ihnen also nicht von englischen Königen als Belohnung für treue Dienste verliehen worden.

1487 hatte zum Beispiel eine Versammlung irischer Kirchenfürsten und Adeliger Lambert Simnel, einen Anwärter auf den englischen Thron aus der Grafschaft York, zum englischen König gekrönt. Simnel unternahm mit irischen Rittern den Versuch, England von Irland aus zu erobern, aber dieser Versuch scheiterte. In den 1530er Jahren löste der Kanzler Heinrichs VIII., Thomas Cromwell, in Irland eine Revolte aus, als er versuchte, an die Stelle des anglo-irischen Magnaten Earl of Kildare einen englischen Abgeordneten ins Parlament zu bringen, der sich der Krone stärker verpflichtet fühlte. Auch als Heinrich VIII. 1541 den Titel des Königs von Irland für sich in Anspruch nahm, konnte er seinen Einfluß nicht in ganz Irland durchsetzen. Betrachtet man die revolutionären Situationen in Irland

– mindestens bis 1691 – von der Westseite der Irischen See aus, dann hat man weniger den Eindruck, daß es sich um Rebellionen in einem fest gegründeten Staat handelte, als vielmehr um einen Massenwiderstand gegen Eroberungsversuche von außen, der sich mit erbitterten Kämpfen um die Vorherrschaft im Inneren vermischte.

Obwohl sich England, Schottland und Irland ständig gegenseitig beeinflußt haben, hat sich die Staatenbildung in den drei Ländern auf jeweils ganz unterschiedliche Weise vollzogen. Bis zum 18. Jahrhundert müssen wir die Geschichte eines jeden Landes für sich behandeln. Von diesem Zeitpunkt an müssen wir jedoch die revolutionären Ereignisse in Irland immer noch getrennt von den Entwicklungen in England und Schottland betrachten, um genau erkennen zu können, welcher Zusammenhang zwischen diesen Ereignissen und der politischen Geschichte von England, Wales und Schottland besteht.

Wenn die Staatenbildung in Schottland, Wales und Irland entscheidend von den Kriegen gegen England beeinflußt worden ist, dann haben sowohl diese Kämpfe als auch die Kriege, die England gegen Staaten außerhalb der Britischen Inseln geführt hat, wesentlich zur Entstehung des englischen Staates beigetragen. Auf Tafel 5 sind die größeren Kriege der britischen Staaten genannt, die diese von 1492 bis 1992 gegen Staaten außerhalb der Britischen Inseln geführt haben. Diese nicht ganz vollständige Liste dokumentiert drei wichtige Tatsachen: Erstens die ständige Beteiligung Englands an militärischen Auseinandersetzungen vom Ende des 15. Jahrhunderts bis in die jüngste Vergangenheit; zweitens die Ausdehnung britischer Kriege auf außereuropäische Gebiete nach 1750 zu den Zeiten der Kolonialisierung und der Entkolonialisierung und drittens die fast ausschließliche Konzentration irischer und schottischer Armeen auf Kriege innerhalb der Britischen Inseln. Außerhalb von Großbritannien haben autonome schottische und irische Streitkräfte fast ausschließlich als Söldnerheere gekämpft. Vom 16. Jahrhundert bis zum Zweiten Weltkrieg war England andererseits eine der stärksten Militärmächte der Welt und als solche an bewaffneten Konflikten auf der ganzen Erde beteiligt.

Abgesehen von den massiven militärischen Auseinandersetzungen um den Besitz französischer Territorien im Hundertjährigen Krieg hat England bis zur Mitte des 16. Jahrhunderts bei den Konflikten auf dem europäischen Kontinent nur eine untergeordnete Rolle gespielt. Erst nach der Vernichtung der spanischen Armada (1588) mußte jede größere europäische Macht einschließlich des Osmanischen Reichs mit dem Eingreifen englischer Streitkräfte rechnen. Seit Anfang des 17. Jahrhunderts haben englische Flotten gegen nordafrikanische Seeräuber und europäische Rivalen im Mittelmeer gekämpft und mit Portugal, Spanien und Holland in der Karibik, auf dem Atlantik und auf dem Pazifischen Ozean um die Vorherrschaft gerungen. Trotz gewisser Rückschläge, wie etwa der Unabhängigkeit der dreizehn reichen amerikanischen Kolonien im Jahr 1783, haben die Briten unaufhörlich und bis ins 20. Jahrhundert hinein ihre überseeischen Besitzungen erweitert. Wenn Großbritannien seine Gebietseroberungen in den gemäßigten Zonen mit einer ausgedehnten Kolonialisierung verbunden hat, dann hat es seinen Besitzstand in gemäßigten und tropischen Zonen stets gleichermaßen mit Waffengewalt zu wahren gewußt.

Tafel 5: Außerhalb von Großbritannien geführte Kriege der britischen Staaten von 1492 bis 1992

1489–1492	Französisch-englischer Krieg
1511–1514	Krieg der Heiligen Liga
1512	Krieg von Navarra
1521–1526	Erster Krieg von Karl V.
1526–1529	Zweiter Krieg von Karl V.
1544–1546	Osmanischer Krieg
1549–1550	Französisch-englischer Krieg
1556–1559	Französisch-spanischer Krieg
1562–1564	Erster Hugenottenkrieg
1568	Englisch-spanischer Krieg in der Karibik
1585–1604	Seekrieg gegen die spanische Armada
1618–1648	Dreißigjähriger Krieg
1621	Englischer Krieg gegen Algier
1624–1625	Englisch-marokkanischer Krieg
1635–1637	Englisch-marokkanischer Krieg
1650–1654	Portugiesisch-englischer Krieg
1652–1655	Englisch-holländischer Seekrieg

1655–1659	Englisch-spanischer Krieg
1655	Englischer Krieg gegen Tunis
1663–1667	Englisch-holländischer Seekrieg (französische Intervention 1665–1667)
1670	Englischer Krieg gegen Algier
1672–1679	Holländischer Krieg Ludwigs XIV.
1675–1676	Englischer Krieg gegen Tripolitanien
1681–1682	Englischer Krieg gegen Algier
1688–1697	Krieg der Liga von Augsburg
1700–1721	Zweiter Nordischer Krieg
1701–1714	Spanischer Erbfolgekrieg
1718–1720	Krieg des Viererbündnisses
1726–1729	Britisch-spanischer Krieg
1740–1748	Österreichischer Erbfolgekrieg
1753–1763	Siebenjähriger Krieg und dessen nordamerikanisches Vorspiel
1757	Krieg in Bengalen
1776–1783	Krieg gegen die Mahratten
1776–1783	Amerikanischer Revolutionskrieg
1781–1784 1789–1792 1798–1799	Mysore-Kriege
1792–1802	Französische Revolutionskriege
1802–1804	Krieg gegen die Mahratten
1803–1815	Napoleonische Kriege
1806–1812	Russisch-türkischer Krieg
1812–1814	Krieg von 1812
1814–1816	Gurkha-Krieg
1816	Krieg in Algerien
1817–1818	Krieg gegen die Mahratten
1821–1829	Griechischer Unabhängigkeitskrieg
1823–1826	Burmesischer Krieg
1824–1826	Ashanti-Krieg
1825–1830	Krieg gegen die Tasmanier
1827	Bucht von Navarino
1828–1834	Intervention im portugiesischen Bürgerkrieg
1830–1833	Intervention im belgischen Unabhängigkeitskrieg
1833–1840	Intervention im spanischen Bürgerkrieg
1838–1842	Britisch-afghanischer Krieg
1839–1840	Intervention im ägyptisch-türkischen Krieg
1839–1842	Chinesische Kriege
1839–1852	Intervention im Krieg zwischen Argentinien und Uruguay

1843	Krieg gegen die Sindi
1845–1846	Krieg gegen die Sikhs
1845–1847	Krieg gegen die Maori
1846–1850	Intervention im portugiesischen Bürgerkrieg
1848–1849	Krieg gegen die Sikhs
1851–1852	Krieg gegen die Basutos
1852–1853	Burmesischer Krieg
1854–1856	Krim-Krieg
1856–1857	Englisch-persischer Krieg
1856–1860	Chinesische Kriege
1857–1859	Indische Meuterei
1863–1865	Krieg gegen Bhutan
1863–1869	Krieg gegen die Maori
1865	Ashanti-Krieg
1867–1868	Äthiopischer Krieg
1873–1874	Ashanti-Krieg
1878–1881	Afghanischer Krieg
1879–1880	Krieg gegen die Zulus
1879–1881	Krieg in Transvaal
1880–1883	Basuto-Krieg
1882	Ägyptischer Krieg
1882–1885	Krieg im Sudan
1885–1886	Krieg in Burma
1893–1894	Krieg gegen die Matabele und Shonas
1894	Krieg gegen Bunyoro
1896–1899	Krieg mit Matabele, Shonas
1896–1900	Krieg gegen die Ashantis
1897	Krieg im westlichen Nigeria
1897–1899	Krieg in Uganda und im Sudan
1899–1902	Burenkrieg
1899–1904	Krieg in Somalia
1900–1901	Intervention im chinesischen Boxeraufstand
1903	Krieg im nördlichen Nigeria
1904	Krieg in Tibet
1906	Krieg gegen die Zulus
1913–1920	Krieg in Somalia
1914–1918	Erster Weltkrieg
1918–1921	Russischer Bürgerkrieg
1919	Krieg in Afghanistan
1920–1922	Intervention im griechisch-türkischen Krieg
1921–1922	Krieg gegen die Mappila
1939–1945	Zweiter Weltkrieg
1945–1949	Palästina-Krieg

1945–1949	Indonesischer Krieg
1946–1954	Indochinesischer Krieg
1947–1966	Malaiischer Unabhängigkeitskrieg
1950–1953	Koreakrieg
1952–1954	Bürgerkrieg in Kenia
1953–1957	Sinaikrieg
1955–1959	Krieg auf Zypern
1963–1964	Intervention im Bürgerkrieg auf Zypern
1963–1966	Intervention im indonesisch-malaiischen Krieg
1963–1967	Intervention in Südarabien
1982	Falklandkrieg gegen Argentinien

Wenn wir die Häufigkeit der in den einzelnen Jahrhunderten ausgebrochenen Kriege statistisch darstellen, dann ergibt sich folgendes Bild:

Jahrhundert	Anzahl	Jahrhundert	Anzahl
1492–1591	11	1792–1891	44
1592–1691	14	1892–1991	31
1692–1791	11		

Gemessen an der Häufigkeit der Kriegsausbrüche steht das 19. Jahrhundert an erster Stelle. Die verlustreichsten Kriege hat es dagegen im 20. Jahrhundert gegeben, wo zwei Weltkriege mit ihren umfangreichen Zerstörungen alles in den Schatten stellten, was es bis dahin bei militärischen Konflikten gegeben hatte, an denen britische Truppen beteiligt waren. Zu der enormen Zunahme der Häufigkeit von Kriegen nach 1790 ist es vor allem außerhalb von Europa im Verlauf der Expansion des britischen Weltreichs gekommen. Erst nach dem Zweiten Weltkrieg dominierten Kriege, die mit dem Abzug der Briten aus ihren Kolonien in Zusammenhang standen.

Über Jahrhunderte haben die Regierungen europäischer Staaten vor allem in Kriegszeiten die Staatsautorität ausgedehnt, und Großbritannien war keine Ausnahme. Nach der Glorreichen Revolution von 1687 bis 1689 haben die zahlreichen Kriege in Europa, in den ständig sich erweiternden Kolonien und zur See die Macht des britischen Staates gestärkt. Die dauerhafte

Vereinigung mit Schottland (1707) hat zwar 1715 und 1745 zu Kriegen mit den Stuarts geführt, die Ansprüche auf den schottischen Thron erhoben, aber auch die innenpolitische Machtstellung des Staates konsolidiert und den Handel mit den anderen europäischen Staaten gefördert. Die Kriege gegen die amerikanischen Kolonisten, gegen das revolutionäre Frankreich und gegen Napoleon haben wiederum zur Stärkung des Staates beigetragen, da der König und das Parlament gemeinsam ein einträgliches und wirksames System für die Verwaltung der Staatsfinanzen schufen. Die Armee wurde nicht mehr bei innenpolitischen Konflikten eingesetzt, sondern konzentrierte sich zunehmend auf Eroberungen und die Überwachung rebellischer Kolonien einschließlich Irlands, das nun (1800–1801) nominell zum Vereinigten Königreich gehörte.

Im 18. und 19. Jahrhundert erhöhten sich die Kapitalreserven Großbritanniens, das Land wurde industrialisiert, in der Landwirtschaft vollendete sich die Proletarisierung, die Städte wurden immer größer, und die Bevölkerung vermehrte sich in einem bisher beispiellosen Tempo, obwohl viele Engländer und Iren ihre Heimat als Auswanderer verließen. Im Verlauf leidenschaftlicher Auseinandersetzungen, die aus dem Zusammentreffen eines zunehmend anspruchsvolleren Staates mit dem Erstarken einer kapitalistischen Welt hervorgingen, schufen die Briten einen mächtigen Apparat staatlicher Interventionen. Verglichen mit anderen europäischen Staaten spielten die parlamentarischen Institutionen und die freiwillig von den Bürgern gebildeten Ausschüsse eine ausnehmend große Rolle im öffentlichen Leben. Doch selbst im 20. Jahrhundert waren Kriegsanstrengungen auch weiterhin der Hauptanlaß für den Ausbau der Zuständigkeiten des britischen Staates und seinen Vorstoß in neue Tätigkeitsbereiche (*Cronin* 1991, S. 2–4).

In ganz Europa wurden die Unterschiede zwischen Kriegen und revolutionären Situationen erst deutlich erkennbar, als die Staaten in ihren Territorien klare Prioritäten setzten, erkennbare Grenzen zogen und starke Zentralbehörden schufen. Diese Verallgemeinerung trifft sicher auf Großbritannien zu. In den ersten Konflikten, die in unserer Liste der bedeutenden revolutionären Situationen aufgeführt sind (siehe Tafel 6), verwischt sich daher oft die Grenze zwischen Krieg und Revolution. Wie sich hier zeigt, hat es in Schottland in der Zeit von 1496 bis 1745 15 Bürgerkriege und Rebellionen gegeben. Die englischen Armeen waren fast jedesmal daran beteiligt.

Wann wurden nun aus den bewaffneten Konflikten zwischen schottischen und englischen Streitkräften echte Revolutionen? Offensichtlich erst seit wir England, Schottland und Wales als ein einziges zusammenhängendes Staatswesen betrachten können. Aber wann war das so? Können wir sagen, daß es nach der halbherzigen Anerkennung der englischen Vorherrschaft in Schottland im 15. Jahrhundert so gewesen sei? Oder 1603, als ein schottischer König den englischen Thron bestieg? Oder in den Jahren 1657 bis 1659, als es Cromwell fast gelungen wäre, die beiden Länder zu vereinigen, dieser Versuch aber schließlich doch scheiterte? Oder war es 1707, als in England ein britisches Parlament entstand, in das die schottische Volksvertretung eingegliedert wurde? Wann und wo dieser Wandel auch erfolgt sein mag, es ist klar, daß sich Schottland der englisch-britischen Vorherrschaft erst nach einem Kampf auf Leben und Tod gefügt hat und die endgültige Anerkennung zumindest bis 1746 nicht gesichert war.

Noch dramatischer verlief diese Entwicklung in Irland. Englische Könige haben immer wieder versucht, ihren Herrschaftsanspruch in Irland mit Zuckerbrot und Peitsche durchzusetzen, besonders mit der Peitsche. Irland wurde zum Prüfstein für die verschiedensten Formen der Überwachung und Unterdrükkung, einschließlich der Einführung der berühmten Polizeiverordnung im 19. Jahrhundert, die später für ganz Großbritannien übernommen wurde (*Broeker* 1970; *Clark & Donnelly* 1983; *Fitzpatrick* 1985; *Palmer* 1988). Bis zum Anfang des 18. Jahrhunderts haben irische Kriegsherren einander fast ununterbrochen bekämpft. Außerdem ist es von 1493 bis 1969 mehr als fünfzehnmal zu bewaffneten Konflikten zwischen britischen und irischen Streitkräften gekommen, ganz abgesehen von den zahlreichen blutigen Scharmützeln und Überfällen, die bis heute nicht aufgehört haben. 1987 sind dabei in Nordirland 93 Menschen ums Leben gekommen. 1988 wurden dort 93 politische Morde verübt, und 1989 waren es 62.

Tafel 6: Revolutionäre Situationen auf den Britischen Inseln 1492–1992

1493–1496	Irische Rebellion zur Unterstützung von Perkin Warbeck
1496–1497	Englisch-schottischer Erbfolgekrieg
1497	Rebellion von Cornwall
1504	Krieg zwischen englischen Verbündeten und ihren irischen Gegnern in Irland
1513–1515	Englisch-schottischer Erbfolgekrieg mit französischer Intervention
1522–1523	Englisch-schottischer Krieg
1532–1534	Englisch-schottischer Krieg
1534–1536	Irische Rebellion von Silken Thomas
1536–1537	Pilgerfahrt von Grace
1540–1543	Befriedung in Irland
1542–1550	Erbfolgekrieg mit Schottland
1549–1550	Ketts-Rebellion, Rebellion in Cornwall
1553–1554	Wyatts-Rebellion
1559–1560	Englisch-schottischer Erbfolgekrieg, Intervention Frankreichs
1559–1567	Kampf um die Erbfolge in der Grafschaft Tyrone in Irland; Rebellion von Shane O'Neill
1565–1567	Religiöse Kämpfe in Schottland
1568–1573	Erste Desmond-Rebellion in Irland
1569	Rebellion katholischer Lords im Norden
1579–1580	Zweite Desmond-Rebellion, Rebellion in Leinster, Intervention des Papstes und Spaniens
1595	Rebellion der katholischen Lords in Schottland
1595–1603	Rebellion von Hugh O'Neill in Irland, spanische Intervention
1608	Irische Revolte von Sir Cahir O'Doherty
1639–1640	Schottische Rebellion; die Bischofskriege
1641	Aufstand in Ulster
1642–1647	Bürgerkrieg in England, Irland und Schottland
1648–1651	Zweiter Bürgerkrieg in England, Irland und Schottland
1655	Penroddock-Aufstand in Salisbury
1660	Moncks Intervention und Wiedereinsetzung von Karl II.
1666	Revolte der schottischen *Covenanters*
1679	Rebellion der schottischen *Covenanters*
1685	Rebellionen von Monmouth und Argyll
1687–1692	«Glorreiche Revolution» in England, Schottland und Irland mit Intervention Frankreichs

1715–1716	Jakobiten-Rebellion in Schottland
1745–1746	Schottischer Aufstand
1798–1803	Erhebungen der *United Irishmen* mit französischer Intervention
1916	Oster-Rebellion in Irland
1919–1923	Bürgerkrieg in Irland, irische Unabhängigkeit
1969–	Partisanenkrieg in Nordirland

Einige Teile Irlands wurden, beginnend im 11. Jahrhundert, von anglo-normannischen Kriegern beherrscht. In den 1550er Jahren begannen englische Regierungen Schotten, aber auch Engländer in Irland anzusiedeln. Dabei enteigneten sie systematisch katholische Grundherren, besonders nach der Landung Cromwells und seinem Kampf gegen das royalistische Irland im Jahr 1649 und dem Überfall Wilhelms von Oranien auf das neuerlich royalistische Irland im Jahr 1690. Das hatte zur Folge, daß 1778 nur noch 5 % des landwirtschaftlich nutzbaren Bodens in Irland im Besitz von Katholiken waren, während es 1641 59 %, 1688 22 % und 1703 14 % gewesen waren (*Moody & Martin* 1987, S. 201, 220). Obwohl 1800 das Vereinigte Königreich ausgerufen und 1801 das irische Parlament in das britische integriert worden war, hat sich Irland niemals so verhalten wie eine vollständig in einen größeren Staatsverband integrierte Provinz. Im Verlauf der ganzen irischen Geschichte hat es fast immer irgendwo Kräfte gegeben, die sich der britischen Souveränität aktiv widersetzten. Doch abgesehen davon, inwieweit die Iren die Oberhoheit Englands anerkannten, haben von 1504 bis in die Gegenwart immer wieder irische Gruppen um die politische Macht im irischen Staat gerungen.

Die Geschichte der Revolutionen in England und Wales nahm einen ganz anderen Verlauf. Während die Königsfamilien Tudor und Stuart ihre Machtstellung im Staat festigen konnten, hat es in England zahlreiche Revolten gegeben. Das waren die Revolte in Cornwall (1497), die Pilgerfahrt von Grace (1536–1537), die Rebellionen im Südwesten und in East Anglia (1549–1550), die Wyatts-Rebellion (1553–1554), eine Revolte der Katholischen Lords im Norden (1569), zwei Bürgerkriege (1642–1647 und 1648–1651), die Monmouth-Rebellion (1685) und die «Glorreiche Revolution» (1687–1689). Doch dann trat Ruhe ein, und man hörte nur noch das schwache Echo der Rebellionen in Schottland und Irland. In England oder Wales sind seither keine wirklich gefährlichen revolutionären Situationen mit sichtbar fragmentierter Staatssouveränität mehr entstanden.

Die Menschen in England und Wales waren deswegen aber nicht bereit, sich sittsam und bescheiden der Staatsautorität unterzuordnen. Aus dem 18. Jahrhundert kennen wir die Massendemonstrationen unzufriedener Arbeiter in England und Wales, in den ersten Jahren der Französischen Revolution gab es hier zahlreiche revolutionäre Umtriebe, landwirtschaftliche Arbeiter revoltierten in traditioneller Weise bis zu den «Swing»- und «Rebecca»-Rebellionen der 1830er Jahre, die sich in ähnlicher Form gegen Ende des 19. Jahrhunderts wiederholten, und walisische Bergarbeiter versuchten lautstark, ihre Ziele gegenüber den Arbeitgebern durchzusetzen, bis die Kohlengruben in den 1920er Jahren erschöpft waren.

Die Konflikte hörten nicht auf, wurden aber nicht mehr mit Waffengewalt ausgetragen. In England und Wales war die Position des Staates angesichts der Stärke der Streitkräfte so gut gesichert, daß militante Umsturzversuche keine Aussicht auf Erfolg hatten. Dennoch wurden von Teilen der Bevölkerung mit großer Energie bestimmte politische Forderungen erhoben. Zu ihnen gehörten die Erweiterung des Wahlrechts, die Aufhebung religiöser Einschränkungen bei der Besetzung öffentlicher Ämter, die Freiheit, sich zu Interessenverbänden zusammenzuschließen und an öffentlichen Versammlungen, Aufmärschen, Petitionskampagnen und Demonstrationen als Formen politischer Willensbekundung teilzunehmen. In den mit großer Leidenschaft geführten Diskussionen über die katholische Emanzipation, die Parlamentsreform und den Chartismus zwischen 1823 und 1848 wurde zwar viel von Revolution gesprochen, es kam jedoch kaum zu gewalttätigen Ausschreitungen und zu keinem ernsthaften Versuch, mit Gewalt einen politischen Machtwechsel herbeizuführen.

Machtkämpfe

Im 16. Jahrhundert haben Engländer, Schotten und Iren um eine wichtige Entscheidung gerungen: Wer sollte die Herrschaft in diesen Ländern übernehmen, und wie sollte sie ausgeübt werden? In der Zeit von 1492 bis 1603 ist es auf den Britischen Inseln zu drei einander zeitweilig überlagernden revolutionären Situationen gekommen: Erstens während der Streitigkeiten um die jeweilige Erbfolge in England, Irland und Schottland, zweitens wenn den Ansprüchen englischer Könige auf weitreichendere Machtbefugnisse und höhere Einkünfte direkter Widerstand geleistet wurde, und drittens bei den Versuchen, vom König veranlaßte religiöse Veränderungen zu verhindern. Hier handelte es sich in erster Linie um dynastische revolutionäre Situationen, kommunale revolutionäre Situationen und Kombinationen dieser beiden. Trotz des entschiedenen Widerstands der Iren und Schotten gegen die englische Vorherrschaft und obwohl sich Bauern und Handwerker maßgeblich an einigen Rebellionen beteiligt haben, darf man wahrscheinlich keine der im 16. Jahrhundert entstandenen revolutionären Situationen als national oder von Klassenkoalitionen bestimmt bezeichnen. Die Hauptbeteiligten beim Ringen um die Erbfolge waren die Magnaten und ihre Anhänger. Am Widerstand gegen neue Machtansprüche nahmen vorwiegend daran interessierte Städte und Gilden teil, während bei religiösen Konflikten die Religionsgemeinschaften – Katholiken, Calvinisten, Anabaptisten usw. – in vorderster Linie standen. Dabei war es natürlich so, daß sich sowohl die Beteiligten als auch die Aktionen überlagerten. Religiöse Reformen stärkten zum Beispiel in den meisten Fällen die Stellung der Krone gegenüber der Geistlichkeit, ihr Verfügungsrecht über den Besitz und ihren Einfluß auf die politischen Ziele der Staatskirchen. Wer sich religiösen Neuerungen widersetzte, verteidigte daher sowohl ein Grundrecht als auch seine religiöse Identität.

In diesen turbulenten Zeiten kam es aus den verschiedensten Anlässen zu bewaffneten Auseinandersetzungen. Die Privatisierung von Gemeindeland durch die Grundherren oder das Brachliegen wertvollen Ackerbodens, das Trockenlegen von Marschland und das Abholzen von Wäldern bedrohten den Lebensunterhalt der örtlichen Bevölkerung, die auf einem Grund und Boden jagte, Beeren und Pilze sammelte, fischte oder sogar Getreide anbaute, auf den sie nicht mehr als ein Gewohnheitsrecht hatte. Das waren die Ursachen für die allermeisten Revolten auf der Ebene der Dorfgemeinschaften in England in der Zeit von 1492 bis zu den Revolutionen im 17. Jahrhundert (*Manning* 1988; siehe auch *Charlesworth* 1983, S. 9–16). Zu Zeiten der Lebensmittelknappheit und hoher Preise kam es gelegentlich auch dazu, daß besonders in der Umgebung von London und in den westlichen, von der Textilwirtschaft lebenden Gegenden Englands die Menschen auf die Dörfer gingen und die Bauern zwangen, ihnen Getreide zu geben. Diese Leute waren jedoch fast immer unbewaffnet (*Charlesworth* 1983, S. 68–75).

Man kann diese Vorgänge aber noch nicht als revolutionäre Situationen bezeichnen, denn sie ereigneten sich nur sehr selten gleichzeitig an verschiedenen Orten, die Teilnehmer verfügten nicht über stärkere bewaffnete Kräfte, und es ist den Rebellen auch niemals gelungen, die Macht in einem wesentlichen Teil des Staates zu übernehmen oder die Zustimmung anderer Bevölkerungsteile zu einer solchen Machtübernahme zu gewinnen. Die Fragen der Nutzung von Gemeindeland, des Pachtwuchers und anderer Übergriffe im bäuerlichen Bereich haben mit Sicherheit bei den Rebellionen während dieser Zeit eine Rolle gespielt, aber die Anlässe für ernste Auseinandersetzungen innerhalb des Gemeinwesens waren übertriebene Ansprüche der Krone sowie Streitigkeiten um die Erbfolge und um religiöse Neuerungen.

Fünf Faktoren sind für das außerordentliche revolutionäre Potential dieser Vorkommnisse verantwortlich. Erstens berührten sie das Interesse der Bevölkerung in weiten Teilen des Landes und bezogen sich nicht auf örtlich begrenzte Streitigkeiten um bäuerlichen Grundbesitz. Zweitens hatten sie alle einen direkten Bezug zum Staat. Drittens betrafen sie oft im ganzen Land bekannte Persönlichkeiten sowie die Rechte oder Privilegien dieser Personen. Viertens ging es dabei sehr oft um gemeinsame Forderungen einiger Magnaten, die teilweise über eigene Privatarmeen verfügten, und bestimmter Bevölkerungsschichten gegenüber der Krone. Schließlich berührten sie oft viele Teile des Landes gleichzeitig, ein Umstand, der leicht dazu führen konnte, daß aus lokalen nationale Rebellionen wurden.

Bei den meisten politisch bedeutsamen Thronwechseln in Irland, Schottland und England in den Jahren 1492 bis 1603 haben Magnaten, deren künftiger Einfluß dabei auf dem Spiel stand, mit großem Aufwand um den Erhalt ihrer Macht gekämpft. So hat zum Beispiel die Thronbesteigung von Maria Tudor nach dem Tode des sechzehnjährigen Edward VI. im Jahr 1553 eine Reihe solcher Machtkämpfe ausgelöst. Während der sechs Jahre dauernden Regierungszeit Edwards hatte sich die englische Staatskirche unter dem Einfluß des Protektors Somerset deutlich dem Glauben und der Praxis der Protestanten zugewandt. Aber Maria war katholisch erzogen und noch nicht verheiratet. Den großen Lords und Kirchenfürsten entging nicht die Bedeutung, die die Person und die Heiratspläne der neuen Königin für ihre Interessen haben mußten. Edward hatte kurz vor seinem Tod mit solchen Schwierigkeiten gerechnet und deshalb seine protestantische Cousine Jane Grey zu seiner Nachfolgerin bestimmt. Der Herzog von Northumberland verheiratete bald darauf seinen Sohn mit Lady Jane. Nachdem Edward gestorben war, ließ Northumberland Lady Jane zur Königin ausrufen, konnte jedoch für seine Pläne nur eine geringe Gefolgschaft gewinnen, und sein Vorhaben scheiterte. Er selbst verlor dabei den Kopf. Maria schloß einen Heiratsvertrag mit Philipp, dem Thronerben Karls V. von Spanien, dessen Katholizismus außer Zweifel stand.

Nun beschloß eine Gruppe von Adeligen, Maria statt dessen mit dem Protestanten Edward Courtenay, einem Nachkommen Edwards IV., zu verheiraten, und organisierte zu diesem Zweck eine militärische Verschwörung. Doch die Verschwörung brach schon bald auseinander. Gleichwohl kam es im Westen Englands und in den Midlands zu verschiedenen erfolglosen Revolten, bevor Sir Thomas Wyatt of Kent eine 3000 Mann starke Armee aufstellte, sich in den Besitz einiger Schiffe der Königin setzte, die auf das Eintreffen des künftigen Gatten von Maria, Philipp, warteten, und sich dann gegen London wandte. Die Truppen der Königin wehrten den Angriff von Wyatt ab. Die königlichen Gerichte verurteilten Wyatt und fast 100 seiner Mitverschwörer zum Tode und ließen sie hinrichten. Auch Lady

Jane Grey und ihr Mann mußten sterben. Erst jetzt machte Maria ihren Anspruch auf die Krone geltend. Sie heiratete Philipp, verbündete sich mit Spanien im Krieg gegen Frankreich und begann, protestantische Geistliche auf dem Scheiterhaufen verbrennen zu lassen. Die protestantischen Verschwörer hatten richtig erkannt, womit sie nach ihrer Thronbesteigung und Heirat würden rechnen müssen.

Die größten Opfer haben die britischen Herrscher von ihren Untertanen für die Aufstellung militärischer Streitkräfte verlangt und damit den revolutionären Widerstand der Bevölkerung ausgelöst. Dabei handelte es sich in den meisten Fällen um die Einführung neuer Steuern. Solche Steuererhöhungen zogen sie oft einer direkten militärischen Unterstützung vor. Mit diesem Geld konnten sie Berufssoldaten anwerben, die alles taten, was ihnen gesagt wurde, solange sie ihren Sold bekamen; außerdem verschwanden sie wieder, sobald sie ausbezahlt worden waren. Die privaten und regionalen Armeen und auch die Milizen in den einzelnen Grafschaften stellten hingegen ihre eigenen Bedingungen für die Teilnahme an militärischen Unternehmungen. Anschließend lösten sich diese Verbände meist auch nicht auf und stellten dann eine potentielle Bedrohung der königlichen Macht dar.

1497 verlangte Heinrich VII. zum Beispiel umfangreiche Subsidien anstelle einer direkten militärischen Unterstützung seines Feldzuges gegen Schottland, wo der Thronprätendent Perkin Warbeck aus York über eine starke Gefolgschaft verfügte. Etwa 15 000 Männer aus Cornwall marschierten nach London, um gegen die Geldforderungen des Königs zu protestieren. Nach einem kurzen Gefecht wurden sie von der königlichen Armee in die Flucht geschlagen. Heinrich ließ den Anführer zur Abschreckung hinrichten und verurteilte die Teilnehmer an dieser Rebellion zur Zahlung von 14 699 Pfund (*Fletcher* 1968, S. 16). Aus der Sicht des Königs lag der Vorteil einer niedergeschlagenen Rebellion gegenüber einer geheimen Opposition darin, daß sich die Krone anschließend durch die Verhängung von Geldstrafen schadlos halten konnte. Außerdem sicherte sich der König damit das Recht und die Möglichkeit, neue Steuern zu verlangen und einzutreiben, wenn er das für notwendig hielt.

Im Gegensatz zu den Verhältnissen in den Niederlanden und

besonders in verschiedenen deutschen Staaten war es in Großbritannien im 16. Jahrhundert nur selten so, daß sich bei religiösen Streitigkeiten die Bevölkerung zugunsten neuer Glaubensformen gegen die Krone stellte, die entschlossen war, die alten zu bewahren. Im Gegenteil, die englischen Könige verlangten von ihrem Volk die Anerkennung einer neuen Staatskirche, obwohl es sich nur ungern von den traditionellen Glaubensinhalten und Praktiken trennte. In Irland stießen die englischen Reformationsversuche auf den entschiedenen Widerstand der katholischen Bevölkerung. In Schottland konnte der Calvinismus allerdings zahlreiche Anhänger für sich gewinnen, bevor die Reformierte Kirche als schottische Staatskirche anerkannt wurde. Doch zu Revolten geschlossener Bevölkerungsgruppen kam es im 16. Jahrhundert auf den Britischen Inseln in den meisten Fällen nicht im Namen neuer Glaubensformen, sondern dann, wenn der Staat neue Formen der Religionsausübung einführen wollte, die alte Vorrechte und Identitäten gefährdeten. Erst als das Haus Stuart im 17. Jahrhundert die Krone übernommen hatte, änderte sich die Situation; nun setzte sich eine starke Gruppe im Parlament, von einem großen Teil der schottischen Bevölkerung gar nicht zu reden, gegen den «Papismus» der Könige für einen strengen Protestantismus ein. Die religiösen Gegensätze komplizierten das politische Leben auch deshalb, weil die Bevölkerung in Irland, die die meisten Soldaten stellte, vorwiegend römisch-katholisch blieb.

Im 16. Jahrhundert veranlaßte ein Staat die religiösen Neuerungen, der damit seine Unabhängigkeit vom Papsttum demonstrierte und sich mit seiner protestantischen Denkweise das Verfügungsrecht über kirchliches Eigentum und kirchliche Einrichtungen sichern wollte. Zu revolutionären Situationen kam es daher, wenn sich größere Teile der Bevölkerung offen weigerten, Neuerungen zu akzeptieren, und dem Staat das Recht absprachen, sie einzuführen. Ähnliche religiöse Gegensätze zwischen der staatlichen Religionspolitik und der im Volk geübten Praxis, die durch eine starke regionale Führung von Adel und Bürgertum verschärft wurden, zeigten sich bei der Pilgerfahrt von Grace (1536–1537), bei den religiösen Kämpfen in Schottland (1565–1567), der Rebellion der katholischen Lords im Norden (1569), der Rebellion katholischer Lords in Schottland (1595) und in fast jeder revolutionären Situation in Irland von den 1530er Jahren bis ins 17. Jahrhundert. An diesen religiös motivierten Rebellionen war die ganze Bevölkerung eines Gemeinwesens oder einer Region häufiger beteiligt als an den durch die Erbfolge verursachten Konflikten oder dem Widerstand gegen eine zu hohe Besteuerung. An der spektakulären Pilgerfahrt von Grace beteiligten sich zweifellos Angehörige der meisten Bevölkerungsschichten, denn hier protestierten ganze Gemeinwesen im Norden einschließlich einiger Adeliger gegen die Auflösung der Klöster durch Heinrich VIII. und ganz allgemein dagegen, daß sich der König selbst mit der Suprematsakte zum Oberhaupt der englischen Kirche gemacht hatte.

In den großen Rebellionen von 1549 verschränkten sich Elemente aller drei Typen solcher Konfrontationen – der Streitigkeiten um die Erbfolge, um neue Ansprüche der Krone und um religiöse Neuerungen – mit Problemen der bäuerlichen Bevölkerung, die allein noch nicht zu gefährlichen revolutionären Situationen geführt hätten. Beim Tode Heinrichs VIII. im Jahr 1547 wurde der zehnjährige Edward VI. König, während der Herzog von Somerset als Protektor die Aufgaben des Staatsoberhaupts übernahm. Aus dieser Situation ergab sich eine gewisse Erbfolgekrise, besonders da Somerset sofort begann, protestantisch gefärbte religiöse Reformen einzuführen und Rivalen anzugreifen, die unter Heinrich VIII. erheblichen Einfluß gewonnen hatten.

In East Anglia lösten die Sorgen der bäuerlichen Bevölkerung wie zum Beispiel die Privatisierung von Gemeindeland eine Welle von Beschwerden, Diskussionen und Protesten aus, die sich lähmend auf das Leben in der ganzen Region auswirkten. Wo es den Rebellen gelungen war, sich – wie in Norwich und anderen Teilen von East Anglia – durchzusetzen, suchten sie diese Mißstände zu beseitigen. Doch schließlich führte die Enteignung des Herzogs von Norfolk, eines reichen, konservativen Großgrundbesitzers in East Anglia, zu einem Bündnis antikonservativer Reiterverbände mit zahlreichen einflußreichen Persönlichkeiten (*MacCulloch* 1979, S. 53–59). Damit nahm die ganze Protestbewegung die Gestalt einer Erbfolgekrise an.

Im Südwesten Englands wurde die Einführung des *Common Prayer Book* anstelle des lateinischen Meßbuches zu der am heftigsten umstrittenen Frage. Im Verlauf der *Prayer Book Rebellion* besetzten bewaffnete Rebellen Dutzende von Städten in Cornwall und Devon und belagerten über einen Monat die Stadt Exeter, ohne sie jedoch einnehmen zu können. Die Forderungen der Rebellen lauteten unter anderem:

1. Wir verlangen, daß alle Verordnungen und heiligen Beschlüsse unserer Vorväter beachtet, eingehalten und durchgeführt werden, und betrachten jeden, der gegen sie verstößt, als Ketzer.
2. Wir verlangen, daß die Gesetze unseres Souveräns, des Königs Heinrich VIII., betreffend die sechs Artikel, wieder zur Geltung kommen wie zu seiner Zeit.
3. Wir verlangen, daß das Sakrament über dem Hochaltar aufgehängt und wieder verehrt wird, wie es ihm gebührt, und wir werden diejenigen, die diesem Verlangen nicht zustimmen, als Abtrünnige vom heiligen katholischen Glauben dem Tod überantworten.
4. Wir verlangen, daß die heilige Messe in lateinischer Sprache gelesen wird wie zuvor und daß sie von dem Priester gefeiert wird, ohne daß irgendein Mann oder irgendeine Frau mit ihm kommuniziert. (*Cornwall* 1977, S. 115).

Kurz gesagt, die Rebellen verlangten die Abschaffung der jüngst von der Krone eingeführten religiösen Reformen – keine Rückkehr zum römischen Katholizismus, sondern die Wiedereinführung der Rituale und Praktiken, die Heinrich VIII. von der Römischen Kirche übernommen hatte.

Mit anderen Worten, die Erbfolgestreitigkeiten, die Rebellionen gegen die von der Krone geforderten Tribute und der Widerstand gegen religiöse Neuerungen in der Zeit von 1492 bis 1603 waren die direkten Auswirkungen der Methoden, mit denen die Tudors ihren Staat zu reformieren suchten. Das waren jedoch keineswegs die einzigen Probleme, für deren Lösung die Bewohner von England, Wales, Schottland und Irland zu kämpfen bereit waren. Die Privatisierung von Gemeindeland, Pachtwucher, der von der Kirche erhobene Zehnte und ähnliche Praktiken stießen wiederholt auf den Widerstand der ländlichen Bevölkerung und lösten Rebellionen aus, jedoch in viel geringerem Umfang als alle staatlichen Maßnahmen und ohne jeden Versuch, einen politischen Machtwechsel herbeizuführen. Revolutionäre Situationen entstanden nur als Folge von Problemen und Streitfragen, die die ganze Nation betrafen. Veränderungen innerhalb des Staates beeinflußten entscheidend die Art dieser Probleme und Streitfragen.

Im 16. Jahrhundert waren die Voraussetzungen für das Entstehen revolutionärer Situationen in Irland, Schottland und England höchst unterschiedlich. In Irland beschränkten sich die englischen Oberherren darauf, ihre privilegierte Stellung in einer feindlichen Umwelt zu halten, ihre nationalen Enklaven zu schützen und dem Land die Kosten für die englischen militärischen Einrichtungen aufzubürden. Zugleich bildeten sich irische Interessengruppen, die einander bekämpften und so versuchten, sich Vorteile zu verschaffen. In Schottland unternahmen die Engländer wiederholt vergebliche Anstrengungen, die Macht im Staat an sich zu reißen und die ständige Bedrohung ihrer eigenen Tudor-Dynastie einzudämmen, während der schottische König und die großen schottischen Lords ihre Machtstellung gegen die englischen Übergriffe zu verteidigen suchten. In England und Wales gelang es den englischen Königen, die Kirche und den Staatsapparat fester in die Hand zu bekommen und die Autonomie sowie die Privatarmeen der Lords im Zaum zu halten, obwohl sie ständig damit rechnen mußten, bei jedem Thronwechsel an Einfluß zu verlieren oder gestürzt zu werden.

Als Elisabeth I. 1603 starb, hatten die Briten in England und Wales einen ansehnlichen Staat geschaffen, wenn auch nicht in Schottland oder Irland. Dieser Staat hatte jedoch mit großen finanziellen Schwierigkeiten zu kämpfen. Die rapide Bevölkerungszunahme führte zu einem erheblichen Preisanstieg, was bedeutete, daß die gleichbleibenden Staatseinkünfte jedes Jahr an Kaufkraft verloren. Gleichzeitig wurde England im Inneren und Äußeren in immer neue kriegerische Auseinandersetzungen verwickelt. Der Unterhalt der Söldnerheere verursachte der Krone bei weitem die höchsten Kosten, und sie verlangten für ihre Dienste immer mehr. Um ihren finanziellen Verpflichtungen nachzukommen, hatte Elisabeth das der Krone gehörende Land mit Hypotheken belasten müssen und im ganzen Land nach immer neuen Möglichkeiten Ausschau gehalten, das dringend benötigte Geld zu beschaffen, doch am Ende ihrer Regierungszeit schuldete England den Vereinigten Provinzen 60000 Pfund und hatte die größten Schwierigkeiten, seine Kriege in Irland und den Niederlanden zu finanzieren (*Dietz* 1932, S. 86–99). Jakob I. übernahm die Regierung in einem Staat, der sich in einer fiskalisch außerordentlich gespannten Lage befand.

Elf revolutionäre Jahrzehnte

Die finanzielle Notlage trug direkt oder indirekt zu den zahlreichen revolutionären Situationen bei, in die das Land im 17. Jahrhundert geriet. In Irland begann das Jahrhundert mit einer Rebellion. Während Großbritannien 1597 gegen Spanien Krieg führte, verbündete sich Hugh O'Neill, Earl of Tyrone, mit den Lords in Nordirland bei ihrem Versuch, die Engländer mit Waffengewalt zu vertreiben. Doch obwohl Spanien auf der Seite der Rebellen intervenierte, gelang es den Engländern 1603, den Aufstand niederzuschlagen. Nun wurde es ernst mit der englischen Besiedlung irischen Bodens. Schon fünf Jahre später, 1608, begann Sir Cahir O'Doherty seine eigene irische Rebellion, die letzte vor der Erhebung in Ulster im Jahr 1641, bei der alte englische Protestanten sich gemeinsam mit ihren katholischen Nachbarn gegen die Interventionen Londons wehrten. Die Kämpfe in Irland in den Jahren 1642–1647 und 1648–1651 fanden gleichzeitig mit den englischen Bürgerkriegen statt, in denen Karl I., der sich auf seinem Thron nicht mehr sicher fühlte, die Unterstützung irischer Renegaten suchte. 1649, nach dem Tod von Karl, kämpften die irischen Lords immer noch gegen die englische Oberherrschaft, wurden jedoch von den Streitkräften, mit denen Cromwell auf der Insel landete, in blutigen Kämpfen in die Schranken gewiesen.

Als der Protestant Wilhelm von Oranien 1687 mit seinen Truppen in England landete, griff das katholische Irland wieder zu den Waffen. 1689 landete der abgesetzte Jakob II. in Irland und vereinigte sich zur Belagerung von Londonderry mit katholischen Streitkräften. Die Iren nannten die nun folgenden Schlachten den Krieg der beiden Könige: Rí Séamus und Rí Liam. Die beiden um die englische Krone kämpfenden Könige begegneten sich 1690 in der Schlacht an der Boyne, nach deren Ende Jakob nach Frankreich floh. Seine irischen Gefolgsleute kämpften mit Unterstützung der Franzosen bis 1692 weiter. Doch nach dem Friedensschluß entstand in Irland über einen Zeitraum von mehr als 100 Jahren keine größere revolutionäre Situation mehr.

Was wir nun als revolutionäre Ergebnisse bezeichnen wollen, hängt weitgehend davon ab, welchen zeitlichen Maßstab wir unserer Beurteilung zugrunde legen. Wenn wir sagen, der mit Gewalt herbeigeführte Machtwechsel in einem Staat müsse zu mindestens einen Monat andauernden neuen Machtverhältnissen führen, um als revolutionär zu gelten, dann müssen wir zweifellos das Scheitern der Rebellion von Hugh O'Neill (1595–1603) als ein revolutionäres Ergebnis bezeichnen, denn es führte zur Flucht vieler irischer katholischer Lords aus Irland und zur Inbesitznahme irischen Bodens durch Engländer. Auch als nach der Rückeroberung von Irland durch Cromwell 1649 viele irische Landgüter den Besitzer gewechselt hatten, bedeutete das eine einschneidende Veränderung der Machtverhältnisse im Staat, denn von nun an war die herrschende Klasse in Irland protestantisch. Die Wiedereinsetzung des Hauses Stuart in der Person Karls II. milderte zwar die Folgen der Cromwellschen Revolution, machte sie aber keineswegs rückgängig. Neue Enteignungen von Landbesitz nach der Thronbesteigung Wilhelms von Oranien in England konsolidierten nur die Auswirkungen der protestantischen Revolutionen, die zu Beginn des Jahrhunderts von den englischen Oberherren angezettelt worden waren.

In Schottland ist es 1639–1640, 1642–1647, 1648–1651, 1666, 1679, 1685, 1687–1692 und 1715–1716 zu revolutionären Situationen gekommen. Nach 1637 standen die Schotten kurz vor einer Rebellion gegen den englischen Versuch, in ganz Schottland eine Episkopalkirche einzuführen, und gründeten eine eigene schottische Kirche ohne Bischöfe. Doch erst 1639 stellten sie eine Armee auf und besetzten Edinburgh Castle. Die erste Konfrontation mit Karl endete unblutig, aber der Zweite Bischofskrieg (1640) führte zu einem Sieg der Schotten über die Briten. Die Schotten eroberten Nordengland, und der König mußte sich verpflichten, die Kosten für die Besatzungstruppen zu übernehmen, eine Auflage, die dazu führte, daß Karl nach elf Jahren der Alleinherrschaft das englische Parlament zusammentreten ließ. Nach dem Friedensschluß von 1641 floh Karl nach Schottland, verbündete sich mit der unterlegenen Partei im Kampf um die politische Macht in Schottland und überließ das Land damit den Presbyterianern.

Als der Bürgerkrieg das ganze Gebiet der Britischen Inseln erfaßt hatte, unterstützten die Schotten im allgemeinen das Parlament, marschierten 1644 wieder in England ein und beteiligten sich 1645 am Bürgerkrieg. Doch 1647 stellten sich die schottischen Streitkräfte auf die Seite Karls, der sich mit den presbyterianischen Abgeordneten im Kampf gegen die Armee verbündet hatte. Cromwell schlug die nach England eingedrungene schottische Armee 1648 bei Preston, aber viele Schotten fochten für Karl II., nachdem dessen Vater 1649 enthauptet worden war. Der jüngere Karl landete 1650 in Schottland, wo seine Anhänger ihn zum König ausriefen, und führte eine Armee zurück nach England. Den Engländern gelang es erst 1651, den schottischen Widerstand zu brechen. Zur nächsten schottischen Rebellion kam es 1666, als sich die Presbyterianer vergeblich gegen die Vorherrschaft der Anhänger der Episkopalkirche wehrten. 1679 versuchten sie es noch einmal. 1685 scheiterte der Versuch des Herzogs von Argyll, mit Waffengewalt gegen die englische Vorherrschaft und die Episkopalkirche vorzugehen, doch mit dem Einmarsch Wilhelms von Oranien nach England im Jahr 1687 erhielten die Presbyterianer eine neue Chance.

Während der folgenden fünf Jahre kämpften Schotten abwechselnd gegen Schotten und Engländer. Dabei standen gewöhnlich *Highlanders*, Episkopalisten und Anhänger des Hauses Stuart auf der einen und *Lowlanders*, Presbyterianer und Anhänger Wilhelms auf der anderen Seite. 1708 landete Jakob Edward (der «alte Kronprätendent») in Schottland, ohne etwas ausrichten zu können, woraufhin er sich in aller Eile wieder zurückzog. Während des Jakobitenaufstands von 1715 nach der Thronbesteigung Georgs I. aus dem Haus Hannover versuchte Jakob Edward erneut sein Glück, doch er scheiterte, ohne daß es zu einer Entscheidungsschlacht gekommen wäre. Der zweite Jakobitenaufstand von 1745/46, bei dem der Sohn von Jakob Edward,

Karl (der «junge Kronprätendent»), in England einmarschierte, war der letzte Versuch der Schotten, sich mit Waffengewalt gegen die englische Vorherrschaft zu wehren.

Im 17. Jahrhundert ist es in Schottland zwar zu zahlreichen revolutionären Situationen gekommen, die jedoch kaum zu konkreten revolutionären Ergebnissen geführt haben. Am ehesten stand Schottland vor einem Machtwechsel, als die Schotten im Zweiten Bischofskrieg die Abschaffung der Episkopalkirche und die Entmachtung ihrer Hierarchie erreichten. Die Presbyterianer übernahmen offiziell die Macht, die sie inoffiziell bereits ausübten. Wir könnten auch die Unterwerfung Schottlands unter die englische Oberhoheit durch Cromwell (1652–1660) als ein Ereignis bezeichnen, das einem revolutionären Ergebnis nahekam. Ähnlich verhielt es sich mit der Wiedereinsetzung der Episkopalkirche durch Karl II. 1660 und der Rückgewinnung der Vormachtstellung der Presbyterianer 1692. Es hat in Schottland aber keine so folgenschweren Ereignisse gegeben wie die Unterwerfung des katholischen Irland unter die Herrschaft der protestantischen englischen Großgrundbesitzer.

In England und Wales kam es 1642–1647, 1648–1651, 1655, 1660, 1685 und 1687–1689 zu revolutionären Situationen. Zwei davon nahmen die klassische Form von Erbfolgestreitigkeiten an. Das waren der Aufstand von 1655, bei dem Oberst John Penruddok die militärische Unterstützung Karls II. zu organisieren versuchte, und der 1685 unternommene Versuch, den illegitimen, aber protestantischen Sohn Karls II., den Herzog von Monmouth, als Kronprätendenten anzuerkennen, und zwar in der Rangfolge vor dem katholischen Jakob. Bei allen anderen revolutionären Situationen war die Bevölkerung zutiefst gespalten. Mit Ausnahme der Aufstände von 1655 und 1685 führten sie alle zu revolutionären Ergebnissen, das heißt zur Übernahme der politischen Macht durch die jeweils rebellierenden Kräfte. Zusammengenommen haben diese Revolutionen tiefe Spuren in der britischen Gesellschaft hinterlassen. Sie haben zum Entstehen eines geschlossenen, finanzstarken Staates beigetragen, den Aufstieg der anglikanischen Kirche zur Staatskirche ermöglicht, die Macht der Krone eingedämmt, einer parlamentarischen Koalition aus Grundherren und Kaufleuten entscheidenden Einfluß auf die Staatsgeschäfte eingeräumt, die Proletarisierung und Industrialisierung des ganzen Landes gefördert und die Voraussetzungen für das Entstehen eines agrarischen und dann industriellen Kapitalismus geschaffen.

Diese tiefgreifenden Wirkungen berechtigen uns zu der Feststellung, daß es in den Jahren 1642 bis 1692 eine oder zwei große Revolutionen gegeben hat. Die Ereignisse in Irland und Schottland haben die meisten dieser Entwicklungen im positiven oder negativen Sinne schon vorbereitet, denn die Krisen in Irland, Schottland und England haben sich stets wechselseitig beeinflußt. 1642 hat das Parlament den 17 Jahre andauernden Streit mit Karl I. dadurch beendet, daß es sich weigerte, die für die Befriedung Irlands und Schottlands benötigten Streitkräfte zu finanzieren, wenn sich Karl im Gegenzug nicht offiziell bereit erklärte, dem Parlament weitreichendere Befugnisse einzuräumen. Als Karl diese Forderungen zurückwies, führten die Aufstellung einer eigenen Armee durch das Parlament und die Mobilmachung seiner Armee in Nottingham zu einer revolutionären Spaltung der politischen Kräfte. Diese Kluft schloß sich erst 1647, als Karl zum Gefangenen der Armee geworden war, aber der Riß zwischen der weitgehend selbständigen Armee und dem im wesentlichen presbyterianischen Parlament war noch nicht aufgebrochen. Im folgenden Jahr sorgte die Armee dafür, daß die Presbyterianer das Parlament verlassen mußten, was zu drei einander überschneidenden Kriegen führte, in denen Schottland und England, die Presbyterianer und die Unabhängigen sowie die Royalisten und die Armee einander gegenüberstanden. Die Hinrichtung des Königs nach seiner Verurteilung durch ein Militärtribunal (1649) besiegelte diese Spaltungen, die bis zu den militärischen Siegen Cromwells von 1651 bestehen blieben. Anschließend folgten die Revolutionäre dem Beispiel ihrer Vorgänger und begannen einen Krieg gegen die Holländer, der bis 1655 dauerte. 1655 übernahm Oberst John Penruddok in Salisbury die Führung in einer schwachen Rebellion gegen die Willkürherrschaft Cromwells, die mit seiner eigenen Hinrichtung endete.

1660, nachdem es nach dem Tode von Cromwell zu einem 17 Monate dauernden Streit zwischen dem Parlament und der Armee gekommen war, zog General Monk mit einer Armee aus Schottland nach England und erzwang die Wiedereinsetzung des Parlaments, das nach Neuwahlen Karl II. die Krone anbot. Es folgten weitere Kriege gegen Holland. Wir haben die Kämpfe in den Jahren 1687 und 1692 bereits aus der Perspektive Irlands und Schottlands betrachtet: Nach der Geburt eines Sohnes des katholischen Nachfolgers von Karl, Jakob II., der wahrscheinlich katholisch erzogen werden würde, forderten seine Gegner den protestantischen Wilhelm von Oranien auf, die Königswürde von ihm zu übernehmen. Als Enkel Karls I. und Gatte der Prinzessin Maria, der protestantischen Tochter Jakobs II., hatte Wilhelm begründete Ansprüche auf die englische Krone. Wilhelm landete in England, und ein neuer Bürgerkrieg begann. Jakob floh, und unterstützt von der Londoner Kaufmannschaft begründeten Wilhelm und Maria ein neues Regime. Ende 1689 hatten das Parlament und die neuen Souveräne die politische Macht in England und Wales fest in der Hand. Es dauerte noch drei Jahre, bis jeder Widerstand in Irland und Schottland gebrochen war. Trotz aller Konflikte in Irland und Schottland ist es von nun an in England und Wales nie wieder zu einer ernst zu nehmenden revolutionären Situation gekommen – einem wirklichen Streit um die politische Macht im Staat, der von zwei Parteien mit militärischen Mitteln ausgefochten wurde.

Im Grunde ist es natürlich widersinnig, die Geschichte von Irland, Schottland, England und Wales jeweils getrennt voneinander zu behandeln, wie mein Bericht das tut. Verfolgt man die revolutionären Situationen in der Zeit von 1603 bis 1716, dann erkennt man sehr deutlich, wie stark sie miteinander verflochten waren. Aber das ist der springende Punkt: Internationale Kriege, Rebellionen in den Kolonien, Bürgerkriege und Revolutionen haben einander stets überlagert und damit die Gefährlichkeit der Gesamtsituation verstärkt. Wollte man die englischen Revolutionen von 1642–1651 und von 1687–1689 aus diesem Gesamtzusammenhang reißen, dann wäre das eine grobe Verkennung ihres historischen Charakters.

Warum ist es zu diesen revolutionären Ereignissen gekommen? Obwohl sich die Historiker scheuen, das zuzugeben, beschäftigen sich die meisten historischen Erklärungen ebenso viel mit dem, was *nicht* geschah, wie mit dem, was *wirklich* geschehen ist. Sie fragen danach, was zu einer bestimmten Zeit und an bestimmten Orten sonst noch möglich gewesen wäre, um dann zu sagen, warum es nicht geschehen ist. Dieses «Warum» bezieht sich auf Ursachen und Wirkungen, auf Entscheidungen und ihre Folgen, auf Vorgänge, die ein Ergebnis wahrscheinlicher werden ließen als ein anderes. Um das Entstehen der zahlreichen britischen revolutionären Situationen und Ergebnisse im 17. Jahrhundert zu erklären – wir meinen damit den Zeitraum zwischen 1603 und 1716 –, müssen wir uns mit einer ganzen Anzahl von Fragen beschäftigen. Wir müssen bestimmen, welche Ereignisse behandelt werden sollen. Wir müssen sagen, was unter den jeweils gegebenen Umständen noch hätte geschehen können. Wir müssen erklären, warum es nicht zu diesen möglichen Ereignissen gekommen ist, und wir müssen den wichtigsten Auswirkungen nachgehen, die die wirklich eingetretenen Ereignisse gehabt haben. Selbst bei einer extrem individualistischen Betrachtungsweise der Geschichte, nach der alle großen gesellschaftspolitischen Veränderungen auf die Entscheidungen weniger mächtiger Einzelpersönlichkeiten zurückzuführen sind, gilt die gleiche Logik: Wir müssen sagen, welches die wichtigsten Entscheidungen waren. Wir müssen andere Entscheidungen nennen, die diese Personen grundsätzlich hätten treffen können. Wir müssen sagen, was sie daran gehindert hat, diese anderen Entscheidungen zu treffen, und wir müssen feststellen, welche Konsequenzen ihre Entscheidungen gehabt haben.

Was die britischen Revolutionen im 17. Jahrhundert betrifft, so sind die Historiker bei der Beantwortung jeder dieser Fragen verschiedener Meinung, und zwar darin, was erklärt werden muß, was sonst noch hätte geschehen können, warum es nicht geschehen ist, und welches die Folgen gewesen sind oder hätten sein können (siehe z. B. *Braddick* 1991; *Clark* 1986; *Hirst* 1986; *Richardson* 1977; *Russell* 1982, 1990, 1991; *Stone* 1972; *Underdown* 1985). Für uns ist der erste Teil relativ einfach: Wir müssen die ungewöhnliche Reihe von revolutionären Situationen erklären, die in den Jahren 1603 bis 1716 auf den Britischen Inseln entstand und wieder zu Ende ging.

Hypothetische Revolutionen

Zu sagen, was hätte geschehen können, ist schwieriger, aber nicht unmöglich. 1640, nach elf Jahren Herrschaft ohne Parlament und mehreren Versuchen, den Schotten die Episkopalkirche aufzuzwingen, führte Karls I. Minister, der Earl of Strafford, eine Armee zum Angriff gegen Schottland, verlor dabei jedoch nur Newcastle-upon-Tyne und mußte es zulassen, daß die Schotten englisches Territorium besetzten. Indessen versuchte Karl, das neu zusammengetretene Parlament zur Bewilligung der Mittel für ein Unternehmen gegen Schottland mit stärkeren Kräften zu bewegen. Im Hinblick auf diese Krise spekuliert G. E. Aylmer: «Strafford hätte tun können, was einige seiner Feinde fürchteten oder vermuteten: Er hätte einige führende Persönlichkeiten in beiden Häusern verhaften und wegen Hochverrats vor Gericht stellen können, weil sie die Schotten angestiftet hätten, zu rebellieren oder sogar nach England einzumarschieren, und weil sie in verräterischer Weise mit der französischen Regierung Beziehungen unterhielten ... Wenn sich der König zu einem so kühnen und zugegebenermaßen leichtsinnigen Präventivschlag nicht entschließen wollte, dann hätte er sofort großzügige Zugeständnisse anbieten können, um die Unterstützung der Lords zu gewinnen und – wie 1629 –, dem Unterhaus genügend Spielraum geben können, damit sich die Parlamentarier an dem Strick, mit dem sie bis dahin gefesselt waren, selbst aufhängten.» (*Aylmer* 1986, S. 16)

Spekulationen wie diese setzen allerdings eine genaue Kenntnis der politischen Verhältnisse in jener Zeit voraus. Das Problem liegt jedoch nicht darin, über Alternativen am Rande jeder revolutionären Situation nachzudenken, sondern ganz allgemein zu bestimmen, in welche Richtungen die Staaten und die Revolutionen in jenem schicksalhaften 17. Jahrhundert hätten gehen können. Wenn wir an die historischen Entwicklungen in anderen europäischen Staaten zu jener Zeit denken, dann könnten wir sagen, daß den Britischen Inseln vier mögliche Wege offenstanden, der holländische, der balkanische, der iberische und der französische. Die Wege, die Holland und der Balkan gegangen sind, wären für die Britischen Inseln nicht plausibel gewesen, und zwar aus Gründen, die schon als solche durchaus lehrreich sind. Am wenigsten vorstellbar sind der iberische und der französische Weg. Wenn wir untersuchen, weshalb all das nicht geschehen ist, werden wir auch leichter erklären können, warum Großbritannien den Weg gegangen ist, den es tatsächlich eingeschlagen hat.

Den holländischen Weg zu gehen hätte zunächst den Umbau der bisher zentral regierten Monarchie in eine Föderation territorial jeweils autonomer Städte und anderer Gemeinwesen vorausgesetzt, die jedoch die Fähigkeit behielten, in internationalen Angelegenheiten gemeinsam zu handeln. Der Weg des Balkans hätte eine Aufsplitterung in Gruppen verlangt, die jeweils von den Grundherren beherrscht werden und aus ihnen und dem von ihnen abhängigen Personenkreis bestehen, wobei jede von ihnen über eigene Streitkräfte verfügt, einige als unabhängige Staaten anerkannt werden, alle jedoch damit rechnen müssen, von benachbarten Staaten oder Gruppierungen im eigenen Land angegriffen und tributpflichtig gemacht zu werden. Wenn die Verhältnisse auf den Britischen Inseln überall den in London und seiner Umgebung herrschenden geglichen hätten, dann wäre es möglich gewesen, den holländischen Weg zu gehen. Aber die Existenz von Irland und Schottland, gar nicht zu reden von den weniger kommerzialisierten Teilen von England und Wales, ließ eine solche Lösung unvorstellbar erscheinen. Andererseits machte der zentrale Einfluß Londons und anderer großer Handelsstädte auf den Britischen Inseln jede Lösung unmöglich, die auch nur annähernd dem Weg glich, den der Balkan zur Staatenbildung und bei Revolutionen beschritten hatte. Die britischen Großgrundbesitzer hatten sich bereits mit den britischen Großkaufleuten verbündet und waren mit ihnen verschwägert. Angesichts der Art und Weise, wie Staatsautorität und Kapital im 17. Jahrhundert in Großbritannien zusammenwirkten, müssen wir deshalb nur die Möglichkeiten ernstnehmen, die sich im Bereich des iberischen und des französischen Weges ergeben – und zwar nicht genaue Abbilder der dort gegebenen Verhältnisse, sondern Umstrukturierungen innerhalb des Staates und der revolutionären Situationen, die etwa dem jeweiligen Zusammenspiel von Staatsautorität und Kapital entsprechen.

Der iberische Weg hätte zu einer Aufteilung des britischen Territoriums in drei voneinander getrennte Einzelstaaten geführt, die alle ihre eigenen auswärtigen Beziehungen unterhielten und einer eigenen dynastischen Tradition folgten. Irland, Schottland und England/Wales hätten die Individualität Spaniens und Portugals bewahren müssen, vielleicht mit ihren eigenen rebellischen Äquivalenten des Baskenlandes und Kataloniens. Man könnte sich vorstellen, daß die irischen und schottischen Lords im 17. Jahrhundert bei einer ihrer zahlreichen Rebellionen Erfolg gehabt hätten, um dann in ihrem eigenen Land eine Monarchie zu errichten, höchstwahrscheinlich mit Unterstützung Frankreichs oder Spaniens. (Schweden war damals noch eine bedeutende Militärmacht und wäre ebenfalls als Verbündeter in Frage gekommen.) Voraussetzung wäre ein starkes englisches Parlament gewesen, das seinen Willen gegenüber den Königen vom Hause Stuart durchzusetzen vermochte und bereit war, Irland und Schottland ihre eigenen Wege gehen zu lassen. Oliver Cromwell hat diese Bereitschaft nicht gezeigt, sondern im Namen des Parlaments Eroberungskriege gegen beide Länder geführt.

Der französische Weg hätte in eine ganz andere Richtung geführt. Im 17. Jahrhundert hatte sich in Frankreich im Verlauf von Kriegen und Bürgerkriegen eine relativ starke, zentralistische Monarchie entwickelt, die mit einer beachtlichen militärischen, judikativen und finanziellen Kontrolle ein großes, aus einzelnen Territorien zusammengesetztes und volkreiches Gebiet beherrschte, und zwar mit Unterstützung einzelner Kriegsherren, regionaler gesetzgebender Körperschaften, kirchlicher Einrichtungen und Verwaltungen großer Städte, die sich jeweils einer weitgehenden Selbständigkeit erfreuten. Im großen und ganzen wurde Frankreich im 17. Jahrhundert mit indirekten Methoden regiert, die sich jedoch als Folge der Kriege allmählich wandelten und direkter wurden.

Im Fronde-Aufstand von 1648 bis 1653 widersetzten sich wechselnde Allianzen zwischen städtischen Machthabern und großen Kriegsherren dem Verlangen der Krone, sich der Staatsautorität zu unterwerfen und die Regierung angesichts der enormen Kosten der Kriege gegen die Habsburger – das Heilige Römische Reich und Spanien – stärker finanziell zu unterstützen. Nachdem die weit um sich greifende Rebellion blutig niedergeschlagen worden war, nahm Kardinal Mazarin im Namen des erst vierzehnjährigen Ludwig XIV. und dessen Mutter die Regierungsgeschäfte in die Hand. Nachdem der Friede mit dem Kaiser (wenn auch nicht mit Spanien) geschlossen war, senkte er die hohen Kriegssteuern, erfand eine Reihe fiskalischer Einkünfte wie zum Beispiel den vermehrten Ämterkauf, gewann zahlreiche Angehörige des Hochadels für den Dienst am Königshof und beauftragte direkte Vertreter der Krone, die außerplanmäßigen Kommissare oder Intendanten in den Provinzen abzulösen, die sein Vorgänger Richelieu in Krisenzeiten eingesetzt hatte und deren Entlassung eine der dringendsten Forderungen der selbständigen Gerichte bei Beginn des Fronde-Aufstands gewesen war.

Die Festlegung der Befugnisse dieser neu eingesetzten Intendanten war eine außerordentlich wichtige Angelegenheit. Als Vertreter der Krone in den Provinzen verfügten sie über eine große Handlungsfreiheit innerhalb ihrer Zuständigkeitsbereiche, bedurften jedoch der Gunst des Königs, wenn sie ihre Ämter behalten wollten. Obwohl sie eng mit den bestehenden Verwaltungen, Gerichten, Bischöfen, Stadtparlamenten und Militärgouverneuren zusammenarbeiteten, wenn das möglich war, wurde durch ihre Tätigkeit die weitgehende Selbständigkeit, deren sich diese Machthaber bisher erfreut hatten, in Grenzen gehalten und eingeschränkt. Deshalb betrachteten nun die Dorfgemeinden, Großgrundbesitzer, Gemeindepfarrer und Kaufleute zunehmend die von der Krone eingesetzten Verwaltungsbeamten statt der regionalen Machthaber als die Regierungsbehörden, deren Anweisungen sie befolgen mußten.

Wie hätte nun eine britische Version der französischen Verhältnisse aussehen können? Hätte Großbritannien den französischen Weg beschreiten wollen, dann wäre es notwendig gewesen, das Parlament, die großen Kriegsherren und die äußeren Bezirke der Britischen Inseln einschließlich von Schottland und Irland wie zur Regierungszeit der Tudors zum Gehorsam gegenüber der Krone zu verpflichten. Dabei wären die alten regionalen Machthaber irgendwie übergangen und/oder kooptiert worden, um die örtlichen Würdenträger ins häusliche Netz zu locken. Hier müssen wir uns einen Karl I. vorstellen, der den Widerstand der großen Kaufleute und Grundherren gegen die Ausweitung seiner autonomen militärischen Macht bricht und durch den Einsatz eben dieser militärischen Kräfte die großen Kriegsherren in England, Schottland und Irland entmachtet oder an sich bindet, während er zugleich Verhandlungen mit dem Parlament und den regionalen Machthabern führt, die ihre Ehrentitel und Privilegien behalten (und sogar erweitern) können, während er ihnen die Fähigkeit nimmt, die Krone bei der Kriegführung, Außenpolitik oder bei der Wahrnehmung ihrer dynastischen Interessen zu behindern.

Man könnte sich ein solches Szenarium durchaus vorstellen. Im 17. und 18. Jahrhundert finden wir in Großbritannien tatsächlich Elemente der in Frankreich herrschenden Verhältnisse: Es ist Karl I. zum Beispiel gelungen, von 1629 bis 1640 ohne das Parlament zu regieren und seine Regierung zu finanzieren, und er hat sich während seiner letzten unglücklichen Regierungsjahre mit den Presbyterianern im Parlament verbündet und zahlreiche Anhänger unter den großen Lords in England, Wales und Schottland gewonnen. Noch Ende November 1648, zwei Monate vor seiner Hinrichtung, führte Karl erfolgreiche Verhandlungen (wenn auch nicht unbedingt in gutem Glauben) mit dem Parlament, um seine Königswürde gegen den Preis weitgehender Zugeständnisse für individuelle Freiheiten zu bewahren. Erst am 6. Dezember hat Oberst Pride mit seinem berühmten Putsch die zugunsten des Königs ausgefallene Abstimmung im Parlament unwirksam machen können.

Großbritannien ist bekanntlich nicht dem Beispiel Frankreichs gefolgt. Nehmen wir die Einberufung des sogenannten Langen Parlaments im Jahr 1640 durch den König. Zu dieser Zeit hatte eine schottische Armee große Teile von Nordengland besetzt und ähnlich wie die Goldene Horde vom Fürstentum Moskau Tributzahlungen in Höhe von 50000 Pfund für die Zusage erzwungen, nicht weiter nach England vorzurücken. Viele Engländer und fast die Hälfte der Parlamentsabgeordneten sympathisierten mit dem schottischen Widerstand gegen die Bemühungen des Königs, den Vorrang der Episkopalkirche durchzusetzen (*Russell* 1991, S. 164–170). Jetzt fand sich der König in der Zwickmühle wieder, der er fünfzehn Jahre lang zu entrinnen versucht hatte: Ohne die dringend gebrauchten Geldmittel, bei vielen Angehörigen des Hochadels verschuldet, vollkommen abhängig von der Bereitwilligkeit des Parlaments, seine Schulden aus dem Steueraufkommen zu bezahlen und seine weiteren Kriege zu finanzieren, war er nicht mehr in der Lage, das Parlament aufzulösen, wenn es sich seinen Wünschen widersetzte.

Gerade das hat das Parlament getan. Darüber hinaus erblickten viele seiner entschiedensten Gegner in der akuten Streitfrage ein Aufeinandertreffen von zwei einander ausschließenden Überzeugungen; der wahren Religion (ihres Calvinismus) gegen das Pfaffentum (das Eintreten des Königs für eine kirchliche Hierarchie und deren Rituale). Dieser Gewissenskonflikt hatte auch eine materielle Seite, denn mit der Wiedereinführung der Episkopalkirche war auch die Gefahr verbunden, daß diejenigen, die während eines Jahrhunderts der Enteignungen kirchlichen Besitzes diese Vermögenswerte übernommen hatten, sie wieder verlieren könnten. Obwohl Frankreich im 16. und 17. Jahrhundert mehrere Bürgerkriege erlebt hatte, hatte sich kein französischer König so sehr in die Abhängigkeit von seinem Adel und seinen Finanziers begeben wie Karl I. von Großbritannien.

Wie sah nun der Weg aus, den Großbritannien wirklich gegangen ist? Die letzten Monarchen des Hauses Tudor und die ersten Stuartkönige finanzierten ihre Streitkräfte nicht direkt mit den Einkünften der Krone, sondern mit Krediten, die sie sich auf dem Geldmarkt gegen eine Verpfändung der Steuereinnahmen besorgten. Es ist ihnen aber niemals gelungen, das Eintreiben dieser Steuern zu garantieren und damit von Jahr zu Jahr den Unterhalt ihrer Streitkräfte zu gewährleisten. Während der Kriege gegen Schottland in den Jahren 1639 und 1640 geriet Karl I. mehrmals in die unangenehme Lage, seine Soldaten nicht bezahlen zu können, und nachdem schottische Streitkräfte Nordengland besetzt hatten, lösten sich zwei Armeen, die vergeblich auf ihren Sold gewartet hatten, auf oder meuterten. Indessen konnten die Rebellen typischerweise auf die noch nicht bezahlten Abgaben ihrer Anhänger zurückgreifen.

König Karl hatte es mit einem mächtigen Gegner zu tun. Die Londoner Kaufleute und Finanziers wollten seinen Versuch nicht hinnehmen, seine Hoheitsrechte auf ihr Tätigkeitsfeld auszudehnen, denn sie erblickten darin einen unverzeihlichen Verstoß gegen die bürgerlichen Grundrechte. Linda Popovsky schreibt dazu: «Es war der ungewöhnliche Konflikt, der sich zwischen der Krone und einflußreichen Mitgliedern der Londoner Kaufmannschaft während der Regierungszeit von Karl entwickelte, welcher schließlich das Unterhaus 1629 zu dem von seinen Führern als grundsätzlich angesehenen Schritt veranlaßte, die Forderung des Königs nach einem Gesetz über die zulässigen Tonnagen der Handelsschiffe und Gebühren abzulehnen und alle diejenigen, die die nicht genehmigten Abgaben leisteten, als ‹Erzfeinde des Königreichs und der Freiheiten des Untertanen› zu rügen.» (*Popovsky* 1990, S. 45–46)

Angesichts des parlamentarischen Widerstands gegen sein Verlangen nach finanzieller Unterstützung löste Karl I. 1629 das Parlament auf und schloß 1630 Frieden mit Spanien und Frankreich. Trotzdem trieb er den Ausbau seiner Flotte voran, unternahm Flottenoperationen im Mittelmeer und suchte seine militärischen Unternehmungen mit der Einführung von bisher nur im Kriege erhobenen Abgaben in den Häfen – Schiffsgeld – für das ganze Königreich auch im Frieden zu finanzieren. Zugleich erneuerte er seine Bemühungen, die Anerkennung der Episkopalkirche als Staatskirche in Schottland durchzusetzen.

1642 stieß Karl in England, Schottland und Irland auf bewaffneten Widerstand. In dieser gefährlichen Lage schwächte er seine Stellung dadurch, daß er seine Forderungen erhöhte. Die Folge war der verstärkte Widerstand seiner Gegner, der den Machtverlust des Königs weiter bloßlegte und schließlich zum offenen Bürgerkrieg führte. Von nun an überschnitten sich vier revolutionäre Situationen: Schottland gegen England, Irland gegen England, Royalisten gegen die Anhänger des Parlaments, Presbyterianer gegen Unabhängige. In England trennte die tiefste Kluft die Londoner Kaufmannschaft von der ganzen übrigen Bevölkerung. Bewaffnete Auseinandersetzungen oder Drohungen mit Waffengewalt brachten in jeder dieser revolutionären Situationen die Entscheidung. Mit der Aufstellung einer einzigartigen neuen Armee, der *New Model Army*, entstand 1645 nicht nur das wichtigste Machtinstrument für Oliver Cromwell, sondern kam auch alsbald das unentschiedene Geplänkel mit den königlichen Streitkräften an sein Ende. Cromwell konnte in England, Schottland und sogar Irland entscheidende Siege erringen.

Die Regierungsform in Großbritannien war zur Zeit dieser Kämpfe eine Mischung aus Zwang und Kapital, und sie war nicht ohne Einfluß auf deren Ausgang. Im 17. Jahrhundert konnte in Großbritannien niemand regieren, der sich nicht die Unterstützung der mächtigen Kaufmannschaft Londons sicherte und die großen Kriegsherren in den anderen Teilen der Britischen Inseln auf seine Seite brachte. Das wollte nicht einmal dem mächtigen Cromwell ganz gelingen. Cromwells revolutionäres Regime blieb etwa ein Jahrzehnt an der Macht und zerfiel nach dessen Tod infolge innerer Streitigkeiten. Die Eindämmung der Rebellionen in Schottland und Irland und die gleichzeitigen Kriege gegen Holland und dann gegen Spanien bedeuteten für das Regime eine große Belastung. Obwohl Cromwell bei der Eintreibung von Steuern und Abgaben weniger Schwierigkeiten hatte, mußte er angesichts seiner umfangreichen militärischen Unternehmungen mit ganz ähnlichen finanziellen Problemen kämpfen wie Karl I. Auch er verkaufte 1651 Grund und Boden aus dem Besitz der Krone und der Kirche. Die Stuartkönige verfügten bei ihrer Rückkehr auf den Thron über geringere finanzielle Reserven, mit denen sie sich gegenüber dem Parlament und der Londoner Kaufmannschaft hätten behaupten können, als ihre glücklosen Vorgänger.

Zu den Ereignissen, die fast zu revolutionären Situationen geführt hätten, gehören das Auftreten von miteinander konkurrierenden Thronprätendenten, die Unterstützung, die einzelne Bevölkerungsteile diesen Thronprätendenten gewährten, und die Unfähigkeit oder fehlende Bereitschaft der jeweiligen Machthaber, diesem Konkurrenzkampf ein Ende zu setzen. So befanden sich einige Regionen der Britischen Inseln während des größten Teils der Zeit von 1639 bis 1692 ständig in oder doch am Rande von revolutionären Situationen. Warum? Im allgemeinen sind es drei Umstände, die revolutionäre Situationen begünstigen: erstens die wachsende Diskrepanz zwischen den Forderungen der Monarchen an ihre am besten organisierten Untertanen und ihrer Fähigkeit, deren Zustimmung zu erzwingen; zweitens Angriffe auf die bedeutendsten Interessengruppen in der Bevölkerung und deren Ziele; und drittens die Schwächung der Machthaber gegenüber gut organisierten Konkurrenten. Im 17. Jahrhundert haben in Großbritannien diese drei Umstände durch ihr Zusammenwirken zu revolutionären Situationen geführt.

Jedesmal wenn sich englische Herrscher auf einen Krieg vorbereiteten – gegen eine Kontinentalmacht oder gegen ihre Rivalen in Schottland und Irland –, haben sie vom Parlament mehr verlangt, als sie durchsetzen konnten. In den meisten Fällen haben sie das Risiko dadurch verdoppelt, daß sie eine religiöse Konformität dekretierten, die sich gegen das Selbstverständnis und die Privilegien einflußreicher Gruppen in England, Schottland und Irland richtete. Darüber hinaus beflügelten sie jedesmal, wenn sie mit ihren finanziellen und religiösen Forderungen scheiterten, die Hoffnungen ihrer Widersacher auf einen Machtwechsel, während ihre Anhänger versucht waren, sich von ihnen abzuwenden.

Zu revolutionären Ergebnissen kommt es, wenn eine revolutionäre Situation auf den sichtbaren Machtverlust eines Herrschers trifft. Bei den Revolutionen, die sich im 17. Jahrhundert in England, Wales, Schottland und Irland ereignet haben, traf diese Regel gewiß zu. In England und Wales waren es die gescheiterten Versuche des Königs, sich auf finanziellem und religiösem Gebiet durchzusetzen, die zur Stärkung des Parlaments beigetragen haben. Der Staat wurde stärker, aber die relative Stellung der Krone in diesem Staat wurde geschwächt. In Schottland betrafen die revolutionären Ergebnisse in den meisten Fällen die relativen Positionen der Presbyterianer und der Anhänger der Episkopalkirche, mit anderen Worten die Vertreter der schottischen Autonomie und die Anglophilen. Wenn die Könige nachgeben mußten, gewannen die Presbyterianer an Einfluß. Auf der anderen Seite haben die Verfechter der irischen Selbständigkeit im Jahrhundert der Revolutionen deutlich an Einfluß verloren. Das geschah unmittelbar nach gescheiterten Rebellionen, auf die erbarmungslose englische Vergeltungsmaßnahmen folgten. Wir müssen den Spiegel umdrehen, um zu begreifen, daß die Schwächung der irischen Kriegsherren den Weg für Revolutionen von oben – oder von außen – frei machte. Die englische Wirtschaftskraft führte den militärischen Ehrgeiz der Iren an seine Grenzen.

Mit der *Glorious Revolution* und der Übernahme der englischen Krone durch das Haus Hannover konnte eine in ihren auswärtigen Beziehungen ebenso wie im Inneren des Landes mächtige Monarchie unter der Voraussetzung – und nur unter dieser Voraussetzung – entstehen, daß es dem Monarchen gelang, sich die tatkräftige Unterstützung des Parlaments zu sichern. Nach 1716 haben es die Könige aus dem Haus Hannover meisterhaft verstanden, die Lords, die Kirchenfürsten und den Landadel für sich zu gewinnen, auf deren Rückhalt sie deshalb bei so kostspieligen Abenteuern wie dem Siebenjährigen Krieg vertrauen konnten. Zugleich entwickelten zahlreiche Lords und Kaufleute (der Unterschied zwischen beiden verwischte sich im Lauf der Zeit) ein lebhaftes Interesse an der Ausweitung des Britischen Weltreichs. Der Umfang dieses Weltreichs mit seinen privilegierten Handelshäusern, in Hafenstädten niedergelassenen Kaufleuten, Reedereien und der königlichen Flotte verlangte zunehmend eine straff organisierte und zentralisierte Staatsführung. Ende des 18. Jahrhunderts wurden etwa 25 % der Staatsausgaben Großbritanniens aus Steuern finanziert, während es in Frankreich 15 % waren (*P. K. O'Brien* 1980, 1989).

Während die Staatsautorität zu dieser Zeit wesentlich gestärkt wurde, hatte die einfache Bevölkerung in England, Wales und Schottland (von der Gesamtbevölkerung Irlands gar nicht zu reden) keinerlei politisches Mitspracherecht auf nationaler Ebene. Erst als der Staatsapparat während der Revolutionskriege und der Napoleonischen Kriege immer umfangreicher wurde, änderte sich das, denn nun trafen die enormen finanziellen und militärischen Anforderungen des Staats an seine Bürger auf den geschlossenen Widerstand der Bevölkerung. Politische Führer wie Pitt begegneten der Opposition einerseits durch ein energisches Vorgehen gegen Radikale und unzufriedene Arbeiter und andererseits mit weitgehenden Zugeständnissen gegenüber bürgerlich geführten Bewegungen, die zum Beispiel die Abschaffung der Sklaverei verlangten. Doch auf diese Weise schuf der Staat ein politisches Klima, in dem der Normalbürger (vorausgesetzt, er tat es in einer respektablen Weise) seine Meinung zu den wichtigen Fragen der Regierungspolitik öffentlich vertreten konnte. In den 1820er Jahren begünstigte diese politische Öffnung des Staates ein breites und manchmal erfolgreiches Engagement der Gesellschaft für gewisse Reformen wie zum Beispiel die Anerkennung der Rechte religiöser Minderheiten, des Rechts auf eine angemessene Vertretung im Parlament, die Legalisierung der Interessenvertretungen der Arbeiter und die Verbesserung der Arbeitsbedingungen.

Auf der Iberischen Halbinsel, in Frankreich und Großbritanien ging die Entwicklung in mancher Weise in die gleiche Richtung. In allen drei Ländern verschlangen die Kriegskosten – vor allem während des verlustreichen Dreißigjährigen Krieges – die finanziellen Reserven, die den Monarchen bisher zur Verfügung gestanden hatten, und das zwang sie zu Auseinandersetzungen mit den kapitalistischen Institutionen, die allein die Kredite und Steuereinnahmen zur Verfügung stellen konnten, die im 17. Jahrhundert für den Unterhalt der Streitkräfte benötigt wurden. Überall führte die rapide Zunahme der Bevölkerungszahlen zu einem Preisanstieg, der die Kosten der staatlichen Unternehmungen in besonderem Maße spürbar werden ließ. Und überall stieß die Krone auf die Opposition von zwei Seiten; zum einen wehrten sich die Kaufleute nicht nur dagegen, daß der Souverän ihre Entscheidungsfreiheit im Außenhandel einschränkte, sondern sie beanspruchten außerdem bei finanziellen Transaktionen ein Vetorecht, zum anderen suchten die großen Lords ihre Immunität, Autonomie und ihre Privilegien vor dem Zugriff des immer mächtiger werdenden Zentralstaats zu schützen. Auf der Iberischen Halbinsel, in Frankreich und Großbritannien konnten sich die Monarchen vor allem dadurch besser behaupten, daß sie eine Opposition gegen die andere ausspielten. Aber das war durchaus nicht immer möglich, besonders wenn sich die beiden opponierenden Gruppen einigten und gelegentlich in einem nationalen Zusammenschluß verbündeten.

Warum setzte sich nun der britische Weg gegenüber dem iberischen und dem französischen oder anderen hypothetischen Alternativen durch? In seinem um 1668 erschienenen *Behemoth* gibt Thomas Hobbes einen wichtigen Hinweis:

«B: Doch wie konnte der König Geld auftreiben, um ein solches Heer, wie er es gegen das Parlament benötigte, zu bezahlen?
A: Weder König noch Parlament hatten zu dieser Zeit viel Geld in Händen, sondern mußten sich schon auf das Wohlwollen derer verlassen, die ihre Partei ergriffen. Und darin, muß ich sagen, war das Parlament gewaltig im Vorteil. Die Helfer des

Königs in dieser Beziehung waren nur Lords und große Herren. Sie mißbilligten das Vorhaben des Parlaments, und jeder von ihnen war bereit, die Bezahlung einer gewissen Zahl berittener Mannschaft zu übernehmen. Man kann dies nicht als große Hilfe bezeichnen, da die Anzahl der Bezahlenden so gering war. Von andern Geldmitteln, die der König außerdem hatte, habe ich nichts gehört, ausgenommen von dem, was er in den Niederlanden auf Juwelen lieh. Das Parlament hingegen erhielt eine sehr reichliche Beisteuer. Sie kam nicht allein aus London, sondern überhaupt von seiner Partei in allen anderen Orten Englands, die unter gewissen Bedingungen (die im Juni 1642 von Lords und Commons veröffentlicht wurden, wobei sie neuerdings erklärt hatten, daß der König beabsichtige, Krieg gegen sie zu führen) Geld oder Geräte einbrachten, um Pferde und Reiter zu unterhalten, Waffen für die Erhaltung des öffentlichen Friedens und für die Verteidigung des Königs und beider Häuser des Parlaments anzuschaffen. Für die Rückzahlung jenes Geldes und der Geräte sollte das öffentliche Vertrauen bürgen.» (*Hobbes* 1991, S. 115)

Kurz gesagt, die guten Beziehungen des Parlaments zum Londoner Innen- und Außenhandel verschafften ihm wesentliche Vorteile in einer Welt, in der die Aufstellung und der Unterhalt militärischer Streitkräfte eines soliden finanziellen Fundaments bedurften. In diesem begrenzten Sinne darf man die gewaltsam herbeigeführten Machtwechsel im Großbritannien des 17. Jahrhunderts mit Recht als bürgerliche Revolutionen bezeichnen.

Die stumpfe Spitze der Revolution

Mit Ausnahme der Landungen von Thronanwärtern aus dem Hause Stuart in den Jahren 1715 und 1745 hat es weder in Schottland noch in England oder Wales nach 1691 Ereignisse gegeben, die zu ernsten revolutionären Situationen führten. In der Folgezeit war der revolutionär erneuerte Staat weiteren schweren Belastungen ausgesetzt, besonders in den Kriegen, die weit größere Opfer forderten, als es sich die Staatsmänner im 17. Jahrhundert hatten vorstellen können. Aber der Aufbau eines starken Heeres und eines mächtigen Staatsapparats, das System der indirekten Regierung durch Adel und Kirche, das bis ins 19. Jahrhundert weiterbestand, die zunehmende Stärke des Parlaments, die sich auf das Zusammenwirken der Landbesitzer und des Handels gründete, und die Einbeziehung der herrschenden Klasse Schottlands in die kapitalistischen Strukturen Englands verringerten insgesamt die Wahrscheinlichkeit, daß eine ernst zu nehmende Alternative zur gegenwärtigen Regierungsform gefunden wurde. Zwar trafen die staatliche Macht und einzelne politische Entscheidungen in Schottland, Wales und England auch danach noch wiederholt auf Widerstände, doch dabei ging es in erster Linie um den Schutz oder die Gewährung bestimmter Rechte innerhalb des bestehenden Systems. Deshalb hatten die «Rechte der frei geborenen Engländer» im 18. Jahrhundert eine so enorme Bedeutung. Selbst die lautstarken Bewunderer der Französischen Revolution von 1789, an ihrer Spitze Männer wie Thomas Paine, Richard Price und Joseph Priestley, verlangten vor allem eine Volkssouveränität, die jedem Untertanen diejenigen Rechte garantieren sollte, die das britische System ohnehin implizierte, aber leider durch die im 18. Jahrhundert herrschende Korruption gefährdet waren. Nach 1691 kamen die revolutionären Herausforderungen nicht aus England, Wales oder Schottland, sondern aus Irland.

Die gefährlichste Bedrohung für den Fortbestand des Staates nach 1691 entstand in der Tat in Irland. Das befriedete Irland war jetzt eine Kolonie, deren Regierung aus einem Protestanten vorbehaltenen Parlament und einer von Westminster eingesetzten Regierung bestand. Obwohl die britischen Gouverneure nichts gegen die praktische Ausübung der katholischen Religion unternahmen, durften Katholiken seit der «Glorreichen Revolution» nach britischem Gesetz keine öffentlichen Ämter bekleiden. In den Jahren 1782 bis 1783 wurden die Befugnisse und die Autonomie des irischen Parlaments als indirekte Folge der hohen britischen Verluste in Nordamerika erweitert. Als sich die Briten jedoch 1800 und 1801 entschlossen, irische Protestanten als direkte Abgeordnete im britischen Parlament zuzulassen, unterstrich diese Maßnahme nur um so deutlicher die Tatsache, daß Protestanten und Katholiken in Irland die politische Gleichberechtigung versagt wurde. Die Großgrundbesitzer in Irland waren zumeist protestantische Lords, während diejenigen, die auf diesen Gütern arbeiteten, ganz überwiegend, außer in Ulster, Katholiken waren. Indessen dienten viele Iren als Söldner in den Armeen auf dem europäischen Kontinent, und zwar auch in der französischen, so daß britische und irische Soldaten einander auf den Schlachtfeldern der britisch-französischen Kriege zwischen 1688 und 1815 als Feinde gegenüberstanden.

Angesichts der hohen Belastungen, denen ihre Armee während der amerikanischen Kriege in den 1770er Jahren ausgesetzt war, sah sich die britische Regierung genötigt, ihre Abneigung gegen die Bewaffnung katholischer Iren zu überwinden. Zum Ausgleich dafür machte der 1778 erlassene *Catholic Relief Act* den Katholiken einige Konzessionen und räumte unter anderem katholischen Soldaten das Recht ein, der britischen Krone den Treueid zu leisten, ohne die Konfession zu wechseln. Vorschläge, diese Zugeständnisse auf Schottland und England auszudehnen, führten zu heftigen Auseinandersetzungen in Großbritannien wie zum Beispiel den *Gordon Riots* von 1780 in London. Zugleich wurden die bewaffneten protestantischen Freiwilligen, die sich zum Schutz der Heimat in Irland zusammenschlossen, während irische Soldaten in Amerika kämpften, zu einem bedeutenden Faktor in der irischen Innenpolitik.

Zwei Formen lokaler Konflikte überschnitten einander. Auf der einen Seite bekämpften die Pächter die Großgrundbesitzer und ihre Beauftragten in einem der langwierigsten Agrarkonflikte der europäischen Geschichte. Dabei bildeten sowohl Protestanten als auch Katholiken Interessengruppen, um sich gegen Pachtwucher und Enteignungen zu wehren. Sie gaben sich Namen wie *Whiteboys* und *Hearts of Oak.* Auf der anderen Seite griffen Katholiken (oft waren es Stadtbewohner und Grundstücksmakler) örtliche Symbole, Einrichtungen und Repräsentanten der britischen Regierung an. In den 1790er Jahren wurde in Belfast, Dublin und an anderen Orten eine stärker zentralisierte Organisation gegründet, die sogenannten *United Irishmen.* Zunächst warben die *United Irishmen* offen für eine Parlamentsreform, und ihre Bemühungen trugen dazu bei, daß den Katholiken 1792 weitere Rechte zugestanden wurden. Nachdem es ihnen ein Jahrhundert lang verweigert worden war, erhielten sie in Irland jetzt das Wahlrecht. Gleichwohl bereiteten sie sich unter der Führung von Wolfe Tone auf einen Aufstand und die Zusammenarbeit mit dem französischen Feind Großbritanniens vor.

1796 scheiterte der Versuch einer französischen Armee, in Irland zu landen und die *United Irishmen* im Kampf gegen Großbritannien zu unterstützen. Nachdem sie rechtzeitig gewarnt worden waren, schickten die Briten eigene Truppen nach Irland, um den Widerstand der *United Irishmen* zu brechen. Im Mai 1798 unternahmen die *United Irishmen* einen neuen, aber schlecht koordinierten Versuch, sich gegen die Briten zu behaupten. Bei diesen Kämpfen starben etwa 30000 Soldaten und Zivilisten. Die Rebellionen brachen zusammen, bevor die französischen Expeditionsstreitkräfte im August und September eintrafen. Die Briten kaperten das französische Schiff, auf dem Wolfe Tone diente, stellten ihn vor Gericht, verurteilten ihn zum Tode, kamen aber um die Gelegenheit, mit seiner Hinrichtung ein Exempel zu statuieren, als er sich im November 1798 das Leben nahm. Der Versuch von Robert Emmet, 1803 ein ähnliches Unternehmen zu organisieren, hatte wenig mehr als eine Straßendemonstration in Dublin und Emmets Hinrichtung zur Folge. Die Rebellion der *United Irishmen* von 1798 konnte die Machtstellung der Briten in Irland oder Großbritannien zwar in keiner Weise erschüttern, war jedoch die ernsthafteste revolutionäre Bedrohung des britischen Staates im 18. und 19. Jahrhundert. Sie führte direkt zur erfolgreichen Begründung des Vereinigten Königreichs in den Jahren 1800 und 1801 durch Pitt.

Irland kehrte indessen zu einer zweigleisigen Politik zurück. Sie bestand auf nationaler und internationaler Ebene aus großangelegten Werbefeldzügen für die politische Gleichstellung von Katholiken und Protestanten sowie für die mehr oder weniger weitgehende Unabhängigkeit und auf lokaler und regionaler Ebene aus einem Partisanenkrieg gegen die Grundherren und staatlichen Würdenträger. Obwohl diese Strategie von weiten Kreisen der Bevölkerung unterstützt wurde, ergaben sich daraus im 19. Jahrhundert niemals wirklich revolutionäre Situationen. Ein 1848 unternommener Versuch junger irischer Aktivisten, einen Aufstand zu inszenieren, scheiterte kläglich, hinterließ jedoch ein ganzes Netzwerk revolutionärer Kräfte, aus dem zehn Jahre später in Irland und den Vereinigten Staaten der irische Geheimbund der Fenier hervorging. Doch auch der Aufstand der Fenier von 1867 konnte die Staatsautorität nicht ernsthaft in Gefahr bringen. Gelegentlich überschnitten sich die beiden Strategien der irischen Politik, wie zum Beispiel im *Land War* von 1879–1882, bei dem es zu Demonstrationen, Boykotten und lauten Protesten gegen die Kündigung von Pachtverträgen und Pachterhöhungen kam, während bewaffnete Banden die Grundherren auf ihren Besitzungen angriffen. Beides hatte seine Auswirkungen, denn einerseits zeigte sich das Parlament geneigt, die Vorrechte der Protestanten zu beschneiden und den Grundbesitz neu zu verteilen, während es andererseits erklärte, daß Irland aus der Entfernung unregierbar sei.

1914 bewaffneten sich die Unionisten in Ulster und militante antibritische Kräfte in Südirland, hielten militärische Übungen ab und bedrohten einander. Während des Ersten Weltkriegs nutzten irische Nationalisten die mangelnde Aufmerksamkeit Großbritanniens und den Widerstand der Iren gegen die bevorstehenden Einberufungen aus, indem sie zu den Waffen griffen und die Republik ausriefen, eine Revolte, die von der britischen Regierung unverzüglich und mit großer Härte niedergeworfen wurde. Diese Vorgänge hatten allerdings zur Folge, daß die Trennungslinie zwischen England und Irland deutlicher sichtbar wurde als je zuvor, was es der *Sinn Féin* – die lange Zeit nur die Vertretung einer kleinen Minderheit gewesen war – erleichtern sollte, sich als irische Nationalpartei zu etablieren. Die *Sinn Féin* bekannte sich offen zur Unabhängigkeit. 1919 begann ein neuer Krieg zwischen Großbritannien und Irland, diesmal im tödlichen Wechselspiel zwischen Guerillakrieg und Vergeltungsmaßnahmen. 1921 wurde ein Vertrag ausgehandelt, der einem irischen Freistaat den Status eines Dominions zubilligte. Die Wähler in Nordirland entschieden sich freilich, auf diese Vergünstigung zu verzichten.

In Nordirland ging der Guerillakrieg weiter, und er dauert mit Unterbrechungen bis heute an. Im Süden bekämpften die Verteidiger des Vertrags mit Großbritannien die Befürworter einer Republik in einem bis 1923 anhaltenden offenen Bürgerkrieg. Von 1937 bis 1949 nahm der irische Freistaat am Rande des britischen Empire eine nicht klar definierbare Stellung ein und blieb im Zweiten Weltkrieg neutral. 1949 erklärte das irische Parlament *(Dáil)* den irischen Staat zur Republik und löste sich damit endgültig vom britischen Commonwealth. Diese Trennung war begleitet von großen Leidenschaften, erkennbare revolutionäre Situationen blieben jedoch aus.

Doch das Vereinigte Königreich hielt unverändert an seinem Anspruch auf die Regierungsgewalt in den sechs nordirischen Grafschaften fest. 1968 begannen die Demonstrationen für die Rechte der katholischen Minderheit, und es kam zu gewalttätigen Konfrontationen mit der Polizei und protestantischen Gegendemonstranten, bis die britische Regierung im folgenden Jahr Truppen nach Ulster schickte. Obwohl die Heftigkeit der Auseinandersetzungen schwankt, hat es seither jedes Jahr Guerillakämpfe zwischen britischen Truppen, protestantischen Aktivisten, Teilen der Irisch-Republikanischen Armee und anderen bewaffneten Kräften gegeben. Die britischen Behörden haben immer wieder versucht, mit einer Mischung aus Vergeltungsmaßnahmen, Beschwichtigung und Subventionen Nordirland zu befrieden, aber keine dieser Maßnahmen hat den bürgerkriegsähnlichen Zustand beenden können. Angesichts der Tatsache, daß es auch jetzt noch Dörfer und Gegenden gibt, in denen sich die Briten nicht durchsetzen können, dürfen wir die ganze Periode von 1969 bis 1992 mit Recht als eine fortwährende revolutionäre Situation in Nordirland ansehen.

Ein einseitiger Rückblick mag die Geschichte der Beziehungen zwischen Irland und England als eine einzige, unaufhörliche nationalistische Revolution erscheinen lassen. Zweifellos hat es in der Zeit von 1492 bis 1992 fast immer Iren gegeben, die gegen die englische Vorherrschaft gekämpft haben. Dennoch dürfen wir die entscheidenden strukturellen Veränderungen nicht übersehen, die es im Laufe von fünf Jahrhunderten irischer Revolutionen gegeben hat. Im 16. und 17. Jahrhundert setzten sich die schlagkräftigen Einheiten kollektiver Aktionen in Irland zum größten Teil aus von Kriegsherren geführten Grundbesitzern und ihren Schutzbefohlenen zusammen. Keine dieser Gruppen hat zu irgendeiner Zeit die anderen vollkommen beherrscht. Bei einer völligen Unabhängigkeit von England hätte sich daher die außerordentlich besorgniserregende Frage gestellt: Wer soll hier herrschen? Die Kämpfe und Rebellionen der herrschenden Schichten Irlands gehören deshalb zweifellos in die Kategorie der dynastischen revolutionären Situationen.

Als der Einfluß der Engländer zunahm und sie systematisch die katholischen Grundherren verdrängten, kam es neben den dynastischen auch zu kommunalen revolutionären Situationen, in denen die Iren ihre katholische Identität gegen die Eindringlinge verteidigten. Erst im 19. Jahrhundert, als in anderen europäischen Ländern nationale und durch Klassenkoalitionen ausgelöste Revolutionen an der Tagesordnung waren, verstärkte sich in Irland das Nationalbewußtsein und wurde zum Anlaß für revolutionäre Situationen. Begründer von Massenorganisationen wie Daniel O'Connell förderten dieses allgemeine Nationalbewußtsein, das nach der Eingliederung Irlands in das Vereinigte Königreich nachhaltig an Bedeutung gewann. Soweit sie die Katholiken der verschiedenen Klassen in ihrem Widerstand gegen die protestantischen Grundherren vereinigt hatte, wurde auch die revolutionäre Mobilisierung von Klassenkoalitionen mitbestimmt. Doch im allgemeinen stand die Idee der nationalen Solidarität – die Forderung, daß eine homogene, unterdrückte Bevölkerung Anspruch auf einen eigenen unabhängigen Staat habe – im Vordergrund. Veränderungen im Charakter des irischen und des britischen Staates führten dazu, daß aus dynastischen und kommunalen Revolutionen nationale Revolutionen wurden.

Was ist nun zu der gesamten Entwicklung auf den Britischen Inseln zu sagen? Wir können die politische Geschichte der drei britischen Staaten in den einzelnen Phasen schematisch darstellen wie auf Tafel 7. Das Schema ist eine grobe Vereinfachung, zeigt aber deutlich den Unterschied zwischen der partiellen Verschmelzung von England, Wales und Schottland und dem Sonderweg, den Irland gegangen ist. Die zaghaften nationalistischen Bestrebungen in Schottland und Wales in den 1960er Jahren und danach haben an diesem Gegensatz kaum etwas geändert.

Tafel 7: Politische Geschichte der drei britischen Staaten, 1492–1992

Jahre	England und Wales	Schottland	Irland
1492–1603	aggressive, turbulente Expansion des Staates	Kämpfe gegen England, bescheidene staatliche Expansion	teilweise erobertes Gebiet
1603–1714	revolutionäre Kämpfe und Konsolidierung	Konsolidierung, Kämpfe, Anschluß an Britannien	Widerstand leistende Kolonie, allmählich stabilisiert sich die Lage
1714–1815	expandierender, kriegerischer Staat, Eroberungskriege	schwächer werdender Widerstand, Bindungen an England festigen sich	Verhandlungen, Guerillakrieg, teilweiser Anschluß an Großbritannien
1815–1914	Konsolidierung des kapitalistischen Empire	staatliche Expansion, Konflikte beigelegt	Guerillakrieg, wirtschaftliche Schwierigkeiten, halbkoloniale Stellung
1914–1945	kapitalistisches Empire, beherrscht von Kriegen	Zentralisierung und Ausbau des Staatsapparats	Guerillakrieg wird zum Unabhängigkeitskrieg, Konsolidierung des Staates, Kämpfe werden eingedämmt
1945–1992	Auflösung des Empire, kapitalistischer Wohlfahrtsstaat, politischer Stillstand	verlangsamter Ablauf der Entwicklung, wirtschaftlicher Verfall, Konflikte beigelegt	Stärkung des Staates im Süden, Guerillakrieg im Norden

Diese Veränderungen der britischen Staaten und ihrer militärischen Kapazität in der Zeit von 1492 bis 1992 haben sich auch entscheidend auf den Charakter der revolutionären Situationen und Ergebnisse ausgewirkt. Außer in Irland hat die gewaltige Zunahme der militärischen Stärke des Staates gegenüber seinen Bürgern nach 1689 das Entstehen wirksamer revolutionärer

Koalitionen unmöglich gemacht. Zwar gab es auch weiterhin noch mit Leidenschaft geführte Auseinandersetzungen, aber nur innerhalb bestimmter Grenzen, die sich die Angehörigen der herrschenden Klassen selbst gesetzt hatten. Die zunehmende Bedeutung des Parlaments hat in ähnlicher Weise dazu geführt, daß sich die Öffentlichkeit darauf beschränkte, die Beschlüsse der gesetzgebenden Körperschaft zu beeinflussen, nicht aber die Machthaber anzugreifen. Die Zugeständnisse, die den Bürgern während der militärischen Expansion des Staates in den Jahren 1750 bis 1900 gemacht worden waren – das Recht auf Zusammenschluß, die Erweiterung des Wahlrechts und der Beginn einer wohlfahrtsstaatlichen Gesetzgebung –, schufen ein System mit demokratischen Elementen, an dessen Fortbestand die Öffentlichkeit interessiert war. Aus diesem Grund kam es in England, Wales und Schottland nicht mehr zu revolutionären Situationen, wie sie in Irland bis heute immer wieder entstanden sind.

Fünftes Kapitel

Frankreich

Bretonen gegen Franzosen

Die Armee, die der Herzog der Bretagne, Franz II., 1488 zur Verteidigung seines souveränen Staates gegen einen Angriff Frankreichs aufgestellt hatte, bestand aus 6400 Bretonen, aber auch aus 3500 Spaniern, 800 Deutschen und 400 Engländern. Ihr stand eine gut ausgerüstete französische Armee aus 15000 Franzosen, Schweizern und Neapolitanern gegenüber. Es war keineswegs die erste Schlacht, in der «bretonische» und «französische» Streitkräfte aufeinandertrafen, aber es war eine der letzten. Die Bretonen verloren dabei 6000 Gefallene, bei den Franzosen waren es 1500. Mit dieser Schlacht und dem sich bald darauf ereignenden Tod von Franz II. errang die französische Krone nach Jahrhunderten erbitterter Kämpfe eine fast vollständige Kontrolle über ihren kleinen seefahrenden Nachbarn.

Der französische König Karl VIII. hat den Feldzug von 1488 sicher nicht als einen Krieg zwischen souveränen Staaten angesehen. Im 13. und 14. Jahrhundert hatten bretonische Herzöge wiederholt die Franzosen als ihre Feudalherren anerkannt. Seit 100 Jahren oder noch länger hatten streitende Parteien vor bretonischen Gerichten deren Entscheidungen vor dem *Parlement* von Paris angefochten, ein Umstand, der den Anspruch des französischen Königs auf die Souveränität in der Bretagne bestätigte. Als der bretonische Herzog 1485 die Souveränität seines *Parlement* erklärte, leitete die französische Krone ein Verfahren gegen Franz II. ein, der 1488 *in absentia* des Hochverrats für schuldig befunden wurde. Dieses Urteil rechtfertigte den französischen Angriff gegen die Bretagne. Energie und Rachsucht sind hervorstechende Charaktereigenschaften machthungriger Könige.

Es war eine Zeit, in der Frankreich seine Muskeln stählte. Über 40 Jahre hatten die französischen Könige Karl VII., Ludwig XI. und Karl VIII. ein Territorium wieder zusammengeflickt, das durch den Hundertjährigen Krieg arg auseinandergerissen worden war. Anjou, Bar, Maine und die Provence waren erst kürzlich dem Herrschaftsgebiet der Krone eingegliedert worden. In den 1490er Jahren kamen nicht nur die Bretagne, sondern auch Burgund, Neapel und Mailand hinzu. Ferdinand und Isabella von Spanien, Maximilian von Habsburg (der bald Kaiser des Heiligen Römischen Reiches werden sollte) und König Heinrich VII. von England bemühten sich darum, der Expansion Frankreichs Einhalt zu gebieten. Sie alle hatten die Bretonen unterstützt, aber es war ihnen nicht gelungen, der französischen Armee in unmittelbarer Nähe ihrer heimatlichen Basis eine Niederlage beizubringen. 1488 wurde im Vertrag von Sablé zwischen der Bretagne und Frankreich der Abzug aller fremden Truppen aus der Bretagne vereinbart. Eine zweite Bedingung war das Veto des französischen Königs gegen alle Versuche, bereits jetzt festzulegen, wer die zwölfjährige bretonische Erbprinzessin Anna heiraten sollte.

Schon bald nach der Krönung von Anna im Jahr 1489 geriet die Bretagne in einen Krieg zwischen den sie unterstützenden Mächten, französischen Streitkräften und einer Koalition bretonischer Hochadeliger, die den Anspruch erhoben, Annas künftigen Gatten und die Erbfolge zu bestimmen. Wieder intervenierten Armeen der Habsburger und der Tudors im Interesse von Anna. Doch wieder siegten die Franzosen, und das war die endgültige Entscheidung. Nach einer verwirrenden Reihe von Abmachungen, Verhandlungen und Einschüchterungsversuchen heiratete Anna 1491 den französischen König Karl VIII. (Sicherheitshalber heiratete nach Karls Tod 1498 dessen Onkel und Nachfolger Ludwig XII. ebenfalls Anna, ein Manöver, für das er die skandalöse Annullierung seiner bis dahin bestehenden Ehe mit der Tochter Ludwigs XI., Jeanne, erwirken mußte.) Karl erkaufte sich die Zustimmung Spaniens mit der Abtretung von Roussillon und Cerdagne und schloß zugleich Frieden mit England. Aber schon bald nutzte er seine auf diese Weise gesicherte Position für einen Feldzug gegen Italien. Während der folgenden vierzig Jahre waren die französischen Könige ständig mit dem letztendlich erfolglosen Versuch beschäftigt, italienisches Gebiet zu erobern.

Frage: Waren die Kämpfe um die Bretagne in den Jahren 1488 bis 1491 revolutionärer Natur?

Antwort: Dies hängt wie üblich davon ab, was man unter einer Revolution versteht. Diesmal kommt es besonders darauf an, ob wir die Bretagne zu jener Zeit als einen Teil Frankreichs ansehen – genau darum ging es den an diesen Kämpfen Beteiligten! Wenn wir die Auffassung vertreten, daß die Bretagne 1488 zum französischen Staatsgebiet gehörte und die Anhänger des bretonischen Herzogs Franz II. abtrünnige Untertanen des französischen Königs waren, dann müssen wir die Situation in der Bretagne als revolutionär bezeichnen. Angesichts der Tatsache, daß die Bretagne im Verlauf dieser Kämpfe der französischen Krone unterworfen wurde und der Vertrag von 1532 die Eingliederung in den französischen Herrschaftsbereich legalisierte, dürfen wir sogar das Ergebnis von 1491 als revolutionär bezeichnen. Wenn wir jedoch sagen, die Bretagne und Frankreich seien zwei verschiedene souveräne Staaten gewesen, dann waren die Auseinandersetzungen von 1488 bis 1491 internationale Kriege, die parallel zu einem Bürgerkrieg in der Bretagne geführt wurden und mit der Eroberung eines Staates durch einen anderen endeten.

Auf diese im Grunde willkürlichen Definitionen kommt es weniger an als auf die politischen Umstände, die dabei verdeutlicht werden. Im späten 15. Jahrhundert bestand Frankreich nicht aus einem sauber abgegrenzten Territorium, das von einem festen Regierungssitz aus verwaltet wurde, sondern es war ein aus vielen einzelnen Gebieten zusammengesetztes Gebilde, dessen einzelne Teile nur bedingt von dem französischen Monarchen und seinen Verbündeten beherrscht wurden. Die Bretagne war zum Beispiel bis 1536 ein selbständiges Herzogtum. Die großen, halb unabhängigen Landgüter dort haben bis in die Revolution von 1789 weiterbestanden, während die Gerichtsbarkeit bis 1553 keine regulären Beziehungen zu anderen französischen Gerichten unterhielt.

Wie alle großen europäischen Staaten jener Zeit verwaltete der französische Staat seine Gebiete durch weitgehend autonome Beauftragte, war durch die verschiedensten Verträge mit den einzelnen Klassen und Regionen verbunden und forderte von seinen nominellen Untertanen nicht viel mehr als bestimmte Tributzahlungen. Zu jener Zeit kam es vor allem dann zu revolutionären Situationen, wenn die Krone ihren Einfluß oder ihre Einkünfte vermehren, ihren Untertanen eine fremde Identität aufzwingen wollte oder wenn rivalisierende Anwärter auf die Souveränität ihre Ansprüche geltend machten. Wie die Kämpfe zwischen Frankreich und der Bretagne zeigen, sind diese drei Umstände häufig gleichzeitig aufgetreten.

Im großen und ganzen ist es in Frankreich sehr viel seltener zu revolutionären Situationen gekommen als auf der Iberischen Halbinsel oder auf dem Balkan und auch etwas weniger häufig als auf den Britischen Inseln. Den französischen Königen ist es schließlich gelungen, ein großes Gebiet zu einem einzigen zentralistisch regierten Staat zusammenzufügen, was auf der Iberischen Halbinsel, auf dem Balkan oder den Britischen Inseln nie gelang. In dem Bemühen, die militärische Kraft Frankreichs zu stärken, haben die französische Krone und ihre Vertreter die Bevölkerung zur Unterstützung mit Geld, Material und Soldaten gezwungen. Unter großen Anstrengungen und nach langen Kämpfen konnte der französische Staat die Autonomie und die Sonderrechte einzelner Regionen beseitigen. Daher gab es auf dem Gebiet des heutigen Frankreich während der vergangenen 500 Jahre weniger Staaten, in denen die Gefahr einer Revolution bestand – meist nur jeweils einen –, und deshalb auch seltener die Möglichkeit revolutionärer Situationen als in anderen vergleichbaren europäischen Gebieten.

Dennoch hat Frankreich im 16. und 17. Jahrhundert zahlreiche revolutionäre Situationen erlebt. Dazu gehörten Rebellionen gegen die als zu hoch empfundene Besteuerung, wiederholte kriegerische Auseinandersetzungen zwischen Protestanten und Katholiken und die Fronde. Im 18. und 19. Jahrhundert geriet Frankreich seltener an den Rand einer Revolution, aber wenn diese Grenze überschritten wurde, kam es zu folgenschweren Ereignissen: In den Jahren 1789–1799, 1830, 1848–1851 und 1870/71 entstanden dort die schwersten revolutionären Krisen, die Europa erlebt hat. Danach haben Klassen und Parteien einander erbittert bekämpft, aber es kam nur noch in den letzten Monaten des Zweiten Weltkriegs im europäischen Frankreich zu einer revolutionären Situation. Um zu entscheiden, wie revolutionär diese Monate gewesen sind, müssen wir eine heikle Frage beantworten: Wie stark ist die Unterstützung des Regimes von Vichy und der von den Nationalsozialisten eingesetzten Behörden 1944 gewesen? Ohne näher darauf einzugehen, wo die Loyalität der Franzosen im Grunde lag, müssen wir doch sagen, daß sich die Haltung der Bevölkerung gegenüber der Besatzungsmacht 1944 sehr rasch geändert hat und daher multiple Kräfteverhältnisse, die Quintessenz revolutionärer Situationen, nur vorübergehend anzutreffen waren.

Wollten wir die bewaffneten Auseinandersetzungen in den französischen Kolonien und überseeischen Territorien nicht als auswärtige Kriege, sondern als revolutionäre Situationen bezeichnen, dann würde sich der Befund drastisch verändern. Der Staatsstreich von 1958 folgte auf einen überraschenden Machtwechsel in Algerien, und bis heute sind französische Truppen damit beschäftigt, in von Unruhen heimgesuchten ehemaligen Kolonien wie im Tschad für Ordnung zu sorgen. Im eigenen Land haben die Franzosen jedoch sei dem 19. Jahrhundert keine länger andauernde revolutionäre Situation mehr erlebt. Selbst so erbitterte Auseinandersetzungen wie die um die Trennung von Kirche und Staat, die ihren Höhepunkt 1905 erreichte, und die Sitzstreiks von 1936 haben es nicht zu einer Aufspaltung innerhalb des Staates kommen lassen. Der Staatsstreich, der de Gaulle 1958 an die Macht brachte, hat die Staatsautorität nicht ins Wanken gebracht; in einem ordnungsgemäßen Verfahren gewährte die Nationalversammlung de Gaulle angesichts der ernsten Bedrohung durch einen möglichen Aufstand widerwillig seine Sondervollmachten. Bis 1880 hatte ein bis dahin revolutionärer Staat seine Macht so weit gefestigt, wie das in nur wenigen anderen europäischen Ländern geschehen ist.

Der Übergang zu einer Zeit, in der es nur noch selten zu revolutionären Situationen kam, vollzog sich in einem Staat, der während des größten Teils dieser Periode als Weltmacht eine zentrale Rolle in allen europäischen Kriegen spielte, ein beachtliches Kolonialreich kontrollierte, Handelsbeziehungen in der ganzen Welt unterhielt und aktiv an der Gestaltung der Weltpolitik beteiligt war. Der Katalog der auswärtigen Kriege (siehe Tafel 8) bestätigt das. Er beginnt mit allgemein europäischen Konflikten, führt dann weiter nach Nord- und Südamerika und Afrika und schließlich bis nach China, Indochina und in den Mittleren Osten. Da sich Frankreich militärisch in erster Linie auf starke Landarmeen und nicht auf eine Kriegsflotte stützte, wie es die Holländer und Briten lange Zeit getan haben, entstanden eine weitverzweigte, zuverlässige Bürokratie und eine schlagkräftige Armee im Inneren des Landes.

Tafel 8: 1492 bis 1992 von Frankreich geführte äußere Kriege

1489–1492	Krieg gegen England, Spanien, das Heilige Römische Reich
1495–1496	Feldzug in Italien
1499–1504	Krieg der Heiligen Allianz
1508–1510	Krieg der Liga von Cambrai
1511–1513	Krieg der Heiligen Allianz
1515–1516	Italienische Kriege
1521–1525	Italienische Kriege
1528–1529	Krieg gegen das Heilige Römische Reich
1542–1544	Europäischer Krieg
1542–1543	Beteiligung am Schwedischen Bürgerkrieg
1549–1550	Krieg gegen England
1552–1555	Krieg gegen das Heilige Römische Reich
1555	Krieg gegen Portugal in Brasilien
1556–1559	Europäischer Krieg
1559–1560	Intervention im Schottischen Bürgerkrieg
1565	Krieg gegen Spanien in Florida
1566–1567	Krieg gegen Portugal in Brasilien
1566–1568	Intervention im spanisch-holländischen Krieg
1572–1609	Intervention im spanisch-holländischen Krieg
1582–1583	Krieg gegen Spanien auf den Azoren
1588	Krieg gegen Savoyen
1590–1598	Krieg gegen Savoyen
1594–1598	Krieg gegen Spanien
1600–1601	Krieg gegen Savoyen
1609	Krieg gegen Tunesien
1619	Krieg gegen Algerien
1624–1626	Krieg von Valtellina
1628–1631	Krieg gegen das Heilige Römische Reich und Spanien
1629	Krieg gegen Marokko
1635–1648	Dreißigjähriger Krieg
1635–1659	Krieg gegen Spanien
1644–1669	Intervention im venezianisch-türkischen Krieg
1647–1648	Intervention im spanisch-neapolitanischen Krieg
1663–1664	Intervention im türkisch-österreichischen Krieg
1665–1667	Krieg gegen England

1666	Krieg gegen Tunesien
1667–1668	Devolutionskrieg
1670–1672	Krieg gegen Tunesien
1672–1679	Holländischer Krieg
1682–1683	Krieg gegen Algerien
1683	Krieg gegen die Irokesen
1688–1689	Krieg gegen Algerien
1688–1697	Krieg der Augsburger Allianz
1689–1691	Intervention in Irland
1701–1714	Spanischer Erbfolgekrieg
1710–1711	Krieg gegen Portugal in Brasilien
1718–1720	Krieg gegen Spanien
1733–1735	Polnischer Erbfolgekrieg
1740–1748	Österreichischer Erbfolgekrieg
1741	Krieg gegen Tunesien
1754–1756	Nordamerikanischer Krieg
1756–1763	Siebenjähriger Krieg
1778–1783	Amerikanischer Unabhängigkeitskrieg
1792–1802	Französische Revolutionskriege
1803–1815	Napoleonische Kriege
1821–1829	Intervention bei der Revolte in Griechenland
1830	Eroberungskrieg in Algerien
1830–1833	Intervention bei der Revolution in Belgien
1833	Krieg gegen Annam
1838–1839	Intervention in Mexiko
1839–1847	Eroberungskrieg in Algerien
1839–1852	Intervention im Krieg Argentinien gegen Uruguay
1844	Krieg gegen Marokko
1854–1856	Krim-Krieg
1856–1860	Krieg gegen China
1857–1861	Eroberungskrieg in Senegal
1859	Lombardischer Krieg
1860	Intervention im syrischen Krieg
1861–1867	Expedition nach Mexiko
1870–1871	Deutsch-französischer Krieg
1873–1874	Krieg in Tonkin
1883–1885	Eroberungskrieg in Madagaskar
1890–1892	Eroberungskrieg in Senegal
1890–1894	Krieg gegen den Sudan
1892–1894	Eroberungskrieg in Dahome
1893	Krieg gegen Siam
1893–1895	Krieg gegen die Tuareg
1894–1895	Eroberungskrieg in Madagaskar

1896–1897	Eroberungskrieg in Obervolta, am Niger
1900–1901	Eroberungskrieg im Tschad
1900–1901	Intervention im chinesischen Boxeraufstand
1900–1911	Eroberungskrieg in Zentralafrika
1907–1911	Eroberungskrieg in Marokko
1912–1917	Krieg gegen Marokko
1914–1918	Erster Weltkrieg
1917–1921	Intervention in der Russischen Revolution
1919–1920	Intervention im russisch-polnischen Krieg
1919–1926	Rifkrieg
1920	Syrischer Krieg
1920–1922	Intervention im griechisch-türkischen Krieg
1925–1926	Syrischer Krieg
1930–1931	Krieg in Vietnam
1939–1945	Zweiter Weltkrieg
1940–1941	Krieg in Thailand
1945	Syrischer Krieg
1946–1954	Indonesischer Krieg
1947	Krieg in Madagaskar
1952–1954	Tunesischer Krieg
1953–1956	Krieg in Marokko
1954–1956	Krieg in Algerien
1955–1960	Krieg in Kamerun
1956	Krieg gegen Ägypten
1957–1958	Krieg in der Westsahara
1962–1992	Intervention im Tschad

Auch in der Welt des Kapitals begann Frankreich jetzt eine bedeutende Rolle zu spielen. Schon der Umfang und die Breite der französischen Wirtschaft gaben dem Land Gewicht, von den großen landwirtschaftlichen Betrieben im Pariser Becken über das leistungsfähige Handwerk in den Alpen bis zur Schiffahrt mit den Häfen Marseille, Bordeaux und St. Malo. Obwohl Großbritannien und Deutschland Frankreich in der Industrieproduktion schließlich überflügelten, war die französische Wirtschaft in drei der von uns behandelten fünf Jahrhunderte wahrscheinlich der Schrittmacher in Europa, und auch im 19. und 20. Jahrhundert blieb die Produktivität der französischen Industrie beeindruckend. Man nehme zum Beispiel die Schätzungen für das Bruttosozialprodukt auf Tafel 9 (*Bairoch* 1976, S. 281; die hier angegebenen Zahlen entsprechen dem Kaufwert in US-

Tafel 9: Geschätztes Bruttosozialprodukt in Europa, 1830–1913

Land	1830	1860	1913	durchschnittl. Wachstumsrate p. a. (%) 1830–1913
Österreich-Ungarn	7210	11380	26050	1,6
Belgien	1098	2882	6794	2,2
Bulgarien	?	616	1260	1,4*
Frankreich	8582	16800	27401	1,4
Deutschland	7235	16697	49760	2,4
Griechenland	?	365	1540	2,8*
Niederlande	913	1823	4660	2,0
Portugal	860	1175	1800	0,9
Rumänien	?	950	2450	1,8*
Rußland	10550	22920	52420	2,0
Serbien	?	345	725	1,4*
Spanien	3600	5300	7450	0,9
Vereinigtes Königreich	8245	19628	44074	2,0
Europa	58152	114966	256845	1,8

* 1860–1913

Dollar im Jahr 1960). Daran gemessen hatte nur Rußland mit seiner sehr viel größeren Einwohnerzahl (1830 waren es etwa 62 Millionen Einwohner gegenüber 32 Millionen in Frankreich) 1830 eine leistungsfähigere Wirtschaft als Frankreich, und 1913 galt das nur für Rußland, Deutschland und das Vereinigte Königreich. Mit anderen Worten, die französische Wirtschaft verlor zwar gegenüber der deutschen und der britischen an Boden, nahm an Umfang aber immer noch zu.

1830 erwirtschaftete Frankreich etwa 15 % des europäischen Bruttosozialprodukts. 1913 waren es 11 %. Der sehr langsame Bevölkerungszuwachs verringerte die relative wirtschaftliche Leistungsfähigkeit Frankreichs. Doch sieht man sich die Leistungsfähigkeit pro Kopf der Bevölkerung an (auf Tafel 10 entsprechen die Zahlen dem Kaufwert in US-Dollar im Jahr 1960), dann konnte Frankreich immer noch mithalten und lag 1830 um 10 % über dem europäischen Durchschnitt, 1860 waren es 40 % und 1913 30 % (*Bairoch* 1976, S. 286).

Tafel 10: Geschätztes Bruttosozialprodukt pro Kopf der Bevölkerung in Europa, 1830–1913

Land	1830	1860	1913
Frankreich	264	432	689
Deutschland	245	354	743
Rußland	170	178	326
Vereinigtes Königreich	346	558	965
Europa	240	310	534

Die Besiedlung mit Städten vermittelt uns einen ähnlichen Eindruck. 1492 war Frankreich insgesamt stärker urbanisiert und kommerzialisiert als die Britischen Inseln, die Iberische Halbinsel oder der Balkan, obwohl es nur im Nordosten ein ebenso reges urban-kommerzielles Leben gab wie in den Niederlanden. Damals hatte Paris trotz seiner Größe mit ca. 100000 Einwohnern etwa die gleiche wirtschaftliche Bedeutung wie Lyon mit nur 50000. Lyon hatte den besonderen Vorteil, daß es enge finanzielle und Handelsbeziehungen zu Italien unterhielt. Zu den französischen Städten mit mehr als 10000 Einwohnern gehörten damals Arras, Bordeaux, Dijon, Marseille, Nantes, Rennes, Rouen und Toulouse. In dem benachbarten, damals noch von Frankreich unabhängigen Elsaß-Lothringen hatten Straßburg und Metz mehr als 10000 Einwohner.

Um 1800 nahm Paris weitaus deutlicher als vorher die beherrschende Stellung unter den französischen großen Städten ein. Das waren ähnlich wie 1492 Bordeaux, Caen, Lyon, Marseille, Metz, Montpellier, Nantes, Nîmes, Orléans, Reims, Rouen, Straßburg, Toulon und Toulouse. Sie alle hatten mehr als 30000 Einwohner. Wir können uns die Hierarchie von 1492 als eine Überlagerung von drei urbanen Netzwerken vorstellen, deren eines die Handelsbeziehungen mit dem Mittelmeerraum und dem atlantischen Raum darstellte, während das zweite diese Städte mit dem Handel in Flandern, dem südöstlichen England und Norddeutschland verband und das dritte die administrativen Beziehungen zur französischen Krone in sich vereinigte. Vom ausgehenden 15. Jahrhundert bis zur Französischen Revolution von 1789 wurden unter dem Einfluß der Monarchie zwei Netze daraus, die das gesamte französische Gebiet überdeckten.

Das eine war ein von oben nach unten gerichtetes administratives Netz und das andere ein von unten nach oben wirkendes wirtschaftliches, wobei der Schwerpunkt des zweiten, das ganze Königreich durchziehenden Netzes im Nordosten lag.

Im Lauf der Zeit entwickelte die französische Monarchie relativ gleichartige, von oben nach unten gerichtete Beziehungen zu den meisten ihrer Territorien. Im 18. Jahrhundert unterschieden sich die politischen Verhältnisse am meisten zwischen den Provinzen, die das Vorrecht hatten, die Höhe der direkten Steuern mit der Zentralregierung auszuhandeln (*pays d'Etats* wie Languedoc, Burgund und die Bretagne), und den *pays d'Elections*, deren autonome Provinzregierungen von königlichen Verwaltungsbehörden abgelöst worden waren. Aber dieser Unterschied verschärfte sich erst unter der zentralistischen Regierung Ludwigs XIV. Zwischen den 1490er und 1650er Jahren sah sich die Krone wiederholt mit erheblichen Schwierigkeiten konfrontiert. Schwierigkeiten, die so groß waren, daß sich Frankreich noch bis ins 17. Jahrhundert hinein leicht zu einem Herrschaftsbereich mit mehreren Teilgebieten hätte entwickeln können, in denen verschiedene Sprachen gesprochen wurden, die Bewohner verschiedenen Religionsgemeinschaften angehörten und in denen relativ selbständige, tributfordernde Kriegsherren das politische Leben bestimmten, anstatt zu dem verhältnismäßig geschlossenen Staat zu werden, den wir aus der Geschichte kennen.

Die revolutionären Situationen jener Zeit waren entweder dynastisch oder kommunal, gelegentlich aber auch durch beide Faktoren gleichzeitig bestimmt. Im 16. und 17. Jahrhundert kam es in Frankreich vor allem dann zu ernstzunehmenden revolutionären Situationen, wenn sich die rebellierende Bevölkerung gegen die Herrschaftsansprüche der Krone wehrte und dabei von den Manövern des Hochadels unterstützt wurde. Nach dem Fronde-Aufstand brach Ludwig XIV. die Macht des Hochadels, einschließlich seiner Möglichkeit, eigene Privatarmeen aufzustellen. Doch vor der großen Zeit Mazarins und Colberts stieß die Monarchie gleichwohl immer wieder auf den bewaffneten Widerstand rebellierender Untertanen. Das waren entweder Protestanten, die nicht bereit waren, die Autorität der römisch-katholischen Kirche anzuerkennen, oder es war die

Masse der Bevölkerung, die sich gegen die kriegsbedingten Steuererhöhungen auflehnte. Obwohl sich auf lokaler Ebene wiederholt Klassenkoalitionen bildeten, verschränkten sich die regionalen und nationalen revolutionären Situationen zumeist mit dynastischen und kommunalen Elementen.

Tafel 11: Revolutionäre Situationen in den französischen Staaten, 1492–1992

1548	Pitaud-Aufstand in Guyenne
1562–1563	Erster Religionskrieg
1567–1568	Zweiter Religionskrieg
1568–1569	Dritter Religionskrieg
1572–1573	Vierter Religionskrieg
1574–1576	Fünfter Religionskrieg
1577	Sechster Religionskrieg
1578–1579	Siebenter Religionskrieg
1579–1580	Achter Religionskrieg
1585–1598	Neunter Religionskrieg
1594–1595	Croquant-Rebellionen im Südwesten
1614–1615	Bürgerkrieg in der Bretagne
1617	Krieg Mutter gegen Sohn
1619–1620	Krieg Mutter gegen Sohn
1621–1622	Hugenottenkriege
1625	Hugenottenkriege
1627–1630	Hugenottenkriege (englische Intervention)
1629–1630	Croquant-Aufstand
1635–1636	Croquant-Aufstand
1637–1641	Croquant-Aufstand
1639	Normannische Rebellion
1643–1644	Revolte des Südwestens
1648–1653	Fronde-Aufstand
1655–1657	Tardanizat-Rebellion (Guyenne)
1658	Rebellion der Saboteure (Sologne)
1661–1662	Bénauge-Rebellion (Guyenne)
1662	Lustucru-Rebellion (Boulogne)
1663	Audijos-Rebellion (Gascogne)
1663–1672	Angelets-Guerillakrieg (Roussillon)
1675	Papier Timbré, Bonnets Rouges (oder Torrében)-Rebellionen (Bretagne)
1702–1706	Camisard-Rebellionen in den Cévennen, Languedoc

1768–1769	Rebellion auf Korsika
1789–1799	Französische Revolutionen und Gegenrevolutionen
1815	Hundert Tage
1830	Juli-Revolution
1848	Französische Revolution
1851	Staatsstreich Louis Napoleons, Erhebung
1870	Zusammenbruch des Staates, Besetzung, Republikanische Revolutionen
1870–1871	Bildung von Kommunen
1944–1945	Resistance und Befreiung

Protestanten gegen Katholiken

Im 16. und 17. Jahrhundert ging von den organisierten Protestanten die größte Gefahr für eine starke, monarchische Zentralregierung aus. Die Reformation erschütterte die Staatsautorität überall dort, wo sie in Europa Fuß fassen konnte, und sei es nur, weil die herrschenden Dynastien die römisch-katholische Kirche wie einen Bundesgenossen behandelt hatten, als eine Institution, in der ihre zivilen Untertanen einträgliche Ämter finden konnten, und als Geldquelle für die Finanzierung von Kriegen und die königliche Verwaltung. Wenn wir die Gebiete, in denen die Reformation erfolgreich war, auf der Landkarte einzeichnen wollen, dann müssen wir die Teile Europas, wo sich die Bevölkerung zuerst der neuen Lehre zuwandte, von denen unterscheiden, wo sich die reformierten Kirchen dauerhaft etablieren konnten. Die Landkarte des Protestantismus hat sich von 1525 bis 1650 immer wieder geändert. In Frankreich wurde die zweite Welle der Reformation zunächst recht positiv aufgenommen, vor allem die Lehre von Jean Calvin, aber später kehrten die meisten Franzosen wieder zum Katholizismus zurück. Die Geschichte der Reformation verlief in Frankreich ganz anders als in Deutschland, wo große Teile der Bevölkerung zur lutherischen Form des Protestantismus übergingen und dabei blieben.

Daß die lutherische Kirche in Deutschland so viele Anhänger fand, hatte drei miteinander zusammenhängende Gründe. Erstens verfügte der Papst im territorial zersplitterten Deutschland über eine stärkere Stellung als irgendwo sonst in Europa mit Ausnahme seines eigenen Kirchenstaates in Italien; aus diesem

Umstand ergaben sich immer wieder Anlässe, den Papst anzugreifen, der keine weltlichen Mittel hatte, sich gegen solche Angriffe zu wehren. Zweitens hatten die deutschen Kleinfürsten oft nicht die Möglichkeit, gegen den entschlossenen Widerstand von Koalitionen protestantischer Kaufleute und Handwerker in ihrem Herrschaftsbereich die Zugehörigkeit zu einer einzigen Religionsgemeinschaft durchzusetzen. Drittens bot der Protestantismus vielen Städten und Kleinfürsten die Möglichkeit, sich stärker vom katholischen Heiligen Römischen Reich zu distanzieren und darüber hinaus kirchlichen Besitz und kirchliche Einkünfte für sich in Anspruch zu nehmen. So haben die Kurfürsten von Sachsen Martin Luther (den der Papst und viele Katholiken am liebsten auf dem Scheiterhaufen verbrannt hätten) während seines ganzen Lebens vor der Verfolgung durch den Papst und den Kaiser geschützt.

Deshalb darf man die Menschen, die sich zur Lehre Luthers, Calvins oder Zwinglis bekehrten, jedoch nicht als bloße politische Opportunisten bezeichnen. In der protestantischen Reformation kam eine schon lange schwelende Unzufriedenheit mit korrupten Vertretern der katholischen Kirche zum Ausdruck, und sie gab den Menschen die Möglichkeit, in der religiösen Praxis ihren eigenen Glaubensvorstellungen zu folgen. Im deutschen Bauernkrieg von 1524–1526 haben viele einfache Menschen ihr Leben für das von Thomas Müntzer verkündete Tausendjährige Reich gewagt (sehr zum Kummer von Martin Luther, der sie dafür scharf verurteilt hat). Daß sich in einzelnen europäischen Regionen protestantische Glaubensgemeinschaften kirchlich institutionalisieren konnten, lag dennoch weniger daran, daß die von ihnen vertretenen Lehrmeinungen den religiösen Bedürfnissen der jeweiligen Bevölkerung am besten entsprochen haben, sondern daran, daß die örtlichen, regionalen und nationalen Machthaber die Wahl hatten, ein bestimmtes protestantisches Glaubensbekenntnis zu verbieten, zu tolerieren oder zu fördern.

In den segmentierten Staaten der Region war es von entscheidender Bedeutung, ob die Zwischengewalten der gleichen Religionsgemeinschaft angehörten wie die jeweiligen nominellen Souveräne. Wenn die lokalen Machthaber religiöse Dissidenten waren, dann hatten sie gute Gründe, ihre Gemeinden gegen das

Eingreifen des Landesfürsten zu verteidigen, einen größeren Anspruch auf die Loyalität der ansässigen Bevölkerung und berechtigte Aussichten auf die Hilfe von Glaubensgenossen außerhalb ihres Herrschaftsbereichs. In Frankreich waren es in erster Linie Kaufleute und Handwerker, die sich zum Calvinismus bekannten, und auf lokaler Ebene kam es zu erbitterten Kämpfen zwischen Protestanten auf der einen und Vertretern der Kirche und städtischen Behörden auf der anderen Seite. Wo die Protestanten sich durchsetzen konnten, beschlagnahmten sie gewöhnlich den kirchlichen Besitz, um ihn dann zu verkaufen oder öffentlichen Einrichtungen zur Verfügung zu stellen und die Schulden der Gemeinden zu bezahlen. Aber in den Kämpfen zwischen Protestanten und Katholiken auf nationaler Ebene ging es im allgemeinen darum, daß der katholische Souverän die Selbständigkeit des Hochadels und der Städte zu beseitigen versuchte. In den hundert Jahren nach 1560 ergaben sich die revolutionären Situationen in Frankreich in den meisten Fällen daraus, daß solche Auseinandersetzungen mit dem Widerstand gegen erhöhte Steuern einhergingen, die der Bevölkerung zur Bezahlung von Kriegskosten auferlegt worden waren.

Luther hatte in Frankreich nur verhältnismäßig wenige Anhänger gefunden; seine Lehre von einer Erlösung durch den Glauben in einer autoritären Kirche, die die zivile Obrigkeit respektierte, fand weniger Zustimmung als die eher separatistischen und populistischen Vorstellungen Zwinglis und Calvins, die eine vermehrte Beteiligung der Laien am kirchlichen Leben und eine strenge kollektive Disziplin verlangten. Für Calvin sprach auch die Tatsache, daß er ein französischer Emigrant war und seine ersten Jünger französisch sprachen. In Frankreich konnte der Protestantismus vor allem in Städten Fuß fassen, wo eine aristokratische Obrigkeit die protestantischen Glaubensgemeinschaften duldete oder sogar förderte (*Knecht* 1989, S. 8). Am stärksten war der Protestantismus in Frankreich um das Jahr 1560. Nach einer auf Anordnung des großen protestantischen Führers, Admiral Coligny, vorgenommenen Erhebung gab es 1561 in ganz Frankreich 2150 protestantische Gemeinden. Nach dieser Zeit begannen die Religionskriege, und die Zahl der Protestanten ging zurück, als ihr politischer Einfluß schwächer wurde.

Den Religionskriegen, die Frankreich zwischen 1562 und 1598 spalteten, gingen typische dynastische Erbfolgekrisen voraus, und ebenso endeten sie auch mit dem Abschluß der dynastischen Krise. Nachdem König Heinrich II. 1559 auf einem Turnier tödlich verwundet worden war, übernahm Katharina von Medici die Regentschaft für ihren fünfzehnjährigen Sohn Franz II. Unter dem Einfluß der Guise intensivierte Katharina die Verfolgung der Protestanten, die zunächst gehofft hatten, unter dem neuen Regime nachsichtiger behandelt zu werden. Protestantische Gruppen versuchten wiederholt, einen protestantischen Prinzen, und zwar entweder Antoine oder Ludwig aus dem Hause Bourbon, auf den Thron zu bringen. Als Franz II. 1560 starb, trat sein zehnjähriger Bruder Karl IX. seine Nachfolge an, und Katharina von Medici übernahm offiziell die Regentschaft anstelle von Antoine, dessen Ansehen in Frankreich durch seine Bemühungen, das Königreich Navarra von Spanien zurückzugewinnen, gelitten hatte. Mit diesem Vorgehen verschärfte sich die Feindschaft zwischen den protestantischen Bourbonen und den herrschenden katholischen Königen aus dem Hause Valois.

In der Folgezeit zeigte sich Katharina gegenüber den Protestanten toleranter, die jedoch mehr von ihr erwarteten, als sie ihnen bieten wollte. Die nächsten zwei Jahre sahen immer blutigere Auseinandersetzungen zwischen katholischen und protestantischen Gruppen, während sich zugleich der Machtkampf zwischen den Bourbonen und den Guise verschärfte. Während dieser Zeit des Interregnums brach der offene Krieg aus. In dem ersten französischen Religionskrieg (1562–1563) standen königliche Truppen den Streitkräften großer Städte gegenüber, vor allem denen von Rouen und Lyon, wo protestantische Aktivisten die Macht übernommen hatten. Der Krieg endete mit dem Edikt von Amboise, das den Protestanten weitgehende politische und religiöse Zugeständnisse einräumte. Auch die folgenden kriegerischen Auseinandersetzungen verliefen nach dem gleichen Muster. Die Feldzüge dauerten drei bis sechs Monate und wurden begleitet von den Machinationen des protestantischen und des katholischen Hochadels, bei denen jede Seite versuchte, den Ausgang des Krieges zu ihren Gunsten zu entscheiden und einen ihr genehmen König auf den französischen Thron zu bringen. Jeder dieser Kriege endete mit einem Waffenstillstand, einem Vertrag und einem Edikt, deren Bestimmungen nach Auffassung der Teilnehmer nicht über längere Zeit eingehalten werden würden.

Der zweite Religionskrieg in den Jahren 1567 und 1568 zeigte die enge Verflechtung innerer religiöser Spaltungen, dynastischer Konflikte und außenpolitischer Fragen. In den Jahren 1564 und 1565 hatte Katharina von Medici mit ihrem Hof eine große Reise unternommen, auf der sie im April 1565 in Bayonne mit dem spanischen Herzog von Alba Gespräche führte. Dabei gelang es ihr jedoch nicht, Heiraten zwischen der französischen Königsfamilie und den in Spanien und im Heiligen Römischen Reich herrschenden Habsburgern zu arrangieren. Alba wiederum versuchte vergeblich, Katharina zu einem entschiedeneren Vorgehen gegen die Protestanten zu veranlassen, vor allem gegen die calvinistischen Rebellen in den Niederlanden. Im gleichen Jahr brachten spanische Streitkräfte einer französischen Expeditionsarmee in Florida eine vernichtende Niederlage bei. Während sich der Hof auf dieser langen Reise befand, besetzten Truppen der Familien Guise, Montmorency und Bourbon (der drei großen Rivalen des Hauses Valois um die französische Krone) zeitweilig Paris in dem Bemühen, von der französischen Hauptstadt aus die politische Macht in die Hand zu bekommen.

1567 marschierte der Herzog von Alba mit seinen Truppen die sogenannte spanische Straße an der französischen Ostgrenze entlang, um einen Schlag gegen die rebellischen Niederlande zu führen, ein militärisches Unternehmen, das die Franzosen als Bedrohung auffaßten. Obwohl es kurze Zeit so aussah, als werde sich der protestantische und der katholische Adel in Frankreich gegen die Spanier vereinigen, trafen hugenottische Streitkräfte sehr bald Vorbereitungen, den Hof gefangenzunehmen und einige größere Städte zu besetzen. Der Prinz von Condé führte einen Angriff gegen die königlichen Streitkräfte, in dessen Verlauf er das von den Protestanten beherrschte Gebiet beträchtlich erweiterte. Als seine Armee jedoch zusammenschmolz, akzeptierte Condé die Rückkehr zu den Verhältnissen, die nach dem ersten Religionskrieg bestanden hatten.

Es folgten weitere Kriege zwischen Protestanten und Katholiken in den Jahren 1568/69, 1572/73, 1574–1576, 1577, 1578/79,

1579/80 und 1585–1598. Sie waren begleitet von Verträgen, Attentaten, Rebellionen, Verschwörungen und Massakern. Die schlimmsten Massaker ereigneten sich im Zuge einer Reihe von Angriffen gegen die Protestanten, die mit der «Bartholomäusnacht» von 1572 begannen. 13 000 Protestanten, unter ihnen auch der Admiral Coligny, starben bei Blutbädern im ganzen Land. An den späteren Religionskriegen beteiligten sich zunehmend Angehörige des Hochadels, die einen Anteil an der Regierungsmacht oder ihre völlige Inbesitznahme anstrebten. Dabei komplizierte sich die Lage zeitweilig auch dadurch, daß die Protestanten ihre rebellierenden Glaubensbrüder in den Niederlanden im Krieg gegen das streng katholische Spanien unterstützten. 1584 hatte sich unter der Führung des Hauses Guise ein starkes militärisches Bündnis zum Kampf gegen die über das Land verstreuten protestantischen Streitkräfte gebildet. Die verlustreichen Bürgerkriege endeten erst mit der Thronbesteigung des Protestanten Heinrich von Navarra, der nun wieder zum Katholizismus konvertierte und allmählich die Zustimmung der politischen Kräfte im Lande zu seiner Regierung gewann. Den Protestanten wies er einen festen Platz im politischen Leben Frankreichs zu, nachdem sie sich in den Besitz einiger Festungen und befestigter Städte gesetzt hatten. Im Edikt von Nantes (1598) wurde dieser *modus vivendi* festgeschrieben.

Doch es blieb nicht sehr lange dabei. Bis zu seiner Ermordung im Jahr 1610 verteidigte Heinrich IV. mutig die Interessen seiner ehemaligen Glaubensgenossen, aber seine Nachfolger Ludwig XIII. und Ludwig XIV. machten sich energisch an die Aufgabe, die Rechte der Protestanten zu beschneiden. Zunächst wehrte Ludwig XIII. die Machtambitionen seiner Mutter, Maria von Medici, Richelieus und der mit ihnen verbündeten Adeligen, zu denen auch einige protestantische Magnaten gehörten, ab. Später griff der König (der inzwischen von Richelieu beraten wurde) wiederholt protestantische Hochburgen an. Er belagerte sogar La Rochelle, dessen Besatzung mit Unterstützung der Engländer die Angriffe der königlichen Truppen in den Jahren 1627 und 1628 abwehren konnte. In den folgenden zwanzig Jahren kam es immer wieder zu militärischen Auseinandersetzungen geringeren Ausmaßes mit dem protestantischen Hochadel und protestantischen Städten.

Nachdem er den fürchterlichen Schock der Fronde überwunden hatte, begann Ludwig XIV. die allmähliche Entmachtung der Protestanten mit dem Widerruf des Edikts von Nantes (1685), der seine Stellung wesentlich stärkte. Schon vorher hatte er die Selbständigkeit der protestantischen Städte erheblich geschwächt und die Privatarmeen des Hochadels auflösen lassen – und zwar nicht nur die der Protestanten, sondern alle Privatarmeen. Doch selbst der mächtige Ludwig XIV. hatte Mühe, mit der von 1702 bis 1706 andauernden Rebellion der Camisarden fertigzuwerden. Das waren Protestanten aus den ländlichen Gebieten und kleinen Städten in den Cévennen und Vivario. Nur die Taktik der verbrannten Erde und das geschickte Agieren der königlichen Unterhändler konnten die Aufständischen schließlich zum Einlenken bewegen. Obwohl es in den 1790er Jahren in Südfrankreich noch einmal zu erbitterten Kämpfen zwischen Protestanten und Katholiken kam, war die Gefahr protestantischer Rebellionen in Frankreich durch die Unterdrückung des Camisardenaufstands und deren Bereitschaft, die Oberhoheit des Souveräns anzuerkennen, doch für immer beseitigt.

Krieg, Steuern und revolutionäre Situationen

Das 16. Jahrhundert brachte Frankreich ein rapides Bevölkerungswachstum, steigende Preise, eine Verringerung des Reallohnes und eine stetige Zunahme der Pachtzahlungen. Das begünstigte die Großgrundbesitzer, belastete aber jeden Lohnempfänger und alle Personen, die ein festes Einkommen bezogen oder darauf angewiesen waren, von den Erzeugnissen gepachteten Bodens zu leben. Unter diesen Umständen wurden die von ihren Pfründen lebende Kirche und der Adel immer reicher, während die Bauern und Arbeiter Mangel litten und die Staatseinnahmen, die zum größten Teil aus in ihrer Höhe gleichbleibenden Steuereinnahmen und weniger aus fluktuierenden Pachtgeldern bestanden, kaum noch für die Kosten der königlichen Kriegführung ausreichten. Deshalb sah sich die Krone gezwungen, die Einführung neuer Steuern zu betreiben und darauf zu drängen, daß die geschuldeten Steuern energischer eingetrieben wurden. Wenn die Bevölkerung ungerecht oder über ihr Vermögen hinaus besteuert wurde, leistete sie Widerstand. In der Zeit von 1514 bis 1551 kam es zu ernsten Rebellionen in den Städten Agen, Bordeaux, La Rochelle, St. Maixent, Sarlat, Niort, Saintes, Périgueux, St. Foy, Duras und in den Regionen von Comminges, Guyenne, Dauphiné, Auvergne, Velay und Agenais (*Heller* 1991, S. 42–44). In unserer Aufstellung der revolutionären Situationen erscheint nur der Pitaud-Aufstand von 1548, weil nur in diesem Fall die Rebellen länger als einen Monat bedeutende Machtzentren in der Hand hatten, unter anderem auch die Stadt Bordeaux (*Le Roy Ladurie & Morineau* 1977, S. 825–835). Doch selbst die Rebellionen, die nicht in die Kategorie der revolutionären Situationen gehören, kosteten Tausende das Leben. Die Anlässe dazu waren im wesentlichen die gleichen wie diejenigen, die zu den echten revolutionären Situationen geführt hatten.

In den 1590er Jahren kam es in weiten Gebieten des südwestlichen Frankreich auf dem Lande und in den Städten zu Revolten, 1594 und 1595 zum Beispiel zu den Croquant-Aufständen. Seit dreißig Jahren hatten die Bauern in dieser Region nicht nur unter den in Kriegen üblichen Gewalttätigkeiten gelitten – Vergewaltigungen, Plünderungen, Brandstiftungen und Zerstörungen ihrer Gehöfte –, sondern auch unter hohen Steuerlasten und dem Pachtwucher beider Parteien in den Kämpfen zwischen Protestanten und Katholiken. Während dieser Kriege hatten sie sich bewaffnet. Einer alten Tradition folgend, versammelten sich die Mitglieder einzelner Gemeinden, verfaßten Beschwerdeschriften, wählten ihre Anführer und zogen ins Feld, um gegen ihre Unterdrücker zu kämpfen. Auf diese Weise entstanden Bauernarmeen mit manchmal mehreren tausend Mann, die sich darauf konzentrierten, Städte zu erobern und die Landsitze der sie ausbeutenden Grundherren anzugreifen. Der Kommissar des Königs Boissize unterstützte die Rebellion von 1594 mit königlichen Truppen, die gemeinsam mit den *Croquants* die Burg eines dieser Unterdrücker erstürmten, und überredete die Bauern anschließend, wieder nach Hause zu gehen. Auch die Périgord-Rebellion von 1595 endete in ähnlicher Weise mit einer von beiden Seiten ausgehandelten Vereinbarung und der Entwaffnung der Bauern.

Noch häufiger als bei den Kämpfen der Gefolgsleute der Großgrundbesitzer fanden die Bauernrevolten im 16. Jahrhundert in einem jahreszeitlichen Rhythmus statt, denn zu Zeiten der Aussaat und der Ernte verringerte sich die Zahl der Männer, die an den Kämpfen teilnehmen konnten. Deshalb kam es den Führern der rebellierenden Bauern darauf an, durch ein möglichst rasches und energisches Zuschlagen zum Erfolg zu kommen. Das haben sie oft getan. Mit den Rebellionen von 1594 und 1595 wurde das Eintreiben der Steuern durch Agenten der in den betreffenden Gebieten stationierten königlichen Truppen beendet und die Krone gezwungen, die Hoffnung auf die Bezahlung rückständiger Steuern aufzugeben (*Bercé* 1974, S. 290/291).

Doch damit hörten die Revolten auf dem flachen Land und in den kleinen Städten noch lange nicht auf. In den ersten drei Jahrzehnten des 17. Jahrhunderts schränkte die französische Monarchie ihre kriegerischen Unternehmungen wesentlich ein: Sie begnügte sich mit einem Kleinkrieg gegen Savoyen um das Marquisat Saluzzo, mit Versuchen, den nordafrikanischen Seeräubern das Handwerk zu legen, mit Manövern, um den Spaniern den Zugang nach Deutschland und in die Niederlande über die Gebirgspässe zwischen Italien und der Schweiz zu verwehren, und mit erneuten Überfällen auf spanische Besitzungen in Italien, die Ludwig XIII. und Richelieu in das Vorfeld des Dreißigjährigen Krieges führten. 1634 nahmen sie Lothringen in Besitz. Das alles geschah, während in Frankreich selbst ein Bürgerkrieg wütete. 1627 landeten zum Beispiel englische Streitkräfte auf der Ile de Ré und schickten den Protestanten, die das benachbarte La Rochelle gegen einen Angriff königlicher Truppen verteidigten, eine Flotte zu Hilfe.

Erst nach 1635 wurde Frankreich als kriegführende Partei im Dreißigjährigen Krieg wieder in umfangreichere militärische Auseinandersetzungen verwickelt. Die Teilnahme an größeren internationalen Konflikten führte sehr bald zu Steuererhöhungen. Nach einer groben Schätzung lag die Höhe der Steuerlast pro Kopf der Bevölkerung 1620 bei zwei Tageslöhnen, 1630 waren es etwa vier Tageslöhne und 1640 acht bis zwölf (*Tilly* 1986, S. 134–135). Steuererhöhungen allein verursachten im allgemeinen noch keine Rebellionen, waren aber meist Anlaß für Versuche, Steuern zu hinterziehen. Auf kollektiven Widerstand stießen die Behörden im allgemeinen, wenn sie bei der Einführung neuer Steuern gegen alte Vereinbarungen verstießen und einzelne Persönlichkeiten sich Vorteile dabei verschafften. Als sich die Steuerlast pro Kopf der Bevölkerung in der Zeit von 1620 bis 1640 versechsfachte, war es natürlich unvermeidlich, daß beides geschah. Die Agenten der Krone erzwangen den Verkauf von teuerem Salz (die *gabelle*) in Regionen, die sich bisher davon freigekauft hatten, widerriefen den Verzicht auf die Kopfsteuer in den Städten, führten Verbrauchssteuern für bisher steuerfreie Waren ein, beschlagnahmten gehortete Waren oder steckten örtliche Beamte ins Gefängnis, die sich geweigert hatten, diese Zahlungen zu leisten, während die Kredite, die ein Steuereinnehmer oder ein höherer Beamter der Krone gewährt hatte, mit dem Einfuhrzoll zurückgezahlt wurden.

Das veranlaßte die so in Bedrängnis geratenen Menschen oft, sich zu Gruppen zusammenzuschließen, um die Zahlungen zu verweigern und die Steuereintreiber anzugreifen. Wenn sich mehrere Gemeinwesen zusammenschlossen oder gemeinsame Führer wählten, entstanden regionale Rebellionen. Kam es zwischen diesen rebellierenden Gruppen und mächtigen Rivalen der Krone zu Bündnissen, dann uferte dieser Widerstand zu Bürgerkriegen aus. Das Wiederaufleben der Croquant-Rebellionen in den Jahren 1629/30, 1635/36 und 1637–1641 im Südwesten illustriert eindrucksvoll den Prozeß geographischer Aggregation; in Städten und Dörfern wehrten sich einzelne unzufriedene Gruppen gegen die Salzsteuer, griffen die Steuereintreiber in ihren Häusern oder Ämtern an, und Gruppen aus mehreren Orten vereinigten sich zu Armeen, um gegen die regionale Steuerbehörde vorzugehen. Im März 1637 versammelte sich eine aus sechzig straff organisierten Bauernkompanien bestehende Armee unter der Führung von Adeligen und einigen Bürgern außerhalb von Bergerac und besetzte dann zwanzig Tage lang die Stadt im Namen der Gemeinden von Périgord. Zwar beherrschten die Bauernverbände während dieser Zeit das von ihnen besetzte Gebiet, aber im Juni gelang es den königlichen Truppen, sie unter hohen Verlusten auf beiden Seiten auseinanderzujagen. Insgesamt starben bei diesem Unternehmen 2000 Mann (*Bercé* 1974, S. 426–430).

Vom Anfang der 1620er bis zum Beginn der 1650er Jahre kam es fast jedes Jahr irgendwo in Frankreich zu einem bewaffneten Aufstand. In den meisten Fällen verliefen diese Unruhen ganz ähnlich wie die Rebellion der Croquants, wie die Revolten von der Krone unter Druck gesetzter städtischer Protestanten oder wie das gleichzeitige Ausbrechen beider Arten des Widerstandes; Drohungen oder Forderungen der Krone erregten den kollektiven Widerstand, Bürgerversammlungen formulierten Beschwerdeschriften, benachbarte Agenten oder Nutznießer der Politik des Königs wurden angegriffen, Führer koordinierten die lokalen Rebellionen, aus (manchmal zögernden) Freiwilligen wurden Armeen gebildet, die Armeen setzten sich in den Besitz strategischer Machtzentren, die Krone entsandte Truppen und Bevollmächtigte, und nach Gefechten, Verhandlungen und Flucht folgte die Befriedung. Wo die Krone sich ihren Gegnern deutlich überlegen gezeigt hatte und nicht zu viele Würdenträger kompromittiert waren, waren ihre Friedensbedingungen äußerst brutal. Wo jedoch die Überlegenheit der Krone nicht gesichert war, kam es zu den üblichen Verhandlungen über die Höhe des nun zu leistenden Steueraufkommens.

Bürgerkrieg und Repression

Der Aufstand der «Fronde» (1648–1653) begann während einer Erbfolgekrise. Ludwig XIII. starb 1643, als sein Nachfolger, Ludwig XIV., fünf Jahre alt war. Die Witwe Ludwigs XIII., Anna von Österreich, und Kardinal Mazarin übernahmen die Regierungsgeschäfte, während der Krieg gegen Spanien und der Kampf gegen eine ganze Reihe von Rebellionen im Südwesten Frankreichs fortgesetzt wurden. Dabei sah sich die Regierung gezwungen, ihren Untertanen zur Finanzierung der gewaltigen Kriegsanstrengungen neue Steuerlasten aufzubürden. In der Fronde vereinigten sich alle Formen der regionalen Rebellionen im 17. Jahrhundert mit einem gewaltigen, lange Zeit unentschiedenen Machtkampf zwischen dem Hochadel und der Krone. Die Vorgänge waren außerordentlich kompliziert:

1648: Nach einer Konferenz hoher Gerichtsbehörden, auf der Einschränkungen der königlichen Finanzpolitik und die Abberufung von Intendanten in den Provinzen verlangt wurden, forderte eine Abordnung von Bauern in Paris Steuersenkungen, und in Pau kam es zu einer Revolte. Darauf ließ Mazarin zunächst einige führende Richter, die diese Forderungen unterstützt hatten, verhaften, aber unter dem Druck der Pariser Revolte wieder freilassen und ging auf ihre Forderungen ein.

1649: Nachdem er die Verbannung der Mitglieder der hohen Gerichte angeordnet hatte, floh Mazarin mit der königlichen Familie aus Paris, aber der Oberste Gerichtshof in Paris übernahm die Regierung der Stadt. Die Forderungen der Gerichte fanden in Paris und anderswo die Unterstützung weiter Kreise, doch der Prinz von Condé erzwang mit einer Blockade der Hauptstadt gewisse Zugeständnisse einschließlich der Rückkehr der königlichen Familie.

1650: Condé und seine Anhänger versuchten, die Entlassung von Mazarin zu erreichen, worauf die Königinmutter sie verhaften ließ. Nun organisierten die Anhänger Condés in den Provinzen den Widerstand im ganzen Land, dem sich auch Teile der Bevölkerung in Bordeaux und anderswo anschlossen, aber königliche Truppen brachen diesen Widerstand. Rentenempfänger in Paris verlangten lautstark die Bezahlung rückständiger Jahresrenten.

1651: Angehörige der Fürstenhäuser und hohen Gerichte setzten sich mit ihrer Forderung nach der Entfernung Mazarins aus dem Amt durch, worauf Condé aus dem Gefängnis entlassen wurde. Obwohl sich die Reihen der Gegner des Königshauses lichteten, gingen die Kämpfe zwischen den königlichen Truppen und den Aufständischen weiter, und Condé verließ die Hauptstadt, um den Widerstand in den Provinzen zu organisieren. Am Ende des Jahres kehrte Mazarin mit eigenen Truppen nach Paris zurück.

1652: Nun rückte Condé gegen Paris vor und nahm die Stadt ein, während Aufständische (die Ormée) Bordeaux besetzten. In Paris standen sich indessen immer noch die Anhänger und Gegner von Mazarin gegenüber, und die letzteren erzwangen schließlich erneut seine Entlassung. Doch bald änderte sich die Lage, Condé stieß auf immer stärkeren Widerstand und mußte schließlich Frankreich verlassen. Das ermöglichte die Rückkehr des Königs und der Königinmutter nach Paris und die Zerschlagung der Fronde.

1653: Mazarin kehrte nach Paris zurück, die Ormée in Bordeaux gab sich geschlagen, und die gegen die ehemaligen Aufständischen gerichteten Vergeltungsmaßnahmen gingen weiter.

Fünf Jahre lang war die politische Macht in Frankreich auf mindestens zwei Parteien verteilt. Die Fronde hatte zu einer ernsten revolutionären Situation geführt. Doch das Ergebnis im Jahr 1653 war kaum als revolutionär zu bezeichnen. Eine ganze Reihe von Angehörigen des Hochadels und der Oligarchie in den Städten, die bisher über beträchtliche politische Macht und Selbständigkeit verfügt hatten, war jetzt vom Staat in ihrer Handlungsfreiheit so weit eingeschränkt worden wie nie zuvor. Der Fronde-Aufstand glich in mancher Weise den Revolutionen jener Zeit in den Niederlanden und auf dem Balkan, denn in allen drei Fällen verweigerten die Kräfte, die bisher innerhalb der bestehenden staatlichen Struktur um Macht und Einfluß gerungen hatten, der Krone den Gehorsam – natürlich immer, weil sie behaupteten, den Monarchen vor böswilligen oder unfähigen Ratgebern schützen zu müssen. Der Hauptunterschied liegt darin, daß die Zentralgewalt in Frankreich gestärkt aus diesen Kämpfen hervorging.

Die Niederschlagung der Fronde und die Wiederherstellung der königlichen Autorität hatten tiefgreifende Auswirkungen auf spätere Situationen, die zu revolutionären Entwicklungen führen konnten. Die einzigen mehr oder weniger revolutionären Situationen, zu denen es zwischen dem Ende der Fronde 1653 und den Auseinandersetzungen der Revolution von 1789 in Frankreich kam, waren die religiösen Kämpfe, die wir bereits behandelt haben, und eine Reihe regional begrenzter Rebellionen, bei denen es um neue Steuern oder die Abschaffung finanzieller Privilegien ging: die Tardanizats-, Sabotiers-, Bénauge-, Lustucru-, Audijos-, Angelets-, Papier Timbré-, Bonnets Rouges- und Torrében-Rebellionen (Daten und Orte siehe Tafel 11, vgl. auch *Tilly* 1986, S. 145–159). Wenngleich die Gegnerschaft gegenüber dem Adel und dem Bürgertum in den einzelnen Rebellionen verschieden stark ausgeprägt war, glichen sie im allgemeinen doch den früheren *Croquants*-Rebellionen insofern, als sich ganze Gemeinwesen weigerten, neue Zahlungen zu leisten, die die Krone von ihnen verlangte, um ihre Kriege finanzieren zu können. Von den früheren Rebellionen unterschieden sie sich jedoch dadurch, daß sie nicht vom Hochadel unterstützt wurden und nur unter großen Schwierigkeiten Angehörige des niederen Adels dazu bewegen konnten, ihre Streitkräfte zu führen. Der Adel weigerte sich jetzt, an den Rebellionen breiter Volksschichten teilzunehmen. Zu dynastischen Revolutionen ist es, nachdem diese Frage beim Fronde-Aufstand eine so entscheidende Rolle gespielt hatte, später nicht mehr gekommen. Was übrig blieb, waren die rein kommunalen revolutionären Situationen, die jedoch kaum noch die Aussicht boten, zu einem revolutionären Ergebnis zu führen.

Wie läßt sich das erklären? Hauptsächlich lag es daran, daß die Krone ihre gefährlichsten potentiellen Gegner entweder entmachtet oder auf ihre Seite gezogen hatte. Das Schleifen der Burgen, die Auflösung der Privatarmeen und städtischen Milizen, das gesetzliche Verbot des Duellierens, der Bau des Schlosses von Versailles, wo sich der Hochadel außerhalb von Paris einfand, und die Aufstellung einer stehenden Berufsarmee sorgten dafür, daß alle potentiellen Waffenträger der Krone direkt unterstellt wurden. Die feste Einführung der Intendanten in den größeren Provinzen (ob es nun *pays d'Etat* oder *pays d'Election* waren) beschnitt die Autonomie der Militärgouverneure, die vor der Fronde gewöhnlich bei solchen Rebellionen als Schutzherren und Verschwörer aufgetreten waren. Die Konsolidierung der Regionalverwaltungen unter Mazarin und Colbert brachte Frankreich einem direkten Regierungssystem einen Schritt näher; von Ende des 17. Jahrhunderts bis zur Revolution empfingen sogar die Dorfältesten ihre Anweisungen direkt von königlichen Beamten wie den Subdelegierten, die im Auftrag der Intendanten in deren Amtsbereich alle Verwaltungsaufgaben wahrnahmen.

Die Konsolidierung des Staates

Angesichts der gespenstischen Heraufkunft der Revolution am Ende des 18. Jahrhunderts läßt es sich kaum vermeiden, die Zeit zwischen der Fronde und den 1780er Jahren aus teleologischer Perspektive zu betrachten. Der katastrophale Zusammenbruch des Staates im Jahr 1789 wird jeden Historiker veranlassen, bis in das Jahr 1700 oder 1750 zurückzugehen, um dort nach Rissen im Fundament dieses Staates zu suchen. Doch wenn man sich die Zeit von 1750 bis unmittelbar vor den 1780er Jahren ansieht, dann entdeckt man kaum mehr als eine kontinuierliche Ausdehnung der Wirtschaft und des Staates. Im 18. Jahrhundert hatte Frankreich eine große, relativ wohlhabende Bevölkerung und eine weitgehend kommerzialisierte Wirtschaft. Auch nachdem Frankreich zur Zeit des Siebenjährigen Krieges große Teile seines Kolonialbesitzes verloren hatte – der Verlust von Quebec war besonders schmerzlich –, waren die Franzosen immer noch stark am Sklavenhandel beteiligt und machten mit dem Verkauf des Zuckers aus ihren karibischen Besitzungen hohe Gewinne. Französische Textilien wurden in die ganze Welt exportiert, während französische Armeen und Flotten in Europa und in Übersee Eroberungskriege führten.

In den 134 Jahren vom Ende des Fronde-Aufstands bis zum Beginn der inneren Kämpfe von 1787, die direkt zur Revolution führten, befand sich Frankreich in 86 Jahren, also in zwei Dritteln dieser Zeit, im Kriege. In den dreizehn Jahrzehnten kämpfte es gegen Spanien, England, die holländische Republik und Portugal und war außerdem neben anderen Staaten am Devolutionskrieg, dem Krieg der Augsburger Liga, dem Spanischen Erbfolgekrieg, dem Polnischen Erbfolgekrieg, dem Siebenjährigen Krieg und dem Amerikanischen Unabhängigkeitskrieg beteiligt. Im großen und ganzen ging es aus all diesen Kriegen finanziell und administrativ gestärkt hervor.

Wenn wir feststellen wollen, welche Probleme 1750 am ehesten zu revolutionären Situationen führen konnten, dann müssen wir uns die Methoden, mit denen sich der Staat das notwendige Geld beschaffte, ganz besonders genau ansehen. Die Krone hat sich immer wieder dadurch neue Einkünfte zur Finanzierung ihrer Kriegführung verschafft, daß sie nach wohlhabenden

Einzelpersonen oder Gruppen Ausschau hielt, die sie zur Zahlung beträchtlicher Summen für königliche Privilegien bewegen konnte, auf deren Durchsetzung sie sich dann verpflichtete. Oft waren althergebrachte Privilegien ein Druckmittel, denn sie konnten entweder entzogen werden, oder der Souverän konnte mit ihrer Entziehung drohen. So zahlten Adelige zum Beispiel dafür, daß ihr Adelsprädikat von neuem bestätigt wurde, oder die Städte kauften sich von der Einrichtung neuer staatlicher Behörden frei, deren Befugnisse ihre eigenen eingeschränkt hätten.

Auch die Verpachtung der Steuereinziehung gehört in diese Kategorie, denn der Fiskus erhielt beträchtliche Vorauszahlungen von denen, die das Recht zur Einziehung neuer Steuern erwarben; oft allerdings mußten diese Steuerpächter militärisch vor dem Zorn empörter Bürger geschützt werden. Ähnlich war es beim Ämterkauf, der dem Staat hohe Summen einbrachte und das Interesse der Wohlhabenden an den staatlichen Belangen stärkte, der Staat mußte jedoch andererseits die Bezahlung der Amtsinhaber sicherstellen und ihnen das Monopol auf einträgliche Posten im Bereich der Rechtsprechung oder Verwaltung garantieren. So war es auch bei der gebührenpflichtigen Vermittlung von Privilegien für Gilden und Städte, denn die betreffende Gilde oder Stadt mußte einen Kredit aufnehmen, um die Gebühr zu bezahlen, und wandte deshalb zur Durchsetzung des jeweiligen Monopols harte Druckmittel an, um aus den Gewinnen das geliehene Geld zurückzahlen zu können. Auch das erregte den Unwillen der Betroffenen, und deshalb waren diese Gilden oder Städte auf den militärischen Schutz des Staates angewiesen. Jedesmal wenn der Staat mit diesen Methoden seine Einkünfte zu erhöhen suchte, wurde die Zahl der dabei erworbenen und festgeschriebenen Privilegien größer, und es wurde immer schwieriger, neue Geldquellen zu erschließen. Zudem war die Folge, daß die größten Gläubiger des Staates oft wichtige halbautonome Ämter innehatten, sehr gut über die Staatsfinanzen informiert waren und deshalb finanzpolitischen Veränderungen erhebliche Hindernisse in den Weg legen konnten.

Da bei dieser Art der Geldbeschaffung selbst das Eintreiben von Zöllen und Verbrauchssteuern in den Händen mächtiger Beauftragter des Staates lag, wurde die Fähigkeit des Staates, neue Geldquellen zu erschließen, empfindlich eingeschränkt. Das galt auch für das Geld, das die Krone benötigte, um die zu Kriegszeiten aufgenommenen Kredite zurückzuzahlen. Die Versuche der Krone, die hohen Summen aufzubringen, die sie für die Rückzahlung der Anleihen brauchte, die sie im Siebenjährigen Krieg und besonders im Amerikanischen Unabhängigkeitskrieg aufgenommen hatte, lösten erhebliche Auseinandersetzungen mit den Parlamenten besonders in den Städten aus, die nur dann bereit waren, bei einer fiskalischen Umstrukturierung mitzuwirken, wenn ihnen ein weitergehendes Mitspracherecht in der Finanzpolitik zugebilligt wurde. Diese Auseinandersetzungen führten wiederholt dazu, daß die Krone versuchte, die Parlamente auszuschalten. So verbannte sie zum Beispiel Mitglieder der Parlamente in den Städten, versuchte mit Dekreten zu regieren, richtete 1787 die Notabelnversammlung ein und berief 1789 schließlich die Generalstände ein. Aus den Generalständen wurde die Nationalversammlung geboren, und diese neugeschaffene Nationalversammlung war eine revolutionäre Herausforderung der Krone.

Mit dem Siebenjährigen Krieg (1756–1763) verstärkte das Parlament von Paris seinen Widerstand gegen die königliche Steuerpolitik unter Berufung auf das Recht, Dekrete anzuerkennen oder abzulehnen. Ludwig XV. und Ludwig XVI. wehrten sich damit, daß sie die Befugnisse des Parlaments in Paris und in den Provinzen aufhoben oder (was noch häufiger geschah) die Angehörigen dieser Behörden aus ihren Ämtern entließen. Daß Frankreich während des Krieges einen großen Teil seines Kolonialbesitzes verlor – nicht nur Quebec, sondern auch Senegal, St. Vincent, Dominica, Grenada und Tobago –, schwächte das Ansehen des Staates. Nach dem Krieg gelang es den Parlamenten, die Ausweisung ihrer alten Feinde, der Jesuiten, aus Frankreich durchzusetzen. Aber die inneren Kämpfe hörten damit nicht auf. 1771 versuchten zum Beispiel der königliche Minister Maupeou und der Generalkontrolleur Terray, die Finanzverwaltung durch eine Reihe von Maßnahmen zu reorganisieren. Dazu gehörten die Entlassung einzelner Angehöriger der Parlamente, die Abschaffung ihrer käuflichen Ämter und die Übertragung der Aufgaben des Parlaments von Paris auf ein halbes Dutzend neuer Bevollmächtigter, die der Krone direkt unterstellt werden sollten. In den darauffolgenden vier Jahren gewannen die Parteigänger des Königs an Einfluß, aber der Tod Ludwigs XV. verschaffte den Parlamenten die Gelegenheit, ihre alte Stellung zurückzugewinnen. So errichteten sie in den Jahren 1776 bis 1789 ein mächtiges Bollwerk der Opposition gegen die Politik der Krone. Die Beteiligung Frankreichs am Sieg der amerikanischen Rebellen über Großbritannien in den Jahren 1776 bis 1783, der dazu führte, daß über den schon verlorenen Kolonien St. Pierre, Miquelon, Senegal, Tobago und St. Lucia wieder die französische Fahne wehte, konnte die Opposition nicht erschüttern. Im Gegenteil, die Finanzkrise, die der Krieg heraufbeschwor, führte zum Sturz des Regimes.

Der Zusammenschluß der Stände hatte auch seine ironischen Aspekte. Die Parlamente als Horte aristokratischer Privilegien und gekaufter Kronämter verbündeten sich mit Bauern und Bürgern, die lautstark gegen die Verschwendungssucht, die Willkür und die Korruptheit der Regierung protestierten. Darüber hinaus wurde dieses eigenartige Bündnis schließlich sogar vom Hochadel und der hohen Geistlichkeit unterstützt, deren zahlreiche Privilegien durch die finanzielle Notlage der Krone gefährdet waren. Von 1787 bis 1789 stand Frankreich aufgrund dieser Koalition am Rande einer revolutionären Situation. Ob wir die Lage wirklich als revolutionär ansehen dürfen, hängt davon ab, ob wir den Umstand, daß der Staat nicht mehr in der Lage war, neue Steuern zu verordnen, als Beweis für eine geteilte Souveränität ansehen. Wahrscheinlich können wir das nicht.

Obwohl es den Parlamenten nie gelungen ist, ihre eigenen alternativen Verwaltungsbehörden einzusetzen, haben sie die Macht der Krone auf Schritt und Tritt herausgefordert und sind dabei von der breiten Öffentlichkeit unterstützt worden. Die Krone begegnete diesen Herausforderungen mit der Einrichtung von Provinzialversammlungen und entsprechender Verwaltungsbehörden *(Commissions intermédiaires)* in den *pays d'Eléctions*, aber diese Ersatzeinrichtungen haben niemals die breite Zustimmung der Eliten oder der einfachen Bevölkerung gefunden und konnten deshalb keine geeigneten Instrumente für die Durchsetzung der von der Krone verordneten Besteuerung sein oder ihr irgendwelche Kredite vermitteln. Die Gefolgsleute des

Königs waren geteilter Meinung über die Fähigkeiten des Schweizer Protestanten und angeblichen Finanzgenies Necker, der die Staatsschulden zur Zeit der amerikanischen Kriege gewaltig in die Höhe getrieben hatte und der Öffentlichkeit vorgaukelte, er sei ein hervorragender Verwaltungsfachmann. In Wirklichkeit war der wichtigste Beitrag Neckers zur Finanzpolitik, daß er den schwierigen Kampf gegen die Autonomie der französischen Finanziers begann und sich dafür einsetzte, die Finanzverwaltung in die Hände staatlich kontrollierter Beamter zu legen. Die Finanziers und ihre Freunde erzwangen daraufhin Neckers Entlassung. In den 1780er Jahren versuchte ein Minister nach dem anderen, die königlichen Finanzen in Ordnung zu bringen und die Regierungsgeschäfte in Gang zu halten, während sich die Stimmen derer mehrten, die Necker wieder an die Macht bringen wollten. Unterdessen überwachten die Parlamente aufmerksam alle Maßnahmen der Krone, die darauf gerichtet waren, Ordnung in die Staatsfinanzen zu bringen.

Im Mai 1788 unternahm die Regierung einen neuen Versuch, die Parlamente zu entmachten. Sie ließ zwei führende Oppositionelle verhaften, alle Adelsparlamente auflösen und schuf an ihrer Stelle eine neue Gerichtsbarkeit. Auf einer Generalversammlung des Klerus, die einberufen worden war, um die Krone finanziell zu unterstützen, erklärte dieser seine Solidarität mit den Adelsparlamenten, während sich der Adel, der seine steuerlichen Privilegien bedroht sah, der Opposition gegen die Politik der Krone anschloß. In der Bretagne und der Dauphiné kam es zu Revolten gegen die Beamten der Krone. In der Dauphiné gingen Adelige und Stadtverwaltungen so weit, die Standesvertretungen in den Provinzen ohne die Genehmigung des Königs einzuberufen, während Bergbauern nach Grenoble kamen, um das Provinzparlament vor der Auflösung durch die Krone zu schützen. Im Herbst wurde zum ersten Mal seit zwölf Jahren an vielen Orten das geerntete Getreide zurückgehalten und seine Ablieferung verweigert.

Die allgemeine Unzufriedenheit, die weite Teile Frankreichs ergriffen hatte, führte dazu, daß sich starke oppositionelle Kräfte zusammenschlossen und die Einberufung der Generalstände verlangten, um der Finanznot Herr zu werden. Im

August 1788 gab der König dieser Forderung nach, entließ hintereinander zwei Premierminister und berief den finanziellen Zauberkünstler Necker wieder auf seinen Posten. Die Parlamente kehrten in ihre Hauptstädte zurück, während sich alle politischen Gruppierungen auf die Wahlen zu den Generalständen vorbereiteten. Neckers Zustimmung zu der Forderung des Dritten Standes, mit der doppelten Zahl von Abgeordneten in den Generalständen vertreten zu sein, sicherte dem französischen Bürgertum einen erheblichen Einfluß in diesem Gremium, bewirkte aber auch eine Spaltung zwischen Bürgerlichen und Aristokraten, die im Lauf der Zeit viele Adelige – darunter auch den Parlamentsadel – veranlaßte, sich wieder auf die Seite des Königs zu stellen.

In den Revolutionen schufen die neuen Machthaber, die mit den alten Zwischengewalten um die Kontrolle der Einnahmen, die Legalität der Bevölkerung und die militärische Macht auf regionaler und nationaler Ebene rangen, verschiedene improvisierte Systeme der direkten Regierungsform, in denen die Kapitalisten im allgemeinen eine wichtige Rolle spielten. Die Schaffung einer neuen, von oben nach unten wirkenden Verwaltungshierarchie führte zu einer drastischen Veränderung der Beziehung zwischen Herrschaft und Kapital, und in den meisten französischen Regionen kam es zu einer Reihe gewalttätiger Auseinandersetzungen. Die Versuche der Revolutionäre, ein direktes Regierungssystem einzuführen und die alten Bevollmächtigten des Staates durch neue zu ersetzen, stießen vielerorts auf heftigen Widerstand, der dort, wo die alten Repräsentanten der Macht über eine starke Anhängerschaft verfügten und die Kapitalisten kaum mit der Unterstützung der Bevölkerung rechnen konnten, die Form der offenen Konterrevolution annahmen.

Die Entstehung revolutionärer Situationen

Wann genau entstand eine revolutionäre Situation, wann also hat sich eine alternative Koalition gebildet, die eine mit dem staatlichen Gewaltmonopol vergleichbare politische Macht ausübte? Wir könnten den Beginn der Revolution auf die Eröffnung der Generalstände datieren (5. Mai 1789), aber nur weil wir heute wissen, was anschließend aus den Generalständen wurde. Aber vielleicht wäre es richtiger, den 17. Juni als diesen Zeitpunkt zu bezeichnen, an dem die Vertreter des Dritten Standes die Nationalversammlung bildeten, oder den 27. Juni, als sich die anderen Stände dem Dritten Stand anschlossen. Nachdem der König Necker am 11. Juli wieder entlassen hatte, kam es nicht nur zu Protestdemonstrationen gegen das Regime, königliche Truppen und Angehörige der französischen Nationalgarde wechselten jetzt auch zur Opposition über. Am 14. Juli, dem Tag der Erstürmung der Bastille, hatte sich das französische Gemeinwesen in zwei Parteien aufgespalten. Irgendwann also zwischen dem 5. Mai und dem 14. Juli 1789 hat eine der folgenschwersten revolutionären Situationen in der europäischen Geschichte begonnen.

Wann ging sie zu Ende? Das ist eine schwer zu beantwortende Frage, denn dazu müssen wir entscheiden, ob im Verlauf der großen Auswanderungswelle, die im Frühjahr 1789 einsetzte, ein bedeutender Teil des französischen Gemeinwesens das Land verlassen hat, und wir müssen beurteilen, wieweit die Bevölkerung mit einer Reihe revolutionärer Regierungen einverstanden war. Wenn wir erklären, daß es eine deutliche Spaltung zwischen rivalisierenden Blöcken gegeben hat, die jeweils einen Monat oder länger mindestens in einer Provinz die politische Macht in der Hand hatten, dann sieht der Kalender der revolutionären Situationen etwa wie folgt aus:

Mai 1789 – Juli 1789	Die Krone *versus* den Dritten Stand
Juni 1792 – Januar 1793	Die Krone *versus* ein revolutionäres Regime
März 1793 – Dezember 1793	Aufstand in der Vendée; Bergpartei *versus* Gironde, Föderalisten
August 1799 – November 1799	Direktorium *versus* Royalisten *versus* Bonaparte

In jeder dieser Perioden erlebte Frankreich nicht nur eine, sondern eine ganze Reihe von revolutionären Situationen, in deren Verlauf die Inhaber der staatlichen Macht wechselten und die Koalitionen ihrer Gegner sich veränderten, die Opposition in jeweils verschiedenen Teilen des Landes die politische Macht übernahm und die Bevölkerung jeweils verschiedene Parteien in diesem Machtkampf unterstützte. In den angegebenen Zeiträumen kam es zu instabilen Bündnissen zwischen den jeweiligen Machthabern und wiederholt zu Aufständen, aber da keine gegnerische Koalition Bestand hatte, kann man auch nicht von regelrechten revolutionären Situationen sprechen. Da die neuen Konstellationen auch jedesmal mit einer erheblichen Machtverschiebung einhergingen, kommen wir bei einer strikten Anwendung unserer Definition zu dem Schluß, daß es in Frankreich in den Jahren 1789 bis 1799 vier nicht unmittelbar miteinander zusammenhängende Revolutionen gegeben hat. Wenn wir jedoch keine so strengen Maßstäbe anlegen, dann dürfen wir sagen, daß in der ganzen Zeit von der Erhebung der parlamentarischen Opposition im Jahr 1787 bis zur Entmachtung des Direktoriums durch Napoleon im Jahr 1799 eine lang andauernde revolutionäre Situation geherrscht hat. Unsere chronologische Aufstellung ist ein Kompromiß zwischen beiden Auffassungen, denn ihr liegt der historisch eingeführte Zeitraum von 1789 bis 1799 zugrunde.

Die Ergebnisse dieser Kämpfe waren in vieler Hinsicht revolutionär. Erinnern wir uns daran, wo die revolutionären Vorgänge in Frankreich begannen: Wie in anderen europäischen Staaten reichte das direkte Regierungssystem im 18. Jahrhundert auch in Frankreich nur bis zur Ebene der Regionen hinunter. Das war die Ebene der *subdélegation*, der *élection*, der *sénéchaussée*, der *grenier à sel* und ähnlicher administrativer Behörden. Auf und unterhalb dieser Ebene regierte der Staat des *ancien régime* indirekt, vor allem über die Geistlichkeit, den Adel und die städtischen Oligarchien. Auf der Suche nach Kapital für vergangene, gegenwärtige und künftige militärische Unternehmungen begannen die Beauftragten des Staates sich im 18. Jahrhundert für die Einführung verschiedener direkter Regierungsmethoden stark zu machen, mit denen die Privilegien und der Widerstand der Zwischengewalten umgangen werden konnten.

Machtwechsel

Was wurde in den Jahren der Revolution aus dem französischen Regierungssystem? Vor 1789 wurde Frankreich ebenso wie fast alle anderen europäischen Staaten auf lokaler Ebene indirekt regiert. Diese Aufgabe übernahmen in erster Linie die Geistlichkeit und der Adel. Nach Beendigung des Krieges in Amerika lösten die Bemühungen der Regierung, ihre im Krieg entstandenen Schulden mit Hilfe zusätzlicher finanzieller Belastungen der Bevölkerung zurückzuzahlen, die Bildung einer regierungsfeindlichen Koalition aus, der sich zunächst die Parlamente und andere einflußreiche Gruppen anschlossen. Doch als sich die Konfrontation zwischen dem Regime und seinen Gegnern zuspitzte, schlossen sich auch breite Bevölkerungsschichten dem Widerstand gegen die staatliche Finanzpolitik an. Als die Wehrlosigkeit des Staates in den Jahren 1788 und 1789 immer deutlicher erkennbar wurde, erhoben alle Gruppen, deren Ansprüche oder Beschwerden von der Regierung, ihren Beauftragten oder Verbündeten abgewiesen worden waren, ihre Forderungen und verlangten ebenso wie alle anderen oppositionellen Kräfte einen politischen Richtungswechsel. Die ländlichen Revolten im Frühjahr und Sommer 1789, bei denen die Bauern die Abgabe der Ernteerträge verweigerten, gegen die Steuern protestierten, die Großgrundbesitzer angriffen usw., griffen in unterschiedlicher Schärfe auf alle Gebiete mit großen Städten, intensiver, kommerzialisierter Landwirtschaft, schiffbaren Wasserstraßen und gut ausgebauten Straßen über (*Markoff* 1985). Wenn man sich die geographische Ausdehnung dieser Auseinandersetzungen genauer ansieht, dann wird man feststellen, daß sich viele Bevölkerungsschichten daran beteiligt haben, es jedoch vor allem der bürgerliche Mittelstand war, der sich an ihre Spitze stellte.

Diejenigen, deren gesellschaftliches Überleben unmittelbar vom Fortbestand des alten Regimes abhing – Adelige, Inhaber hoher Staatsämter und Angehörige der hohen Geistlichkeit –, stellten sich im allgemeinen auf die Seite des Königs (*Dawson* 1972, 8. Kapitel). Die revolutionäre Situation entstand also dadurch, daß zwei Interessengruppen die politische Macht für sich in Anspruch nahmen und dabei von einem wesentlichen Teil der Bevölkerung unterstützt wurden. Als nun viele Soldaten der Krone ihre Loyalität aufkündigten und sich die städtischen Milizen für die Sache der Opposition entschieden, standen dieser auch eigene Streitkräfte zur Verfügung. So schloß sich der aus Angehörigen des Dritten Standes bestehende Block fester zusammen und begann, oft unter der Führung von Angehörigen des Bürgertums, die Kontrolle einzelner Teile des Staatsapparats zu übernehmen.

Sehr bald lösten Rechtsanwälte, Beamte und andere Bürger, die die Macht im Staatsapparat übernommen hatten, 1789 und 1790 die adeligen Grundherren, hohen Beamten, Inhaber käuflicher Ämter, kirchlichen Würdenträger und manchmal auch die Oligarchien in den Städten als ausführende Organe des Staates ab. Auf lokaler Ebene übertrug die sogenannte munizipale Revolution die Macht auf die Feinde der alten Machthaber; patriotische Koalitionen aus Angehörigen von Milizen, Klubs und revolutionären Komitees verbündeten sich mit Pariser Aktivisten und entfernten die bisherigen Angehörigen der städtischen Verwaltungen aus ihren Ämtern. Selbst dort, wo es den alten Machthabern gelungen war, die ersten revolutionären Unruhen zu überstehen, änderten sich unvermittelt die Beziehungen zwischen den einzelnen Städten und Dörfern und der Hauptstadt Paris. Die dörflichen «Republiken» in den Alpen mußten es beispielsweise erleben, daß ihnen ihre alten Privilegien genommen wurden – darunter das Recht, selbst die Höhe von Abgaben und Steuern zu bestimmen –, als die neuen Machthaber sie zwangen, sich den Bedingungen ihres Verwaltungsapparats zu unterwerfen (*Rosenberg* 1988, S. 72–89). Doch dann bereitete es den Revolutionären in Paris große Schwierigkeiten, ohne die Hilfe von Zwischengewalten zu regieren. Zunächst versuchten sie es mit den Komitees und Milizen, die sich nach der Erhebung von 1789 gebildet hatten, mußten jedoch feststellen, daß es schwer war, diese von Paris aus zu kontrollieren. Deshalb teilten sie mehr oder weniger gleichzeitig das ganze Staatsgebiet in Verwaltungsbezirke, Distrikte, Kantone und Kommunen auf und beauftragten *représentants en mission*, das Leben im ganzen Land im Sinne der Revolution zu reorganisieren. Auf diese Weise installierten sie ein direktes Regierungssystem.

Da die großen Handels- und Provinzhauptstädte ungleichmäßig über das Land verteilt waren, veränderte die neue Aufteilung in Verwaltungsbezirke nach einem einheitlichen geographischen Gitternetz die relative wirtschaftliche und politische Bedeutung der einzelnen Städte im Verhältnis zueinander, so daß unbedeutende Orte wie Mende und Niort jetzt den gleichen administrativen Rang einnahmen wie die großen und bedeutenden Städte Lyon und Bordeaux. Zur Zeit des *ancien régime* gehörten zu den Städten, deren wirtschaftliche Bedeutung ihre administrative übertraf, beispielsweise Nîmes, Saint-Etienne, Roubaix und Castres. Tulle, Saint-Amand-en-Berry, Saint-Flour und Soissons gehörten zu jenen Städten, bei denen es sich umgekehrt verhielt (*Lepetit* 1988, S. 167–168).

Die Revolution schuf jetzt neue Beziehungen. Von den Hauptstädten der 86 ursprünglichen *départements* waren 54 die bedeutendsten in den jeweiligen Verwaltungsbezirken, 3 von ihnen waren größer als andere, die unter dem *ancien régime* einen höheren administrativen und fiskalischen Rang gehabt hatten, 6 behielten, obwohl sie kleiner waren, ihre herausgehobene administrative Bedeutung, 12 wurden zu Hauptstädten, obwohl sie weder die größten noch die bedeutendsten in den jeweiligen Verwaltungsbezirken waren, und bei 10 von ihnen änderte sich in dieser Hinsicht kaum etwas (*Lepetit* 1988, S. 203–204). Im Norden Frankreichs gab es jetzt unverhältnismäßig viele große Städte, die keine Hauptstädte von Verwaltungsbezirken wurden. Das waren vor allem auch die Hafenstädte an der atlantischen und Mittelmeerküste (*Lepetit* 1988, S. 208). Diese großen Unausgewogenheiten waren jedoch auf lokaler Ebene weniger deutlich spürbar als bei den Hauptstädten der 86 *départements,* die jetzt nominell alle die gleichen administrativen Beziehungen zur Hauptstadt hatten.

Die Folge war, daß sich das Kräftegleichgewicht in den regionalen Hauptstädten verlagerte. In den großen Handelszentren, wo es bereits zahlreiche Kaufleute, Juristen und Freiberufler gab, hatten die Verwaltungsbeamten (die oft der gleichen Gesellschaftsschicht angehörten) keine andere Wahl, als sich mit ihren ansässigen Standesgenossen zu arrangieren. Wo die Nationalversammlung jedoch in relativ wenig kommerzialisierten ländlichen Bezirken neue *départements* eingerichtet hatte, nahmen die revolutionären Verwaltungsbeamten eine beherrschende Stellung ein und konnten denen, die sich ihren Anordnungen nicht fügen wollten, mit Gewaltmaßnahmen drohen. Es fehlte ihnen allerdings an Verbündeten aus dem bürgerlichen Lager, die in anderen Landesteilen ihren Kollegen die Arbeit erleichterten, und sie trafen auch auf den Widerstand der ehemaligen Vertreter der alten Regierung, die noch über eine ansehnliche Gefolgschaft verfügten. In den großen Handelszentren wirkten sich die politischen Veränderungen wiederum ganz anders aus. Im Lauf der Zeit gewann die föderalistische Bewegung mit ihren Protesten gegen den Zentralismus der Jakobiner und ihrem Ruf nach regionaler Autonomie zahlreiche Anhänger in den Hauptstädten derjenigen *départements*, deren wirtschaftliche Bedeutung wesentlich größer war als ihre administrative. Bordeaux, Marseille und Lyon sind die besten Beispiele. Um diesem Widerstand gegen das direkte Regierungssystem zu begegnen, improvisierten die Revolutionäre in Paris mit drei nebeneinander und manchmal auch gegeneinander arbeitenden Regierungssystemen. Das waren erstens die Komitees und Milizen, zweitens eine geographisch geordnete Hierarchie aus gewählten Beamten und Regierungsvertretern und drittens Beamte, die im Auftrag der Zentralregierung das Land bereisten. Um sich zu informieren und die Bevölkerung für ihre Ziele zu gewinnen, stützten sich diese Regierungsbeauftragten überwiegend auf die ortsansässigen Juristen, Freiberufler und Kaufleute.

Die Gegensätze zwischen den Auswirkungen der Revolution in Caen (das unter dem alten Regime ein Handelszentrum gewesen war) und Limoges (einem vorgeschobenen Verwaltungszentrum der Monarchie) veranschaulichen das sehr gut: «In Limoges kam es auf der politischen Bühne zu dem entscheidenden sozialen Konflikt, der 1791 und 1792 zu Streitigkeiten in der städtischen Verwaltung führte und ihre Arbeit behinderte. Der erbitterte Kampf zwischen den *Amis de la Paix* und dem Jakobinerklub ergriff auch den Stadtrat. Dabei erwiesen sich die Jakobiner nicht nur als der führende revolutionäre Klub in Limoges, sondern sie setzten sich 1792 auch mit ihrer Stimmenmehrheit im Stadtrat durch. In Caen kam es dagegen zu scharfen Auseinandersetzungen zwischen den reichen bürgerlichen Kaufleuten und dem Adel, der schließlich unterlag und sich nicht mehr an den politischen Entscheidungen beteiligen durfte. Diese Konflikte entstanden meistens am Rande der praktischen Politik, auf die sie nur geringen Einfluß hatten, und das gehobene Bürgertum konnte bis zur Zeit nach der föderalistischen Revolte unangefochten alle politischen Ämter besetzen» (*Hanson* 1989, S. 69).

Als das neue Regierungssystem seine Wirkungen zu zeigen begann, bemühten sich die revolutionären Führer um die allgemeine Anerkennung ihrer Herrschaft und die Eindämmung lokaler Eigenmächtigkeiten. Mit Konzessionen und Zwangsmaßnahmen erwirkten sie allmählich die Entmachtung der Komitees und Milizen. Als jedoch Kriegsvorbereitungen getroffen werden mußten, geriet das System erneut unter erheblichen Druck. Der Widerstand, auf den die Regierung jetzt stieß, veranlaßte sie, ein strenges Kontrollsystem einzuführen. Seit 1792 erlebte die Zentralverwaltung (die bis dahin in einer Form überlebt hatte, die weitgehend der des alten Regimes glich) ihre eigene Revolution: Die Zahl der Staatsbeamten wuchs gewaltig, und eine hierarchisch gegliederte Bürokratie nahm Gestalt an. So errichteten die Revolutionäre eines der ersten direkten Regierungssysteme, die es bis dahin in einem großen Land gegeben hatte.

Dieser Wandel brachte wesentliche Veränderungen auf den Gebieten der Besteuerung, der Rechtsprechung, der öffentlichen Arbeiten und in vielen anderen Bereichen mit sich. Das betraf natürlich auch die Polizei. Außerhalb der Pariser Region verfügte das *ancien régime* in Frankreich kaum über irgendwelche eigenen Polizeikräfte. Die Verfolgung von Steuersündern, Landstreichern und anderen Personen, die gegen das geltende Recht verstießen, war Aufgabe der *Maréchaussée,* und gelegentlich wurde auch die Armee gegen die Ausschreitungen rebellierender Untertanen eingesetzt, aber im übrigen waren es die örtlichen und regionalen Behörden, die, wo es notwendig war, mit Waffengewalt für Ruhe und Ordnung sorgten. Die Revolutionäre griffen zu neuen Methoden. Soweit es die gewöhnlichen Bürger betraf, legten sie größeren Wert auf die Vorbeugung und das Sammeln von Informationen als auf die Verfolgung bereits begangener Straftaten. Anstatt nur zu warten, bis es zu einer Rebellion oder zu einer kollektiven Gesetzesübertretung kam, und dann mit aller Schärfe, aber in einer jeweils angemessenen Weise zu reagieren, begannen sie Agenten einzusetzen, deren Aufgabe es war, die Gefahr kollektiver Aktionen frühzeitig zu erkennen und zu beseitigen. In den ersten Jahren der Revolution wurden die Polizeikräfte des *ancien régime* aufgelöst, und Volkskomitees, Nationalgarden und Revolutionstribunale übernahmen ihre Aufgaben. Doch nach Übernahme der Regierungsgewalt durch das Direktorium übertrug der Staat die Überwachung und Bekämpfung seiner Gegner einer dafür besonders ausgebildeten, zentralen Organisation. Joseph Fouché aus Nantes wurde im Jahr VII (1799) Polizeiminister und leitete nun ein Ministerium, das für ganz Frankreich und alle französisch besetzten Gebiete zuständig war. Während der Amtsführung von Fouché war Frankreich eines der polizeilich am strengsten überwachten Länder auf der ganzen Welt.

Mit Beginn des Krieges beschleunigte sich die Umstellung vom indirekten zum direkten Regierungssystem. Fast jede kriegführende Regierung wird feststellen, daß sie die Kriegskosten nicht mit den vorhandenen Reserven und laufenden Staatseinnahmen bezahlen kann. Fast alle kriegführenden Staaten nehmen hohe Kredite auf, erhöhen die Steuern und zwingen ihre meist widerwilligen Bürger, die notwendigen Ressourcen – und die Menschen – zur Verfügung zu stellen, obwohl diese ihre Mittel lieber anderweitig einsetzen würden. Das vorrevolutionäre Frankreich hat sich an diese Regeln gehalten, und zwar so gründlich, daß die hohe Staatsverschuldung die Einberufung der Generalstände erzwang. Auch in der Revolution wurden diese Regeln nicht außer Kraft gesetzt. Nachdem Frankreich 1792 Österreich den Krieg erklärt hatte, stieß der Staat mit seinen finanziellen Ansprüchen und der Einberufung französischer Bürger zum Kriegsdienst auf den gleichen heftigen Widerstand wie das *ancien régime*. Um diesen Widerstand zu brechen, schufen die Revolutionäre ein neues, zentral gesteuertes Überwachungssystem.

Widerstand, Gegenrevolution und Terror

Widerstand und Gegenrevolution gingen unmittelbar aus dem Prozeß hervor, in dessen Verlauf der neue Staat das direkte Regierungssystem eingeführt hatte. Erinnern wir uns daran, wie viele Veränderungen die Revolutionäre innerhalb kürzester Zeit eingeführt hatten. Sie lösten alle bisherigen Verwaltungsbezirke auf, fügten einzelne Gemeinden zu größeren Gemeinwesen zusammen, schafften den Zehnten und die an die Feudalherren zu leistenden Abgaben ab, lösten die Zünfte und Gilden auf und nahmen ihnen die Privilegien, schufen ein von oben nach unten wirkendes Verwaltungs- und Wahlsystem, erhöhten und vereinheitlichten die Steuern mit Hilfe dieses Systems, beschlagnahmten das Eigentum der Kirche und ins Ausland geflohener Adeliger, lösten die Mönchs- und Nonnenorden auf, unterwarfen die Geistlichkeit dem Staat und zwangen sie, sich mit einem Eid zur Verteidigung der neuen Staatskirche zu verpflichten, zogen mehr junge Männer zum Wehrdienst ein als jemals zuvor und nahmen dem Adel und der Geistlichkeit die führende Stellung, die sie bisher in den einzelnen Gemeinwesen innegehabt hatten. Das alles geschah in den Jahren von 1789 bis 1793.

Die späteren Regime führten weitere, aber nur kurzlebige Neuerungen wie den revolutionären Kalender und den Kult des «höchsten Wesens» ein, aber die Umgestaltung des Staates während der ersten Phase der Revolution wirkte bis ins 19. Jahrhundert hinein und wurde zum Vorbild für viele andere europäische Staaten. Die wichtigsten Korrekturen revolutionärer Maßnahmen betrafen die Entmachtung der örtlichen Milizen und Revolutionskomitees, die Rückgabe oder Entschädigung konfiszierten Eigentums und das von Napoleon geschlossene Konkordat mit der katholischen Kirche. Diese Neuerungen stellten zusammengenommen die ebenso dramatische wie rasche Ablösung eines Regierungssystems, das wesentlich durch lokale und regionale Notabeln getragen worden war, durch ein System einheitlicher, zentraler und direkter Herrschaft dar. Dabei dürfen wir nicht vergessen, daß die Hierarchie in diesem neuen Staat überdies in erster Linie aus Juristen, Ärzten, Notaren, Kaufleuten und anderen Angehörigen des Dritten Standes bestand.

Ebenso wie die vorrevolutionären Zustände richteten sich auch diese Veränderungen gegen mancherlei Interessen und eröffneten neue Möglichkeiten für Gruppen, die bis dahin kaum einen Zugang zu staatlich sanktionierten Machtpositionen gehabt hatten, besonders das Bürgertum in den Dörfern und kleinen Städten. Deshalb lösten sie neuen Widerstand und weitere

Machtkämpfe aus. Artois (im Departement Pas-de-Calais) erlebte eine gemäßigte Version des Systemwechsels (*Jessenne* 1987). In dieser Region wurde das politische Leben von den Pächtern der großen Güter bestimmt, aber nur innerhalb der von ihren adeligen und klerikalen Grundherren gezogenen Grenzen. Die Revolution, die diesen Grundherren ihre Privilegien genommen hatte, gefährdete nun auch die Stellung der Pächter. Sie überlebten diese Gefahr zwar nicht als eine besondere Gruppe von Einzelpersönlichkeiten, aber als Klasse. Viele Amtsinhaber verloren im Verlauf der ersten revolutionären Auseinandersetzungen ihre Posten, besonders dort, wo es schon Spannungen zwischen den Dorfgemeinden und den adeligen Grundherren gegeben hatte. Doch in den meisten Fällen wurden sie von anderen Pächtern abgelöst, die bisher noch unbehelligt geblieben waren. Die Auseinandersetzungen zwischen den Lohnarbeitern und Kleinbauern auf der einen und den *coqs de village* auf der anderen Seite waren, wie Georges Lefebvre feststellen konnte, weniger heftig oder folgenschwer als im Departement Pas-de-Calais. Obwohl die größeren Bauern, auf deren Zuverlässigkeit die nationalen Behörden nicht vertrauen wollten, während des Terrorregimes und dann wieder unter dem Direktorat an politischem Einfluß verloren, gewannen sie diesen um die Mitte des 19. Jahrhunderts zurück. Bis dahin hatten der Adel und der Klerus weitgehend die Kontrolle über die örtlichen Machthaber verloren, und Fabrikanten, Kaufleute und andere Kapitalisten waren an ihre Stelle getreten. Die Ablösung der alten Vertreter der Staatsmacht hatte den Weg für ein neues Bündnis zwischen den Großbauern und dem Bürgertum frei gemacht.

Unter der Führung von Paris erfolgte der Übergang zum direkten Regierungssystem in Artois verhältnismäßig reibungslos. Andernorts wurde diese Entwicklung von leidenschaftlichen Auseinandersetzungen begleitet. Das Schicksal von Claude Javogues, einem Agenten der Revolution in seinem Heimatdepartement Loire, zeigt den Verlauf dieser Auseinandersetzungen und die politischen Vorgänge, die zu ihnen geführt hatten (*Lucas* 1973). Javogues war ein kräftig gebauter, zur Gewalttätigkeit neigender Trinker, dessen nächste Verwandte Advokaten, Notare und Kaufleute in dem nicht weit westlich von Lyon gelegenen Forez waren. Die Familie genoß im 18. Jahrhundert hohes Ansehen, und 1789 hatte der dreißigjährige Claude eine gutgehende Anwaltspraxis in Montbrison. Im Juli 1793 schickte der Nationalkonvent diesen aggressiven bürgerlichen Stier an die Loire und berief ihn im Februar 1794 wieder von seinem Posten ab. Während dieser sechs Monate konzentrierte sich Javogues darauf, mit Hilfe seiner guten Beziehungen die Feinde der Revolution zu entmachten. Das waren nach seiner Vorstellung die Priester, Adeligen und reichen Großgrundbesitzer. Er vernachlässigte seine Verwaltungspflichten, wie die Versorgung der Bevölkerung mit Nahrungsmitteln, und hinterließ bei der Bevölkerung den Ruf großer Grausamkeit und Willkür.

Und doch haben Javogues und seine Mitarbeiter die Lebensverhältnisse in dieser Region neu geordnet. Wenn wir sein Vorgehen an der Loire verfolgen, dann begegnen wir einer Reihe neu geschaffener Klubs und Aufsichtsbehörden, neu aufgestellten revolutionären Streitkräften, den verschiedensten Kommissaren, Gerichten und *représentants en mission.* Wir sehen den utopisch anmutenden Versuch, den direkten Einfluß der administrativen Zentralbehörden auf das tägliche Leben jedes einzelnen auszudehnen. Wir erkennen die Bedeutung der Mobilisierung der Bevölkerung gegen die wirklichen oder angeblichen Feinde der Revolution als einer Kraft, die an die Stelle der Beauftragten des alten Regimes getreten war. So erhalten wir Einblick in den Konflikt zwischen zwei Zielen des Terrors. Das waren einmal die Ausmerzung der Gegner der Revolution und zum zweiten die Schaffung revolutionärer Instrumente. Zudem zeigt sich hier erneut die große Bedeutung der Versorgung mit Lebensmitteln als administrative Herausforderung, als Anlaß für politische Streitigkeiten und als Auslöser für die Aktivierung der Bevölkerung.

Im Gegensatz zu der alten Vorstellung von einer Bevölkerung, die geschlossen die Verwirklichung lange erwarteter Reformen begrüßt, zeigt die Geschichte der Revolution in den einzelnen Regionen sehr deutlich, daß die Revolutionäre in Frankreich nach harten Kämpfen an die Macht gekommen sind, oft gegen den hartnäckigen Widerstand der Bevölkerung. In den meisten Fällen nahm dieser Widerstand in der Tat Formen der Verweigerung, des Betrugs oder der Sabotage und weniger die Gestalt regelrechter Rebellionen an. Aber die Menschen haben sich fast überall in Frankreich einzelnen Neuerungen des revolutionären direkten Regierungssystems widersetzt. In der betriebsamen Hafenstadt Collioure an der Mittelmeerküste nahe der spanischen Grenze hat sich die Bevölkerung während der Revolution bewußt oder unbewußt darum bemüht, eine gewisse kulturelle, wirtschaftliche und institutionelle Unabhängigkeit zu bewahren. Mit anderen Worten, die Menschen weigerten sich, das Recht des französischen Staates anzuerkennen, in ihr persönliches Leben einzugreifen, um Truppen für seine internationalen Kriege aufzustellen, die religiösen Strukturen zu verändern oder den Handel mit den Ländern jenseits der Pyrenäen zu kontrollieren (*McPhee* 1988, S. 247).

Die jeweiligen Konfliktstoffe differierten aus historischen Gründen von Region zu Region, und dazu gehörte auch das überkommene Verhältnis zwischen Kapital und autoritärer Herrschaft. Wo die Gegensätze zwischen den Vorstellungen der Bevölkerung und der revolutionären Wirklichkeit sehr groß waren, versteifte sich der Widerstand bis zur Gegenrevolution und zur Bildung alternativer leistungsfähiger Behörden, die an die Stelle der von der Revolution eingesetzten traten. Zur Gegenrevolution kam es nicht dort, wo sich jedermann den revolutionären Neuerungen widersetzte, sondern nur dort, wo unvereinbare Gegensätze zu geschlossenen Blöcken von Gegnern und Befürwortern in einem größeren geographischen Rahmen führten.

Im Süden und Westen Frankreichs lagen die größten Gebiete, in denen es aufgrund ähnlicher Vorgänge zu länger dauernden Gegenrevolutionen kam (*Lebrun & Dupuy* 1985; *Lewis & Lucas* 1983). Wenn wir uns die Landkarte ansehen und feststellen, wo zur Zeit des revolutionären Terrors die meisten Menschen hingerichtet worden sind, erhalten wir ein nicht ganz klares, aber doch erkennbares Profil der gegenrevolutionären Aktivitäten. Zu den Departements, in denen mehr als 200 Menschen hingerichtet wurden, gehören die folgenden, und dabei beginnen wir mit den am stärksten betroffenen: Loire Inférieure, Seine, Maine-et-Loire, Rhône, Vendé, Ille-et-Vilaine, Mayenne, Vaucluse, Bouches-du-Rhône, Pas-de-Calais, Var, Gironde und Sarthe (*Greer* 1935, S.147). In diesen *départements* sind 89 % aller offiziellen Hinrichtungen zur Zeit des revolutionären Terrors vollstreckt worden. Mit Ausnahme der *départements* Seine und Pas-de-Calais konzentrierten sie sich im Süden, Südwesten und besonders im Westen. Im Süden und Südwesten kam es im Departement Languedoc, in der Provence, in der Gascogne und im Departement Lyon zu Militärrevolten gegen die Revolution, und etwa in den gleichen Gebieten wurde der Föderalismus am stärksten unterstützt (*Forrest* 1975; *Hood* 1971, 1979; *Lewis* 1978; *Lyons* 1980; *Scott* 1973).

Die föderalistischen Bestrebungen begannen im Frühjahr 1793, als die Jakobiner den Krieg ausweiteten und sogar Spanien den Krieg erklärten, was den Widerstand der Bevölkerung gegen die höhere Besteuerung und die Zwangsaushebungen auslöste. Das wiederum veranlaßte die Revolutionsregierung, ihre Maßnahmen zur Überwachung und Disziplinierung der Bürger zu verschärfen. Das Verlangen nach Autonomie war am stärksten in den Handelsstädten, die sich unter der alten Regierung weitgehender Freiheiten erfreut hatten, besonders in Marseille, Bordeaux, Lyon und Caen. Zu gegenrevolutionären Erhebungen auf dem flachen Land kam es vor allem in den Regionen, in denen die Städte, die von der Revolutionsregierung zu Hauptstädten gemacht worden waren, in den administrativen, fiskalischen und demographischen Hierarchien des alten Regimes einen relativ niedrigen Rang eingenommen hatten und deren Bürgertum deshalb nur über einen schwachen Einfluß auf das Umland verfügte (*Lepetit* 1988, S. 222). In diesen beiden Arten von Städten und ihrem Hinterland stürzte Frankreich jetzt in einen blutigen Bürgerkrieg.

Im Westen überfielen Guerillabanden republikanische Hochburgen und ihre Bewohner, so daß man sich in der Bretagne, in Maine und der Normandie in den Jahren 1791 bis 1799 seines Lebens nicht mehr sicher sein konnte, während es südlich der Loire in Teilen der Bretagne und in Anjou und Poitou vom Herbst 1792 bis 1799 immer wieder zu bewaffneten Aufständen kam. Erst Napoleon gelang es, die Region wieder zu befrieden (*Bois* 1981; *Le Goff & Sutherland* 1984; *Martin* 1987). Die Gegenrevolution im Westen erreichte im Frühjahr 1793 ihren Höhepunkt, als der Ruf der Republik nach militärischer Unterstützung in Westfrankreich auf bewaffneten Widerstand stieß. In dieser Phase kam es zu Massakern unter den «Patrioten» und «Aristokraten» (wie die Befürworter und Gegner der Revolution genannt wurden), zur zeitweiligen militärischen Besetzung größerer Städte wie Angers und Gefechten zwischen den Armeen der Blauen und Weißen (so bezeichnete man damals die bewaffneten Kräfte der beiden Parteien).

Im Westen wurde die Gegenrevolution durch den Versuch der Beamten der Revolutionsregierung entfacht, eine besondere Art der direkten Herrschaft einzuführen. Dabei verloren praktisch alle Adeligen und Priester ihre bisher weitgehend selbständige Stellung als Beauftragte des Staates. Das Eintreiben der Steuern und die Einberufungen zum Kriegsdienst übernahmen jetzt die einzelnen Gemeinden bis hinunter zu den Haushalten, und damit verfügten die Bürger in diesen Regionen über einen politischen Einfluß wie nie zuvor. Es gelang ihnen nach heftigen Kämpfen, diesen Einfluß zu behaupten. Am 12. Oktober 1790 versammelten sich mit Knüppeln bewaffnete Bewohner benachbarter Gemeinden in La Chapelle de Belle-Croix im Departement Vendée zur Messe und zum Abendgottesdienst.

«Als sie die uniformierte und bewaffnete örtliche Nationalgarde sahen, kamen die Fremden auf sie zu und sagten, sie hätten kein Recht, die Uniform der französischen Armee zu tragen, und man werde sie zwingen, die Uniform auszuziehen, denn man unterstütze die Sache der Kirche und des Adels und werde den Widerstand der Bürger brechen, die, wie diese Leute behaupteten, von den Priestern und den Adeligen ihr Brot nähmen.»

Dann griffen sie die Nationalgardisten und die *Maréchaussée* von Palluau an, denen es nur mit Mühe gelang, sich ihrer zu erwehren (*Chassin* 1892, II, S. 220).

Wenn die Vendéer von «Bürgern» sprachen, dann meinten sie damit sowohl eine bestimmte Klasse als auch die Bewohner von Städten. Allerdings wußten die Menschen in den Regionen, in denen die Gegenrevolution ausgebrochen war, sehr genau, daß zwischen beiden ein direkter Zusammenhang bestand. In dem Bestreben, die Staatsgewalt auch in den kleinsten Orten wirksam werden zu lassen und alle ihre Feinde auszuschalten, setzten die französischen Revolutionäre einen Prozeß in Gang, der 25 Jahre fortdauerte. In gewisser Weise ist seine Wirkung auch heute noch zu spüren.

Obwohl die Gegenrevolution hier am schlimmsten gewütet hat, entsprachen die Verhältnisse im Westen doch der generellen Entwicklung in Frankreich. Überall in Frankreich hatte das Bürgertum während des 18. Jahrhunderts an Einfluß gewonnen, und zwar nicht nur die Eigentümer großer Industriebetriebe, sondern vor allem auch die Kaufleute, Juristen, Notare und andere, die ihren Lebensunterhalt mit dem Besitz oder dem Einsatz von Kapital bestritten. Daß diese Leute Grundbesitz erwarben, mit dem Landadel zusammenarbeiteten, daß die Reicheren unter ihnen sich Adelstitel kauften, um das damit verbundene Ansehen, die Privilegien und die Steuerbegünstigungen zu genießen, änderte nichts daran, daß die Klasse, die vom gewinnbringenden Umgang mit dem Kapital lebte, an Einfluß gewann.

Die Ereignisse von 1789 veranlaßten eine zunehmend größer werdende Zahl von Bürgern, sich aktiv am politischen Leben Frankreichs zu beteiligen. Als die Revolutionäre in Paris und ihre Verbündeten in den Provinzen die Adeligen und Priester aus ihren Schlüsselstellungen als Repräsentanten eines indirekten Regierungssystems verdrängten, übernahm das Bürgertum die Aufgabe, die Beziehungen zwischen der Zentralregierung und Tausenden von Gemeinwesen aufrechtzuerhalten. Eine Zeitlang geschah das mit Hilfe zahlreicher Klubs, Milizen und Komitees. Doch dann dämpften die führenden Revolutionäre allmählich den Tätigkeitsdrang dieser Mitarbeiter oder suchten ihn ganz zu unterdrücken. Nach einer Reihe von Experimenten, Fehlschlägen und Kämpfen gelang es den führenden Kräften im Bürgertum, ein Regierungssystem zu entwickeln, das direkt in die einzelnen Gemeinwesen hineinreichte, vor allem durch Verwaltungsbeamte, die unter der Aufsicht und finanziellen Kontrolle ihrer Vorgesetzten arbeiteten.

Dieser Expansion des staatlichen Einflusses stellten sich drei mächtige Hindernisse in den Weg. Erstens sahen jetzt, wie das oft beim Beginn revolutionärer Situationen geschieht, viele die Möglichkeit, ihre eigenen Interessen zu fördern und während der Krise von 1789 alte Rechnungen zu begleichen. Entweder wußten sie ihre Chance zu nutzen, oder ihre Hoffnungen erfüllten sich nicht, weil andere ihnen zuvorgekommen waren. In beiden Fällen fehlte die Motivation für neue revolutionäre

Veränderungen. Zweitens schwächte die gewaltige Belastung durch die Kriege mit den meisten anderen europäischen Mächten die Handlungsfähigkeit des Staates mindestens ebensosehr, wie die Könige des alten Regimes durch ihre Kriege geschwächt worden waren. Drittens war in einigen Regionen die politische Basis der nun an die Macht gekommenen Bürger zu schwach, um ihnen eine aktive Beteiligung an der Agitation, Beschwichtigung, Inspiration, Einschüchterung, Ausbeutung und Mobilisierung zu gestatten, die die Abgesandten der Revolution im ganzen Land betrieben. Immer wieder wehrte sich die Bevölkerung in weiten Teilen Frankreichs gegen die zu hohe Besteuerung, die Zwangsaushebungen und die Anerkennung einer moralisierenden Gesetzgebung, und wo sich angesichts alter Rivalitäten feste Blöcke gebildet hatten, die dem revolutionären Bürgertum Widerstand leisteten, kam es häufig zum Bürgerkrieg. In diesem Sinn wurde aus dem revolutionären Übergang von einem indirekten zu einem direkten Regierungssystem eine bürgerliche Revolution, die wiederum eine Reihe antibürgerlicher Gegenrevolutionen auslöste.

Andere Möglichkeiten

Hätten die Kämpfe in den Jahren 1787 bis 1799 auch einen ganz anderen Verlauf nehmen können? Solche Möglichkeiten ergaben sich zumindest 1787 (als sich die Krone unter Umständen gegen die Opposition hätte durchsetzen können), 1789 (als es möglich gewesen wäre, andere reformwillige Koalitionen zu bilden), 1791 (wenn das Vorgehen gegen die Kirche und die Kriegsvorbereitungen gescheitert wären), 1793 (als die zahlreichen Gegenrevolutionen fast die Oberhand gewannen) und bei allen größeren Staatsstreichen in den folgenden Jahren: 1794 (Thermidor), 1795 (Vendémiaire und Gründung des Direktoriums), 1797 (Fructidor) 1798 (Floréal) und 1799 (Prairial, damals Brumaire). Wenn zum Beispiel die Föderalisten 1793 an die Macht gekommen wären, hätten sie es immer noch mit einem kräftezehrenden Krieg, rachsüchtigen Emigranten, einer Untergrundkirche, der großen Vendée-Rebellion und einer Wirtschaftskrise zu tun gehabt, aber sie hätten durchaus mit einigen dieser Gegner Kompromisse schließen können, während sie den Kampf gegen die anderen fortführten und eine weniger zentralistische Regierung einsetzten. Zweifellos könnten wir auch über eine Reihe von Revolutionen spekulieren, die zwar nicht ausgebrochen sind, aber zu bestimmten Zeitpunkten hätten ausbrechen können.

Es ist sinnvoll, noch einmal die schon behandelten Revolutionen heranzuziehen und die Alternativen eines holländischen, iberischen, balkanischen oder britischen Weges zu erörtern. Jetzt müssen wir allerdings nicht mit dem Jahr 1600 beginnen, wie wir es bei meinen Spekulationen über Alternativen zu den britischen Revolutionen im 17. Jahrhundert getan haben, sondern mit dem Jahr 1750, als die Gegensätze zwischen den Parlamenten und der Krone in Frankreich akut wurden. Auf einen Vergleich mit den Verhältnissen auf dem Balkan können wir von vornherein verzichten, denn 1750 gab es dort nichts, was sich als Modell für die Entwicklung in Frankreich geeignet hätte. Auf dem Balkan gab es damals keine Kommerzialisierung, wohl aber einzelne halbsouveräne Staaten mit mächtigen Grundherren – was für diese Staaten ein Segen oder ein Fluch gewesen sein mag –, die einem Kaiserreich tributpflichtig waren. Es ist jedoch zumindest denkbar, daß die Entwicklung in Frankreich ähnlich verlaufen wäre wie in Holland, auf der Iberischen Halbinsel oder in Großbritannien.

Daß die Entwicklung in Frankreich damals in die gleiche Richtung gehen würde wie in Holland war unwahrscheinlich, denn die französische Krone hatte seit hundert Jahren die militärische Macht der großen Grundherren und Städte zugunsten der Zentralregierung geschwächt und zugleich die Finanzierung ihres Staatsapparats weitgehend selbständigen Amtsinhabern, mit richterlichen Befugnissen ausgestatteten Institutionen und den das Leben in den großen Städten beherrschenden Kräften überlassen. Wenn Frankreich in einzelne halbautonome Teilgebiete zerfallen wäre (was in den Jahren 1789 bis 1793 möglich schien), hätte es eine Koalition aus Grundherren, Amtsinhabern, Priestern und Bauern höchstwahrscheinlich verhindert, daß die mächtigen Kaufleute in Bordeaux, Lyon und Marseille den gleichen politischen Einfluß gewannen wie ihre Kollegen in Amsterdam oder Deventer. Doch die Entmachtung der bisherigen Amtsinhaber, der Grundherren und der Kirche von Beginn der Revolution bis zum Jahr 1793 hätte dennoch den Weg für eine politische Entwicklung frei gemacht, die der in den Niederlanden sehr viel ähnlicher gewesen wäre, als man es sich noch zehn Jahre früher hätte vorstellen können. Daß die Revolutionäre auf diese Weise dem merkantilen Kapitalismus mehr Raum schufen, eröffnete der Einführung einer für dieses Wirtschaftssystem charakteristischen dezentralisierten Regierungsform neue Möglichkeiten. Die Ironie liegt darin, daß mit der Eroberung der Niederlande durch die Franzosen das holländische Modell abgeschafft und die alte zentrifugale Föderation von einer zentralistischen Monarchie abgelöst wurde.

Wenden wir uns nun dem Vergleich mit der Iberischen Halbinsel zu. 1750 erzielte der Staat in Spanien und Portugal bereits hohe Gewinne in seinen Kolonien, hatte seine Stellung gegenüber der katholischen Kirche durch die Ausweisung der Jesuiten wesentlich gefestigt und sich ein weitgehendes Mitspracherecht in kirchlichen Angelegenheiten gesichert. Zudem war in beiden Ländern ein leistungsfähiges fiskalisches System geschaffen worden, was entscheidend zur Zentralisierung beitrug. Spanien verfügte noch immer über eine erhebliche militärische und wirtschaftliche Stärke, auch wenn sie an die Frankreichs und Englands nicht heranreichte, während Portugal ungleich engere Handelsbeziehungen zu England unterhielt als Spanien. Doch in beiden Ländern erfreuten sich die Granden, adeligen Großgrundbesitzer und städtischen Patrizier einer sehr viel größeren Selbständigkeit als ihre französischen Standesgenossen. Die Einkünfte aus den Kolonien spielten in den Staatsfinanzen beider Länder eine sehr viel größere Rolle als im französischen Staatshaushalt. Wäre Frankreich dem iberischen Weg gefolgt, dann wäre es zu einer ähnlichen Aufteilung der Souveränität gekommen, wie es sie schon in vergangenen Jahrhunderten gegeben hatte, aber die stärkere Kommerzialisierung der französischen Wirtschaft und der größere Einfluß der Inhaber hoher Ämter hätten 1750 höchstwahrscheinlich das Entstehen eines von Streitsucht gekennzeichneten Parochialismus verhindert. Auch hier eine Ironie des Schicksals: Die französischen Eroberungskriege und der gleichzeitige Verlust der lateinamerikanischen Kolonien förderten die Zentralisierung der iberischen

Staaten, stärkten die Selbständigkeit ihrer Berufsarmeen und zerstörten damit das Modell, das die Iberische Halbinsel 1750 noch geboten hatte.

Was ist zum britischen Weg zu sagen? Zunächst müssen wir die Unterschiede zwischen Großbritannien und Irland beachten. Das im 18. Jahrhundert zerrissene und rebellische Irland konnte kein Modell für Frankreich sein, wohl aber Großbritannien (das heißt England, Wales und Schottland). 1750 war Großbritannien eine aufstrebende wirtschaftliche und militärische Macht mit kapitalistischer Landwirtschaft und Industrie. Die im Parlament vertretene Koalition aus Großgrundbesitzern und Bürgern bedeutete eine erhebliche Belastung des Staates. Dabei kam es abwechselnd zu Konfrontationen und Kooperationen innerhalb eines Beziehungsgeflechts, das den König als Schutzherrn mit seinen Untertanen verband und zu seiner Erhaltung des Schutzes der Staatsmacht und der staatlichen Behörden bedurfte. Die in Großbritannien voranschreitende Kommerzialisierung, Proletarisierung und Industrialisierung führten in Verbindung mit den immer höher werdenden Rüstungsausgaben zur Stärkung der politischen Macht des Parlaments und zugleich zu einer von der Bevölkerung mitgetragenen, ausnehmend energischen Politik auf lokaler und nationaler Ebene.

In mancher Hinsicht ist Frankreich in der Tat dem britischen Weg gefolgt. Es besaß bis 1850 eine relativ mächtige nationale Legislative, eine eingeschränkte Zentralgewalt, eine starke Koalition zwischen Bürgertum und Grundbesitz, dieser Koalition entgegenwirkende Koalitionen zwischen Bürgern und Arbeitern, eine sich rasch industrialisierende kapitalistische Wirtschaft und eine energische, vom Volk gebilligte Politik. Doch diese Entwicklung war zum großen Teil das Ergebnis der französischen Revolutionen. Ohne die Revolutionen – und das ist der springende Punkt bei unseren Überlegungen zu möglichen Alternativen – hätte das Frankreich des 18. Jahrhunderts seine Bestimmung im 19. Jahrhundert nur durch eine Entwicklung erreichen können, die in ihren Ergebnissen einer Revolution sehr nahegekommen wäre, durch eine Art staatlich gelenkter Transformation, die den Verzicht auf Privilegien bewirkt hätte, die der Staat selbst in den 150 Jahren nach 1600 gewährt hatte. Aus der Perspektive des Jahres 1850 sieht es so aus, als sei so etwas wie die Revolutionen der 1790er Jahre unvermeidlich und unverzichtbar gewesen.

15 bis 20 Jahre dauernde Regime

Das erste revolutionäre Regime hatte eine Lebensdauer von nur zehn Jahren, führte aber zu einer Reihe von Regimen, die sich 15 bis 20 Jahre hielten. Das waren das Konsulat und das Kaiserreich Napoleons (1799–1814 mit einem Nachspiel im Jahr 1815), die Restauration (1815–1830), die Julimonarchie (1830–1848) und das Zweite Kaiserreich (1852–1870). Nur die Revolution von 1848 (die 1851 dem Staatsstreich Napoleons III. weichen mußte) unterbrach diesen Rhythmus, der mit der Gründung der Dritten Republik (1870–1940) endgültig beendet wurde. Das Konkordat Napoleons I. mit dem Papst (1801), seine Thronbesteigung als Kaiser der Franzosen (1804), die von ihm beschleunigte Zentralisierung des Staates und der von ihm geschaffene neue Adel, das alles hat den Staat verändert, aber es geschah, ohne daß sich innerhalb des Gemeinwesens deutlich erkennbare Risse zeigten. Zur Zeit Napoleons gab es nahezu überall Revolutionen: auf dem Balkan, in Spanien und Lateinamerika und sogar auf Haiti, aber nicht in Frankreich. Das heißt, nicht vor 1814/15, als die Alliierten die französische Grenze überschritten, sich bis nach Paris durchkämpften, Napoleon zur Abdankung zwangen und ins Exil schickten und dann erlebten, wie er aus Elba zurückkehrte, um im März und Juni 1815 einen Angriff gegen die alliierten Besatzungstruppen zu führen, der mit dem Sieg Wellingtons über die Truppen Napoleons bei Waterloo endete. Anschließend hielten die Alliierten Frankreich besetzt, bis die Franzosen 1818 die ihnen auferlegten Reparationen bezahlt hatten.

Die Juli-Revolution von 1830 war in erster Linie die Folge des Versuchs Karls X., mit überraschenden Unterdrückungsmaßnahmen der Mobilisierung des Bürgertums und der Arbeiterklasse für die republikanische Idee Ende der 1820er Jahre entgegenzutreten. Seine reaktionären Verfügungen vom Juli 1830, mit denen er die Deputiertenkammer auflöste, das Wahlsystem änderte und eine strenge Pressezensur einführte, waren praktisch ein Staatsstreich. Paris wurde von einem Aufstand erschüttert, die Aufständischen besetzten das Hôtel de Ville und setzten eine provisorische Regierung ein. Um der Gründung einer neuen Republik zuvorzukommen, wandten sich liberale Deputierte an den Herzog von Orléans, Louis Philippe, der die Investitur als von der Revolution eingesetzter König akzeptierte. Es folgten bewaffnete Rebellionen republikanischer Arbeiter in Paris und Lyon, aber das Regime konnte sich noch bis 1848 halten.

Die Ereignisse beim Sturz der Juli-Monarchie erinnerten an die Revolution, die sie an die Macht gebracht hatte, aber die Koalition zwischen republikanischen Bürgern und Arbeitern stand 1848 auf einer viel breiteren Basis und ging mit ihren Forderungen sehr viel weiter als die Opposition 18 Jahre zuvor. Auch diesmal gab ein Aufstand in Paris den Ausschlag beim Sturz des Regimes, doch nur drei Tage dauernde Straßenkämpfe im Februar genügten, die Abdankung von Louis Philippe zu erzwingen. Die unterlegenen Mitglieder der nationalrevolutionären Koalition, vor allem Facharbeiter aus Paris und anderen größeren Städten, kehrten auf die Straßen zurück, als die neue Regierung auf ihre Forderungen nicht einging und die Depression in der Landwirtschaft und Industrie nicht in den Griff bekam, die schon vor den Ereignissen im Februar vielerorts zu Unruhen geführt hatte. Bei den blutigen Revolten im Juni 1848 protestierten nicht nur Arbeitslose aus den bedrohten Nationalwerkstätten, die zum Dienst in der mobilen Nationalgarde eingezogen worden waren. Nach dem Scheitern der Revolten verschärfte sich die staatliche Repression dramatisch. In der Zeit zwischen der Wahl von Louis Napoleon zum Präsidenten im Dezember 1848 und seinem Staatsstreich nach einer Wahlniederlage im Dezember 1851 löste die Regierung die Organisation der republikanischen Bewegung allmählich auf, ging dabei aber nicht weit genug, um eine neue massive Revolte zu verhindern, bei der nicht nur in Paris, sondern auch in vielen ländlichen Gebieten gegen den Staatsstreich von 1851 protestiert wurde.

Dem Beispiel seines kriegerischen Onkels folgend, machte sich Louis Napoleon 1852 zum Kaiser. Schon bald führte er Frankreich in europäische Kriege, was seine Vorgänger vermieden hatten, und zwar in den Krim-Krieg mit Rußland (1854–

1856), den Krieg gegen Österreich in Italien (1859), der zur Annexion von Savoyen und Nizza führte, die Einigung Italiens unter piemontesischer Führung erleichterte und die katholischen Anhänger von Louis Napoleon gegen ihn aufbrachte, weil er sich damit den Papst zum Feind gemacht hatte, sowie den Krieg gegen Preußen (1870–1871), der ihm zum Verhängnis werden sollte. In der Überzeugung, daß der französische Generalstab diesen Krieg sorgfältig vorbereitet hatte, hatte der Kaiser ihn mit großer Siegeszuversicht begonnen, aber er endete schon nach kurzer Zeit mit einer vernichtenden Niederlage der französischen Armee. Als die hohen Verluste der französischen Streitkräfte bekannt wurden, versuchten radikale Republikaner in Marseille – vergeblich – und Lyon – mit mehr Erfolg – autonome Kommunen zu organisieren.

Als der Kaiser mit seinen Truppen bei Sedan kapitulierte, riefen Radikale in Lyon und Marseille die Republik aus und setzten Komitees für die öffentliche Sicherheit ein. In Paris drang die Menge in die Nationalversammlung ein, zog anschließend vor das Hôtel de Ville, und auch dort wurde die Gründung einer Revolutionsregierung verkündet. Die neue Regierung unter Léon Gambetta mußte nun Paris gegen die deutschen Belagerungsarmeen verteidigen. Im Januar 1871 kapitulierte Paris, aber Gambetta und seine Regierung organisierten von Tours aus den Widerstand. Dieser Widerstand brach jedoch zusammen, als die provisorische Regierung einen Friedensvertrag unterzeichnete, mit dem das Elsaß und Teile Lothringens an das Deutsche Reich abgetreten wurden.

Im Januar besetzten die Deutschen Paris und entwaffneten die reguläre Armee, aber nicht die aus Arbeitern und kleinen Kaufleuten bestehende Nationalgarde, die ihre Mitglieder in Paris und der näheren Umgebung der Hauptstadt rekrutiert hatte. Im März machte die Nationalgarde wieder mobil, gründete ein Zentralkomitee und bereitete sich auf den Widerstand gegen die deutsche Besatzung und die neue Regierung vor, die jetzt in Versailles unter der Führung von Adolphe Thiers zusammengetreten war. Die Nationalgarde in Paris verweigerte Thiers die Herausgabe von Kanonen, die sie sich in den Kasernen der regulären Armee besorgt hatte, und folgte dann dem Beispiel von Lyon und Marseille mit der Gründung einer städtischen Kommune und dem Aufruf zur Dezentralisierung Frankreichs in einzelne selbständige Verwaltungsbezirke. Andere kurzlebige Kommunen bildeten sich in Toulouse, Saint-Etienne, Narbonne und Le Creusot, während Radikale vergeblich versuchten, in Nîmes, Limoges, Rouen und kleineren Städten die Macht zu ergreifen. Die Pariser Kommunarden hielten sich noch in der Stadt, bis die Truppen der Regierung von Versailles sie in der am 21. Mai beginnenden Woche in blutigen Straßenkämpfen abschlachteten, während sie sich von Barrikade zu Barrikade zurückzogen. Als Folge dieser Ereignisse wurde die Monarchie im ganzen Land wieder stärker unterstützt. Dennoch duldete die Bevölkerung den nur widerwillig amtierenden Präsidenten Thiers bis zum Abzug der deutschen Besatzungstruppen aus Frankreich im Jahr 1873 und wählte dann für sieben Jahre Marschall MacMahon in der Erwartung zum Präsidenten, anschließend wieder einen Bourbonen auf den Thron setzen zu können.

Die Restauration scheiterte jedoch. Im Verlauf komplizierter politischer Manöver nach dem Abzug der Deutschen gewannen die Republikaner die Unterstützung einer großen Mehrheit in der Deputiertenkammer und im ganzen Land, während die Monarchisten ihre Möglichkeiten nicht zu nutzen wußten. Die zunächst nur als Provisorium gedachte Dritte Republik hatte mit siebzig Jahren eine längere Lebensdauer als jedes andere Regime seit 1789. Sie überstand die populistische Herausforderung des Generals Boulanger (1886–1889), die gewalttätigen Auseinandersetzungen mit Syndikalisten und Anarchisten, die Krise der Dreyfus-Affäre (1894–1906), zahlreiche Streiks, die Kämpfe um die Trennung von Kirche und Staat (1901–1905), den Ersten Weltkrieg (1914–1918) und die Mobilisierung der Arbeiterschaft durch die Volksfront (1936–1939), um schließlich 1940 einer neuen Besetzung des Landes durch deutsche Truppen zum Opfer zu fallen.

In den ersten Jahren nach dem deutschen Einmarsch wurde Frankreich in eine nordöstliche Zone, in der die Deutschen die Regierungsgewalt übernahmen, und das Gebiet aufgeteilt, in dem das mit den Deutschen kollaborierende Vichy-Regime die Regierung stellte. Der Widerstand in jenen ersten Jahren war bei weitem nicht stark genug, in Frankreich einen alternativen Staat zu gründen, nicht einmal im Untergrund. Mit Ausnahme der

Befreiung von Korsika im Jahr 1943 entstand im ganzen Land erst nach der Landung alliierter Streitkräfte in der Normandie im Juni 1944 so etwas wie eine revolutionäre Situation. Im August 1944, nachdem die Deutschen schon den Rückzug angetreten hatten, erreichte der Widerstand in Erwartung der alliierten Streitkräfte und der Verbände der Freien Franzosen mit Arbeitsniederlegungen und der Besetzung von Rathäusern seinen Höhepunkt.

Angesichts des napoleonischen Erbes, seiner Bewahrung durch MacMahon nach den Revolutionen von 1870/71, der Präsidentschaft Pétains in Vichy und der führenden Rolle, die Charles de Gaulle am Ende des Zweiten Weltkriegs übernahm, überrascht es, daß das Militär seit dem 18. Jahrhundert in der französischen Politik kaum die Initiative ergriffen hat. Es gab nur wenige unbedeutende Verschwörungen gegen Napoleon, eine gewisse Bedrohung der Staatsautorität durch General Boulanger in den 1880er Jahren, aber sonst nichts, was der Beachtung wert gewesen wäre. Der Gegensatz zu den Entwicklungen in Spanien und Portugal ist geradezu dramatisch. Um so überraschender ist es daher, daß die Gegner der Entkolonisierung Algeriens im Jahr 1958 auf einen Militärputsch zusteuerten. Komitees zur Aufrechterhaltung der öffentlichen Sicherheit übernahmen im Mai die Regierungsgewalt in Algerien und Ajaccio (auf Korsika), während sich Verschwörer im ganzen Land auf die Übernahme der politischen Macht in Paris durch das Militär vorbereiteten. Doch bevor das geschah, kam Präsident Coty den Verschwörern zuvor und forderte de Gaulle auf, mit Sondervollmachten ausgestattet eine neue Regierung zu bilden.

De Gaulle ließ sich seinen Auftrag durch ein nationales Referendum bestätigen, gründete die Fünfte Republik mit einer Präsidialverfassung, wandte sich mit Erfolg gegen die Bewegung für ein französisches Algerien, entkolonisierte die französischen Territorien in Nordafrika und verfolgte eine Außenpolitik der *Grandeur.* Er blieb zehn Jahre an der Macht, wies im Mai und Juni 1968 die aufsässigen Studenten und Arbeiter in die Schranken, trat jedoch nach einer Niederlage bei einem neuen Volksentscheid über die von ihm vorgeschlagene Umstrukturierung der Regionalverwaltung im April 1969 zurück. Damit verzichtete der bedeutendste französische Soldat und Politiker des

20. Jahrhunderts auf sein Amt, ohne auch nur den geringsten Versuch unternommen zu haben, seine politische Macht mit militärischen Mitteln zu sichern.

Der lange Weg der Revolution

Wie in vielen anderen Teilen Europas kam es in Frankreich im 16. und 17. Jahrhundert wiederholt zu revolutionären Situationen aufgrund von Gegensätzen im kommunalen Bereich, von Streitigkeiten zwischen Schutzherren und Schutzbefohlenen und von dynastischen Auseinandersetzungen, während die weniger häufigen, aber folgenreicheren Revolutionen im 18. und 19. Jahrhundert durch Gegensätze zwischen Klassenkoalitionen ausgelöst wurden. Doch im Lauf der Zeit wurden die Anlässe für regelrechte revolutionäre Situationen immer seltener, während zugleich die politischen Auseinandersetzungen auf nationaler Ebene besser organisiert waren. Verglichen mit der Iberischen Halbinsel, dem Balkan und (wie wir sehen werden) Rußland blieb Frankreich weitgehend von militärischen Revolutionen verschont. Im 16. und 17. Jahrhundert wurde Frankreich von kommunalen revolutionären Situationen zerrissen, die in der Hauptsache durch Streitigkeiten zwischen Protestanten und Katholiken verursacht wurden, jedoch mit den im 18. Jahrhundert geschlossenen religiösen Kompromissen aufhörten. Im 19. und 20. Jahrhundert spielte die Feindschaft zwischen Protestanten und Katholiken keine wesentliche Rolle mehr in der französischen Politik, während die Beziehungen zwischen Kirche und Staat wiederholt zu Streitigkeiten führten, die fast zu Revolutionen ausgeartet wären.

In den Jahren zwischen 1548 und 1793 lösten die Versuche des Staates, einer widerwilligen Bevölkerung die Mittel für den Ausbau seiner Streitkräfte abzufordern, besonders Geld und Soldaten, immer wieder gefährliche Rebellionen aus. Dann verringerten eine klare Steuergesetzgebung, die Einführung der parlamentarischen Steuerbewilligung und die feste Verankerung der Steuerpolitik in den Programmen aller großen Parteien das revolutionäre Potential der Abgabenforderungen, während zugleich ihre öffentliche Bedeutung wuchs. Ungeachtet der Winzerproteste und der Poujadisten konnten sich die französischen Bürger im 20. Jahrhundert kaum noch die Leidenschaftlichkeit der Rebellionen des 17. Jahrhunderts gegen die Steuereinnehmer und deren Nutznießer vorstellen, mit denen altehrwürdige Rechte und Privilegien verteidigt werden sollten. Noch weniger könnten sie die Bedrohung verstehen, die für den Staat im 16. oder 17. Jahrhundert entstand, wenn sich der über eigene Privatarmeen verfügende Hochadel mit Rebellen aus dem einfachen Volk verbündete. Denn dazwischen lag die völlige Entmachtung autonomer militärischer Streitkräfte.

Revolutionäre Situationen, von denen die ganze Nation ergriffen wurde, haben sich – mit der Ausnahme neu annektierter Gebiete wie der Bretagne und Korsikas – im kontinentalen Frankreich nach 1492 kaum noch ergeben. Anders als auf dem Balkan, den Britischen Inseln und sogar in Belgien haben sich die Könige im zentral regierten Frankreich sehr bald geweigert, Bevölkerungsteilen mit einer eigenen kulturellen Tradition politische Sonderrechte einzuräumen. Mit der Unterdrückung der Protestanten und noch mehr mit der revolutionären Erzwingung der Pariser Normen im ganzen Land bewirkte der Staat eine weitgehende kulturelle Homogenisierung seiner Bürgerschaft. Obwohl sich die Bewohner einiger Regionen, wie etwa die Bretonen, die Bewohner der westlichen Landesteile oder die Katalanen, nach dem Zweiten Weltkrieg teilweise als organisierte Interessengruppen zusammenschlossen, beseitigte der französische Staat praktisch alle partikularen Bestrebungen auf eine Beteiligung an der politischen Macht.

Nationale Revolutionen hat es nur in den französischen Kolonien gegeben, und dort vor allem im 19. und 20. Jahrhundert. Die Konsolidierung der staatlischen Macht in der Hauptstadt führte dazu, daß die Streitkräfte der zivilen Regierung unterstellt wurden, reduzierte die Bedeutung aller dynastischen Bestrebungen und verringerte die Erfolgsaussichten kommunaler Rebellen jeder Art, erhöhte jedoch die Gefährdung des Staates durch Finanzkrisen, militärische Niederlagen und Mobilisierungen der Bevölkerung auf nationaler Ebene. Die organisatorischen Veränderungen im Staat, die während der großen Revolutionen oder im Anschluß daran erfolgten - besonders in den

Jahren 1585–1598, 1648–1653, 1789–1799 und 1848–1851 –, führten auch zu einem tiefgreifenden Wandel der politischen Konfliktformen. In diesem Sinne verwandelte auch die Entwicklung von der segmentierten zur konsolidierten staatlichen Macht, von der indirekten zur direkten Regierungsform, von der parochialen zur nationalen Politik und von der verhältnismäßig geringen zur intensiven Beteiligung des Staats an der nationalen Wirtschaft die Richtung, den Verlauf und die Auswirkungen der Revolutionen in Frankreich.

Erinnern wir uns noch einmal an die Voraussetzungen revolutionärer Situationen und Ergebnisse:

Revolutionäre Situationen	*Revolutionäre Ergebnisse*
1. Das Auftreten von Einzelpersonen oder Koalitionen, die einander ausschließende Ansprüche auf die Übernahme der Macht im Staat oder Teilen des Staates stellen.	1. Mitglieder des Gemeinwesens wenden sich gegen das Regime.
2. Die Unterstützung dieser Ansprüche durch einen wesentlichen Teil der Bevölkerung.	2. Die revolutionären Koalitionen verfügen über militärische Streitkräfte.
3. Die gegenwärtigen Machthaber sind nicht in der Lage oder nicht bereit, die alternativen Koalitionen und/oder die Unterstützung ihrer Ansprüche durch ihre Anhänger zu unterdrücken.	3. Die Streitkräfte des Regimes werden neutralisiert oder laufen zum Gegner über.
	4. Mitglieder der revolutionären Koalitionen übernehmen die Macht im Staatsapparat.

Diese Liste ist tautologisch und eine bloße Erweiterung unserer Definitionen revolutionärer Situationen und Ergebnisse. Sie hilft uns jedoch festzustellen, wie die Veränderungen im französischen Staat und in seiner Position innerhalb des europäischen Staatensystems die Wahrscheinlichkeit von Revolutionen beeinflußt haben.

Auf der Seite der revolutionären Situationen hat sich der Kreis derer, die einen Anspruch auf die Übernahme der Macht im Staate stellten und dabei unterstützt wurden, seit Anfang des 16. Jahrhunderts offensichtlich von Grund auf verändert. Damals hatten viele Angehörige des Hochadels begründete Ansprüche auf eine Beteiligung an der Macht der Krone oder auf Privilegien, die ihnen innerhalb ihrer eigenen Herrschaftsbereiche weitgehende Autonomie einräumten, und damals war der Übergang einzelner Gemeinwesen zum Protestantismus unweigerlich mit der Einforderung neuer Autonomien gegenüber der weltlichen und der kirchlichen Obrigkeit verbunden. In jenen Tagen der Privatarmeen und städtischen Milizen fehlte es der Krone im übrigen häufig an den militärischen Mitteln, um sich gegen bewaffnete Herausforderungen ihrer Vorherrschaft zu behaupten. Mit der Konsolidierung des französischen Staates nach dem Fronde-Aufstand und während der Revolution von 1789–1799 verlagerte sich das Gleichgewicht zwischen dem Staat und seinen Bürgern ganz erheblich, und deshalb gab es nun fast keine glaubwürdigen dynastischen Anwärter auf die Macht im Staat mehr; Louis Philippe und Napoleon III. lassen sich kaum mit den Kriegsherren vom Schlage des Prinzen von Condé vergleichen. Nun übernahmen Klassenkoalitionen im Rahmen einer von gewählten Volksvertretungen bestimmten Politik bei der Einsetzung oder dem Sturz von Regimen die führende Rolle. Unter diesen Umständen gewannen ironischerweise von außen in das Land eingedrungene Feinde erheblichen Einfluß darauf, wer in Frankreich regieren sollte.

Das bringt uns zu den revolutionären Ergebnissen. Der Austritt einzelner Mitglieder aus dem Herrschaftsverband des Regimes war oft entscheidend für den Machtwechsel, aber der an diesen Vorgängen beteiligte Personenkreis hat sich in den 500 Jahren von 1492 bis 1992 vollkommen geändert: vom König, seinen Vasallen, mächtigen Kirchenfürsten, adeligen Großgrundbesitzern und einigen reichen städtischen Oligarchien, organisierten Vertretern einer Vielzahl von Klassen und Interessen. Die Möglichkeiten für revolutionäre Herausforderer der Staatsmacht, eigene Streitkräfte aufzustellen und die Armeen des Staates auszuschalten oder auf ihre Seite zu ziehen, verringerten sich mit der Entwaffnung der Zivilbevölkerung, aber mit einer strengeren Arbeitsteilung zwischen Polizei und Armee und dem Wiederaufleben der Milizen im Gewand der Nationalgarden ergaben sich für bewaffnete Zivilisten zu Zeiten, in denen die Handlungsfreiheit der Regierung stark eingeschränkt war, wie nach dem Einmarsch der Deutschen im Jahre 1870, vorübergehend günstige Gelegenheiten für einen militärischen Einsatz. Die Konzentration der französischen Regierungsbehörden in Paris erleichterte es darüber hinaus, durch die Eroberung der Hauptstadt auch die Macht im ganzen Land zu übernehmen.

Andere soziale Veränderungen haben sicherlich dazu beigetragen, daß sich auch der Charakter der Revolutionen gewandelt hat: Die Kommerzialisierung der Landwirtschaft im 18. Jahrhundert, die Zunahme der kapitalintensiven Industrieproduktion, die weitgehende Urbanisierung im 19. Jahrhundert, die Politisierung der landwirtschaftlichen und Industriearbeiter waren solche sozialen Entwicklungen in der französischen Geschichte. Alle diese Veränderungen haben die Identität, die Interessen und die Organisation derer, die einen Anspruch auf die Macht im Staat erhoben, ebenso beeinflußt wie die Methoden, mit denen dieser Staat regiert wurde. Gleichwohl hat der Strukturwandel des französischen Staates seinerseits eine wesentliche Rolle dabei gespielt, wann, wo, wie und mit welchen Konsequenzen revolutionäre Situationen entstehen und beendet werden konnten.

Sechstes Kapitel

Rußland und seine Nachbarn

Die Entstehung Rußlands

Der europäische Teil der Sowjetunion bestand bis 1991 aus etwa den gleichen Gebieten wie das europäische Rußland des Zarenreichs am Ende der Napoleonischen Kriege. Nur nach dem Krim-Krieg, dem Bürgerkrieg von 1917 bis 1921 und dem Krieg gegen Deutschland von 1941 bis 1944 haben sich diese Grenzen wesentlich verändert. Doch wenn wir bis ins Jahr 1492 zurückgehen, finden wir dort noch kein Russisches Reich. Etwa das gleiche Territorium bestand damals aus dem Herrschaftsbereich des Deutschen Ritterordens, der Republik von Pskow, dem Fürstentum Moskau, dem Fürstentum Rjasan, dem Khanat der Goldenen Horde, dem Khanat der Krim, dem Khanat von Kasan, dem Königreich Polen und einem nicht fest umgrenzten Gebiet östlich des Schwarzen Meeres, das von den Tscherkessen beherrscht wurde.

In diesem Teil Europas war das mächtigste Reich zu jener Zeit das Reich der Jagellonendynastie. Zu ihm gehörten Litauen, Weißrußland, die Ukraine, Polen, Böhmen, Mähren und Ungarn, aber nicht das Fürstentum Moskau. Unter Iwan dem Großen und Iwan dem Schrecklichen begann schon ein mächtiger russischer Staat Gestalt anzunehmen. Doch von 1492 bis ins 18. Jahrhundert hatten nicht nur ein aggressives litauisch-polnisches Reich, sondern auch eine starke schwedische Monarchie und ein mächtiges Osmanisches Reich eine Zeitlang Teilgebiete des späteren Rußlands in Besitz genommen. Wenn wir uns die Karte «Rußlands» ansehen, erkennen wir darauf bis zur letzten Teilung Polens in den 1790er Jahren nicht nur ein aus verschiedenen Gebieten zusammengesetzes Russisches Reich, sondern auch ein Osmanisches Reich und ein Königreich Polen. Sehr viel mehr als in Frankreich, auf den Britischen Inseln, in den Niederlanden, auf dem Balkan oder auf der Iberischen Halbinsel haben wir es hier mit einem anfangs kleinen Staat zu tun, der dann durch die Einverleibung seiner Nachbarstaaten zu einem Riesenreich wurde.

Wir müssen uns jedoch vor den Versuchungen und Gefahren einer teleologischen Betrachtungsweise hüten, denn sie würde uns dazu verleiten, die historische Entwicklung in diesem Teil von Europa auf ein ununterbrochenes, unvermeidliches Expansionsstreben Rußlands zu reduzieren. Das wäre eine Simplifizierung und Verzerrung dessen, was wirklich geschah. Angesichts der günstigen wirtschaftlichen und geopolitischen Verhältnisse, die im 15. Jahrhundert westlich dieses Gebietes herrschten, hätten gut informierte Beobachter erwarten können, daß bei einer anhaltenden Prosperität der europäischen Wirtschaft und einer zunehmenden Konsolidierung der benachbarten Staaten eine oder zwei Mächte (und das waren zweifellos Polen, Schweden oder die Habsburger) weiter nach Osten und Süden vorstoßen würden. Dabei mußte man allerdings mit dem Widerstand der nach Westen vordringenden Steppenvölker rechnen. Weshalb sollte nicht ein neuer Sturm mongolischer oder türkischer Reiterheere aus dem Osten heranbrausen? Zudem hatte das expansionslüsterne Osmanische Reich immer wieder den Versuch unternommen, seine eurasischen Gebiete auszuweiten. Rußland und die Osmanen sollten schließlich bis ins 19. Jahrhundert um die Vorherrschaft im Bereich oberhalb des Schwarzen Meeres ringen. Rußland hatte also mächtige Rivalen, die der Verwirklichung seiner territorialen Ambitionen im Wege standen.

Erst gegen Ende der Regierungszeit Iwans IV. (1533–1584) begannen die Moskowiter mit der Eroberung Sibiriens und anderer Territorien zwischen Rußland und Japan. Obwohl sich die Grenzen je nach dem Ausgang der kriegerischen Auseinandersetzungen ständig verschoben, gehörten wesentliche Teile der Ukraine, Weißrußlands und des Gebiets an der Ostsee zu Litauen (das sich 1569 mit Polen vereinigt hatte) und zu Schweden, bis die Teilungen Polens im 18. Jahrhundert die Festlegung einer einigermaßen stabilen Nordwestgrenze des Russischen Reiches ermöglichten. Nichts ließ mit Sicherheit erwarten, daß eine einzige Macht das Gebiet zwischen Finnland und dem Pazifischen Ozean erobern und besetzt halten würde, und nichts sprach dafür, daß das moskowitische Fürstentum, 1492 noch eine zweitrangige Macht, in der Lage sein würde, sich gegen seine Rivalen durchzusetzen und allein seinen Herrschaftsbereich nach Osten und Süden auszudehnen. Daß aus einem moskowitischen Kern ein gewaltiges Russisches Reich entstehen würde, war, wenn man die Verhältnisse mit denen auf den Britischen Inseln und auf der Iberischen Halbinsel vergleicht, nur eine Möglichkeit von vielen, die es staatlicher Macht anheimgaben, Europa zwischen der Weichsel und dem Ural neu zu ordnen.

Und doch ist es so gekommen. Die russischen Herrscher von Iwan dem Großen bis zu Iwan dem Schrecklichen haben sich mit allen ihnen zur Verfügung stehenden militärischen Kräften darauf konzentriert, die Mongolen zurückzudrängen und andere Slawen zu unterwerfen. Rußland wurde wie kaum ein anderes Land von rücksichtslosen und langlebigen Herrschern regiert. Iwan III. (der Große) herrschte von 1462–1505. Die Lebenserwartung war im damaligen Europa sehr niedrig, viele Könige kamen schon als Kinder auf den Thron, und das führte immer wieder zu Erbfolgestreitigkeiten. Deshalb hatte ein König, der 43 Jahre an der Macht blieb, gewaltige Vorteile gegenüber seinen Rivalen. Die Nachfolger Iwans des Großen, Wassilij III. und Iwan IV. (der Schreckliche), herrschten jeweils 28 und 37 Jahre. (Die Vorzüge eines langen Lebens erwiesen sich etwa während der erbarmungslosen Machtkämpfe des russischen Adels zur Zeit der Minderjährigkeit Iwans IV. von 1533 bis 1547, bei der Thronbesteigung von Iwans schwachsinnigem Sohn, Fedor I., 1584, und auch noch bei zahlreichen anderen Streitigkeiten um die Thronfolge.) Iwan III. besiegte die Mongolen, unterwarf das wirtschaftlich bedeutende Nowgorod und sicherte die Vorherrschaft der Moskowiter in anderen slawischen Nachbarstaaten. Ein halbes Jahrhundert später was das Russische Reich entstanden. Nun begannen die Kriege gegen die livländischen Ritter, das polnisch-litauische Reich und das Krim-Khanat. Während der folgenden 250 Jahre ging die Expansion des Russischen Reiches fast ununterbrochen weiter.

Die Auswirkungen dieser aggressiven imperialen Expansion müssen bei jeder Analyse der Revolutionen berücksichtigt werden. Die Nachbarstaaten haben die russischen Eroberungen nicht widerstandslos hingenommen, sondern sich mit allen ihnen zur Verfügung stehenden Mitteln dagegen gewehrt. In welchen Fällen darf man diesen Widerstand nun als revolutionär bezeichnen? Als beispielsweise die Streitkräfte des Moskowiterreichs und seiner russischen Nachfolger wiederholt zwischen 1520 und 1750 versuchten, die Krimtataren zu unterwerfen, wann entstand da aus dem erfolgreichen Widerstand der Tataren gegen die russische Vorherrschaft eine revolutionäre Situation? Das ist ohne Frage der Fall gewesen, als das Russische Reich das von den Tataren bewohnte Gebiet schon einige Zeit beherrschte. Doch welche Voraussetzungen müssen dafür erfüllt sein? Angesichts des an der Peripherie des Russischen Reiches nur bedingt wirksamen, indirekten Regierungssystems läßt sich ein genauer Zeitpunkt nicht festlegen.

Die Schlußfolgerung – ob der Widerstand gegen ein herrschendes System als revolutionär angesehen werden kann, ist letztlich eine Sache der Definition – mag der Revolution scheinbar ihre Großartigkeit oder ihren Schrecken nehmen. Aber sie ist Ausdruck der wichtigsten Erkenntnis, die dieses Buch vermitteln will: Der Charakter, der Ort und die Folgen revolutionärer Situationen verändern sich systematisch mit den Strukturen der Staaten und des Staatensystems. Wir dürfen erwarten, in der Geschichte eines Reiches, das rücksichtslose Eroberungskriege führt, auf zahlreiche Fälle zu stoßen, in denen sich ein Nachbarvolk vorläufig unterwirft, aber sofort rebelliert, wenn dieses Reich Schwächen zeigt, wenn seine Repräsentanten oder Kollaborateure empörende Forderungen stellen und wenn das unterworfene Volk über neue Handlungsmöglichkeiten oder neue Verbündete verfügt. In solchen Rebellionen vereinigen sich notwendigerweise die Merkmale der Revolution mit denen eines antikolonialen Befreiungskrieges.

Die zahlreichen Teilgebiete, aus denen das spätere Rußland 1492 bestand, waren die Trümmer von Herrschaftsgebieten, die übriggeblieben waren, nachdem die Skandinavier (Waräger) auf ihren Eroberungskriegen durch das Territorium zwischen der Ostsee und dem Schwarzen Meer gezogen und die Mongolen von Südosten durch das Land gestürmt waren. Verschiedene mongolische Stämme hatten weite Teile dieses Raumes von den 1230er Jahren bis zum Ende des 15. Jahrhunderts beherrscht, als es Iwan dem Großen gelang, dieses Joch abzuschütteln. Die mongolischen Eroberungen waren stets dann am erfolgreichsten, wenn sie bereits bestehende Staaten trafen, die ihre regelmäßigen Einkünfte aus den Erzeugnissen einer Ackerbau und Viehzucht treibenden Bevölkerung bezogen. Die mongolischen Herren machten sich diese Staaten entweder tributpflichtig oder vereinnahmten sie im ganzen, ohne ihre innere Struktur wesentlich zu verändern. In beiden Fällen war die Herrschaft der Mongolen indirekt und imperialistisch. Sie verlangten die symbolische Unterwerfung, regelmäßige Tributzahlungen, gelegentliche militärische Unterstützung, die Anerkennung der von ihnen eingesetzten slawischen Herrscher, die Loyalität gegenüber dem Khan bei dessen Auseinandersetzungen mit den Feinden der Mongolen und zuweilen die Überlassung adeliger Geiseln. Dafür gewährten sie den Gebieten eine weitgehende Selbständigkeit, deren Fürsten mit ihnen zusammenarbeiteten.

Auch die Moskowiter hatten ihre Überlegenheit gegenüber ihren Nachbarn zum Teil der wohlüberlegten Kollaboration mit der Goldenen Horde zu verdanken. Die Plünderung Moskaus durch die Tataren 1591 beendete keineswegs die Beziehungen der Moskowiter mit dem Steppenvolk. Auch noch nach dem Sieg über die Goldene Horde arbeiteten die Moskowiter häufig mit den verbliebenen Mongolen zusammen, sie verbündeten sich im 16. Jahrhundert mit den Krimtataren gegen Litauen, nahmen im 17. Jahrhundert sungharische Mongolen bei der Eroberung von Sibirien in ihren Dienst und zahlten den Krimtataren noch bis 1700 Tribute. Die Beziehungen zwischen Russen und Tataren im 16. und 17. Jahrhundert glichen in mancher Weise denen, die zur gleichen Zeit in der Neuen Welt zwischen europäischen Kolonisten und amerikanischen Indianern bestanden. Schließlich machten die «Geschenke» an die Indianer Mitte des 18. Jahrhunderts den größten Posten im Haushalt der Kolonie South Carolina aus. An beiden Grenzen, der im amerikanischen Westen und der im russischen Osten, kämpften auf beiden Seiten harte und rücksichtslose Männer. George Turberville, ein englischer Zeitzeuge aus dem 16. Jahrhundert, verglich die Russen mit den Iren:

> «Die wilden Iren sind so ritterlich, wie es die Russen sind, schwer zu entscheiden, wo die besseren stehen, denn beide sind sie rauh und blind.»

Doch auf diesen Unterschied kam es an. Im engen Raum der irischen Insel leisteten Stammesfürsten der Fremdherrschaft Widerstand, kämpften aber auch unaufhörlich gegeneinander, während sich in der Weite Rußlands eine Koalition von Fürsten gegen alle anderen durchsetzte und dann ein eigenes Reich gründete.

Der Vergleich mit Irland wird aber auch in einer anderen wichtigen Beziehung Rußland nicht gerecht. Bis in die jüngste Zeit lag Irland am Rande der Hauptströmung des europäischen Handels und Verkehrs. Solange die meisten Verbindungswege zwischen Europa und dem Fernen Osten durch Rußland führten, blieben die russischen Städte wichtige Zentren für eurasische Kontakte. Da Rußland erst sehr spät über eine eigene Handelsflotte verfügte, bauten die Russen fast alle ihre Städte an den Ufern der Flüsse, die die osteuropäischen Regionen miteinander verbanden. Das waren insbesondere der Dnjepr, die Wolga, der Don, die Düna und der Wolchow mit ihren Nebenflüssen. In der Zeit um das Jahr 1000 war Kiew mit vielleicht 50000 Einwohnern das Zentrum des urbanen Systems und des Handels in Rußland. Eine zweite große Handelsstadt, Nowgorod, hatte etwa 20000 Einwohner (*Rozman* 1976, S. 45–46). Die Beziehungen zu den Mongolen führten schließlich dazu, daß Moskau die führende Position einnahm, die es bis zur Gründung von St. Petersburg 1703 behauptete. Um das Jahr 1500 hatte sich der Einfluß der Mongolen verringert, und nun hatten Moskau, Wilna, Pskow, Nowgorod, Smolensk und Bachtschisarai (in der tatarischen Krim) wahrscheinlich alle 10000 oder mehr Einwohner (*Chandler & Fox* 1974, S. 27).

Selbst wo die Mongolen Städte wie Bachtschisarai gründeten, lebten ihre Krieger gewöhnlich in Zeltlagern, um jederzeit zu Jagdexpeditionen oder zu einem neuen Krieg aufbrechen zu können. Die Russen folgten bei ihren Eroberungskriegen einer anderen Strategie. Sie stationierten Streitkräfte, Staatsbeamte, Kaufleute und sogar adelige Grundherren in den Städten, um von dort aus das von ihnen beherrschte Gebiet zu erweitern. Dieses Verfahren hatte drei Konsequenzen. Erstens nahmen die Staatsbeamten in den meisten Städten eine bevorzugte Stellung ein. Zweitens arbeiteten viele nominelle Staatsdiener wie zum Beispiel die Soldaten auf eigene Rechnung auch in der Landwirtschaft, der Industrie oder im Dienstleistungsgewerbe. Drittens veränderten sich die Aktivitäten in den Städten, wenn sich die Grenzen des russischen Herrschaftsbereichs erweitert hatten. Während sich das Moskowiterreich ausdehnte, bauten die Zaren ganze Reihen von befestigten Städten entlang der jeweiligen nordwestlichen und besonders südöstlichen Grenze des erweiteren Gebiets. Wenn diese Expansion sich fortsetzte, blieb eine Kette miteinander verbundener Handels- und Verwaltungszentren zurück. Michail Romanow zum Beispiel ließ in seiner Regierungszeit zwischen 1636 und 1648 die meisten neuen Städte in der *Belgorodskaja Tscherta* errichten, einer Linie aus 29 befestigten Plätzen, die alle wichtigen Vormarschwege der früheren Mongoleneinfälle überspannte. Doch schon sehr bald lagen diese Städte weit hinter der Grenze des eroberten Gebiets.

1703 begann Peter der Große, das Bevölkerungszentrum nach St. Petersburg zu verlegen, indem er zwangsweise Kaufleute, Handwerker, Offiziere der kaiserlichen Armee und deren Anhang im Sumpfgebiet an der Newamündung ansiedelte, in einem Gebietsstreifen, den er erst kürzlich den Schweden abgenommen hatte. Peter, der kurze Zeit inkognito als Schiffszimmermann in Holland und England gearbeitet hatte, stellte sich St. Petersburg als ein nach holländischem Vorbild gebautes Zentrum des Schiffsbaus und Handels mit den Staaten im Ostseeraum vor. Schließlich gab er der Stadt auch keinen russischen, sondern einen holländischen Namen. St. Petersburg. 1782 hatte die neue kaiserliche Residenzstadt 297 000 Einwohner, Moskau hingegen nur 213 000 (*Rozman* 1976, S. 162–183). Das führte zu einer Arbeitsteilung, bei der St. Petersburg die Rolle der Hauptstadt und des wichtigsten Hafens übernahm, der das Land mit Nordwesteuropa verband, während Moskau zum Mittelpunkt des Binnenhandels wurde. So baute Rußland eine riesige, nach außen gerichtete urbane Hierarchie auf, deren Schwergewicht im Nordwesten lag, die sich jedoch bis weit nach Asien ausdehnte.

Russische, polnisch-litauische und tatarische Staaten

In den drei Jahrhunderten nach 1500 konnte sich das Moskowitische und dann Russische Reich rühmen, einer der kriegerischsten Staaten oder Staatenbünde in Europa zu sein. Zuerst unterwarf das moskowitische Fürstentum seine slawischen Nachbarn und besiegte seine tatarischen Oberherren. Dann führte Rußland, während es noch im Begriff war, zu einer politischen Einheit zu werden, nicht nur Kriege gegen die Nomadenvölker im Osten und Südosten, sondern auch gegen die mächtigen schwedischen, polnischen und osmanischen Reiche im Norden, Westen und Süden. Die Kämpfe gegen diese Mächte dauerten Jahrhunderte und hinterließen ihre Spuren. Auf die Dauer hatten die Versorgung, Finanzierung und Verwaltung einer umfangreichen militärischen Organisation tiefgreifendere soziale Auswirkungen als ihre bloße Präsenz als politische Kraft. Wie anderswo in Europa auch, aber unter gänzlich anderen Voraussetzungen, verdrängten die Aufstellung starker militärischer Streitkräfte und die ständig geführten Kriege zunächst die zivilen Machtstrukturen, denen es schließlich jedoch gelang, dem militärischen Einfluß Grenzen zu setzen und die staatliche Ordnung zu reformieren.

Doch schon die geopolitischen Gegebenheiten hatten einen maßgeblichen Einfluß auf die Veränderungen im russischen Staat. Das «Gesetz der entgegengesetzten Grenzen» folgte dem geheiligten Grundsatz, «der Feind meines Feindes ist mein Freund»; die Gegner eines gemeinsamen Feindes wurden oft zu Verbündeten. In den ersten Jahrhunderten der Ausdehnung des Russischen Reichs gerieten die Moskowiter aufgrund ihrer Bündnispolitik unter den Einfluß durchaus gegensätzlicher Kräfte, der Tataren und der deutschen Protestanten, die beide an der Seite Moskaus gegen das katholische Polen kämpften.

Während des Krieges, den Iwan der Große 1500–1503 gegen Polen/Litauen und die livländischen Ritter führte, wurde Rußland zum Beispiel tatkräftig von den Tataren unterstützt. Zur gleichen Zeit, als sie russisches Territorium von der Herrschaft der Mongolen befreiten, haben Iwan der Große und seine Nachfolger zahlreiche Verwaltungsmethoden von den Mongolen übernommen. Iwan selbst übernahm eine ausgesprochen mongolische Art des indirekten Regierens: Er setzte in seinem Dienst stehende Fürsten in Nowgorod und anderen Städten ein, die ihre Stellungen nur so lange behielten, wie sie dem Zaren dienten. Gleichzeitig verteilte er Grundbesitz und Ämter an die sogenannten *Pomeščiki*, die diese Besitzungen, Ämter, Vollmachten und Privilegien nur für ihre eigene Lebenszeit behielten, und zwar unter der Voraussetzung, daß sie dem Zaren zu dessen Zufriedenheit dienten.

Zu den Dienstleistungen dieser Prinzen und *Pomeščiki* gehörte es auch, daß sie dem Zaren Soldaten zur Verfügung stellten. Zu einer Zeit, als die westeuropäischen Staaten für ihre Armeen Söldner aus anderen Ländern einstellten, war Iwan einer der ersten Fürsten, die die Soldaten für ihre Massenheere im eigenen Land rekrutierten, und zwar nach einem auf Erbfolge beruhenden System, das die militärische Hierarchie und den Beamtenapparat stärkte. Aus einem lockeren Netz von Burgen, lokalen Anführern und ihrer Gefolgschaft (sowie den unzuverlässigen Streitkräften, mit denen die europäischen Monarchen unter solchen Verhältnissen immer vorliebnehmen mußten) entstand ein hierarchisches, geographisch geordnetes System, das die Regimenter und Bezirksverwaltungen streng auf den Herrscher und seine Diener verpflichtete.

Während sich die Adeligen zunehmend der absoluten Autorität ihres Zaren unterwarfen, wurden sie zugleich zu Herren über Leben und Tod ihrer eigenen Bauern. Die von der Zarenregierung erlassenen Gesetze griffen tief in das Leben der bis dahin autonomen bäuerlichen Gemeinden ein, beschränkten die Freizügigkeit, erweiterten den Anspruch der Gutsherren auf die Frondienste ihrer Bauern und nivellierten die Unterschiede zwischen freien Bauern, Leibeigenen und Sklaven. Sie alle stiegen ab, nicht auf.

Aber deshalb versanken die Bauern nicht mutlos im russischen Schlamm. Sie wehrten sich immer wieder gegen ihre Unterdrückung. Dennoch hat der Widerstand der Bauern in Rußland nie zu einer revolutionären Situation von nationalen Ausmaßen geführt. Allerdings wiederholten sich die Bauernrevolten gegen ausbeuterische Grundherren und Steuereinnehmer Jahr für Jahr. Allein auf den Gütern der *Pomeščiki* registriert P. K. Alefirenko zwischen 1730 und 1760 37 Revolten *(Vostanie)* –

(*Alefirenko* 1958, S. 136–153). Wenn sie sich mit den Kosaken oder abtrünnigen Adeligen verbündeten, stellten die Bauern bei den Aufständen oft die bewaffneten Kräfte, wie sich auch die zaristischen Armeen aus dem Bauernstand rekrutierten. Doch sie stießen stets auf einen entschlossenen Gegner: Im Verlauf von drei Jahrhunderten verbündete sich der Staat immer wieder mit den Grundherren, um die Bauern niederzuwerfen, und bis ins 19. Jahrhundert wurden die Unterdrückungsmaßnahmen mit jedem Aufstand brutaler.

Mit der Errichtung eines Moskauer Patriarchats im Jahre 1589 gelangte auch die orthodoxe Kirche unter die Kontrolle des Zaren und diente seinen politischen Interessen, freilich mit der Einschränkung, daß ihr in ihrem eigenen Zuständigkeitsbereich eine außerordentlich weitgehende Handlungsfreiheit gewährt wurde. Die Zaren sicherten ihre beherrschende Stellung gegenüber dem Adel, dem Offizierskorps und der Kirche nicht nur durch eine umfassende Günstlingswirtschaft, sondern auch durch die Einrichtung von Kontrollbehörden *(Prikase)*, deren leitende Beamte dem Monarchen unmittelbar unterstellt waren. Dieses ganze zivile, militärische und religiöse Kontrollsystem wurde allerdings durch die Korruptheit der Beamten einerseits und durch den Widerstand der Bevölkerung andererseits gefährdet. Wie viele andere Formen indirekter Herrschaft gewährte auch diese den Staatsbeamten außerordentliche Handlungsfreiheit innerhalb ihrer Zuständigkeitsbereiche. Dabei entstand jedoch ein großer, billiger und relativ zentralisierter Regierungsapparat.

Iwan IV. war der erste in einer langen Reihe moskowitischer Fürsten, der bei seiner Krönung den Zarentitel annahm. Er erhielt sogar den Segen der orthodoxen Kirche für die Annahme des Titels, der ihn auf eine Stufe mit dem Kaiser des Heiligen Römischen Reichs stellen sollte. Ein nicht gerade bescheidener Anspruch Iwans! 1565 straffte er die Struktur des Staatsapparats und näherte sich durch die Einrichtung der *Opritschnina* der direkten Regierungsform. Diese Organisation diente der Sicherung der Machtstellung des Zaren und wurde aus den Ländereien enteigneter Angehöriger des Hochadels finanziert, die Iwan in entlegene Landesteile verbannt hatte. Da es die Aufgabe der *Opritschniki* war, «Verräter» ausfindig zu machen, wurden sie zu Instrumenten des Terrors, dem sich nun der ganze freie Adel ausgesetzt sah.

Die Methoden der Zentralgewalt wechselten in einem solchen Staat notwendigerweise mit der Fähigkeit und Entschlossenheit der jeweiligen Herrscher und mit den Anforderungen, die in Kriegszeiten an das Land gestellt wurden. Infolgedessen variierten auch Macht und Selbständigkeit des Dienstadels ganz erheblich. Im 17. Jahrhundert behandelten die Angehörigen des Dienstadels ihre Lehen oft so, als seien sie ihr persönlicher Besitz, und verkauften oder vererbten diese Güter. 1714 erkannte der Zar offiziell dieses *fait accompli* an und schaffte den Unterschied zwischen Lehensgütern und privatem Grundbesitz ab. Außerdem nahmen die russischen Zaren gegen Ende des 17. Jahrhunderts zunehmend auch Söldner in ihre immer größer werdenden Armeen auf. Doch sehr bald bereuten sie die auf diese Weise entstandene Gefährdung ihres geschlossenen Systems, und Anfang des 18. Jahrhunderts kehrten sie zur Massenrekrutierung von Bauern und zur intensiven militärischen Inanspruchnahme des Dienstadels zurück. Peter der Große verfügte über eine Armee von 370 000 Mann, bei Katharina waren es 1 Million und bei Alexander I. (1801–1825) 2 Millionen (*Le Donne* 1991, S. 273). Selbst in dem relativ friedlichen Jahr 1897 verfügte die russische Armee noch über 1,1 Millionen Mann (*Shanin* 1986; I, 39). Die von den beiden Iwans geschaffene Verwaltungsstruktur überlebte im großen und ganzen die Reformen Peters und Katharinas. Daß eine nichtkommerzialisierte Agrarwirtschaft die Mittel für Kriege und Eroberungen aufbringen mußte, hatte das Entstehen einer unverhältnismäßig umfangreichen patrimonialen Superstruktur zur Folge.

Peter und Katharina beteiligten sich nicht nur an den großen europäischen Kriegen, sondern weiteten ihren Herrschaftsbereich auch gewaltig nach Südosten aus, und dazu brauchten sie sehr viel mehr Geld und Soldaten als bisher. Deshalb richteten sich ihre Bemühungen vor allem darauf, die von ihren Vorgängern übernommene Verwaltungsstruktur zu vereinheitlichen, die Zahl der miteinander konkurrierenden Verwaltungsbehörden zu verringern, den Dienstadel in eine klare hierarchische Ordnung einzubinden, den Staat mit einem wirksameren Repressionsapparat auszustatten und die Bürokratie nach westlichen Vorbildern umzuformen. Die vielleicht größten Veränderungen gab es bei den Staatsfinanzen: Die Rüstungsausgaben erhöhten sich von 1725 bis 1825 von 6,9 Millionen Rubel auf 173,8 Millionen. Das war ein Jahrhundert lang eine jährliche Steigerung von 3,3 %. Im gleichen Jahrhundert stiegen die Roggenpreise insgesamt nur auf das Doppelte oder Dreifache, was einer jährlichen Preissteigerung von 0,1 % entsprach (*Mironow* 1985). Während des gleichen Zeitraums sank der Anteil der festen Steuereinnahmen am gesamten Staatseinkommen von 54 auf 32 %, während der Anteil der Verbrauchssteuern von 46 auf 48 % des insgesamt wesentlich erhöhten Staatseinkommens anstieg. Die Einnahmen aus dem vom Staat beaufsichtigten Verkauf von Wodka – das war bezeichnenderweise ein Monopol des Adels – erhöhten sich von 1,0 auf 128,4 Millionen Rubel, eine jährliche Zunahme von durchschnittlich 5 % (*Le Donne* 1991, S. 277–283).

Peter und Katharina führten das russische Verwaltungssystem auch in den neu erworbenen Gebieten ein. Damit brachte das 18. Jahrhundert den weiten Gebieten des Russischen Reichs eine relativ einheitliche Verwaltungsstruktur. Da jedoch die Gesellschaftsstruktur von Gebiet zu Gebiet erhebliche Unterschiede zeigte, mußten die Behörden ihre Arbeitsmethoden den jeweiligen Verhältnissen anpassen: vom Nordwesten, wo in erster Linie die Kaufleute die Steuern aufbrachten und im öffentlichen Leben eine einflußreiche Stellung einnahmen, bis zum Südosten, wo Militärgouverneure in den ihnen fremden und wenig erschlossenen Gebieten entweder mit roher Gewalt ihre Herrschaft ausübten, sich mit den örtlichen Stammeschefs einigten oder, wenn es die Lage erforderte, beide Methoden anwandten.

Im polnischen Staat herrschten völlig andere Verhältnisse, die schließlich zu seiner faktischen Selbstzerstörung führten. Die Großgrundbesitzer in Rußland und Polen bauten auf ihren Gütern Getreide an, mit dessen Verkauf sie angesichts des Bevölkerungswachstums und der steigenden Preise im 16. Jahrhundert hohe Gewinne erzielen konnten. Aber die polnisch-litauischen Gutsbesitzer hatten einen besseren Zugang zu den westeuropäischen Märkten über die Ostseehäfen wie Danzig. Sie schufen ein herrschaftliches Wirtschaftssystem, das schließlich die vorher blühenden Städte als unabhängige politische Einheiten und internationale Handelszentren ausschaltete. Sie verhinderten die Teilnahme der polnischen Bauern und Kaufleute am Getreidehandel dadurch, daß sie selbst Beziehungen zu den ausländischen Händlern aufnahmen. Das brachte ihnen so hohe Gewinne ein, daß sie westliche Waren importieren und den Staat als eine Nebensächlichkeit behandeln konnten.

Diese «Republik der Adeligen» in Polen repräsentierte nur ein privilegiertes Zehntel der Bevölkerung und bot diesem die Möglichkeit, seine Vormachtstellung gegenüber den Bauern zu festigen und (nach 1572) die Monarchie zum gewählten Instrument des Adels zu machen. Im Verlauf dieser Entwicklung kam es zu einer immer hemmungsloseren Ausdehnung der Leibeigenschaft. Schließlich verfügte der Adel über billige, aus seinen Leibeigenen rekrutierte Privatarmeen, die zahlenmäßig bedeutend stärker waren als die Streitkräfte der Krone. Obwohl die Dreiteilung der politischen Kräfte in Polen – König, Magnaten, niederer Adel – dem König gegen Ende des 16. Jahrhunderts wiederholt die Gelegenheit bot, sich mit dem niederen Adel zu verbünden, vereitelte sie jeden Versuch der Krone, zuverlässige, zentralisierte fiskalische und militärische Systeme zu schaffen.

Um der Bedrohung durch die Reiterheere der Tataren, Kosaken und Osmanen zu begegnen, hatten die Polen in ihren Armeen der Kavallerie den Vorzug gegeben, und zwar lange nachdem die russischen und westeuropäischen Armeen dazu übergegangen waren, in erster Linie starke Infanterie- und Artillerieverbände aufzustellen. Dieser Umstand stärkte die Selbständigkeit des einzelnen Kavalleristen, der sein Pferd und seine Ausrüstung selbst bezahlte, und erschwerte es jedem König, eine entsprechende eigene Armee zu finanzieren. Auf die Dauer machte die Schwäche der polnischen Krone und das Fehlen einer starken polnischen Armee Polen zur leichten Beute der immer stärker werdenden Streitkräfte seiner schwedischen, russischen, österreichischen und preußischen Nachbarn. Zunächst schrumpfte das Polnisch-Litauische Reich, dann verschwand Polen während des 18. Jahrhunderts als selbständiger Staat allmählich von der Landkarte.

Die russischen Großgrundbesitzer hatten im 16. Jahrhundert keine Möglichkeit, ihr Getreide auf den westeuropäischen Märkten zu verkaufen. Englische Kaufleute beherrschten den

Handel in der 1584 gegründeten arktischen Hafenstadt Archangelsk, von der aus ohnehin fast ausschließlich Pelze und Holz aus dem Norden, nicht aber Getreide aus den weiten Flächen des Südens exportiert wurde. Deshalb ging das Getreide der Gutsbesitzer vor allem in die großen Städte, die wiederum die Machtzentren des Zaren waren. Die russischen Herrscher griffen mit rücksichtsloser Härte in diese Märkte und in die Besitzverhältnisse der Landgüter ein, um die hohen Gewinne, die sich aufgrund der raschen Zunahme der Bevölkerung im 16. Jahrhundert und dem daraus folgenden Preisanstieg öffneten, für sich selbst und die Finanzierung ihrer kriegerischen Unternehmungen abzuschöpfen. Während der Zentralisierung im 17. Jahrhundert und der Beteiligung am europäischen Handel im 18. Jahrhundert hatten sie sich den Adel vollständig unterworfen, ja sogar einen neuen Adel geschaffen, der auf vielfältige Weise zum Dienst für die Regierung verpflichtet war. Anstatt in barem Geld mußten die Steuern jetzt häufig in Form von Getreidelieferungen bezahlt werden, wodurch die Beteiligung der Großgrundbesitzer und Bauern am Handel eingeschränkt und die Versorgung der Städte, Armeen und Beamten mit Nahrungsmitteln gesichert wurde.

Doch im 19. Jahrhundert kehrte sich die Entwicklung um. Seit Paul I. (1796–1801) bemühten sich die Zaren darum, eine Bürokratie und eine Armee zu schaffen, in denen der Adel kein Mitspracherecht mehr hatte. So entstand eine mächtige, aus nichtadeligen Bürgern bestehende Klasse von Verwaltungsbeamten, in der nur die Höchstrangigen hoffen durften, geadelt zu werden. Dieses System bewährte sich nur zu gut. Die Aristokraten mußten sich darauf beschränken, ihre Güter zu bewirtschaften und vom Verkauf ihrer Erzeugnisse zu leben, ohne weiter an der Regierung oder den Regionalverwaltungen beteiligt zu werden. Damit zerstörten die Zaren, ohne sich dessen bewußt zu sein, die Grundlagen einer in drei Jahrhunderten gewachsenen, außerordentlich fruchtbaren freiwilligen Zusammenarbeit. So verloren die russischen Monarchen eine für sie außerordentlich wichtige Gefolgschaft, ohne sie zu entmachten oder ihre Unzufriedenheit beschwichtigen zu können.

Die an der Südostgrenze Rußlands angesiedelten Tatarenstaaten waren ganz anders organisiert. Sie bestanden aus anpassungsfähigen, durch die Stammeszugehörigkeit und Beziehungen zwischen Schutzherren und Schutzbefohlenen miteinander verbundenen politischen Einheiten. In mancher Hinsicht waren sie nichts anderes als ihre streitbaren Kavallerieverbände im vergrößerten Maßstab. Aber auch ihre Streitkräfte waren in erster Linie Zusammenschlüsse einzelner Clans, in denen einzelne starke Persönlichkeiten jeweils ihre eigene Gefolgschaft hatten. Die Mongolen (ursprünglich waren die Tataren eine Untergruppe der Mongolen, später dann deren Überrest) unterhielten ihre beweglichen Truppenverbände mit den Tributen, die sie sich von den benachbarten Agrarvölkern zahlen ließen, Wegezöllen und Schutzgebühren für fernreisende Kaufleute. Besonders gute Geschäfte machten die Krimtataren mit den Sklaven (oft waren es Angehörige slawischer Völker), die sie raubten und auf den türkischen und italienischen Sklavenmärkten verkauften. Zwar waren sie bereit, jede Auflehnung der von ihnen unterworfenen Völker streng zu ahnden, verzichteten aber darauf, dort eine eigene Verwaltung einzusetzen. Normalerweise überließen sie es den lokalen Herrschern, die von ihnen geforderten Steuern einzuziehen. Ihre große Flexibilität verdankten sie der Tatsache, daß sie keine straff gegliederte Zentralregierung hatten, was jedoch auch die Gefahr interner Spaltungen und Nachfolgestreitigkeiten erhöhte. Ihre parasitäre Lebensweise brachte ihnen großen Wohlstand, als der Karawanenverkehr zunahm und die benachbarten getreideerzeugenden Staaten stabiler, produktiver und fügsamer wurden. Schließlich gelang es den Russen, sie zurückzudrängen und sich ihre Reste einzuverleiben, und zwar dank ihrer militärischen Überlegenheit, einer strafferen Zentralverwaltung, Bündnissen nach dem Grundsatz *divide et impera* sowie geschickten Verhandlungen mit örtlichen Potentaten.

In den 1250er Jahren hatten die mongolischen Eindringlinge mit Hilfe von Alexander Newsky die Oberherrschaft im moskowitischen Fürstentum gewonnen. Über 200 Jahre blieb Moskau der Goldenen Horde, wie die Russen sie nannten, tributpflichtig. In den Jahren 1438–1441 spaltete sich die Horde in die Khanate von Sarai (die mongolische Hauptstadt), Kasan, Astrachan und der Krim auf; das letztere wurde bald zum Vasallen des Osmanischen Reiches. Die weitere Ausdehnung Rußlands, die

Kämpfe zwischen den verbleibenden Mongolenstämmen und die Regierungszeit Iwans des Schrecklichen überlebten nur die Krimtataren als geschlossene politische Einheit. 1783 annektierte Katharina die Große schließlich auch das bis dahin von ihnen beherrschte Gebiet. Von nun an gingen die größeren territorialen Erweiterungen des Zarenreichs nur noch auf Kosten Polens und des Osmanischen Reichs.

Krieg und Rebellion, Rebellion und Krieg

Überall in Europa waren entscheidende Veränderungen in den staatlichen Strukturen vor allem die Folge von Kriegen und der Vorbereitung auf Kriege. Nirgends zeigten sich diese Zusammenhänge so deutlich wie bei der Expansion des russischen Zarenreichs. Bis weit ins 19. Jahrhundert gab der russische Staat den größten Teil seiner Einnahmen für die Rüstung aus. Die beiden Iwans, Peter, Katharina, Alexander und die anderen Zaren dieser Jahrhunderte verwendeten ihre Streitkräfte, um ihre russischen Rivalen zu unterwerfen, zu Eroberungskriegen gegen Nachbarvölker und zur Verteidigung gegen Feinde in Europa oder im Mittleren Osten. In den 100 Jahren nach 1492 befand sich der moskowitische Staat zum Beispiel nur 29 Jahre nicht im Krieg gegen einen äußeren Feind.

Im Vergleich mit späteren militärischen Unternehmungen verursachten diese Kriege im 16. Jahrhundert verhältnismäßig geringe Kosten. Dennoch veranlaßten sie die fundamentale Umstrukturierung des russischen Staates in der Zeit von Iwan dem Großen bis zu Iwan dem Schrecklichen. Um neue Gebiete zu erobern und diese auch halten zu können, schufen die Zaren des 16. Jahrhunderts, ohne es zunächst zu wollen, ein umfassendes und weiter ausdehnungsfähiges System des Patrimonialismus an der Spitze, der indirekten Regierungsform in der Mitte und eine immer zahlreicher werdende Klasse von Leibeigenen, die mit Zustimmung des Staates verpflichtet waren, ihren adeligen Grundherren zu dienen, auf der untersten Stufe. Spätere Kriege veränderten diese Struktur nur insofern, als sie sich verdichtete.

Obwohl die Kämpfe zwischen Schweden, Polen und Rußland eine große historische Bedeutung hatten, hat es im 16. Jahrhundert nur selten einen direkten Zusammenhang zwischen den Kriegen in dieser Region und den militärischen Konfrontationen westlich davon gegeben. Die Kriege im Osten bildeten einen eigenen Komplex, dessen Hauptachsen südlich und östlich von Warschau verliefen. Zwar kämpften zum Beispiel die Mittelmeermächte bereits gegen das sich ausdehnende Osmanische Reich, aber die osteuropäischen Staaten haben sich an den größeren europäischen Kriegen in der Zeit von 1495 bis 1560, bei denen Spanien und Frankreich um die Vorherrschaft auf italienischem Gebiet kämpften, nicht beteiligt. Zur gleichen Zeit kämpften die Moskowiter nicht nur gegen ihre westlichen Nachbarn, sondern auch gegen die Tataren und Kosaken, die sich gegen die Ausweitung des Russischen Reiches nach Südosten wehrten, während die Polen im Süden gegen Moldawier, Türken und Tataren Krieg führten.

Doch seit dem Ende des 17. Jahrhunderts haben sich sowohl das Russische als auch das Osmanische Reich sehr viel stärker an europäischen Kriegen beteiligt. Rußland trat 1680 zum erstenmal einem europäischen Bündnis bei. 1682 hatte es sich mit Österreich, Polen, Venedig und den deutschen Staaten gegen seinen alten Feind, das Osmanische Reich, verbündet. Die bekannten Bestrebungen Peters des Großen, Rußland nach westlichem Vorbild umzugestalten, beschleunigten auch die Verflechtung Rußlands in die westeuropäische Diplomatie und Kriegführung, gar nicht zu reden von der Heiratspolitik. Bis zur Generation Peters des Großen heirateten Mitglieder der russischen Fürstenfamilien fast ausschließlich Angehörige russischer, polnischer oder byzantinischer Familien, aber schon in der nächsten Generation wurden die Zaren Schwiegersöhne und später Nachkommen von Fürstenhäusern im Westen, besonders in den deutschen Staaten.

In den 1730er Jahren beteiligte sich Rußland bereits regelmäßig an den größeren europäischen Kriegen, was natürlich auch dazu führte, daß die Gesamtzahl der an diesen Kriegen beteiligten Staaten zunahm. Mit seiner stark vergrößerten und nach westlichem Vorbild ausgebildeten und ausgerüsteten Armee wurde Rußland zu einem wertvollen Verbündeten und einem gefürchteten Gegner. Im Rahmen der gleichen Entwicklung stürzten sich auch Polen, Schweden und das Osmanische Reich (nicht aber die noch überlebenden Tataren) in Kriege (oder wurden gegen ihren Willen in diese hineingezogen), die sehr viel weiter westlich entstanden waren. Im Verlauf dieser Auseinandersetzungen verschwand Polen von der Landkarte, und Schweden mußte die von ihm eroberten, von Slawen bewohnten Gebiete räumen.

Kriege und Revolutionen sind in dem von uns behandelten Zeitraum immer wieder ineinander übergegangen. Die wiederholten Kosakenaufstände gegen Polen in den Jahren 1590 bis 1734 glichen in vieler Hinsicht dem Widerstand der Tataren gegen die russische Expansion weiter östlich. Der entscheidende Unterschied lag darin, daß die Kosaken als Söldner für Polen gegen Türken und Tataren gekämpft hatten und dabei gut gefahren waren, sich aber jetzt dagegen zur Wehr setzten, daß die Polen ihre Selbständigkeit beschneiden und sie der polnischen Armee unterstellen wollten. Die Kosaken waren für den polnischen und den russischen Staat ein typisches Grenzproblem. Als ein aus den verschiedensten ethnischen Gruppen wie Nomaden, entflohenen Leibeigenen und räuberischen Stämmen zusammengesetztes Volk bewährten sie sich als tüchtige Krieger im Kampf gegen die gefürchteten Türken und Tataren und wurden als solche von Polen und Russen geschätzt. Da jedoch die Souveränität in den von ihnen bewohnten Gebieten umstritten war oder kein Staat Anspruch darauf erhob, nahmen sich die wohlhabenderen unter ihnen das Recht, zu jagen, zu fischen, Grund und Boden zu besitzen, keine Steuern an Fremde zu zahlen, Waffen zu tragen und eigene Kriege zu führen. In Rußland und Polen wurde ein solches Selbstbestimmungsrecht nur dem Adel zugestanden. Das erklärt auch die Ambivalenz der russischen und der polnischen Politik: Einerseits ermutigte sie die Kosaken, gegen die Feinde Rußlands und Polens zu kämpfen, andererseits aber wollte sie die Kosaken zwingen, die russische und polnische Staatsautorität anzuerkennen. Erklärten sie sich dazu bereit, wurde ihnen der Sonderstatus verweigert, den sie beanspruchten. Als Polen im 16. Jahrhundert seinem Adel in der fruchtbaren Ukraine landwirtschaftliche Güter zur Verfügung stellte, führten diese Maßnahmen immer wieder zu Kriegen und Rebellionen.

Tafel 12: Internationale Kriege in Rußland und den angrenzenden Gebieten, 1492–1992

1491–1502	Krimtataren gegen die Tataren von Kasan
1492–1494	Moskowitisches Reich gegen Litauen
1495–1496	Moskowitisches Reich gegen Schweden
1497–1499	Polen/Litauen gegen Moldawien, die Türkei und die Tataren
1500–1503	Moskowitisches Reich und Tataren gegen Polen/Litauen und den livländischen Orden
1506–1507	Moskowitisches Reich gegen die Kasan-Tataren
1507–1508	Polen/Litauen und Tataren gegen Moldawien und das Moskowitische Reich
1510	Moskowitisches Reich gegen Pskow
1512–1522	Weißrussischer Krieg
1521–1524	Krim-Tataren und Kasan-Tataren, Kosaken gegen das Moskowitische Reich
1527–1531	Polen gegen Moldawien
1532–1533	Heiliges Römisches Reich gegen Polen/Litauen und Moldawien
1534–1537	Moskowitisches Reich gegen Polen/Litauen und Tataren
1547–1552	Moskowitisches Reich gegen Kasan
1552–1556	Russische Eroberung von Kasan und Astrachan
1554–1557	Moskowitisches Reich gegen Schweden
1557–1582	Livländischer Krieg
1563–1570	Dänemark, Polen, Lübeck gegen Schweden
1569	Türkei gegen Rußland in Astrachan
1570	Moskowitisches Reich gegen Nowgorod
1571–1572	Krim-Tataren gegen das Moskowitische Reich
1578–1584	Moskowitisches Reich gegen sibirische Tataren
1583–1590	Polnisch-türkischer Krieg
1586–1587	Moskowitisches Reich gegen sibirische Tataren
1587–1588	Österreichisch-polnischer Krieg
1591–1598	Krim-Tataren gegen das Moskowitische Reich
1600	Polen gegen Moldawien und die Walachei
1600–1614	Polen gegen Schweden
1605–1606	Krim-Tataren gegen das Moskowitische Reich
1611–1618	Polen gegen Rußland
1613–1617	Schweden gegen Rußland
1616–1617	Polen gegen die Türkei
1617–1618	Polen gegen Schweden
1618–1621	Polnisch-türkischer Krieg
1621–1622	Polen gegen Schweden

1625–1627	Die Türkei und die Tataren gegen Polen und Ungarn
1625–1629	Polen gegen Schweden
1631–1634	Die Türkei und die Tataren gegen Polen und Ungarn
1632–1634	Rußland gegen Polen
1632–1641	Krim-Tataren gegen Rußland
1637–1638	Kosaken gegen die Krim-Tataren
1638	Dänemark gegen Polen
1654–1656	Rußland und die Kosaken gegen Polen
1658–1661	Transsilvanien gegen Polen, die Tataren und die Türkei
1658–1668	Rußland und die Kosaken gegen Polen
1672–1676	Die Türkei, die Tataren und die Kosaken gegen Polen
1677–1681	Die Türkei und die Kosaken gegen Rußland
1682–1699	Die Türkei gegen Österreich, die deutschen Staaten, Polen, Venedig und Rußland
1687–1689	Rußland gegen die Krim-Tataren
1700–1721	Großer Nordischer Krieg
1710–1711	Russisch-türkischer Krieg
1716–1717	Rußland gegen Chiwa
1722–1724	Rußland gegen Persien
1733–1735	Polnischer Erbfolgekrieg
1734–1739	Rußland und Österreich gegen die Türkei
1740–1748	Österreichischer Erbfolgekrieg
1741–1743	Russisch-schwedischer Krieg
1756–1763	Siebenjähriger Krieg
1768–1772	Krieg der Konföderation von Bar
1768–1774	Russisch-türkischer Krieg
1781–1782	Rußland gegen die Krim
1787–1792	Osmanischer Krieg
1788–1790	Russisch-schwedischer Krieg
1792–1793	Rußland und Preußen gegen Polen
1796–1797	Rußland gegen Persien
1799–1801	Zweiter Koalitionskrieg
1803–1815	Napoleonische Kriege
1804–1813	Rußland gegen Persien
1806–1812	Russisch-türkischer Krieg
1808–1809	Russisch-schwedischer Krieg
1821–1824	Russische Intervention in Moldawien, Krieg der Walachei gegen das Osmanische Reich
1821–1829	Russische Intervention im griechischen Krieg gegen das Osmanische Reich
1826–1828	Rußland gegen Persien
1827	Die Bucht von Navarino
1828–1829	Russisch-türkischer Krieg

1832–1839	Rußland gegen die Tscherkessen
1839–1840	Rußland gegen Chiwa
1847–1853	Rußland gegen die Kasachen
1848	Russische Intervention im Krieg Moldawiens und der Walachei gegen das Osmanische Reich
1853–1856	Krimkrieg
1855–1859	Rußland gegen die Tscherkessen
1857–1858	Rußland gegen Georgien
1864	Rußland gegen Georgien
1865–1868	Rußland gegen die Buchara
1865–1869	Rußland gegen Chokand
1873	Rußland gegen Chiwa
1873–1876	Rußland gegen Chokand
1875–1878	Russische Intervention bei den Rebellionen in Bosnien und Bulgarien gegen das Osmanische Reich
1877–1878	Russisch-türkischer Krieg
1877–1881	Rußland gegen die Turkmenen
1904–1905	Russisch-japanischer Krieg
1914–1918	Erster Weltkrieg
1918	Sowjetisch-finnischer Krieg
1918–1920	Sowjetisch-polnischer Krieg
1919	Lettland und Estland gegen Deutschland und Rußland
1919–1927	Polnisch-litauischer Krieg
1939–1940	Sowjetisch-japanischer Krieg
1939–1940	Sowjetisch-finnischer Krieg
1939–1945	Zweiter Weltkrieg
1956	Sowjetische Intervention in Ungarn
1979–1985	Sowjetische Intervention in Afghanistan

Die von 1648 bis 1654 andauernden Kämpfe der Kosaken gegen Polen führten zunächst zum Entstehen einer von den Kosaken beherrschten, aber nominell unabhängigen Ukraine, doch als die Polen wieder die Oberhand gewannen, kam es zu einer Vereinbarung zwischen Kosaken und Russen, nach der die Ukraine in das russische Staatsgebiet eingegliedert wurde. Nach weiteren Kämpfen zwischen Russen, Polen und Kosaken wurde der Konflikt 1667 so beigelegt, wie man es schon seit längerer Zeit erwartet hatte: Rußland und Polen teilten die Ukraine und damit auch die Kosaken unter sich auf. Von nun an hatten es Rußland und Polen ständig mit dem Widerstand der Kosaken gegen die Fremdherrschaft zu tun. Als zum Beispiel die polnische Nationalversammlung (der Sejm) 1699 die Auflösung der Kosakenarmee beschloß, führten polnische Versuche, diesen Beschluß durchzusetzen, zu einem größeren Aufstand im Jahr 1704. Bei all diesen bewaffneten Konflikten verwischte sich der Unterschied zwischen Krieg und Revolution.

Das Verhalten der Kosaken in diesen Kämpfen erinnert an die damaligen Konflikte an den Siedlungsgrenzen von Süd- und Nordamerika, wo Vertreter europäischer Mächte nicht nur gegen Eingeborene kämpften, die sich den fremden Eindringlingen entgegenstellten, sondern auch gegen andere Europäer, die das gleiche Gebiet beanspruchten, und gegen Abtrünnige aus dem eigenen Lager, die jenseits der Grenzen des bisher in Besitz genommenen Gebiets Freiheit und Selbständigkeit suchten. Die Russen haben oft bei ihren Vorstößen nach Sibirien und in den Südosten die Hilfe der militärisch bewährten Kosaken in Anspruch genommen. Doch wenn die Russen ihre eigenen Grundherren und Bauern in den Gebieten ansiedeln wollten, bei deren Eroberung die Kosaken ihnen den Weg bereitet hatten, dann wehrten sich diese in der Regel gegen solche Übergriffe. Dagegen versuchten ärmere Kosaken, besonders solche, denen es gelungen war, der Leibeigenschaft zu entfliehen, sich gegen den Willen der reicheren Kosaken in den neu erschlossenen Gebieten als Bauern niederzulassen. Die bessergestellten Kosaken hatten ihren Reichtum dem Fischfang und ihren Raubzügen zu verdanken und fürchteten nun mit Recht, daß mit einem Aufblühen der Landwirtschaft russische Grundherren das Land in Besitz nehmen und die Leibeigenschaft einführen würden. Stenka Rasin war der Anführer einer Gruppe armer, «nackter» Kosaken. Die Rebellion Rasins von 1670 folgte den erfolgreichen Raubzügen seiner Bande, die sie vom Donbecken aus über das Kaspische Meer nach Persien geführt hatten. Zunächst eroberte Rasin mit seinen Männern Astrachan, Saratow und Samara und bereitete sich dann darauf vor, mit einer stärkeren Streitmacht nach Moskau zu marschieren. Darauf schickte der Zar eine Armee an die Wolga. Sie besiegte Rasins Streitkräfte und schlug ihn in die Flucht, worauf moskautreue Kosakenführer ihn russischen Beamten auslieferten, die ihn zur Hinrichtung nach Moskau brachten.

Tafel 13: Revolutionäre Situationen in den russischen Staaten, 1492–1992

1537	Aufstand des niederen Adels in Polen
1577	Polen gegen Danzig
1591–1593	Kosakenrebellion gegen Polen
1597–1599	Kosakenrebellion gegen Polen
1598–1599	Polnische Rebellion, schwedische Intervention
1598–1613	Zeit der Wirren: Moskowitische Rebellion, Intervention von Polen, Schweden und den Kosaken
1606–1608	Aufstand des niederen Adels in Polen
1630	Kosakenrebellion gegen Polen
1637–1638	Kosakenrebellion gegen Polen
1648–1654	Kosakenrebellion gegen Polen, Intervention der Tataren
1650	Nowgorod und Pskow gegen Rußland
1664–1666	Lubomirski-Revolte gegen Polen
1667–1671	Kosaken (Stenka Rasin) gegen Rußland
1668	Kosakenrebellion gegen Polen, Intervention der Tataren
1674–1681	Baschkirenrebellion gegen Rußland
1682	Strelitzen-Rebellion in Moskau
1699	Litauische Bauern gegen Polen
1705–1711	Baschkirenrebellion gegen Rußland
1707–1708	Bulawin (Kosaken) gegen Rußland
1734	Kosakenrebellion gegen Polen
1735	Baschkirenrebellion gegen Polen
1751–1753	Bauernrevolte in Rußland
1754–1755	Baschkirenrebellion gegen Rußland
1768–1769	Haïdamak-Aufstand gegen Polen in der Ukraine
1768–1771	Polnischer Bürgerkrieg (Intervention Rußlands, Frankreichs und Österreichs)
1773–1775	Pugatschew-Revolte gegen Rußland
1794–1795	Polnische Rebellion
1830–1831	Polnische Rebellion
1863–1864	Polnische Rebellion
1905	Russische Revolution
1916	Kirgisen gegen Rußland
1917	Russische Revolutionen
1917–1921	Russischer Bürgerkrieg, internationale Intervention
1990–1991	Loslösung einzelner Republiken von der Sowjetunion

Im Verlauf des nächsten Jahrhunderts kam es immer wieder zu ähnlichen Konflikten zwischen den Kosaken und dem expandierenden Zarenreich. In den Jahren 1707 und 1708 führte Kondrat Bulawin, dem Beispiel Stenka Rasins folgend, eine Gruppe armer Kosaken in den Kampf gegen ihre reicheren Nachbarn und die Truppen Peters des Großen, die dieser an den Don geschickt hatte. Unterstützt von Kalmücken, schlugen die Soldaten des Zaren den Aufstand nieder. Der Kosak Emelian Pugatschew gab sich in den Jahren 1773–1775 als Zar Peter III. aus, der sich als Beschützer der Unterdrückten und Altgläubigen einen Namen gemacht hatte und, wie Pugatschew behauptete, wie durch ein Wunder am Leben geblieben sei, obwohl viele glaubten, er sei längst gestorben. Mit einer großen aus Kosaken, Baschkiren, Altgläubigen, Kleinbauern, leibeigenen Fabrikarbeitern und Landarbeitern bestehenden Gefolgschaft führte Pugatschew einen Aufstand, der den ganzen Südosten Rußlands ergriff. Der Umstand, daß Pugatschew sich die Befreiung der Bauern zum Ziel gesetzt hatte, war das Besondere an seinem Unternehmen, bestärkte aber auch Katharina die Große in ihrem Entschluß, rücksichtslos gegen die Aufständischen vorzugehen. Als Pugatschew dem Angriff der zaristischen Verbände weichen mußte, lieferten ihn die Kosaken, um ihre eigene Haut zu retten, den Truppen der Zarin aus, und er wurde 1775 in Moskau hingerichtet. Aber auch die Baschkiren wehrten sich immer wieder gegen russische Versuche, sie zu unterwerfen. Polen stieß im 18. Jahrhundert auf ähnliche Widerstände der Kosaken und Haïdamaken in der Ukraine. So waren sowohl Rußland als auch Polen bis weit ins 18. Jahrhundert ständig damit beschäftigt, die an ihren Grenzen aufflammenden Rebellionen niederzuschlagen.

Polen und Rußland haben aber auch größere Rebellionen im Inneren ihrer Staatsgebiete erlebt. So rebellierte zum Beispiel 1537 der prosperierende niedere Adel Polens, als König Sigismund der Alte versuchte, seine Militärpolitik im Krieg gegen Rußland durchzusetzen, und zwang ihn, das Dekret *nihil novi* zu bestätigen, in dem sich die polnische Regierung verpflichtete, keine Neuerungen ohne Zustimmung der Deputiertenkammer des Adels einzuführen, der im Lauf der Zeit im *Sejm* erheblich an Einfluß gewonnen hatte. Da die Deputiertenkammer das *liberum veto* für sich in Anspruch nahm, wonach jede vom König vorgeschlagene Maßnahme letztlich der einstimmigen Bestätigung der Kammer bedurfte, verhinderte dieses Dekret alle Reformversuche. Die erfolgreiche Adelsrebellion erschütterte die ohnedies schon geschwächte Position der Krone noch weiter, und darin manifestierte sich sehr deutlich der Unterschied zwischen der Zentralisierung des Regierungssystems in Rußland und der Dezentralisierung in Polen.

Die Zentralisierung in Rußland wurde jedoch nicht ohne innere Kämpfe erreicht. Zur größten Krise des 16. Jahrhunderts kam es an dessen Ausgang während der berühmten «Zeit der Wirren» in den Jahren 1598 bis 1613. Die hohen Steuern und die Zwangsaushebungen von Rekruten während des langen livländischen Krieges (1557–1582) hatten die Bauerndörfer ausgeblutet, und viele Bauern waren in den Südwesten Rußlands geflohen, wo sie auf ein freieres Leben hofften. Als Folge dieser Entvölkerung gingen die Einnahmen der Großgrundbesitzer (Bojaren) zurück, die nun einen Ausgleich für ihre Verluste und ein schärferes Vorgehen gegen die abtrünnigen Bauern verlangten. In der Regierungszeit des schwachsinnigen Fedor I. (1584–1598) mußten sich die Regenten Nikitin Romanow und Boris Godunow immer wieder gegen die Machtansprüche der Bojarenfamilien Belski, Schuiski und Mstislawski wehren. Godunow ließ viele von ihnen hinrichten oder schickte sie in die Verbannung. Beim Tode Fedors, der keinen Erben hinterließ, dankte die Zarin Irina ab, und es kam zu einer akuten Erbfolgekrise. Nach langwierigen Verhandlungen im *Zemskij sobor* (diese Einrichtung entsprach etwa den Generalständen, konnte aber nicht auf eine so lange Vorgeschichte zurückblicken wie die entsprechenden westeuropäischen Institutionen) wurde Godunow zum Zaren gewählt. Die Bojaren widersetzten sich den von Godunow eingeleiteten Verfolgungen und Vergeltungsmaßnahmen, und es gelang dem Zaren nicht, ihren politischen Einfluß auszuschalten.

Die verheerenden Mißernten zu dieser Zeit hatten zur Folge, daß plündernde Banden durch das Land zogen und die Menschen in den Städten um die immer knapper werdenden Nahrungsmittel kämpften. Zugleich trat der von Bojaren und polnischen Adeligen militärisch unterstützte Pseudo-Dimitri als

Thronanwärter auf (er gab sich als Sohn Iwans IV. aus, dessen Ermordung 1591 wahrscheinlich Godunow veranlaßt hatte). Dimitri war der erste von 14 Anwärtern auf den russischen Thron im 17. Jahrhundert. Viele unzufriedene Untertanen des Zaren, unter ihnen auch Donez-Kosaken, schlossen sich der Armee Dimitris bei ihrem Marsch auf Moskau an. Die Auflösung seiner eigenen Streitkräfte und den Angriff seiner Feinde vor Augen, starb Boris Godunow 1605. Obwohl viele Russen den Kronprätendenten für einen Betrüger hielten, wurde er Zar.

Aber nicht für lange. 1606 stürzten die russischen Bojaren Dimitri, töteten ihn, verbrannten seine Leiche, luden – um ganz sicherzugehen – eine Kanone mit seinen Überresten und schossen diese in die Luft. Der nächste Thronanwärter war Basilius Schuiski, der nach seiner Thronbesteigung zunächst nur auf geringen Widerstand stieß, welcher sich dann aber verstärkte und das ganze Russische Reich erfaßte. Unter anderem bedrohte eine Rebellenarmee unter der Führung des ehemaligen Leibeigenen Iwan Bolotnikow die Hauptstadt Moskau, aus der sich die Reste der Zarenarmee nach Tula zurückgezogen hatten, wo sie von Schuiski belagert und besiegt wurden. Auch ein zweiter falscher Dimitri führte eine Armee zum Angriff gegen Moskau, hatte aber weniger Erfolg dabei als der erste.

Schuiskis Bemühungen, wieder an die Macht zu gelangen, folgten ein Krieg, eine polnische Intervention, sein Sturz und die Thronbesteigung eines Mitglieds der Familie Romanow, die von nun an die russischen Zaren stellen sollte. Schuiski hatte den schwedischen König Karl IX. mit dem Verzicht auf Livland dazu bewegen können, ihn militärisch zu unterstützen, was wiederum einen Krieg Polens gegen Rußland heraufbeschwor. Die polnische Armee nahm Moskau ein, ein Bojarenrat erkannte den polnischen König Sigismund als Zaren an, und verschiedene Gebiete des Russischen Reichs wurden von schwedischen und polnischen Streitkräften sowie von Kosaken besetzt. Doch unter der Führung der Kirche verbündeten sich Kosaken und russische Stadtbewohner und stellten eine Armee zum Kampf gegen die polnischen Eroberer Moskaus auf. Nachdem die Russen die Stadt wieder in Besitz genommen hatten, wählte ein neuer *Zemskij sobor* den Bojaren Michail Romanow zum Zaren. Zar Michail sah sich nun vor die schwierige Aufgabe gestellt, seine Standesgenossen, die Bojaren (deren Reihen sich während des 15 Jahre dauernden Bürgerkriegs gelichtet hatten) zu zähmen, die Schweden und Polen aus Rußland zu vertreiben und die Regierungsgewalt der Krone im ganzen Reich wiederherzustellen. Er und seine Nachfolger konzedierten am Ende dem Adel noch größere Machtbefugnisse gegenüber den Bauern, um sich seine militärische und administrative Unterstützung zu sichern.

Komplizierte Erbfolgen schufen wiederholt neue Ausgangslagen für das Entstehen revolutionärer Situationen. Die Strelitzen (Schützen oder Musketiere) waren die Angehörigen einer in Moskau und anderen größeren Städten stationierten Elitetruppe der Infanterie, die ihren mageren Sold mit zivilen Tätigkeiten aufbesserten. Als der zwanzigjährige Zar Fedor 1682 starb, übergingen die mächtigen Adeligen, unter ihnen auch der orthodoxe Patriarch, Fedors Schwester Sofja und seinen Bruder Iwan bei der Thronfolge zugunsten ihres zehnjährigen Halbbruders Peter. Doch Sofja verbündete sich mit den unzufriedenen Strelitzen, die den Kaiserpalast besetzten und Iwan unter Sofjas Regentschaft zum Zaren ausriefen. Anschließend verlangten sie nicht nur, daß die Regierung die Klagen der von ihnen begünstigten Altgläubigen anhörte, sondern sie bereiteten sich auch darauf vor, selbst die Macht zu ergreifen. Sofja brach mit ihnen, entmachtete sie mit Hilfe städtischer Milizen und zarentreuer Truppen und übernahm während der folgenden sieben Jahre die Regentschaft für ihren Bruder Iwan.

Doch nunmehr stand Peter kurz vor der Volljährigkeit und einem möglichen eigenen Staatsstreich. Die Gefolgsleute Sofjas planten seine Ermordung, aber Peter bekam noch rechtzeitig Wind von dieser Verschwörung, um ihr zuvorzukommen. 1689 nahmen seine Parteigänger (zu denen auch Mitglieder der Bojarenfamilien gehörten) Sofja in Arrest und brachten ihren Kandidaten an die Macht. Der neue Zar wurde einer der bedeutendsten Monarchen der russischen Geschichte: Peter der Große. Er regierte bis 1725. In seiner Regierungszeit kam es zu einigen größeren Rebellionen der Baschkiren und Kosaken in den Grenzgebieten, aber im Inneren des Landes blieb es – bis auf ein Wiederaufleben der Strelitzen-Aktivitäten 1698 – relativ ruhig. Andererseits war Peter der Große während seiner Regierungszeit fast ununterbrochen in äußere Kriege verwickelt, kämpfte gegen Türken, Schweden und Perser sowie gegen die kriegerischen Stämme bei Chiwa und in der Buchara in Zentralasien. Peters Bemühungen um die Ausweitung der militärischen Schlagkraft seines Landes boten zwar genügend Anlaß für neue Rebellionen, sorgten aber auch dafür, daß solche Rebellionen kaum Aussicht auf Erfolg hatten.

In vieler Hinsicht haben die Rebellionen im 17. und 18. Jahrhundert die russische Krone gestärkt, während sie die polnische Krone schwächten. Der Unterschied lag erstens darin, daß in diesen beiden Jahrhunderten die russischen Zaren ihre Rebellen stets besiegt haben und jede Gelegenheit nutzten, um weitere potentielle Gegner zu schwächen, während die Rebellen in Polen immer wieder an Boden gewannen, weil sie sich mit Teilen des Adels verbündeten und die Krone zu Zugeständnissen veranlassen konnten. Zweitens stand der russische Hochadel stets auf der Seite des Zaren, während der polnische Adel bestrebt war, seine Privilegien auszuweiten und die politische Macht der Zentralregierung zu schwächen. Nicht daß die russischen Aristokraten eine edle Gesinnung zeigten, die ihren polnischen Standesgenossen fehlte; daß der polnische Adel den Getreidemarkt beherrschte, verschaffte ihm einen Vorteil, um den die russischen Bojaren ihn sicher beneidet haben. In beiden Fällen kam es während dieser 200 Jahre in der Hauptsache in den Grenzgebieten zu größeren Rebellionen, wo sich die Zentralmacht nicht uneingeschränkt hatte durchsetzen können. Das Ergebnis dieser gegensätzlichen Entwicklungen war, daß sich der russische Staat im 18. Jahrhundert ausdehnte, während der polnische Staat von der Landkarte verschwand.

Dennoch bestand in Rußland, eben weil der Zar als unumschränkter Alleinherrscher den Staat verkörperte, stets die Gefahr, daß Mitglieder der herrschenden Kreise einen Staatsstreich versuchten, sobald in der Frage der Thronfolge Zweifel auftraten. So erhöhte sich die Zahl der Thronanwärter jedesmal, wenn ein Zar oder eine Zarin starb, aber auch die Magnaten und die Offiziere der Garderegimenter (die, *noblesse oblige,* ebenfalls aus adeligen Familien stammten) versuchten bei solchen Gelegenheiten ihre Kandidaten auf den Thron zu bringen. Beim Tode Peters des Großen brachte die kaiserliche Garde einen

Regentschaftsrat an die Macht, der sich aus Angehörigen des neuen Adels zusammensetzte und im Namen der Witwe Peters, Katharina, und dann im Namen seines Sohnes Peter II. regierte. In ähnlicher Weise intervenierten die Garden und der Hochadel beim Tod Peters II., bevor Anna, die Nichte Peters I., 1730 zur Zarin gekrönt wurde.

Doch schon 1742 verlieh eine Koalition aus Gardeoffizieren und Magnaten der Tochter Peters des Großen, Elisabeth, die Krone, und nach ihrem Tod im Jahr 1762 brachte eine Offiziersrevolte gegen ihren designierten Nachfolger, Peter III., dessen Ehefrau als Katharina II. auf den Zarenthron. Sie regierte bis 1796 und wurde durch ihre Energie, Intelligenz und langjährige Herrschaft als Katharina die Große berühmt. Nach fünf Jahre dauernden Kämpfen mit dem mächtigen Hochadel wurde ihr Sohn und Nachfolger Paul bei einem Staatsstreich mit Zustimmung seines eigenen Nachfolgers, Alexander I., ermordet. So erlebte das Russische Reich im 18. Jahrhundert eine erstaunliche Kombination aus zunehmendem Einfluß der Streitkräfte, administrativer Konsolidierung, staatlichen Interventionen, herausragenden Herrschern und einer großen Anfälligkeit der Zentralmacht für durch Thronwechsel bedingte Revolten.

In Polen wurde die staatliche Ordnung bei jedem Thronwechsel im 18. Jahrhundert sogar noch stärker gefährdet, aber hier intervenierte der polnische Adel im Zusammenwirken mit fremden Potentaten einschließlich des russischen Monarchen, um den nächsten König zu bestimmen. Zu den polnischen Königen gehörten im 18. Jahrhundert der Kurfürst August von Sachsen, der seinen Mitbewerber um die polnische Krone, den französischen Prinzen Conti, aus dem Felde schlug, der reiche Adelige Stanislaus Leszczinski, Sproß einer alten polnischen Adelsfamilie, August III., der Sohn des Kurfürsten, und Stanislaus Poniatowski, der Kandidat Katharinas der Großen, der sich gegen den Anwärter aus der Familie Czartoryski durchsetzte und während seiner ganzen Regierungszeit gegen deren Opposition behaupten mußte. Unterdessen agierte Rußland als Schutzmacht der orthodoxen polnischen Untertanen, während Preußen sich die Interessen der polnischen Protestanten angelegen sein ließ. Da sich die polnische Krone für die Rechte ihrer eigenen unierten Kirche (mit orthodoxem Ritus, aber engen

Beziehungen zu Rom) stark machte, hatten beide Protektoren Anlaß zur Sorge. Jedenfalls führte der Bürgerkrieg von 1768–1771, bei dem sich eine Adelskonföderation mit Zentrum in Bar gegen den König und seine Bemühungen, die Macht der Krone zu erweitern, erhob, zur Intervention Preußens, Rußlands und schließlich auch Österreichs (oder rechtfertigte dieses Eingreifen zumindest). Als Folge dieser Ereignisse verlor Polen große Gebietsteile im Nordosten und Süden, einschließlich beträchtlicher Teile von Pommern, Kleinpolen, Ruthenien, Weißrußland, Livland und Witebsk. Nun war Rußland die beherrschende Macht in Osteuropa.

Doch Polen sollte noch mehr durch russische Interventionen verlieren. 1791 nahm der *Sejm* des geschrumpften Polen auf Verlangen des Königs eine Verfassung an, was in Teilen des Adels sofort auf Widerstand stieß. Führende Adelige, die sich in der Konföderation von Targowica zusammengeschlossen hatten, baten Katharina von Rußland um die Entsendung von Truppen. Sie entsprach unverzüglich diesem Wunsch, die Russen besetzten Warschau und schlugen die schwachen Streitkräfte des Königs in die Flucht. König Stanislaus ging daraufhin auf die Seite der konservativen Konföderation über. Dieser kurze Bürgerkrieg führte zur zweiten Teilung Polens von 1793, bei der erneut polnisches Staatsgebiet auf Rußland, Preußen und Österreich verteilt wurde. Bald darauf stellte sich Thaddeus Kosciuszko (ein Veteran des amerikanischen Revolutionskrieges) an die Spitze einer neu aufgestellten Armee, um mit militärischer Gewalt die Einführung der neuen Verfassung zu erzwingen, die eben erst von einem eingeschüchterten *Sejm* für ungültig erklärt worden war. Im Namen der polnischen Nation erklärten die Rebellen mutig, aber vergeblich Preußen und Rußland den Krieg. Die preußischen und russischen Truppen besiegten die Polen schon nach kurzer Zeit und nahmen Kosciuszko gefangen. Bei der neuerlichen Teilung Polens fiel das gesamte polnische Staatsgebiet an Österreich, Preußen und Rußland, und es blieb kein unabhängiges Restpolen mehr übrig. Polen verschwand von der Landkarte und war nur noch in der Erinnerung, in nationalistischen Programmen und in einer Reihe neu geschaffener Verwaltungsbezirke der durch seine Auflösung erweiterten und nunmehr benachbarten Reiche lebendig.

Die Konsolidierung im 19. Jahrhundert

Das alles führte dazu, daß Rußland mehr als bisher in die westeuropäische Politik einbezogen wurde. Das zeigte sich besonders deutlich in den Napoleonischen Kriegen. Aber auch Westeuropäer spielten nun häufiger eine Rolle in der russischen Politik. Der Herzog von Richelieu hatte zum Beispiel zunächst als russischer Offizier und Generalgouverneur von Südrußland gedient und wurde dann bei der Restauration, als russische Truppen nach Frankreich einrückten, Chefminister Ludwigs XVIII. Während der Besatzungszeit stellten gebildete, französischsprechende russische Offiziere (die die französische Sprache um das russische Wort *bistro*, «schnell», erweiterten) enge Beziehungen zum Pariser Salonleben her. Mit Ausnahme des in seinen Auswirkungen bedeutsamen Krimkrieges, in dem sich Rußland und Frankreich wieder als Feinde gegenüberstanden, haben russische Streitkräfte im 19. Jahrhundert keine Kriege gegen westeuropäische Armeen geführt. Statt dessen wurden sie zum Rammbock, der die Nordprovinzen des Osmanischen Reichs erzittern ließ. Während die westeuropäischen Mächte in Übersee Kolonien erwarben, kämpfte Rußland vor allem für die Ausdehnung seiner eigenen Landesgrenzen im Süden und Osten.

Niemand könnte behaupten, daß sich die Geister in Rußland oder Polen im 19. Jahrhundert beruhigt hätten, aber zu gefährlichen revolutionären Situationen ist es nach 1775 nur noch selten gekommen. Die einzigen wirklich bedeutenden revolutionären Situationen entstanden in den 130 Jahren bis 1905 bei den polnischen Aufständen gegen die russische Oberherrschaft von 1794/95, 1830/31 und 1863/64. Der russische Offiziersputsch vom Dezember 1825 erregte nur deshalb größeres Aufsehen, weil daran eine geheime Gesellschaft reformwilliger Aristokraten beteiligt war, aber die offene Revolte bestand lediglich aus kurzen militärischen Konfrontationen in St. Petersburg und Kiew. Der Dekabristenaufstand ereignete sich ebenso wie ähnliche Revolten zuvor während eines Interregnums. Als Alexander I. plötzlich starb, zögerte sein Bruder und designierter Nachfolger Nikolaus wegen seiner notorischen Unbeliebtheit beim Offizierskorps, die Krone anzunehmen. Die Offiziere hatten beschlossen, der Thronbesteigung von Nikolaus zuvorzukommen und die Krönung seines ebenfalls zögerlichen Bruders Konstantin mit Gewalt durchzusetzen. Das war der letzte ernsthafte Versuch des gutsbesitzenden Adels und der Offiziere, angesichts einer umstrittenen Erbfolge die Macht an sich zu reißen. Wie viele seiner Vorfahren fiel auch Alexander II. 1881 einem Attentat zum Opfer, aber die Bombe, die ihn tötete, wurde von populistischen Aktivisten geworfen und nicht von seinen aristokratischen Standesgenossen.

Die polnischen Patrioten andererseits warteten mit gespannter Aufmerksamkeit darauf, daß ihre russischen Herrscher irgendwelche Schwächen zeigten. Zu der ersten großen polnischen Rebellion im 19. Jahrhundert kam es 1830, als der reaktionäre Nikolaus I. die polnische Armee einsetzen wollte, um bei den Revolutionen in Belgien und Frankreich zu intervenieren. Liberale Verschwörer waren in Polen schon seit Ende der Napoleonischen Kriege aktiv gewesen. Als Nikolaus die Mobilmachung anordnete, hatten diese Verschwörer bereits einen Aufstand vorbereitet, der bei den Kadetten der Infanterieschule in Warschau beginnen sollte. Nun mußten sie zuschlagen, bevor sie ihre Vorbereitungen abgeschlossen hatten. Die Kadetten griffen den Palast des Bruders von Nikolaus, des Großfürsten Konstantin, an und wurden dabei tatkräftig von der Bevölkerung unterstützt. Es gelang den Rebellen, zunächst einen Verwaltungsrat und dann eine provisorische Regierung einzusetzen, die das Haus Romanow für abgesetzt erklärte. Nachdem Moskau zugunsten der Polen unter internationalen Druck gesetzt worden war, nach unaufhörlichen Manövern innerhalb polnischer Gruppen und sechs Monate dauernden Kämpfen gegen russische Truppen wurde das revolutionäre Regime jedoch gestürzt. Rußland setzte seinen Herrschaftsanspruch durch und integrierte Polen noch gründlicher in das russische Verwaltungssystem.

Trotz der Bildung von Nationalkomitees und sporadischer Revolten in den österreichischen und preußischen Gebieten des ehemaligen polnischen Territoriums kam es während der Revolutionen von 1848 zu keinen wesentlichen kollektiven Aktionen der Bevölkerung von Russisch-Polen. Der während des katastrophal verlaufenen Krimkrieges zur Macht gekommene Zar Alexander II. (1855–1881) setzte seine Liberalisierungsbemühungen von der Aufhebung der Leibeigenschaft 1861 bis zur Wiedereinführung einer Anzahl von Sonderrechten für die Polen 1862 fort. Während gemäßigte Polen den Zaren bei der Verwirklichung seines Programms unterstützten, verlangten aktive Nationalisten (die «Roten») weitere Reformen, und zwar vor allem auf dem Gebiet der Landwirtschaft. Nun beschloß die Regierung Alexanders, polnische Aktivisten, die meisten von ihnen waren Studenten, zum Dienst in der russischen Armee zu verpflichten. Ihre Einberufung löste die Rebellion vom Januar 1863 aus. Diesmal war der Adel kaum daran beteiligt. Der Aufstand wurde von weiten Kreisen der Bevölkerung und der *Intelligentija* unterstützt, es fehlte ihm aber die zentrale militärische Führung. So gelang es russischen Streitkräften nach einem 15 Monate dauernden Guerillakrieg, die Ordnung wiederherzustellen. Rußland reagierte mit schärferen Unterdrückungsmaßnahmen und einer noch festeren Einbindung Polens in das russische System als 1831.

In Rußland selbst brodelten während des ganzen 19. Jahrhunderts die revolutionären Ideen und Verschwörungen, aber keine dieser Verschwörungen führte zu einer Spaltung innerhalb des Staatsapparats, wie das bei früheren Erbfolgekriegen geschehen war. Eine Zeitlang taten Unterdrückungsmaßnahmen und Zensur ihre Wirkung, hinderten den Hochadel bei seinen Bestrebungen, an die Macht zu gelangen, sorgten für Ruhe bei den Kosaken und den zahlreichen Minderheiten, die in das Russische Reich eingegliedert worden waren, erzeugten Uneinigkeit bei den Bauern und brachten die Intelligenz, soweit sie sich an geheimen Verschwörungen beteiligte, zum Schweigen. Wie es auch in anderen Situationen geschieht, in denen die Mißstände groß, die Unterdrückung heftig und der Widerstand schwach ist, gingen auch hier die Gegner des Regimes in den Städten zu Attentaten und Terrorakten über. Diese Gewalttaten zeigten deutlich, wo die Schwächen des Regimes lagen, obwohl dabei jede offene Kraftprobe mit der Obrigkeit vermieden wurde.

Allerdings kam es jetzt viel häufiger zu Angriffen der Bauern gegen die Grundherren und die Beamtenschaft, besonders nach der Abschaffung der Leibeigenschaft im Jahr 1861. Aber selbst die wildesten Bauernrebellen schlossen sich nicht zu Aufständen in den einzelnen Regionen zusammen, verbündeten sich nicht mit anderen Dissidenten, die bereits über ein das ganze Land umfassendes Kommunikationsnetz verfügten, und konnten sich auch keine eigenen Waffen verschaffen. Anders als die Verschwörer gehofft hatten, löste sogar das Attentat auf Alexander II. durch Mitglieder der *Narodnaja Volja* im März 1881 keine Revolution aus. Im Gegenteil, es begann eine Welle von Unterdrückungsmaßnahmen, zu denen auch ein neues Niederlassungsrecht und von der Regierung inspirierte Pogrome gehörten, in denen sich die Rechtlosigkeit der russischen Juden offenbarte und viele von ihnen das Leben verloren.

Die Reformen Alexanders II. brachten nicht das, was die Berater des Zaren damit hatten erreichen wollen, aber sie hatten tiefgreifende Auswirkungen auf die russische Innenpolitik nach den 1860er Jahren. Sie beschleunigten die Entwicklung eines direkten Regierungssystems in Rußland, indem sie den Einfluß des Adels auf die Verwaltung beseitigten und neue Institutionen schufen, die den hohen Staatsbeamten direkt unterstellt waren. Die Aufhebung der Leibeigenschaft befreite die Bediensteten, deren Eigentümer sie bis dahin häufig an Fabriken und Werkstätten ausgeliehen hatten. Die leibeigenen Bauern auf den Gütern erhielten die Gelegenheit, die Hälfte des von ihnen bearbeiteten Bodens zu kaufen, aber nicht im eigenen Namen, sondern im Rahmen einer Kommune, die unter der Aufsicht von Staatsbeamten die Nutzung des Bodens bestimmte und die Akkerflächen von Zeit zu Zeit nach der Größe der Haushalte neu verteilte. Mit der Einrichtung von Organen der ländlichen Selbstverwaltung, den *Zemstva*, entstand ein quasi repräsentativer Regierungsapparat auf unterer Ebene. Die Justizreform schuf ein neues, umfassenderes Rechtssystem von der lokalen bis zur nationalen Ebene. Die Kommunen, Selbstverwaltungen und Gerichte bildeten nun eine bisher noch nie dagewesene Basis für das direkte Eingreifen in örtliche Angelegenheiten von oben nach unten und für die Beteiligung am politischen Leben von unten nach oben. Daß die Gutsbesitzer immer noch Eigentümer der Hälfte des kommunalen Besitzes waren und die ehemaligen Leibeigenen für Hungerlöhne für sich arbeiten ließen, verschärfte die örtlichen Konflikte so weit, daß man jederzeit mit dem Ausbruch von Unruhen rechnen mußte.

In dem Vierteljahrhundert nach der Ermordung von Alexander II. regierten Alexander III. und Nikolaus II. in einem von großen Gegensätzen gekennzeichneten Land: Auf der einen Seite erlebte Rußland eine rapide Industrialisierung, eine rasche Zunahme der Bevölkerungszahl, eine fortschreitende Urbanisierung, eine weitgehende Proletarisierung der Landbevölkerung und die Politisierung durch die *Zemstva* und die Universitäten, auf der anderen Seite verschärfte Unterdrückungsmaßnahmen und Zensur, die Begrenzung des Einflusses der *Zemstva*, die zwangsweise Russifizierung ethnischer und religiöser Minderheiten und neue Privilegien für den Adel. Das Zusammenfließen dieser beiden Strömungen erzeugte einen rasenden Sturm.

Seit dem Ende der 1890er Jahre wurde der Staat immer wieder von Studenten, Bauern und dann auch von Fabrikarbeitern herausgefordert. Von 1899 bis 1901 führten Konfrontationen zwischen Studenten und staatlichen Behörden an den Universitäten von St. Petersburg und Kiew zu einer ganzen Welle studentischer Streiks und Demonstrationen sowie zur Ermordung des Erziehungsministers. 1902 griffen revoltierende Bauern in 175 Gemeinden der Ukraine adelige Güter an, worauf die zaristischen Behörden 837 Bauern ins Gefängnis schickten und die schuldigen Dörfer mit einer kollektiven Geldstrafe von 800 000 Rubel belegten (*Shanin* 1986; II, S. 11). 1903 gingen bei einer Streikwelle in Südrußland große Massen von Industriearbeitern auf die Straße, worauf die Ölfelder vom Militär besetzt wurden. Als Folge dieser Streiks stieg die Zahl der Arbeiter, die wegen «Verbrechen gegen den Staat» unter Anklage gestellt wurden, rapide an. Die Gesamtzahl der wegen solcher Verbrechen Angeklagten verfünffachte sich von 1884 bis 1890 und von 1901 bis 1903, und die Zahl der angeklagten, nicht in der Landwirtschaft beschäftigten Arbeiter stieg von 17,2 auf 50,3 % (*Shanin* 1986; II. S. 25–26). Nicht nur Intellektuelle, sondern auch Bauern und Arbeiter zeigten deutlich, daß sie das Regime ablehnten.

In Erwartung der Revolution

1872, elf Jahre nach der Abschaffung der Leibeigenschaft und acht Jahre nach Einsetzung der *Zemstva*-Organisation und der Justizreform unternahm der französische liberale Intellektuelle Anatol Leroy-Beaulieu die erste seiner vielen Reisen nach Rußland, um sich ein Bild von dem politischen und gesellschaftlichen Leben dort zu verschaffen, über das er zunächst in der Zeitschrift *Revue des Deux Mondes* und dann in *L'Empire des tsars et les Russes* berichtete (drei Bände, erschienen in den Jahren 1881 bis 1889). Während er an seinen Reportagen arbeitete, wurde der französische Reisende Zeuge eines grausamen russisch-osmanischen Krieges, der Einführung der allgemeinen Wehrpflicht, des Aufstiegs der Gewerkschaften, von Streiks, revolutionären Umtrieben und wiederholten Angriffen gegen Staatsbeamte sowie der Ermordung des Zaren Alexander – kurz gesagt, tiefer innenpolitischer Konflikte und zahlreicher Gründe für ihre Verschärfung. Als das Buch über seine Beobachtungen erschien, konnte er sehen, wie das gewaltige Echo darauf Revolutionäre und Reformer in ihrer Opposition gegen das Regime bestärkte. Doch wenn seine Analyse in teleologische Überlegungen einmündete, dann dachte er nicht an eine Revolution, sondern an die Durchsetzung eines liberalen Individualismus.

Wie viele heutige Beobachter sah Leroy-Beaulieu das Hauptproblem des gegenwärtigen und künftigen Rußland in den Hindernissen, die sich der Liberalisierung in den Weg stellten. Das waren eine verkrustete, reformfeindliche Bürokratie, die ländliche Umverteilungsgemeinschaft des *mir*, die den Bauern daran hinderte, auf seinem Grund und Boden effizient zu wirtschaften, die religiöse Diskriminierung und die Tatsache, daß den Menschen die bürgerlichen Freiheiten verweigert wurden. Ebenso wie die Beobachter in den 1990er Jahren, die das Verbot der Kommunistischen Partei als den Beginn eines langdauernden, gefährlichen Erneuerungsprozesses begreifen, sah er in der Abschaffung der Leibeigenschaft einen notwendigen ersten Schritt in Richtung auf eine fortschrittliche Gesellschaft, der jedoch dringend die Umgestaltung aller wirtschaftlichen und politischen Einrichtungen erforderte. Er zeigte auch die rasche Ausbreitung des Individualismus und der Industrialisierung in

Rußland, in deren Verlauf sich das Land den westeuropäischen Verhältnissen angleichen würde. Leroy-Beaulieu starb 1912, also nach der Revolution von 1905 (er hat sogar noch der *Duma* von 1906 beigewohnt), aber den Ersten Weltkrieg und die Revolutionen von 1917 hat er nicht mehr erlebt.

Dennoch hat Leroy-Beaulieu die Bedeutung des Radikalismus und die Möglichkeit einer Revolution in Rußland erkannt: «Was vor allem die Entwicklung des Radikalismus gefördert hat, sind die moralische Unterdrückung und die mit Gewalt erzeugte intellektuelle Verarmung, die dieses politische System kennzeichnen» (*Leroy-Beaulieu* 1990, S. 827). Doch da er nicht glaubte, daß sich die «Missionare» der Intelligentija mit den Arbeitern und Bauern verbünden würden, sah er die Heraufkunft einer ganz andersartigen Volksrevolution. Er erwartete, daß sie unter dem Einfluß des *mir* zu einem grausamen Rachefeldzug werden würde: «In jenem agrarischen Sozialismus würden die Provinzen wieder die blutige *Jacquerie* eines Pugatschew erleben. In dem unwissendsten und leichtgläubigsten Volk Europas würde eine Revolution wahrscheinlich unseren Terror und unsere Kommunen an barbarischer Grausamkeit weit übertreffen» (S. 841).

Leroy-Beaulieu dachte natürlich an die Französische Revolution, wenn er die Gründe aufzählte, weshalb es in Rußland nicht zu einer vom ganzen Volk getragenen Revolution kommen könnte: Das Russische Reich sei zu groß, zu dünn besiedelt, die Bürokratie sei zu mächtig, es gebe zu wenige große Städte und unter den Bewohnern der Hauptstadt keine Neigung, sich an Rebellionen zu beteiligen (S. 843). Noch überraschender ist es, daß er als alternative Möglichkeit eine Reihe nationalistischer Revolutionen prognostizierte, nach denen sich die heterogenen Elemente des Russischen Reichs zu einer Föderation zusammenschließen könnten, vielleicht sogar als föderiertes Anhängsel der Vereinigten Staaten (S. 865–868). Eine andere Möglichkeit sah er schließlich in einer liberalen Revolution von oben, die einer viel gefährlicheren reaktionären Revolution von unten zuvorkommen würde: «Der Westen hatte seine Revolution in Frankreich; alle germanischen und romanischen Völker haben ihren Einfluß in gewisser Weise gespürt, ihre Doktrinen übernommen und ihre positiven und negativen Auswirkungen erfahren. Unsere Revolution war mehr oder weniger die Abrechnung mit dem alten feudalistischen Europa, aber man kann sagen, daß das patriarchalische Osteuropa, die Welt der orthodoxen Slawen, noch auf seine Revolution wartet oder auf das, was an ihrer Stelle geschehen wird. Woher wird die Initiative kommen, wenn nicht von Rußland? So gesehen könnte eine russische Revolution das größte historische Ereignis seit der Französischen Revolution und ihre Ergänzung am anderen Ende von Europa sein» (S. 890).

Leroy-Beaulieu hat das in den 1880er Jahren, zwei Jahrzehnte vor Ausbruch der Russischen Revolution von 1905, geschrieben.

Was hat ihn veranlaßt, in jenem Rußland der 1880er Jahre eine Revolution zu erwarten, welche Form sie auch annehmen mochte? Seine Analyse erinnert an die Ausführungen von Tocqueville über das *ancien régime* in Frankreich, wenn er sagte, das Zarenreich habe sich von seiner bisherigen Basis, dem Adel, entfernt, ohne sich eine neue politische Grundlage zu schaffen. Das Ende der Leibeigenschaft habe den Adel veranlaßt, seinen Verpflichtungen gegenüber den sich rapide proletarisierenden Bauern nicht mehr nachzukommen und auf seine beherrschende Stellung ihnen gegenüber, nicht aber auf ihre Ausbeutung zu verzichten. Die Bauern selbst, die Masse der russischen Bevölkerung, hätten berechtigte Gründe gehabt, sich über den Adel und die Zaren zu beschweren. In St. Petersburg und Moskau habe sich das Industrieproletariat mit dem Bürgertum verbündet, denn beide hätten unter der Einschränkung der bürgerlichen Freiheiten gelitten. Zudem habe sich ein lockeres Netz aus revolutionären Vereinigungen gebildet, dem zahlreiche Intellektuelle und einige Mitglieder der bis dahin herrschenden Klasse angehörten. Kurz gesagt, auf diese Weise seien fast alle für das Entstehen einer revolutionären Situation notwendigen Voraussetzungen geschaffen worden. Das waren erstens das Auftreten von Koalitionen, die jeweils den alleinigen Anspruch auf die Übernahme der Regierungsmacht stellten, zweitens die Unterstützung dieser Ansprüche durch einen wesentlichen Teil der Bevölkerung, drittens die Unfähigkeit oder mangelnde Bereitschaft der Machthaber, diese Koalitionen an der Verwirklichung ihrer Ziele zu hindern. Unter den revolutionären Voraussetzungen fehlte vor allem noch ein entscheidender Schlag, der den Staat so schwächte und diskreditierte, daß die revolutionäre Alternative nicht nur wünschenswert, sondern auch glaubwürdig wurde.

Im allgemeinen begünstigen drei weitere Faktoren das Entstehen revolutionärer Situationen. Das ist erstens die zunehmende Diskrepanz zwischen den Ansprüchen der Machthaber an ihre am besten organisierten Untertanten und ihrer Fähigkeit, die Erfüllung dieser Ansprüche zu erzwingen. Zweitens sind es Angriffe gegen größere Bevölkerungsgruppen und deren Vorrechte, und drittens die Schwächung der Machthaber angesichts gut organisierter Rivalen, die ihnen die Macht streitig machen. Ende des 19. und Anfang des 20. Jahrhunderts waren alle drei Voraussetzungen in Rußland gegeben: Die steuerlichen Belastungen und die Zahl der Einberufungen stiegen während des Krimkriegs, des osmanischen Kriegs und des russisch-japanischen Kriegs, während sich die Unterdrückungsmaßnahmen nach der Ermordung Alexanders II. verschärften, doch ohne die Unterstützung durch den Adel verlor der Staat zunehmend seine innenpolitische Handlungsfähigkeit. Zudem kam es zu Angriffen gegen ethnische Minoritäten außerhalb der von Russen besiedelten Gebiete und zur Verfolgung der russischen Juden. Die dramatischsten Veränderungen betrafen den sichtbaren Verfall der staatlichen Autorität.

Der endgültige Sturz in den Abgrund war die Folge von zwei verlorenen Kriegen, und zwar des Krieges gegen Japan und des Krieges gegen die Mittelmächte. Nicht der Beginn, sondern der Ausgang dieser beiden Kriege brachte den Zusammenbruch des zaristischen Staats.

Die Revolution von 1905

Es ist verlockend, die Russische Revolution von 1905 als ein bloßes Vorspiel der Ereignisse von 1917 anzusehen. Wenn es nicht zu den Revolutionen von 1917 gekommen wäre, würde wir heute jedoch wahrscheinlich das Jahr 1905 als einen entscheidenden Wendepunkt in der Geschichte Rußlands bezeichnen. Der Krieg und die Revolution von 1904–1906 markierten die

Grenzen der russischen Expansion, offenbarten die Verwundbarkeit des zaristischen Staates, etablierten die Arbeiterklasse als bedeutenden politischen Faktor und die Räteregierung als eine neue, revolutionäre Regierungsform, bewiesen die Wirksamkeit des Generalstreiks als Instrument kollektiver, antistaatlicher Aktion, machten die Bolschewiken, Menschewiken und Sozialrevolutionäre zu ernst zu nehmenden Herausforderern der staatlichen Macht, schufen eine Art Nationalversammlung, wo bisher nur gelegentlich der *Zemskij sobor* zusammengetreten war, und stimulierten dann entscheidende Schritte in Richtung auf einen uneingeschränkten Kapitalismus.

Der Ausbruch der Revolution von 1905 war die unmittelbare Reaktion auf die zaristische Expansionspolitik und einen verlorenen Krieg. Ende des 19. Jahrhunderts drangen russische Kräfte weit in den asiatischen Raum vor, bauten die Transsibirische Eisenbahn, gingen im Süden bis an die Grenze Afghanistans, besetzten das Gebiet entlang der chinesischen Nordgrenze, stießen in die Mandschurei vor, bedrohten Korea und dehnten damit ihren Einfluß auf ein Gebiet aus, in dem ein expandierendes Japan und ein geschwächtes China um die Vorherrschaft kämpften. Nach dem bewährten Prinzip des *divide et impera* ging Rußland eine lose Verbindung mit China gegen Japan ein und besetzte gemeinsam mit Deutschland und Großbritannien Teile Chinas. Rußlands Vordringen zum Pazifischen Ozean stieß auf die Bemühungen Japans, ein asiatisches Reich zu errichten. Das Ergebnis war ein Krieg. Zur Überraschung der Russen und anderer Europäer vernichtete die japanische Flotte die russische. Die russische Regierung verlor an Glaubwürdigkeit, Revolutionäre ermordeten Innenminister Plehwe, ein Nationalkongreß der *Zemstva* forderte die Wahl einer Nationalversammlung und die Gewährung der Bürgerrechte, und im ganzen Land wurden die Stimmen lauter, die nach einer Liberalisierung der Regierung riefen.

Am 9. Januar 1905, dem «Blutsonntag», schossen zaristische Truppen auf eine von dem orthodoxen Priester Gapon geführte Arbeiterprozession, die dem Zaren eine Bittschrift vorlegen wollte. Die Protestbewegung weitete sich daraufhin aus und wurde von zahlreichen Streiks unterstützt. In der Armee und der Flotte kam es zu Meutereien, die nichtrussischen Provinzen forderten lautstark die Autonomie, und wieder griffen die Bauern vielerorts die Gutsbesitzer an, bis im Oktober 1905 ein Generalstreik große Teile des europäischen Rußland lähmte. Ein Arbeitersowjet leitete den Streik von St. Petersburg aus. Als der Zar zunächst die Einrichtung einer beratenden Versammlung *(Duma)*, dann die Einrichtung einer gewählten Versammlung mit gesetzgebenden Vollmachten sowie die Gewährung der bürgerlichen Freiheiten zugestand, stellten sich Teile der bisherigen Opposition auf seine Seite, während die Sozialdemokraten (die Menschewiken und Bolschewiken) zu Staatsfeinden erklärt wurden. Als Premierminister Witte die Mitglieder des Sowjets in St. Petersburg verhaften ließ, revoltierten Moskauer Arbeiter, und es kam zu Straßenkämpfen mit zaristischen Truppen, die mit einer Niederlage der Arbeiter endeten.

Da sich die Partei des Zaren durchsetzen und die Regierungsgewalt sichern konnte, gehören die Ereignisse von 1905/06 in die Kategorie der gescheiterten Rebellionen. Aber die zeitgenössischen Beobachter betrachteten 1905 als eine ernste revolutionäre Krise. Im Januar 1905 schrieb kein Geringerer als W. I. Lenin aus dem Exil in Genf: «Die Arbeiterklasse hat eine große Lektion des Bürgerkriegs erhalten; die revolutionäre Erziehung des Proletariats hat an diesem einen Tag so große Fortschritte gemacht, wie sie sie in Monaten und Jahren des grauen, niederdrückenden Alltagslebens nicht hätte machen können. Die Losung des heldenmütigen Petersburger Proletariats ‹Tod oder Freiheit!› hallt jetzt als Echo durch ganz Rußland wieder. Die Ereignisse entwickeln sich mit erstaunlicher Geschwindigkeit. Der Generalstreik in Petersburg breitet sich aus. Die ganze Industrie, das öffentliche und politische Leben sind lahmgelegt» (*Lenin*; I, S. 450).

Im weiteren geht Lenin hier auf die revolutionären Aktivitäten in Moskau, Lodz, Warschau, Helsinki, Baku, Odessa, Kiew, Charkow, Kowno, Wilna, Sewastopol, Reval, Saratow und Radom ein. Zu den Lehren, die aus dem Moskauer Aufstand im August 1906 zu ziehen seien, schrieb Lenin: «Und doch hat gerade die Moskauer Dezemberaktion anschaulich gezeigt, daß sich der Generalstreik als selbständige und hauptsächliche Kampfform überlebt hat, daß die Bewegung mit elementarer, unwiderstehlicher Gewalt diesen engen Rahmen durchbricht und eine höhere Kampfform, den Aufstand, gebiert» (I. S. 577).

Lenin schloß mit der Aufforderung, das Proletariat müsse sich bewaffnen, um für die nächste revolutionäre Gelegenheit gerüstet zu sein. Diesmal, so sagte er, seien die Arbeiter (das heißt: die Bolschewiken) nicht vorbereitet gewesen und hätten eine Chance verpaßt.

Unmittelbar vor der Eröffnung der ersten Staats*duma* im Mai 1906 verkürzte der Zar durch die Verkündung von Gesetzen, die praktisch den Übergang zu einer konstitutionellen Monarchie bedeuteten, ganz erheblich den politischen Spielraum der Versammlung. Die *Duma*, die sich aus relativ konservativen Kräften zusammensetzte, weil die radikalen Parteien die Wahlen boykottiert hatten, übte trotzdem scharfe Kritik an der Regierung und wurde aufgelöst, ohne etwas Wesentliches bewirkt zu haben. Nun begann die Regierung nach Einführung des Kriegsrechts und mit Unterstützung der aus dem Fernen Osten zurückgekehrten Truppen, die Rebellen von 1905 vor Gericht zu stellen und hinrichten zu lassen. Mehr als tausend Aufständische starben. Der neue Premierminister Stolypin leitete eine Agrarreform ein, mit der die Umwandlung des Landes der Bauerngemeinde in Privateigentum ermöglicht werden sollte, löste die zweite *Duma*, der mehr radikale Vertreter angehörten, auf und ließ aufgrund eines Wahlgesetzes, das das Wahlrecht auf einen bestimmten Personenkreis einschränkte, eine dritte *Duma* wählen. Zugleich ging er schärfer gegen revolutionäre Gruppen vor, regte aber auch eine Reihe liberaler Reformen an, als sich die Wirtschaft von einer lange dauernden Depression zu erholen begann.

Aber Repression und konspirative Gewalt dauerten an. In dem relativ friedlichen Jahr 1908 starben bei politisch motivierten Anschlägen 1800 Beamte und weitere 2083 wurden verwundet (*Fitzpatrick* 1982, S. 29). Auch die Ermordung von Stolypin 1911 und die Teilnahme Rußlands an den Balkankriegen (1912–1913) konnten das Gleichgewicht der Kräfte nicht wesentlich verändern. Doch das Massaker, das die Armee im April 1912 unter den Streikenden auf den Goldfeldern von Lena anrichtete, wo 170 Arbeiter starben, führte zu einer neuen Streikwelle, die bis zur Machtergreifung durch die Bolschewiken im Jahr 1917 anhielt.

Zwei weitere Revolutionen

Ein anderes Attentat war der indirekte Anlaß für die Beteiligung Rußlands an einem großen Krieg. Als das Osmanische Reich gezwungen wurde, die von ihm eroberten Gebiete auf dem Balkan zu räumen, wurden diese von Österreich-Ungarn übernommen. 1908 annektierte Österreich Bosnien und die Herzegowina und heizte damit die antiösterreichische Stimmung in den Nachbarstaaten Serbien und Montenegro an. Schon sehr bald bemühte sich Rußland darum, auf dem Balkan und anderswo Verbündete zu finden, um Österreich an einem weiteren Vordringen zu hindern. Mit der gleichen Energie wandte sich Österreich gegen alle Bestrebungen Serbiens, sein Territorium bis an die Adria auszuweiten. Das war eines der zahlreichen möglichen Ergebnisse der Balkankriege, die 1912 und 1913 ausbrachen. Einen Monat nachdem Gavrilo Princip als bosnischer Agent der serbischen «Schwarzen Hand» den österreichischen Erzherzog Franz Ferdinand ermordet hatte (am 28. Juni 1914), erklärte Österreich Serbien den Krieg. Fast unmittelbar darauf machte Rußland mobil, was Deutschland veranlaßte, Rußland den Krieg zu erklären. Die Lawine, die zum Ersten Weltkrieg führte, war ins Rollen gekommen.

Im Ersten Weltkrieg wiederholten sich einige der revolutionären Auswirkungen des russisch-japanischen Krieges in Rußland und anderswo in Europa. Große Teile des europäischen Kontinents wurden verwüstet. Neun Millionen Soldaten starben auf den Schlachtfeldern, zwanzig Millionen wurden verwundet, weitere Millionen Zivilisten wurden getötet oder verletzt, und die materiellen Verluste entsprachen einem Geldwert von mehr als 300 Milliarden amerikanischen Dollar (nach dem Kaufwert von 1918). Der Erste Weltkrieg führte nicht nur zu den russischen Revolutionen von 1917, sondern auch zur Desintegration des Russischen, des Deutschen, des Österreichisch-Ungarischen und des Osmanischen Reiches, zur Errichtung eines unabhängigen Polen sowie der neuen Republiken Finnland, Lettland, Estland und Litauen und zu zahlreichen weiteren Grenzverschiebungen und Regierungswechseln. Obwohl sich die skandinavischen und die iberischen Länder nicht aktiv an den kriegerischen Auseinandersetzungen beteiligt hatten, hatte der sengende Atem des Krieges keinen Teil Europas unberührt gelassen. Das Ausmaß der Kriegsanstrengungen führte zu einer erheblichen Erweiterung des Beamtenapparats und der staatlichen Macht in allen beteiligten Ländern. Dazu gehörten das Recht, das Eigentum der Bürger zu militärischen Zwecken zu beschlagnahmen, sie zum Kriegsdienst zu verpflichten und ihnen höhere Steuern abzuverlangen. Dennoch haben sich alle beteiligten Staaten schwer verschuldet, gar nicht zu reden von der Verpflichtung, die Ansprüche der Kriegsveteranen und Kriegsgeschädigten zu erfüllen. Keiner dieser Staaten war in der Lage, all seinen Verpflichtungen nachzukommen, und deshalb bekamen sie alle den Zorn ihrer Bürger zu spüren.

Die Teilung Polens 120 Jahre zuvor hatte lange gemeinsame Grenzen zwischen dem Russischen Reich und Deutschland und Österreich-Ungarn geschaffen. Die drei Mächte kämpften in den folgenden vier Jahren entweder auf der einen oder auf der anderen Seite dieser Grenzen. Die meisten Schlachten fanden auf ehemals polnischem Gebiet statt, besonders in den Teilen Polens, die Rußland im 18. Jahrhundert annektiert hatte. Vor dem Waffenstillstand im Dezember 1917 waren weder deutsche noch österreichische Streitkräfte bis in das russische Kernland vorgedrungen. Aber in Polen und im baltischen Raum brachten sie den russischen Armeen vernichtende Niederlagen bei. Die Siege, die österreichische Truppen 1915 in Galizien und der Bukowina erfochten, zeigten zum ersten Mal die militärische Schwäche Rußlands. 1916 verkündete die deutsche Besatzungsmacht die Errichtung eines unabhängigen polnischen Staats, und im März 1917 erkannte die provisorische Regierung in Rußland offiziell die Unabhängigkeit Polens an. Die russische Armee mußte eine Niederlage nach der anderen hinnehmen, und das Zarenreich begann zu zerfallen.

Die Konflikte in der russischen Industrie waren ein deutliches Zeichen für die Unzufriedenheit der Arbeiter mit dem Krieg und dem Regime. 1914 streikten fast dreißigmal so viele russische Arbeiter wie 1910. 1915 ging diese Zahl um mehr als die Hälfte zurück, stieg aber 1916 wieder beträchtlich an. Nach den Berechnungen von Diane Koenker und William Rosenberg (1989) waren es 1917 mit Sicherheit mehr als 1914. In Rußland lagen diese Zahlen höher als in jedem anderen europäischen

Land, sogar höher als in Deutschland, wo 1919 die Zahl der streikenden Arbeiter vierzehnmal größer war als 1910.

In der Revolution von 1917 spielten die Arbeiter eine entscheidende Rolle. In Petrograd (bei Kriegsbeginn war St. Petersburg umbenannt worden) streikten die Arbeiter in vielen Betrieben, und dann begann die allgemeine Meuterei der zaristischen Truppen in Moskau. Als der Zar die Auflösung der *Duma* anordnete, reagierte diese mit der Einsetzung einer provisorischen Regierung. Zar Nikolaus II. dankte zugunsten seines Bruders Michael ab, der sich beeilte, selbst seine Abdankung zu erklären. So sah sich die aus Konservativen und Liberalen bestehende provisorische Regierung plötzlich vor die Aufgabe gestellt, in dem von allen Seiten bedrohten Staat Ordnung zu schaffen. Der Arbeiter-und-Soldatenrat in Petrograd verweigerte der Regierung die Gefolgschaft und nutzte seinen Einfluß in den Fabriken und der Armee dazu, alle Maßnahmen der Zentralregierung zu blockieren, indem er gewählten Komitees die staatlichen Aufgaben übertrug. Im April und Mai kehrte eine Reihe radikaler Politiker, unter ihnen auch Lenin und Trotzki, aus dem Exil nach Rußland zurück.

Ein erster Versuch der Bolschewiken, im Juli 1917 in Petrograd die Macht an sich zu reißen, scheiterte, und Lenin ging wieder ins Exil, diesmal nicht in die ferne Schweiz, sondern nach Finnland. Die provisorische Regierung konnte sich nicht darauf verständigen, welche Haltung sie gegenüber den Bolschewiken einnehmen sollte. Der neue Premierminister Alexander Kerenskij entließ den Oberbefehlshaber der Armee, General Lawr Kornilow. Darauf befahl Kornilow seinen Truppen, Petrograd zu nehmen; dieses Unternehmen scheiterte jedoch. Von da ab gelang es den Bolschewiken, den Rückhalt der diskreditierten provisorischen Regierung kontinuierlich zu ihren Gunsten zu schwächen. Am 6. November (nach dem alten russischen Kalender war es der 24. Oktober) stürzten sie die Regierung. Einen Tag später ratifizierte der Allrussische Kongreß der Sowjets den bolschewistischen Staatsstreich. Im Bündnis mit den revolutionären Sowjets übernahmen die Bolschewiken die Regierungsgewalt.

Vor ihnen lag ein gewaltiges Stück Arbeit. Der Krieg ging weiter, Konterrevolutionäre bewaffneten sich, und die neue

Regierung versuchte sofort, die Kollektivierung der Landwirtschaft, des Kapitals und der Industrie durchzusetzen, beginnend mit der Aufteilung der großen Güter. In vielen Teilen des Landes hatten die Bauern selbst die Initiative ergriffen und das Land in Besitz genommen. Bei den allgemeinen Wahlen Ende November gewannen die Sozialrevolutionäre die große Mehrheit der Stimmen, aber als die Volksvertretung im Januar 1918 zu ihrer ersten Sitzung zusammentrat, wurde sie von den Truppen der Roten Armee mit Gewalt aufgelöst. Wenn in dieser Lage überhaupt irgend jemand in Rußland herrschte, dann waren es die Bolschewiken, die sich seit dem März 1918 «Kommunisten» nannten.

Während die Bolschewiken in Brest-Litowsk Friedensgespräche führten, erklärten große Teile des ehemaligen Russischen Reiches ihre Unabhängigkeit. Das waren die Ukraine, Estland, Finnland, Moldawien und Lettland. Bei Unterzeichnung des Friedensvertrags verlor Rußland außerdem noch Litauen und Transkaukasien. Bei Jahresende verbündeten sich Kosaken mit der konterrevolutionären Weißen Armee gegen den bolschewistischen Staat. Während sich Deutschland und seine Verbündeten immer noch im Kriege gegen die Entente befanden, marschierten Interventionstruppen der verschiedensten Mächte in russisches Gebiet ein; amerikanische, französische und britische Streitkräfte gingen nach Murmansk, Archangelsk und Wladiwostok, japanische Truppen landeten im Fernen Osten, türkische Truppen überschritten die Grenze im Süden, und deutsche Streitkräfte kamen von mehreren Seiten. Die vielleicht bizarrste Intervention war der Einmarsch einer 100000 Mann starken tschechischen Armee. Da die Tschechen die österreichische Front nicht von Osten nach Westen durchbrechen konnten, gingen sie zuerst ostwärts nach Sibirien in der Hoffnung, über Wladiwostok nach Europa zurückkehren zu können. Doch vorher besetzten sie eine Reihe von Städten an der Transsibirischen Eisenbahn und erklärten Deutschland aus dem Inneren Rußlands den Krieg. (Diese Kriegserklärung wurde von den Briten und Amerikanern anerkannt und wirkte sich positiv auf die Bemühungen der Tschechen aus, nach dem Krieg einen selbständigen Staat zu gründen.) Im Verlauf des Jahres 1918 erklärten auch Georgien, Aserbaidschan und Armenien ihre Unabhängigkeit.

Damit bestand das Russische Reich jetzt praktisch nur noch aus dem eigentlichen Rußland, aber selbst dort kam es in einigen Gebieten zu Revolten.

In den folgenden vier Jahren versuchte Trotzki mit den Truppen der Roten Armee das Territorium des Zarenreichs zurückzuerobern. In Finnland, den baltischen Staaten und Polen scheiterten diese Versuche, aber im übrigen siegte die Rote Armee in den meisten Gebieten, die 1914 zum Zarenreich gehört hatten. Der Krieg gegen Polen um ukrainisches Gebiet von April bis Oktober 1920 und eine Revolte der Matrosen in Kronstadt im Februar und März 1921 waren die letzten großen militärischen Herausforderungen im Inneren des Landes. Im Polenkrieg verlor Rußland die westlichen Hälften von Weißrußland und der Ukraine. Die russischen Kommunisten schufen unter dem Einsatz ihrer Streitkräfte mit einer völligen Umstrukturierung der Wirtschaft einen neuen Staat. Dabei hatten sie einen Vorteil, der aber dann zum Problem wurde: Im Verlauf der Revolution und des Bürgerkrieges bauten sie eine Regierungsstruktur auf, die sich im wesentlichen auf eine starke Armee stützte – 1920 bestand sie aus fünf Millionen Mann –, in der Funktionäre der zentralistischen Kommunistischen Partei die Richtung bestimmten. Die Demobilmachung brachte daher für das ganze kommunistische Regierungssystem eine ernsthafte Gefährdung mit sich. Soweit es den Kommunisten gelang, dieses Problem zu lösen, taten sie es damit, daß sie an die Stelle der Armee einen riesigen Verwaltungsapparat setzten, der zum großen Teil aus vorrevolutionären Funktionären bestand. Aber auch in diesem Beamtenapparat übernahm die straff disziplinierte, aber taktisch bewegliche Kommunistische Partei die Führung.

Der Bürgerkrieg und die Blockade der Alliierten hatten zu einem völligen Zusammenbruch der landwirtschaftlichen und industriellen Produktion geführt. Die Zahl der Industriearbeiter verringerte sich von 3,6 Millionen im Jahr 1917 bis 1920 auf 1,5 Millionen (*Fitzpatrick* 1982, S. 85–86). Lenin und seine Mitarbeiter hielten es für dringend erforderlich, die Produktivität der Landwirtschaft zu steigern, und erhoben im Rahmen der Neuen Ökonomischen Politik (NEP) eine Naturalsteuer, überließen es aber den Bauern, den Überschuß frei zu verkaufen und eigenes Ackerland zu erwerben. Zugleich suchte der Staat, die Währung zu stabilisieren. Im Rückblick erinnert das Wirtschaftssystem der NEP in mancher Weise an die «sozialistische Marktwirtschaft», die 1992 von vielen Osteuropäern angestrebt wurde, nur daß die Kommunisten unbeirrt an der zentralen Kontrolle der Herstellung, der Verteilung und besonders der Finanzen festhielten.

Der Vergleich mit der damaligen deutschen Wirtschaftskrise zeigt sehr deutlich, was geschah. Was die Krise von 1920 in der Sowjetunion auch gewesen sein mag, es war die Krise einer sozialistischen Wirtschaft. Dagegen war die Krise in Deutschland die Krise einer kapitalistischen Wirtschaft. Edward Nell schreibt: «Kapitalistische Wirtschaften zeichnen sich dadurch aus, daß sie mit einer Überkapazität und nicht nur mit Reserven arbeiten, während sozialistische Wirtschaften unter dem Druck einer überhöhten Nachfrage leiden.» (*Nell* 1951, S. 1) Katherine Verdery hat sich sehr eingehend mit den Verhältnissen in Osteuropa beschäftigt und erklärt Nells Unterscheidung sehr gut mit dem Hinweis, daß es «das zentrale Anliegen des Sozialismus ist, die Allokationskompetenz der Bürokratie zu steigern, was nicht bedeuten muß, daß die Menge dessen, was verteilt werden soll, zunimmt». (*Verdery* 1991, S. 421)

Damit leitet sich die Gewährung von Wohnraum, Nahrungsmitteln, Verbrauchsgütern und Privilegien für die Mitglieder administrativer und produktiver Organisationen direkt aus den Prämissen des Systems ab, und hier besteht ein fundamentaler Unterschied zur kapitalistischen Auffassung, daß der Eigentümer materieller Werte das Recht hat, nach eigenem Gutdünken mit diesen umzugehen. Obwohl weder Nell noch Verdery es sagt, ergibt sich dieser Unterschied unmittelbar aus den historischen Bedingungen, unter denen der Kapitalismus und der Sozialismus Gestalt angenommen haben. Im ersten Fall haben sich Geschäftsleute in Konkurrenz mit anderen Geschäftsleuten die Produktionsmittel angeeignet oder diese geschaffen, im zweiten Fall hat der Staat die Kapitalisten enteignet und damit die Produktionsmittel in die Hand bekommen. Aus dieser Perspektive können wir erkennen, daß sowohl NEP als auch die relative Liberalisierung der deutschen Wirtschaft nach den großen Umwälzungen durch den Ersten Weltkrieg Schritte gewesen sind, die von der zentralen Kontrolle der bürokratischen Allokationskompetenz fortführen.

Die sechs Jahre der NEP brachten eine deutliche Erholung der Wirtschaft. Diese Periode endete mit der Machtübernahme durch Stalin im Jahr 1927, der Ausweisung von Trotzki, Stalins Einführung der Zwangsindustrialisierung und dem damit entstehenden, sehr viel umfangreicheren zivilen Verwaltungsapparat. Mit der Machtergreifung durch Stalin begann eine Art Revolution von oben, ohne daß auch nur die Andeutung einer revolutionären Situation entstanden war – nämlich eine Spaltung innerhalb des sowjetischen Staates. Stalin und seine Mitarbeiter hatten den Parteiapparat so fest im Griff, daß sie die wiederholten Säuberungsmaßnahmen in den Jahren 1929 bis 1938 durchführen konnten, ohne daß es zu einer offenen Rebellion kam. Das rapide Anwachsen des Polizeiapparats einschließlich einer tödlichen, politisierten Geheimpolizei steigerte die Machtvollkommenheit der Zentralgewalt.

Auch in den Staaten, die sich vom Russischen Reich gelöst und unabhängig gemacht hatten, gingen die revolutionären Kämpfe von 1917 in den Jahren 1918 bis 1921 weiter. Während des Krieges hatten die Deutschen Estland, Lettland und Litauen längere Zeit besetzt, Polen war zum Schlachtfeld geworden, und nur Finnland blieb von größeren militärischen Auseinandersetzungen verschont. Bald nach der Machtergreifung durch die Bolschewiken erklärten alle fünf zu verschiedenen Zeitpunkten ihre Unabhängigkeit. Zwischen dem Abschluß des Friedensvertrags von Brest-Litowsk und der deutschen Kapitulation bewahrten Estland, Lettland und Litauen unter «deutschem Schutz» ihre noch nicht gesicherte selbständige Existenz. Nachdem die Deutschen den Krieg verloren hatten, suchte die russische Armee die drei ehemaligen Provinzen zurückzuerobern, gab diesen Versuch aber 1920 auf. Doch Litauen genügte die russische und internationale Anerkennung noch nicht, und schon bald führte es Krieg gegen Polen um die in der Nähe der polnischen Grenze gelegene Stadt Wilna. Dieser Krieg dauerte bis 1927. Nach anfänglichen Experimenten mit einer Umverteilung des Eigentums an Grund und Boden und der Demokratisierung kam es in allen drei Ländern zu Staatsstreichen, die mit der Machtübernahme durch rechtsgerichtete Kräfte endeten. In Estland übernahm allerdings erst spät ein diktatorisches Regime die Regierung, das sich nur von 1934 bis 1936 halten konnte.

Nachdem die Deutschen Polen während des Krieges lange Zeit okkupiert hatten, erfreute sich der polnische Staat nach der deutschen Niederlage im Jahr 1918 einer größeren Selbständigkeit und ging unter der Führung von Pilsudski sofort daran, die Grenzgebiete zurückzuerobern, die früher zu Polen gehört hatten, und zwar in Galizien, Posen, Litauen, Schlesien und anderswo. Diese Versuche, ehemals polnische Gebiete wieder dem Mutterland anzugliedern, lösten Kriege gegen Litauen (1919–1927) und die Sowjetunion (1920) aus. 1926 gelang es Pilsudski, nach einem Staatsstreich eine stramm rechtsgerichtete Regierung zu bilden, die sich – nach vielem Hin und Her – bis zum Einmarsch der Deutschen im Jahr 1939 an der Macht halten konnte.

Schließlich wurde auch Finnland 1918 in einem mit großer Leidenschaft geführten Bürgerkrieg zwischen Weißen und Roten in zwei Lager gespalten. Mit Hilfe deutscher Truppen gelang es den Weißen, die Roten zu vertreiben. 1919 kam es zu einem kurzen Krieg zwischen Finnland und der Sowjetunion um den Besitz von Karelien. Ebenso wie seine baltischen Nachbarn begann auch Finnland in den 1920er Jahren mit der Umverteilung des Landbesitzes und der Demokratisierung, stieß dabei jedoch auf den heftigen Widerstand der politischen Rechten. Obwohl das Militär in Finnland bei seinen Putschversuchen in den Jahren 1930 und 1932 scheiterte, geriet die finnische Politik bis in die 1930er Jahre immer wieder unter den Druck autoritär-nationalistischer Bewegungen. Die politischen Gegensätze zwischen der Sowjetunion und den jetzt unabhängigen Staaten jenseits ihrer nordöstlichen Grenzen verschärften sich zusehends. So führten die Besetzung der Hälfte des polnischen Staatsgebiets durch die Sowjetunion im Jahr 1939, die Niederlage Finnlands im sowjetisch-finnischen Krieg von 1939/40, der eine Vereinbarung zwischen Finnland und Rußland folgte, und die Militärbündnisse, die geschlossen wurden, nachdem die Sowjetunion Lettland, Litauen und Estland 1939–40 brutal annektiert hatte, zu überaus schmerzlichen Veränderungen in diesen Staaten.

Konsolidierung und Zusammenbruch

Unter Stalin wurde die Sowjetunion zu einem faszinierenden Gebilde. In mancher Hinsicht übernahm sie die Strukturen des russischen Zarenreichs: Rußland selbst wurde im wesentlichen von der politischen Zentralgewalt direkt regiert, deren Zugriff jetzt aggressiv bis hinab auf die Ebene der einzelnen Gemeinden ausgedehnt wurde. Das indirekte Regierungssystem galt wie bisher für die meisten nichtrussischen Republiken, wobei die Funktionäre der Kommunistischen Partei die Rolle der Zwischeninstanzen übernahmen. Diese Methoden modifizierten sich im Lauf der Zeit, als immer mehr Russen die leitenden Stellungen in der Bürokratie, in öffentlichen Einrichtungen und in der Industrie übernahmen. Außerhalb Rußlands sprach die große Mehrheit der Bevölkerung russisch als zweite Sprache oder gar nicht (*Laitin, Petersen & Slocum* 1992, S. 141).

Die Kollektivierung der Landwirtschaft, der Ausbau der Schwerindustrie und der Umbau des Verteilungssystems ließen jeweils umfangreiche Organisationen entstehen, die vom kommunistischen Parteiapparat überwacht und miteinander verbunden wurden. In den 1930er Jahren konsolidierte sich dieses System, in dem sich die Parteifunktionäre besondere Privilegien und Machtpositionen sicherten, die ihnen einen Lebensstil ermöglichten, der ihre Sonderstellung gegenüber der übrigen Bevölkerung deutlich zum Ausdruck brachte. Die grausamen Säuberungen der Jahre 1937 und 1938 bewiesen jedoch, welcher Zwang hinter dieser Konsolidierung stand, denn mit diesen Maßnahmen beseitigte Stalin jeden, der im Verdacht stand, seine uneingeschränkte Herrschaft in Frage stellen zu wollen. Schließlich begann die Sowjetunion angesichts der drohenden deutschen Wiederaufrüstung ihre Industrie vermehrt auf die Rüstungsproduktion umzustellen.

Der Zweite Weltkrieg hatte enorme, aber ambivalente Auswirkungen auf den Sowjetstaat. Auf der einen Seite führten das Opfer von sieben Millionen Menschenleben, die Vernichtung von 60% der Industriekapazität des Landes und das weite Vordringen der deutschen Armeen in sowjetisches Gebiet zu einer außerordentlichen Schwächung des politischen Apparats. Andererseits stärkten die außergewöhnlichen Kriegsanstengungen, der Sieg über das nationalsozialistische Deutschland und die Ausdehnung des sowjetischen Einflusses bis nach Mitteleuropa hinein das Prestige und die Wirkungsmöglichkeiten des Staates. Durch die nach dem Krieg erzwungenen Vereinbarungen mit den ehemaligen Verbündeten der Achse, Ungarn, Bulgarien und Rumänien, sowie mit den Opfern der deutschen Aggression, Tschechoslowakei und Polen, dehnte die Sowjetunion ihre Macht weiter nach Westen aus, als es den Zaren jemals gelungen war. Mit der Gründung des Warschauer Pakts als Gegenstück zur NATO konsolidierte die Sowjetunion ihre militärische Kontrolle in Mitteleuropa.

Auch in der sowjetischen Politik verstärkte sich der Einfluß des Militärs. Schon zur Zeit des Bürgerkriegs und der von der kommunistischen Roten Armee geführten Kriege von 1917 bis 1921 hatte das Militär im zivilen Leben eine große Rolle gespielt, doch während der anschließenden Bemühungen um die wirtschaftliche Wiederbelebung hatten der Einfluß und die Sonderstellung der Parteikader wesentlich zugenommen. In den Kämpfen des Zweiten Weltkrieges hatte sich jedoch die Zusammenarbeit zwischen den Parteikommissaren und den Offizieren der Armee intensiviert. Das Mißtrauen zwischen Partei und Armee, das bezeichnend für die 1930er Jahre gewesen war, verringerte sich. Nachdem sie unter einem Ministerium für die Streitkräfte umgegliedert worden war und der Rüstungsetat sich wesentlich erhöht hatte, war die Armee nach dem Krieg sehr viel stärker als vorher.

Der verstärkte Einfluß des Militärs beruhte jedoch auf den vermehrten Anstrengungen der Sowjetunion, eine ökonomische Infrastruktur zu schaffen. Der Wiederaufbau der Sowjetunion nach dem Krieg, der fast ohne fremde Hilfe erfolgte, stellt eine Leistung dar, wie sie kaum ein anderer Staat vorzuweisen hat. Innerhalb weniger Jahre bauten die Sowjets auf den Ruinen einer zertrümmerten Wirtschaft eine leistungsfähige Rüstungsindustrie auf, der es gelang, Satelliten in die Umlaufbahn zu bringen und Waffen herzustellen, die mit den amerikanischen konkurrieren konnten. Obwohl sich damit die Macht der Militärs festigte und der zivile Sektor geradezu stranguliert wurde, sollten wir nicht die Augen vor der gewaltigen Leistung dieses Wiederaufbaus verschließen.

Der Kalte Krieg mit den Vereinigten Staaten und ihren Verbündeten beeinflußte die revolutionären Situationen, mit denen die Sowjetunion nach dem Krieg konfrontiert wurde. Über viele Jahre hinweg ist die Sowjetunion bei ihren Interventionen in die inneren Angelegenheiten ihrer osteuropäischen Satelliten oder außereuropäischen Staaten mit revolutionären Situationen in Berührung gekommen. Von den ersteren waren die folgenschwersten der Einsatz sowjetischer Truppen zur Niederschlagung der Dissidenten in Ungarn, der Tschechoslowakei und Polen. Von den letzteren war die wichtigste und verheerendste die indirekte Konfrontation mit den Vereinigten Staaten in Afghanistan, die damit begann, daß die Sowjetunion 1979 einen Militärputsch linker Kräfte unterstützte, und in deren weiterem Verlauf die Amerikaner den afghanischen Rebellen halfen, die gegen die Militärregierung kämpften. Obwohl die Rebellen nicht siegen konnten, haben sie ihren Krieg auch nicht verloren. Die sowjetischen Streitkräfte mußten ein ähnliches Unentschieden hinnehmen, wie es ihre amerikanischen Gegner in Vietnam erlebt hatten. Bevor 1988 die Friedensvereinbarungen in Genf unterzeichnet wurden, kämpften zwischen 100 000 und 120 000 sowjetische Soldaten in Afghanistan, ohne etwas gegen die Feinde eines Regimes ausrichten zu können, das man jetzt fast als sowjetisches Marionettenregime bezeichnen konnte.

Nach dem Tod des starr an seiner politischen Linie festhaltenden Leonid Breschnew 1979 und den nur sechs Jahre dauernden Amtsperioden von Juri Andropow und Konstantin Tschernenko übernahm 1985 Michail Gorbatschow die Führung der Kommunistischen Partei und wurde damit praktisch zum Staatsoberhaupt. Schon bald verkündete er sein Programm zur Liberalisierung des öffentlichen Lebens *glasnost*, das so gefeierten Dissidenten wie Anatoli Schtscharanski und Andrei Sacharow 1986 erlaubte, aus der Verbannung zurückzukehren, und die Gewährung von Ausreisevisen an Juden ermöglichte (1985 hatte noch kaum einer von ihnen ein solches Visum bekommen können, aber 1986 waren es 1000, 1988 20 000 und 1989 60 000 Personen). 1987 setzte Gorbatschow neben der politischen Liberalisierung auch das neue Wirtschaftsprogramm der *perestroika* in Kraft, mit dem der Schwerpunkt der Industrieproduktion von der Rüstung auf den zivilen Sektor verlagert und die Produktivität wesentlich gesteigert werden sollte.

Sehr viel behutsamer ging Gorbatschow bei der Einhegung des militärischen Establishments vor, und zwar sowohl bei der Zurücknahme des militärischen Engagements außerhalb der Sowjetunion als auch in der Sowjetunion selbst, wo das Streben einzelner Gruppen nach religiöser, ethnischer und politischer Autonomie nicht mehr mit militärischer Gewalt unterdrückt werden sollte. Dabei bemühte er sich immer wieder um die Unterstützung seiner Vorhaben durch die breite Öffentlichkeit. Diese Bemühungen gipfelten 1989 in der Konstituierung des Kongresses der Volksdeputierten. Dieser Kongreß sollte innerhalb gewisser Grenzen, die die Vormachtstellung der Kommunistischen Partei garantierten, einen neuen Obersten Sowjet wählen. Im Ausland warb Gorbatschow um die Unterstützung seiner politischen und wirtschaftlichen Liberalisierung, er öffnete das Land für die Beteiligung ausländischer Firmen an sowjetischen Unternehmen und erklärte sich bereit, 1990 und 1991 mit dem von den Amerikanern geführten Bündnis gegen den Irak zusammenzuarbeiten.

Der Versuch, das wirtschaftliche Potential des Landes durch die Reduzierung der zentralen Kontrollen von Produktion und Verteilung freizusetzen, führte zur Gründung zahlreicher kleiner Unternehmungen, einer verzweifelten Suche nach ausländischen Investoren und dem Entstehen neuer, nach geltendem Recht unzulässiger Möglichkeiten, auf dem schwarzen und grauen Markt oder über persönliche Beziehungen Geschäfte zu machen. Andererseits wehrten sich aber auch die Hersteller energisch dagegen, ihre Erzeugnisse den verbliebenen Organisationen des offiziellen Verteilersystems zur Verfügung zu stellen, und staatseigene Warenbestände und Einrichtungen wurden vielerorts von profitorientierten oder monopolistischen privaten Verteilungsnetzen zum Nutzen der bisherigen leitenden Angestellten, geschickter Unternehmer und Mitglieder von Organisationen übernommen, die Zugang zu besonders gefragten Waren, Einrichtungen oder ausländischen Währungen hatten. Tauschgeschäfte zwischen einzelnen Firmen, Gutscheine, die Mitgliedern privilegierter Organisationen die Versorgung mit Waren und Dienstleistungen garantierten, gute persönliche Beziehungen zu Freunden, Familienmitgliedern und Arbeitskollegen, die es ermöglichten, an knappe Waren heranzukommen, führten zu einer Distribution an bevorzugte Personen oder Personenkreise, während die Regierung gleichzeitig behauptete, sie sorge durch die Schaffung eines nationalen Marktes für eine gerechtere Verteilung an die gesamte Bevölkerung. Als Folge dieser Entwicklung war der Staat von Monat zu Monat weniger in der Lage, seine treuen Bürger durch entsprechende Leistungen zu belohnen.

An der politischen Front kam es parallel zu diesen Entwicklungen und von ihnen ausgelöst zu einem Autoritätsverlust des zentralistisch regierten Staates. So benachteiligte das Wirtschaftsprogramm Gorbatschows nicht nur die Hersteller, die aus der bisherigen Vorrangstellung der Rüstungsindustrie ihren Nutzen gezogen hatten, sondern auch die Verbraucher, die keinen Zugang zu einem der neuen Verteilungsnetze hatten, und die Beamten, die sich wegen ihrer bisherigen Machtstellung scharfer Kritik ausgesetzt sahen. Darüber hinaus eröffnete sein politisches Programm Kritikern und Rivalen wie Boris Jelzin, der von Moskau aus versuchte, die Macht in der russischen Föderation zu übernehmen, neue Möglichkeiten, sich Gehör zu verschaffen. Gorbatschows Bemühungen, das in seiner Machtstellung gefährdete, aber noch intakte militärische Establishment und die Intellektuellen durch Ausflüchte und eine versöhnliche, vorsichtige Haltung für sich zu gewinnen, veranlaßten bisherige Anhänger seiner Reformpolitik, sich von ihm abzuwenden, während die konservativen Kreise ihm auch weiterhin ihre Zustimmung verweigerten. Daß er zudem versuchte, mit Sondervollmachten die wirtschaftliche Erneuerung durchzusetzen, führte zu Konflikten mit rivalisierenden Reformern und politischen Individualisten, aber auch mit Anhängern des alten kommunistischen Regimes. Obwohl schon 1986 und 1987 Forderungen nach Gewährung religiöser und politischer Freiheiten beinahe unmittelbar laut geworden waren, war es in der Hauptsache das Verlangen der nationalen Minderheiten nach einer Absicherung ihrer Positionen gegenüber dem neuen Regime, das den Sturz des alten herbeiführte.

An dieser Stelle müssen wir uns noch einmal die ethnische Vielfalt in der UdSSR vergegenwärtigen. Ebenso wie das Zarenreich war der kommunistische Staat im Umgang mit den aktiven ethnischen Minderheiten einer ambivalenten Politik gefolgt: Er hatte den Vorrang der russischen Sprache gefordert und Russen sowie Personen, die mit der Russifizierung einverstanden waren, bevorzugt behandelt, aber auch die sprachlichen und kulturellen Minderheiten offiziell anerkannt, vielen von ihnen das Recht zugestanden, eigene Gemeinwesen zu bilden, die sogar von ihren eigenen Führern verwaltet werden durften, soweit diese sich zum Kommunismus bekannten. In den 1980er Jahren waren in der Sowjetunion 102 verschiedene Kategorien nationaler Minderheiten registriert. Damit war noch keineswegs die Vielfalt der Sprachen und kulturellen Traditionen auf dem gesamten sowjetischen Gebiet erschöpft. Nach der Volkszählung von 1989 waren nur etwas mehr als 50% der Bevölkerung der Sowjetunion Russen. In der russischen Republik war das Zahlenverhältnis etwa das gleiche.

Die Komplexität begann mit den fünf Millionen Russen, die außerhalb ihrer «Heimatrepublik» lebten, wo die meisten von ihnen führende und privilegierte Stellungen einnahmen, und bei den fünf Millionen Nichtrussen in der russischen Republik. In fast allen anderen von nationalen Minderheiten bewohnten Teilgebieten der Sowjetunion herrschte die gleiche Heterogenität. Die extremsten Beispiele dafür waren Republiken wie Lettland, wo nach den Ergebnissen der Volkszählung nur 52% der Bevölkerung Letten und 34% Russen waren. Das andere Extrem war die autonome jüdische Region von Birobidschan an der chinesischen Grenze, etwa 800 km westlich der Insel Sachalin auf dem Festland. Hier lebten nur 20000 der etwa 1,8 Millionen sowjetischen Juden.

Offizielle Statistiken simplifizieren natürlich eine so komplexe und sich laufend verändernde Situation. Obwohl auf einem sowjetischen Paß eine von 102 Nationalitätsbezeichnungen eingetragen wurde, gab es Millionen von Sowjetbürgern, die sich aufgrund von Heiraten und Ortswechseln persönlich mit mehr als einer offiziellen Nationalität oder mit gar keiner identifizierten, und außerhalb von Rußland gab es nur wenige, die sich nur einer Nationalität zugehörig fühlten (siehe *Comaroff*

1991). Dennoch gewährte das System den führenden Persönlichkeiten in den einzelnen Regionen wesentliche Vorteile, wenn sie nachweisen konnten, daß sie wirklich Kirgisen, Usbeken, Esten oder Angehörige einer offiziell anerkannten nationalen Minderheit waren. Die Nationalität hatte in der Politik eine größere Bedeutung als im täglichen Leben.

Die russischen Kommunisten hatten ihre nichtrussischen Regionen im klassischen Stil des indirekten Regierungssystems verwaltet. Sie hatten loyale führende Persönlichkeiten in den einzelnen Regionen als Mitarbeiter gewonnen, sie in die Kommunistische Partei aufgenommen und ihre Amtsnachfolger jeweils aus den begabtesten Angehörigen der jeweiligen Nationalität ausgesucht, sie aber in Rußland ausbilden lassen. Viele Russen mußten jedoch in diesen Regionen das Personal für die neugeschaffenen Industrien, die akademischen Berufe und die Behörden stellen und dafür sorgen, daß sich das Russische als Amtssprache durchsetzte. Die regionalen Machthaber erfreuten sich einer weitgehenden Selbständigkeit innerhalb ihrer Amtsbereiche und durften mit militärischer Unterstützung rechnen, solange sie dafür sorgten, daß die Steuern an den Staat abgeführt wurden und die Wehrpflichtigen den von ihnen geforderten Militärdienst leisteten. Der Einzelne oder die Gruppe, die sich außerhalb dieses Systems irgendwelche Freiheiten herausnahm, wurde sofort in die Schranken gewiesen. Dieses System erwies sich als durchaus leistungsfähig, solange die regionalen Führer von der mächtigen Zentralregierung unterstützt wurden und ihre örtlichen Rivalen nicht auf die Solidarität der eigenen Bevölkerung hoffen konnten.

Diese Stärke des Systems führte jedoch schließlich zu seiner Auflösung. Gorbatschow und seine *glasnostschiki* eröffneten die politische Diskussion, schränkten das Recht des Militärs ein, sich an den politischen Entscheidungen zu beteiligen, ließen Alternativen zu den kommunistischen Strukturen zu, gaben zu erkennen, daß sie mit einem Wahlsystem einverstanden waren, bei dem der Wähler eine wirkliche Entscheidung treffen konnte, und erkannten an, daß sie ihre treuen Mitarbeiter nicht mehr so großzügig belohnen konnten wie bisher – und das alles gleichzeitig. Als das geschah, erkannten die regionalen Machthaber und ihre Rivalen ihre Chance, sich von der Zentralregierung zu distanzieren, die Unterstützung der Öffentlichkeit zu suchen, ihre Stellung als authentische Vertreter der örtlichen Bevölkerung zu sichern, den Vorrang der Angehörigen ihrer eigenen Nationalität innerhalb des von ihnen bewohnten Gebiets der Sowjetunion zu beanspruchen und eine Erweiterung ihrer autonomen Rechte zu fordern. Für die baltischen und die anderen jetzt selbständigen Republiken an den westlichen und südlichen Grenzen der Sowjetunion bot die Möglichkeit besonderer Beziehungen zu Nachbarstaaten – Schweden, Finnland, die Türkei, der Iran, aber auch die Europäische Gemeinschaft – eine Zunahme des politischen Einflusses und wirtschaftliche Vorteile, die zu bieten die Sowjetunion kaum noch in der Lage zu sein schien.

In den politisch autonomen Teilgebieten, in denen mehrere geschlossene ethnische Minderheiten lebten, gerieten diejenigen, die nicht als originäre Bürger der betreffenden Region anerkannt wurden, in immer größere Schwierigkeiten. Wer zuerst seine Rechte einforderte, hatte die besten Chancen. Die Ereignisse eskalierten. Mit jedem Zugeständnis der Zentralregierung, das anderen Nationalitäten den Anreiz gab oder den Vorwand lieferte, weitere Forderungen zu erheben, erhöhte sich die Gefährdung jener in sich geschlossenen ethnischen Gruppen, die es versäumt hatten, rechtzeitig ihre Ansprüche geltend zu machen. Schon 1986 hatten nicht nur Esten, Letten, Litauer und Ukrainer die Autonomie und den Schutz des Staates gefordert, sondern auch die Kasachen, Krimtataren, Armenier, Moldawier, Usbeken und sogar Russen. In so heterogenen Regionen wie Nagorny Karabach, einer vorwiegend von Armeniern bewohnten Enklave in Aserbaidschan, kämpften militante Angehörige benachbarter Volksgruppen um den Vorrang und schreckten nicht davor zurück, einander umzubringen. Aber nicht nur in Aserbaidschan, sondern auch in Moldawien, Georgien und Tadschikistan kam es zu blutigen Konflikten zwischen einzelnen Bevölkerungsgruppen. Von Januar 1988 bis August 1989 forderten solche ethnischen Auseinandersetzungen 292 Menschenleben und 5520 Verwundete, und 360000 Personen wurden aus ihrer angestammten Heimat vertrieben (*Nahaylo & Swoboda* 1990, S. 336). Die Situation erinnerte an die Zeit der Auflösung des Zarenreichs im Jahr 1918.

Als Gorbatschow 1990 seinen Vorschlag für einen neuen Unionsvertrag vorlegte, der den fünfzehn Republiken größere Handlungsfreiheit gewähren sollte, während die Unionsregierung für den militärischen Bereich, die Außenpolitik und die Wirtschaft zuständig blieb, nahmen die Bemühungen aller nach nationaler Unabhängigkeit strebenden Teilgebiete zu, ihre Stellung innerhalb oder außerhalb des neuen Systems zu stärken. Als Gorbatschow im März 1991 die Zustimmung zu seinen Plänen in einer Volksbefragung bestätigen lassen wollte, boykottierten die politischen Führer der sechs Republiken Lettland, Litauen, Estland, Moldawien, Armenien und Georgien, die ihre Unabhängigkeitserklärung schon vorbereitet hatten, die Abstimmung, während das Wahlergebnis in den anderen Gebieten die Spaltung zwischen Rußland und den nichtrussischen Gebieten der angeschlagenen Föderation bestätigte.

Angesichts der ethnischen Auflösung, des wirtschaftlichen Zusammenbruchs und des Machtverfalls des alten Regimes befürchteten viele Beobachter und Akteure der sowjetischen Szene ein Eingreifen des Militärs, der Intelligenz und des Parteiestablishments, um die Entwicklung rückgängig zu machen. Genau das geschah. Der kritische Augenblick kam im August 1991, als eine von eben diesen Kräften getragene Junta Gorbatschow an seinem Urlaubsort in der Krim am Vorabend seiner Unterzeichnung eines neuen Unionsvertrages für die neun Republiken, die noch mit der Zentralregierung zusammenarbeiteten, festhielt. Die aus Angehörigen des Militärs, der *Intelligentija* und der Polizeiverwaltungen zusammengesetzte Verschwörergruppe erklärte die Übernahme der Regierungsgewalt durch einen Sonderausschuß, konnte sich aber nur drei Tage an der Macht halten.

Noch während des dann gescheiterten Putschversuches rief der Präsident der russischen Föderation, Boris Jelzin, im Angesicht aufgefahrener Panzer auf einer Massenversammlung in Moskau zum Generalstreik gegen den Sonderausschuß auf. Mehrere Truppenteile stellten sich auf die Seite Jelzins und bildeten einen Verteidigungsring um das Regierungsgebäude der russischen Republik in Moskau. Die Haltung des Militärs zwang die Verschwörer, ihr Vorhaben aufzugeben, das ohne Blutvergießen gescheitert war. Gorbatschow wurde freigelassen.

Bei seiner Rückkehr nach Moskau sah sich Gorbatschow mit einer Welle von Forderungen nach einer Beschleunigung der Reformen, erneuten Sezessionsbestrebungen nationaler Gruppen, verstärkten Rivalitäten von Jelzin und den Reformern in anderen Republiken und dem vollkommenen Zusammenbruch der Autorität des Kreml konfrontiert. Gorbatschow trat von seinem Posten als Generalsekretär der KPdSU zurück, und das bedeutete das Ende aller Aktivitäten der Partei in der ganzen Sowjetunion. In den folgenden vier Monaten bemühte sich Jelzin um die Nachfolge Gorbatschows, aber nicht als Parteisekretär, sondern als Regierungschef einer Konföderation, die noch über ein gewisses Maß an wirtschaftlicher, militärischer und außenpolitischer Autorität verfügte. Doch auch diese Bemühungen endeten mit der Auflösung der Sowjetunion, die jetzt zu einem nicht mehr klar definierbaren und in sich zerstrittenen Staatenbund geworden war, von dem sich die baltischen Staaten trennten, während andere sich beeilten, das gleiche zu tun.

Von 1986 bis 1992 erlebten Rußland und seine Nachbarn eine der eigenartigsten europäischen Revolutionen, in deren Verlauf ein mächtiges Reich zerfiel und seine gesamte innere Struktur zerschlagen wurde, ohne daß diese Vorgänge unmittelbar von einem Krieg verursacht wurden. Auch das Burgundische, Spanische, Osmanische, Österreich-Ungarische und sogar das russische Zarenreich waren als Folge von Revolutionen zerfallen, aber immer unter dem unmittelbaren Druck bewaffneter Konflikte von außen oder von innen. Die verlustreiche Intervention in Afghanistan, selbst ein Ergebnis des außerordentlich kostspieligen Kalten Krieges der Sowjetunion mit den Vereinigten Staaten, läßt sich vielleicht am ehesten mit den Kriegen vergleichen, die zur Auflösung der europäischen Reiche führten. Das Schauspiel, das wir erlebten, als die Vereinigten Staaten 1991 den Irak bombardierten, unterstrich das allgemeine Bild einer handlungsunfähigen Sowjetunion, und zwar gerade in dem Augenblick, als die bevorstehende Erweiterung der erfolgreichen Europäischen Gemeinschaft in den Teilgebieten der Sowjetunion, die sich selbständig machen wollten, die Hoffnung weckte, eine engere Zusammenarbeit mit dem Westen könne ihnen erhebliche Vorteile bringen. Die besondere Form der russischen Revolutionen in den Jahren

1986 bis 1992 stand ebenso wie die aller europäischen Revolutionen nach 1492, die wir hier untersucht haben, in unmittelbarem Zusammenhang mit der charakteristischen Organisation des Sowjetstaats.

Im Gegensatz zu den dynastischen, den durch Konflikte zwischen Schutzherren und Schutzbefohlenen ausgelösten und den kommunalen revolutionären Situationen, zu denen es in der Zeit von 1550 bis zu den Napoleonischen Kriegen in Rußland und seinen Nachbarländern gekommen ist, aber auch im Gegensatz zu den durch Klassenkoalitionen bestimmten Revolutionen, die den Zerfall des Russischen Reiches 1905 und 1917–1921 bewirkt haben, sind die revolutionären Situationen zur Zeit Gorbatschows den nationalen Revolutionen am nächsten gekommen. Nationale revolutionäre Situationen und Ergebnisse waren nach 1815 in Europa vorherrschend, und diese Entwicklung geht bis heute weiter. Politiker oder Politikerinnen, die erklären, sie verträten die Interessen eines in sich geschlossenen, historisch gewachsenen Volkes, das von einem anderen Staat ungerecht behandelt worden sei und deshalb als selbständiger Staat anerkannt werden müsse, werden am ehesten mit der Anerkennung und Unterstützung von außen rechnen können. Nicht nur die führenden Politiker nichtrussischer Staaten, sondern auch der Russe Boris Jelzin hat das im Hinblick auf die Kommunistische Partei und das von ihr geschaffene autoritäre Herrschaftssystem behauptet.

Es gibt zwei Unterschiede zwischen der Entwicklung in Rußland und anderen nationalen Revolutionen: Erstens entstand eine revolutionäre Situation in der Sowjetunion unmittelbar als Folge der Bemühungen der Zentralregierung, sich zu reformieren und ihre Position auf der internationalen Bühne zu verändern. Zweitens hat in der Sowjetunion die Opposition der Normalbürger gegen die *Nomenklatura* gewisse klassenkämpferische Züge angenommen. Soweit die russischen Revolutionen von 1986 bis 1992 ein Klassenkampf der Arbeiter gegen privilegierte Parteifunktionäre waren, müssen wir jedoch feststellen, daß die Gegenrevolution 1992 wieder die Oberhand gewonnen hat. Denn überall in den Trümmern der Sowjetunion, wo Beamte einst ihre Macht den guten Beziehungen zur Kommunistischen Partei zu verdanken hatten, üben sie sie jetzt im Namen der nationalen Souveränität aus, oder sie nutzen ihre Erfahrungen, ihre Beziehungen und ihren Zugang zu knappen Waren dazu aus, als Unternehmer Karriere zu machen. Die russischen Revolutionen sind noch nicht zu Ende.

Siebtes Kapitel

Revolutionen gestern, heute und morgen

Zurück nach Osteuropa

Ob es sich bei den osteuropäischen Konflikten und politischen Veränderungen von 1989 bis 1992 um echte Revolutionen gehandelt hat, ist Gegenstand einer höchst intensiven Debatte. «Der Zusammenbruch der kommunistischen Regime in Osteuropa», schreibt S. N. Eisenstadt, «war eines der wirklich dramatischen Ereignisse in der Geschichte der Menschheit, mit Sicherheit eines der dramatischsten seit Ende des Zweiten Weltkrieges. Was bedeutet das? Sind das Revolutionen wie ‹die großen Revolutionen› – der englische Bürgerkrieg, die amerikanischen, französischen, russischen und chinesischen Revolutionen –, die in mancher Weise Vorboten der Moderne gewesen sind und zum Entstehen der modernen politischen Ordnung beigetragen haben? Könnten sie – nach einer vielleicht turbulenten Übergangsperiode – zu einer relativ stabilen modernen Welt des liberalen Konstitutionalismus führen, der eine Art ‹Ende der Geschichte› einleitet? Oder sagen sie uns etwas über die Unbeständigkeit und Anfälligkeit der modernen Welt und sogar der demokratisch-konstitutionellen Regime?» (*Eisenstadt* 1992, S. 21).

Eisenstadt beantwortet seine erregenden Fragen mit einem vernehmlichen «Vielleicht». Der Untergang der osteuropäischen Regime erinnert uns gewiß insofern an die klassischen Revolutionen, als er rapide, weitreichende soziale Veränderungen bewirkt hat, Volkserhebungen zu vergeblichen Reformversuchen der Zentralregierungen geführt haben und Intellektuelle beteiligt waren. Nicht zuletzt kam es während eines allgemeinen Zusammenbruchs der sozialen Ordnung zu den revolutionären Erschütterungen. Es fehlten ihnen aber zahlreiche charakteristische Züge der früheren großen Revolutionen, insbesondere die rachsüchtige Gewalt, die durch eine Klasse gegebene Basis, die charismatische Vision, der Glaube an die Politik als Instrument konstruktiver Erneuerung und der Widerstand der alten Machthaber gegen ihre Ablösung.

Letzten Endes, sagt Eisenstadt, waren die neuen Revolutionen «Rebellionen gegen gewisse Typen der Modernität, die faktisch andere, stärker pluralistische Elemente der Modernität ablehnten, während sie offiziell gewisse zentrale Bestandteile ihrer Grundbedingungen institutionalisierten» (S. 33). Mit anderen Worten, den osteuropäischen Bürgern gefiel die Idee der Industrialisierung, aber sie lehnten die kommunistischen Methoden ab, mit denen sie erreicht werden sollte, vor allem die Einschränkung der politischen Freiheit. Eisenstadt sagt aber nicht, warum die Sowjetbürger 70 Jahre brauchten, um ihrer Unzufriedenheit Ausdruck zu verleihen.

Aus der Perspektive von 500 Jahren Revolutionsgeschichte verliert der Zusammenbruch der osteuropäischen Regime etwas von der großen Bedeutung, die er aus der Nähe betrachtet zu haben scheint. Dieses halbe Jahrtausend hat Europa zahlreiche Zusammenbrüche und Umstürze gebracht. Allein Osteuropa erlebte den Zerfall der großen polnisch-litauischen, mongolischen und osmanischen Reiche, gar nicht zu reden von den zeitweilig weit über ihre gegenwärtigen Grenzen hinausreichenden Gebieten Schwedens, Ungarns und Rußlands. Dennoch hat Eisenstadt vollkommen recht, wenn er es ablehnt, nach Ähnlichkeiten zwischen den Ereignissen des Jahres 1989 und den großen Revolutionen in England, Frankreich oder sogar in Rußland zu suchen, denn die sozialen Verhältnisse, die Staaten und das internationale System haben sich viel zu sehr verändert, um eine bloße Wiederholung früherer Abläufe zu sein. Was die in diesem Buch behandelten historischen Ereignisse uns auch lehren mögen, diese Einsicht ist fast eine Selbstverständlichkeit.

Sind nun die Ereignisse von 1989 in Osteuropa nach den in diesem Buch genannten Kriterien Revolutionen gewesen? Welche vier Antworten es hier gibt, sollte inzwischen klar sein. Erstens, die Frage ist nicht so bedeutsam, wie es zunächst scheinen mag, denn in jedem betroffenen Land hatten die Ereignisse der Jahre 1989–1992 offenbar etwas Revolutionäres an sich. Zweitens müssen wir unbedingt zwischen revolutionären Situationen und revolutionären Ergebnissen unterscheiden. Wenn wir das nicht tun, werden uns die Veränderungen in Osteuropa nur verwirren. Drittens, fast überall in Osteuropa waren die *Ergebnisse* der Ereignisse von 1989 entschieden revolutionär, denn fast überall haben neue Regierungskoalitionen die Macht übernommen. Im Grunde geht es um das Ausmaß der revolutionären Situationen. Viertens, einige dieser Ereignisse waren Revolutionen, einige waren es nicht. Wenn wir danach fragen, wo es in den einzelnen osteuropäischen Staaten zu einem erzwungenen Machtwechsel gekommen ist, in dessen Verlauf mindestens zwei geschlossene Gruppierungen miteinander unvereinbare Ansprüche auf die Macht im Staat gestellt haben und jeweils ein wesentlicher Teil der Bevölkerung dieses Staates die Forderungen eines dieser Blöcke unterstützt hat, dann sieht die Antwort etwa so aus:

Land	revolutionäre Situation	revolutionäres Ergebnis	Revolution
Albanien	Am Rande	Ja	Am Rande
Bulgarien	Am Rande	Am Rande	Am Rande
Tschechoslowakei	Ja	Ja	Ja
Ostdeutschland	Ja	Ja	Ja
Ungarn	Ja	Ungewiß	Ungewiß
Polen	Am Rande	Ja	Am Rande
Rumänien	Ja	Zweifelhaft	Zweifelhaft
Sowjetunion	Ja	Ja	Ja
Jugoslawien	Ja	Ja	Ja

Diese Zuordnungen werfen größere Probleme auf, als man glauben sollte. Für Bulgarien beantworten wir zum Beispiel alle drei Fragen mit «am Rande», weil das Land eine revolutionäre Situation bei den Hungerstreiks im Mai 1989 und bei dem Massenexodus der Moslems von Mai bis August jenes Jahres am nächsten gekommen ist; einem revolutionären Ergebnis kam die Bildung anerkannter Oppositionsgruppen am nächsten; außerdem ist es bei Konfrontationen zwischen Truppen und Demonstranten fast zu bewaffneten Auseinandersetzungen gekommen. Alle diese Ereignisse haben das Land an den Rand einer Revolution geführt. Darüber hinaus haben Jugoslawien, Ungarn und Ostdeutschland ganz verschiedene Ergebnisse revolutionärer Entwicklung erlebt. Jugoslawien zerfiel trotz des Widerstandes der Serben in einzelne Republiken mit jeweils ethnisch gemischter Bevölkerung. In Ungarn folgte auf die Ablösung des alten Herrschaftssystems ein neues, aber durchaus nicht gefestigtes. Ostdeutschland ging unvollkommen in seinem reichen, mächtigen Nachbarn, der Bundesrepublik Deutschland auf. Alle diese Veränderungen vollzogen sich irgendwo im revolutionären Bereich, aber keineswegs überall an der gleichen Stelle dieses Bereichs. Zudem hatten Beobachter und Teilnehmer den Eindruck, daß diese Ereignisse nicht alle in gleichem Ausmaß revolutionär waren.

Die Sowjetunion war nicht der einzige europäische Staat, der in den 1990er Jahren auseinanderbrach. Jugoslawien, das nach dem Ersten Weltkrieg aus Resten des Osmanischen und Österreichisch-Ungarischen Reiches in der bewußten Absicht zusammengekittet worden war, dem serbischen Expansionismus Einhalt zu gebieten, erlebte es nun, daß sich die vorwiegend nichtserbischen Gebietsteile einer nach dem anderen selbständig machten. Die Ironie dieses Vorgangs liegt darin, daß bei der Abtrennung einer jeden nichtserbischen Republik der Rest noch stärker durch die serbische Vorherrschaft bedroht wurde. Nachdem Slowenien und Kroatien ihre Selbständigkeit in Kämpfen gegen die vorwiegend serbischen Truppen der jugoslawischen Armee und serbische Freischärler errungen hatten, die dann von den westeuropäischen Staaten und den Vereinten Nationen anerkannt wurde, bemühten sich auch Bosnien und die Herzegowina um ihre internationale Anerkennung, während militante Serben und Kroaten in diesem kleinen, nach Unabhängigkeit strebenden Land Teilgebiete für sich in Anspruch nahmen. Die Ereignisse in Jugoslawien und die Aufspaltung der Tschechoslowakei bewiesen, daß nationale Revolutionen in Europa immer noch möglich waren.

Die einst mächtige Sowjetunion zerfiel in ein geschwächtes, aber vielleicht noch lebensfähiges Rußland und vierzehn Republiken. Drei dieser Republiken, Lettland, Litauen und Estland, flüchteten sich bald darauf in die Arme ihrer nordeuropäischen Nachbarn, während es bei den übrigen durchaus noch nicht feststand, ob sie als selbständige Staaten würden überleben können. Deshalb zögerten einige von ihnen zunächst, die Union zu verlassen. So standen die ehemaligen Teilgebiete der Sowjetunion 1992 vor schwierigen, eng miteinander verknüpften Problemen: Wie sollten sie den lautstarken Forderungen ihrer ethnischen Minderheiten (darunter oft starke russische Minoritäten) begegnen, wenn sie ihre Autonomie bewahren wollten? Wie sollten sie ihre nun zerstörte kommunistische Wirtschaft umgestalten, die bisher fast ausschließlich auf die russischen Märkte angewiesen war? Wie konnten geschlossene Gebiete wie Georgien, Tadschikistan, Usbekistan und Aserbaidschan angesichts hochgerüsteter, raubgieriger Nachbarn überleben?

Eine vergleichende Untersuchung der revolutionären Situationen in Europa bietet uns keine klaren Antworten auf diese Fragen nach der Zukunft, aber sie stellt sie in ihren historischen Zusammenhang. Sie zeigt uns, daß es in den vergangenen zwei Jahrhunderten überall solche nationalen Revolutionen gegeben hat. Wir sehen, daß es in jedem Fall einen Bezug zur Konsolidierung der Staaten gegeben hat, wie sie Europa nach 1750 so häufig erlebte. Dabei erkennen wir, daß die Methoden, mit denen die neuen Staaten ihre militärische Kapazität mehr oder weniger erfolgreich auszubauen suchten, die revolutionären Entwicklungen ebenso stark beeinflußt haben wie ihre Versuche, wirtschaftliche Probleme zu lösen. Dabei stellen wir fest, daß die Gründung so vieler neuer souveräner Staaten in Osteuropa der allgemeinen Tendenz zuwiderläuft, zu größeren internationalen Zusammenschlüssen zu kommen, Kapital und Souveränität voneinander zu trennen und die Internationalisierung der Wirtschaft in Westeuropa und anderswo voranzubringen.

Gibt es bestimmte Regeln für den Verlauf von Revolutionen?

Können wir aus der fünfhundertjährigen Geschichte der Revolutionen, die wir hier untersucht haben, allgemeingültige Lehren über die Voraussetzungen von Revolutionen ziehen? Nicht viele: Die Geschichte revolutionärer Vorgänge eines halben Jahrtausends sagt uns viel über die Mechanismen politischer Veränderungen, erlaubt uns aber nicht, von Standardvoraussetzungen zu sprechen, die bei jedem mit Gewalt erzwungenen politischen Machtwechsel gegeben sein müssen. Statt dessen haben wir sehen können, daß es in der Zeit von 1492 bis 1992 ganz unterschiedliche und sich wandelnde Voraussetzungen für das Entstehen von Revolutionen gegeben hat. Auf einer sehr abstrakten Ebene dürfen wir allerdings gewisse Verallgemeinerungen hinsichtlich revolutionärer Situationen und revolutionärer Ergebnisse riskieren.

Nach den von mir aufgestellten Zeittafeln ist es am häufigsten zu revolutionären Situationen gekommen, wenn eine oder mehrere der drei folgenden Voraussetzungen gegeben waren: Erstens wenn die Widersprüche zwischen dem, was die Staaten von ihren am besten organisierten Bürgern verlangten, und dem, was sie gegenüber diesen Bürgern durchsetzen konnten, sich verschärften und deutlicher sichtbar wurden; zweitens wenn die Forderungen des Staates an seine Bürger deren kollektive Identität bedrohten oder die mit diesen Identitäten verbundenen Rechte verletzten, und drittens wenn die Machtstellung der Regierenden angesichts der Herausforderung durch mächtige Konkurrenten nachdrücklich geschwächt wurde.

Eine revolutionäre Situation, in der die beiden ersten Voraussetzungen gegeben waren, entstand zum Beispiel 1536 in Nordengland, als Heinrich VIII. die Klöster auflöste, ihren Besitz beschlagnahmte und die einzelnen Gemeinden in die neue Staatskirche eingliederte, was zu einer großen katholischen Rebellion führte, der sogenannten *Pilgrimage of Grace*. Die dritte Voraussetzung war 1989 in Osteuropa gegeben, als die Machtstellung der Regierungen weithin sichtbar erschüttert wurde. Das gleiche geschah aber auch bei den wiederholten Erbfolgestreitigkeiten im 16. und 17. Jahrhundert, wenn das Auftreten eines zu jungen oder offensichtlich unfähigen Thronerben rivalisierende Fürstenhäuser veranlaßte, die Regierungsgewalt für sich zu reklamieren.

Wann haben revolutionäre Situationen zu revolutionären Ergebnissen geführt? Das geschah besonders im dritten Fall, wenn sich das Durchsetzungsvermögen einer Regierung gravierend verringert hatte. Ein Beispiel war die erfolgreiche Rebellion von 1640 in Portugal, als die Regierung in Kastilien durch Aufstände in Katalonien und den Krieg mit Frankreich geschwächt wurde. Zwar gelang es Kastilien, sich wieder die Herrschaft in Katalonien zu sichern, aber Portugal blieb (gestärkt durch die Einkünfte aus seinen Kolonien und die Unterstützung Englands) von dieser Zeit an unabhängig. Die Fähigkeit einer Regierung, ihren Willen mit Gewalt durchzusetzen, kann aber auch durch einen verlorenen Krieg, die Befehlsverweigerung der Streitkräfte oder den Zusammenbruch der Finanzen drastisch beeinträchtigt werden.

Unter welchen Umständen ist es zu Revolutionen gekommen? Ganz allgemein dann, wenn es um fundamentale Spaltungen innerhalb des Gemeinwesens und deren Überwindung ging, eine größere Zahl von Bürgern sich für eine von mehreren Alternativen entscheiden mußte und dabei die Interessen verschiedener Parteien gefährdet wurden. Welche Richtung die revolutionären Vorgänge einschlugen, hing jedoch davon ab, über welche Machtmittel der Staat in der jeweiligen Lage verfügte, welche Auffassungen von der Mehrheit der Bevölkerung vertreten wurden, ob es außerhalb der staatlichen auch noch andere politische Organisationen gab und wie weit die internationale Gemeinschaft den Verlauf der Ereignisse beeinflussen konnte. Wie wir gesehen haben, wurde der ungarische Primas, Kardinal Tamas Bakocz, 1514 vom Papst beauftragt, einen Kreuzzug gegen die vordringenden Türken zu organisieren. Als sich der Hochadel nicht daran beteiligte, wohl aber viele Bauern, unterstellte der Kardinal die Streitkräfte dem Berufssoldaten Gyorgy Dozsa. Als das Kreuzfahrerheer weder materiell noch finanziell unterstützt wurde, rückte Dozsa mit seinen Bauern gegen den Adel vor, und in dem nun folgenden Bauernaufstand verweigerten ganze Regionen dem Adel die Gefolgschaft. Daß die zum großen Teil unbewaffneten Bauern von den kriegerischen Adeligen besiegt und anschließend noch brutaler unterdrückt wurden als vorher, nimmt ihrem Verhalten nichts von seinem revolutionären Charakter.

Solche Rebellionen der unteren Bevölkerungsschichten stellten einen völlig anderen Weg zur Spaltung eines Gemeinwesens und seiner gewaltsamen Überwindung dar als der gescheiterte, blutig niedergeschlagene Aufstand der konspirativen *United Irishmen* von 1798, der sich wiederum von der gewaltsamen, revolutionären Besetzung russischer Stahlwerke durch die Arbeiter im Frühjahr 1917 unterschied. Doch in allen drei Fällen hatte sich eine in sich geschlossene Gruppe den Maßnahmen der Regierung widersetzt, mit Gewalt ein Gebiet oder Einrichtungen innerhalb des staatlichen Zuständigkeitsbereichs in Besitz genommen, die Übernahme der Regierungsgewalt durch eine alternative Koalition verlangt (gleichviel ob temporär, partiell oder lokal), und schließlich kam es in jedem Fall zu einem Kampf gegen die bisherigen Machthaber um den Erhalt der alternativen Machtbasis.

Was hat, zuletzt, den Charakter und das Ausmaß der Veränderungen im Leben der Bürger als Folge der revolutionären Ereignisse bestimmt? Das waren vor allem drei Faktoren, nämlich erstens die sozialen Unterschiede zwischen denen, die vor Beginn der Revolution an der Macht waren, und denen, die diese Macht am Ende der Revolution übernommen hatten. Je größer diese Unterschiede waren, desto größer waren auch die Veränderungen im täglichen Leben. Die Ausschaltung des Adels und der Geistlichkeit in der Französischen Revolution von 1789 bis 1799 hatte viel weitreichendere Konsequenzen als die relativ geringen Veränderungen in der personellen Zusammensetzung der Regierung nach der Julirevolution von 1830. Zweitens hing das Ausmaß der Veränderungen von der Tiefe der inneren Spaltung ab, die während der Revolution entstand. Eine vollständige innere Aufspaltung des Gemeinwesens brachte gewöhnlich die größten Veränderungen im täglichen Leben mit sich. Obwohl zum Beispiel die Monarchie nach dem Fronde-Aufstand von 1648–1653 wieder an die Macht kam, haben die während dieser Zeit entstandenen tiefen Spaltungen das Leben in Frankreich auch danach noch nachhaltig beeinflußt, denn die Verlierer büßten viel von ihrer Selbständigkeit und ihrem Einfluß ein. Insbesondere die politischen Institutionen, die sich im Lauf von Revolutionen herausbildeten, haben langfristige Auswirkungen gehabt. Nach der Englischen Revolution von 1640 hat das Parlament, ungeachtet der Diktatur von Cromwell und der Restauration der Monarchie im Jahr 1660, seine zentrale Position behauptet und eine entschieden stärkere Stellung gegenüber dem Souverän eingenommen, als dies unter den Tudors oder Stuarts der Fall gewesen war.

Wir dürfen nicht vergessen, wie sehr sich die Regeln der Revolution im Lauf der Zeit geändert haben. Die von uns analysierten historischen Abläufe zeigen, daß sich die Voraussetzungen und Konsequenzen der revolutionären Situationen (tiefgreifende Konflikte hinsichtlich der Verteilung der politischen Macht) und revolutionärer Ergebnisse (konkret vollzogene Machtwechsel) zum Teil unabhängig voneinander verändert haben. Es hat Zeiten und Gebiete gegeben, in denen relativ häufige revolutionäre Situationen nur selten zu revolutionären Ergebnissen führten, und andererseits ist es dort verhältnismäßig oft zu wesentlichen Machtverschiebungen gekommen (ohne daß diese unbedingt von Revolutionen ausgelöst werden mußten), wo sich nur selten revolutionäre Situationen ergaben. Im 17. Jahrhundert sind in Europa zum Beispiel wiederholt revolutionäre Situationen entstanden, aber fast jedesmal gelang es den bisherigen Machthabern, nach einer blutigen Periode multipler Souveränität ihre Herrschaft wiederherzustellen. Die Erfolge der holländischen und portugiesischen Rebellen im 17. Jahrhundert waren bemerkenswerte Ausnahmen in einer Zeit der gescheiterten Revolutionen.

Der französische Fronde-Aufstand und die Rebellion in Katalonien in den 1640er Jahren sind gute Fallbeispiele. Zur Zeit der Fronde haben Koalitionen bestimmter Volksgruppen in Bordeaux und anderen Städten die Macht ergriffen und zahlreiche Neuerungen eingeführt, aber schließlich legten die Mutter Ludwigs XIV., Anna von Österreich, ihr Minister Mazarin und die Angehörigen des Hochadels, die von der Krone abgefallen waren, ihre Differenzen bei und beraubten die verbleibende Opposition jeder Möglichkeit, sich auf die Dauer zu behaupten. In Katalonien gelang es den regionalen Machthabern mit französischer Hilfe, sich die Souveränität für ein Dutzend Jahre zu sichern, aber schließlich konnte die Vorherrschaft Kastiliens um den Preis der Abtretung von Roussillon und Cerdagne an Frankreich und eines Verzichts auf gewisse provinzielle Privilegien wieder etabliert werden. Sogar in Portugal, das sich seine Unabhängigkeit auf die Dauer sichern konnte, glich die Revolution von 1640 sehr stark einem normalen Erbfolgestreit zwischen rivalisierenden adeligen Thronanwärtern.

Weniger häufig ist es vorgekommen, daß ohne eine vorangegangene revolutionäre Situation revolutionäre Ergebnisse erzielt wurden. Weitreichende Verlagerungen der politischen Macht sind zwar ebenfalls ohne revolutionäre Situationen erfolgt, aber entweder vollzogen sie sich während Jahrzehnte dauernder sozialer Veränderungen und Kämpfe (wie etwa beim Aufstieg der britischen Kapitalisten zu einem politischen Machtfaktor), oder sie ereigneten sich mehr auf regionaler als auf nationaler Ebene, weil die Staatsführung zur gleichen Zeit mit anderen kräftezehrenden Auseinandersetzungen beschäftigt war (beispielsweise als portugiesische Bauern und Handwerker in den 1970er Jahren landwirtschaftlich genutzten Grund und Boden in Besitz nahmen, während militärische und zivile Interessengruppen um die Macht im Staat kämpften). Weil sie nicht schnell genug erfolgten und/oder nicht jeweils das ganze Land erfaßten, darf man solche Machtwechsel nicht als revolutionär bezeichnen.

Dennoch haben fünf nichtrevolutionäre Situationen gelegentlich zu revolutionären Ergebnissen geführt: (1) Die Eroberung eines bestehenden Staates durch einen ganz anderen Staat, als zum Beispiel die Mongolen das Fürstentum Moskau überrannten; (2) die Vereinbarungen zur Beilegung eines allgemeinen Krieges, wie sie etwa 1815 auf dem Wiener Kongreß mit dem Ergebnis getroffen wurden, daß die Monarchie der Bourbonen und der Adel in Frankreich wieder in ihre alten Rechte eingesetzt wurden; (3) das Eingreifen fremder Mächte in die Innenpolitik einer Nation, wie dies 1919 in Bulgarien geschah, als Alexander Stamboliski und seine Agrarische Nationale Union durch Wahlen an die Macht kamen, die unter dem Schutz der siegreichen Verbündeten des Ersten Weltkriegs stattfanden, um sich dann gegen die mächtigen Grundherren zu wenden; (4) die überraschende, bewußte und gründliche Neuordnung der politischen Machtverhältnisse durch einen führenden Staatsmann, was geschah, als Mustapha Kemal Pascha in den 1920er Jahren die Türkei säkularisierte und nach westlichem Vorbild modernisierte; (5) wenn eine mächtige Klassenkoalition dem bestehenden Staat ihre Unterstützung entzieht, wie das geschehen ist, als der italienische und deutsche Mittelstand die mehr oder weniger legale «Machtergreifung» durch die Faschisten bzw. die Nationalsozialisten duldete. In allen fünf hier erwähnten Situationen hat die Anwendung von oben nach unten wirkender Gewalt die Übernahme der politischen Macht durch eine neue herrschende Koalition erzwungen. Die Türkei hat sogar eine Kombination aus allen diesen fünf Möglichkeiten erlebt, wenn wir die Zerstückelung des Landes im und nach dem Ersten Weltkrieg sowie die tatkräftige Unterstützung der türkischen Reformen in den 1920er Jahren durch die Sowjetunion miteinbeziehen. In ähnlicher Weise ging die friedliche Revolution von 1919 in Bulgarien unmittelbar aus den Kämpfen hervor, die das Ende des Ersten Weltkriegs auf der Seite der Verlierer ausgelöst hat. Rumänien, das rechtzeitig auf die Seite der Siegermächte überwechselte, hat die Kriegswirren sehr viel besser überstanden. Doch in all diesen Fällen haben Krieg und militärische Stärke eine ganz entscheidende Rolle gespielt.

Die Geschichte zeigt, daß der Einsatz militärischer Kräfte den Übergang von revolutionären Ergebnissen wesentlich beschleunigt hat: Die Herausforderer der amtierenden Machthaber, die nicht stark genug waren, einen Machtwechsel zu erzwingen, haben oft revolutionäre Situationen herbeigeführt, wenn die Machthaber ihre eigenen Kräfte überfordert hatten, aber niemand hat die Macht an sich reißen können, ohne von starken militärischen Kräften unterstützt zu werden. Es ist in Europa oft zu Bauernaufständen gekommen, aber diese Aufständischen haben sich niemals lange halten können, wenn sie sich nicht mit mächtigen Adeligen oder Städten verbündeten, die über eigene Streitkräfte verfügten. Da die Geschichte des Militärs eng mit dem Wandel der allgemeinen staatlichen Strukturen verbunden ist, stehen auch Wahrscheinlichkeit und Charakter der Revolutionen in einem direkten Zusammenhang mit diesen Veränderungen in den europäischen Staaten.

Auch diese Verallgemeinerungen sind vage, angreifbar und ephemer: Sie lassen Ausnahmen zu und sind zu weit von den Realitäten entfernt, die sie repräsentieren sollen; sie sind zeit- und richtungslos, obwohl das Wesen revolutionärer Prozesse in ihren zeitlichen Abläufen und der Richtung, die sie einschlagen, besteht. Die Regelmäßigkeiten liegen nicht in irgendwelchen allgemeingültigen Voraussetzungen für revolutionäre Situationen oder revolutionäre Ergebnisse, sondern in den Mechanismen, die beeinflussen, wie weit die Politik den Erfordernissen in ihrem Bestand gefährdeter Staaten und in sich gespaltener Gemeinwesen entspricht oder nicht entspricht. Die meisten relevanten Mechanismen sind Teil der allgemeinen Prozesse, durch welche sich Staaten verändern, gleichgültig, ob sich die

Staaten dabei revolutionären Verhältnissen nähern oder nicht. Es sind die Mechanismen der Erbfolge, Mechanismen der sozialen Mobilität, Mechanismen der Kooptation, Mechanismen der Kriegführung und Mechanismen der Konfliktlösung. Erinnern wir uns noch einmal an die – *per definitionem* nach wie vor zutreffenden – Grundvoraussetzungen für das Entstehen von revolutionären Situationen und Ergebnissen:

Revolutionäre Situationen

1. Das Auftreten von Einzelpersonen oder Koalitionen, die einander ausschließende Ansprüche auf die Übernahme der Macht im Staat oder Teilen des Staates stellen.
2. Die Unterstützung dieser Ansprüche durch einen wesentlichen Teil der Bevölkerung.
3. Die gegenwärtigen Machthaber sind nicht in der Lage oder nicht bereit, die alternativen Koalitionen und/oder die Unterstützung ihrer Ansprüche durch ihre Anhänger zu unterdrücken.

Revolutionäre Ergebnisse

1. Mitglieder des Gemeinwesens wenden sich gegen das Regime.
2. Die revolutionären Koalitionen verfügen über militärische Streitkräfte.
3. Die Streitkräfte des Regimes werden neutralisiert oder laufen zum Gegner über.
4. Mitglieder der revolutionären Koalitionen übernehmen die Macht im Staatsapparat.

Wir haben immer wieder die Mechanismen der Veränderungen in den Staaten beobachtet, die ebenso die Wahrscheinlichkeit und die Richtung all dieser Voraussetzungen beeinflußt haben wie auch den normalen Ablauf der Politik und den über lange Zeiträume erfolgenden Übergang von revolutionären Situationen, die durch kommunale Gegebenheiten, die Beziehungen zwischen Schutzherren und Schutzbefohlenen sowie Erbfolgestreitigkeiten bestimmt waren, zu revolutionären Situationen, die durch Nationalitätenkonflikte und Differenzen zwischen Klassenkoalitionen verursacht wurden.

Revolutionen in fünf Jahrhunderten

Ein letzter Rückblick: Zur groben Darstellung der revolutionären Rhythmen in dem halben Jahrtausend, mit dessen Geschichte wir uns hier beschäftigt haben, ist auf Tafel 14 für jede größere Region die Zahl der Jahre eingetragen, in denen es jeweils in einem halben Jahrhundert zu mindestens einer revolutionären Situation gekommen ist. Diese Zahlen sind nur eine Zusammenfassung dessen, was wir schon auf unseren anderen Zeittafeln zum Ausdruck bringen wollten. Das heißt, eine «revolutionäre Situation» ist ein Zustand, bei dem ein oder mehrere Gegner des bisherigen Regimes die Macht in wenigstens einer größeren Region oder einem Teilgebiet des Staates für einen Monat oder länger übernommen haben. Über dieses Mindestmaß hinaus sagen die Zahlen nichts über das Ausmaß der Konflikte, die dabei entstandenen Verluste oder die langfristigen Folgen aus. Die irische Revolte von Sir Cahir O'Doherty von 1608 hat in dieser Tabelle den gleichen Stellenwert wie ein ganzes Jahr der Französischen Revolution.

Tafel 14: Anzahl der Jahre, in denen es in den einzelnen Regionen und Perioden im Zeitraum von 1492 bis 1991 zu revolutionären Situationen gekommen ist

Zeitraum	Niederlande	Iberische Halbinsel	Balkan und Ungarn	Britische Inseln	Frankreich	Rußland	Summe
1492–1541	23	9	9	19	0	1	61
1542–1591	26	6	6	28	22	2	90
1592–1641	19	3	12	13	26	22	95
1642–1691	2	27	23	20	25	24	121
1692–1741	1	14	19	3	5	10	52
1742–1791	9	2	3	2	5	12	33
1792–1841	8	36	34	6	10	4	98
1842–1891	0	22	21	0	4	2	49
1892–1941	0	36	16	6	0	7	65
1942–1991	0	2	16	23	2	2	45
Summe	88	157	159	120	99	86	709

Wir dürfen diese groben Zahlenangaben nicht überbewerten. Die Gesamtzahlen ließen sich wesentlich erhöhen, besonders für die frühen Jahrhunderte, wenn wir alle zwischenstaatlichen Kriege berücksichtigen würden, bei denen eine der kriegführenden Mächte auf das Territorium der anderen hoheitliche Ansprüche erhob, so daß der Krieg für diese Macht die Niederschlagung einer Rebellion bedeutete. Vor 1700 haben sich die Unterschiede zwischen internationalen Kriegen, Bürgerkriegen und revolutionären Situationen, wie wir gesehen haben, oft aus folgenden Gründen verwischt: In vielen Gebieten überschnitten sich die Zuständigkeitsbereiche, und sehr oft erhob irgend jemand den Anspruch auf die Souveränität in einem Teilgebiet, in dem eine andere Macht die Souveränitätsrechte ausübte. Die Einbeziehung von Eroberungskriegen, in denen es um solche umstrittenen Gebiete ging, in die revolutionären Situationen würde deren Gesamtzahl auf der Iberischen Halbinsel mehr vergrößern als in den Niederlanden, Frankreich oder Großbritannien, auf dem Balkan mehr als auf der Iberischen Halbinsel und in Rußland sogar mehr als auf dem Balkan. Unter Berücksichtigung dieser wichtigen Einschränkungen verdeutlichen unsere Zahlen einen wesentlichen Teil dessen, was wir hier erklären müssen: große regionale Unterschiede in der Zahl der revolutionären Situationen und Kumulationen revolutionärer Situationen in Phasen wiederholter Herausforderungen der staatlichen Macht. Die Tafel zeigt uns nicht, ob es in diesen Regionen auch zu anderen politischen Konflikten gekommen ist. Frankreich hat zum Beispiel von 1492 bis 1541 keine revolutionären Situationen erlebt. Aber in den 1490er Jahren hat der französische König die Bretagne mit Waffengewalt unterworfen, weil er den Herzog als rebellischen Vasallen ansah. Zur gleichen Zeit haben französische Truppen versucht, für ihren König italienisches Gebiet zu erobern. Anfang des 16. Jahrhunderts ist es auch in einzelnen Städten zu Rebellionen gekommen. So haben die Bürger von Agen 1514 gegen die von der Stadt erhobenen Steuern revoltiert, was zu der bekannten Ausrufung einer Kommune führte, und Lyon wurde 1529 von einem Aufstand erschüttert, als «etwa zweitausend Einwohner, die meisten waren ungelernte Arbeiter, Frauen und junge Burschen, den städtischen Kornspeicher, das nahe gelegene Franziskanerkloster und die Häuser von mehreren reichen Männern, darunter auch das des ersten aus Lyon stammenden Humanisten, des Arztes und ehemaligen Konsuls Symphorien Champier, plünderten» (*Davis* 1975, S. 27–28). Die Häufigkeit der revolutionären Situationen in einer der von uns genannten Regionen entspricht nicht der Gesamtzahl der bewaffneten oder nichtbewaffneten Konflikte, zeigt aber, wieweit eine Herausforderung der jeweiligen Regierung als Alternative zu einer unfreiwilligen Duldung oder zum passiven Widerstand möglich und erfolgversprechend zu sein schien.

Für den Balkan zeigt unsere Tafel die höchste Zahl von Jahren, in denen es zu revolutionären Situationen gekommen ist. Es waren 159 gegenüber 157 Jahren auf der Iberischen Halbinsel. In diesen beiden Regionen sind in fast einem Drittel aller Jahre von 1492 bis 1991 revolutionäre Situationen entstanden. Sogar die Niederlande erlebten durchschnittlich in jedem sechsten Jahr eine Revolution. Aber auf dem Balkan und der Iberischen Halbinsel dauerten die revolutionären Situationen bis in die 1930er Jahre an. In den Niederlanden ist es dagegen kaum noch dazu gekommen, nachdem andere Länder 1648 die unabhängige holländische Republik mit dem Westfälischen Frieden anerkannt hatten.

In diesem ganzen Zeitraum sind die meisten revolutionären Situationen in den Niederlanden aus Konfrontationen zwischen Bürgern, die ihre Freiheit verteidigen wollten, und der Krone oder dem Adel entstanden, die ihre autoritär-monarchischen Machtansprüche durchsetzen wollten. Diese Auseinandersetzungen entsprachen jedoch fast nie der klassischen Form der Revolution als Versuch unterdrückter Klassen, ihre Unterdrücker zu entmachten. Auch hat das Militär, soweit es im 16. und 17. Jahrhundert nicht im Dienst von Dynastien stand, bei den Machtwechseln in der Revolutionsgeschichte der Niederlande keine Rolle gespielt. Bis 1648 gab es dort zahlreiche kommunale, von den Gegensätzen zwischen Schutzherren und Schutzbefohlenen bestimmte und dynastische revolutionäre Situationen, während es später nur noch zu einer Handvoll von klassenbedingten oder nationalen Revolutionen gekommen ist.

Auf der anderen Seite sind auf der Iberischen Halbinsel von 1492 bis in die 1640er Jahre nur selten revolutionäre Situationen entstanden, doch gegen Ende des Dreißigjährigen Krieges wurden sie sehr viel häufiger. Trotz gewisser Schwankungen ist es dort bis ins 20. Jahrhundert verhältnismäßig oft zu revolutionären Situationen gekommen. In dieser Beziehung waren die Verhältnisse auf der Iberischen Halbinsel und dem Balkan sehr ähnlich, sie unterschieden sich aber deutlich von denen in den Niederlanden, in Frankreich und auf den Britischen Inseln (wo die Auseinandersetzungen in und um Irland eine besondere Rolle spielten). In diesen drei Ländern kam es im Verlauf ihrer Entwicklung zu modernen Staaten in etwa jedem vierten Jahr zu revolutionären Situationen. In der Folgezeit wurden sie seltener, obwohl sich die inneren Spannungen gelegentlich verschärften. Der extremste Fall waren die Niederlande, wo es nach 1640 in keinem größeren Gemeinwesen mehr zu inneren Spaltungen gekommen ist. Frankreich muß in dieser Beziehung etwa in der Mitte eingeordnet werden, denn hier hat es im 16. und 17. Jahrhundert Jahre gegeben, in denen sich die revolutionären Ereignisse häuften, aber zu großen Revolutionen ist es dort im 18. und 19. Jahrhundert gekommen. Die zeitlichen Abläufe waren in Großbritannien ganz ähnlich wie in den Niederlanden, gäbe es dort nicht die fortwährenden Auseinandersetzungen zwischen England und Irland, die bis in die Gegenwart andauern.

In Rußland hat sich die Zahl der revolutionären Situationen im 17. Jahrhundert ständig erhöht, und diese Entwicklung hat bis ins 18. Jahrhundert angedauert. Anschließend wurden die akuten Auseinandersetzungen seltener. Das friedliche Bild, das Rußland nach unserer Tafel im 16. Jahrhundert bietet, ist gewiß zum Teil illusorisch, denn das Fürstentum Moskau und seine Nachbarn haben in diesem Jahrhundert fast ununterbrochen Eroberungs- und Verteidigungskriege gegeneinander geführt. Als Iwan der Große und seine Nachfolger das russische Zarenreich schufen, nahm die Zahl der gewaltsamen Aktionen erheblich zu, mit denen sie gegen ihre bis dahin gefügigen Untertanen statt gegen ihre zur Abwehr solcher Angriffe schlecht gerüsteten Nachbarn vorgingen. So führen uns diese Überlegungen genau dorthin, wohin wir gehen wollten: Wir müssen erkennen, daß Veränderungen in den europäischen Staaten und staatlichen Strukturen die Form und Häufigkeit von Revolutionen entscheidend beeinflußt haben.

Ein Aspekt dieser historischen Abläufe ist verwirrend. Erinnern wir uns daran, daß wir die revolutionären Situationen mit der Klassifizierung als kommunal, durch die Konflikte zwischen Schutzherren und Schutzbefohlenen bestimmt, dynastisch usw. so angeordnet haben, daß ihre sozialen Grundlagen in zwei Dimensionen wirksam werden, und zwar im Gegensatz zwischen direkten und indirekten sozialen Beziehungen und im Verhältnis zwischen einem gemeinsamen Territorium und gemeinsamen Interessen. Angesichts des zunehmenden Umfangs der Staaten überrascht es uns nicht festzustellen, daß die indirekten Beziehungen zwischen den aktiv an Revolutionen Beteiligten an Bedeutung gewinnen. Wir hätten aber auch erwarten können, daß die Ausdifferenzierung der staatlichen Strukturen und das zunehmende politische Gewicht von Interessengruppen dazu führen würden, daß die Bedeutung eines gemeinsamen Territoriums als Basis der revolutionären Solidarität abnimmt.

Das Gegenteil ist geschehen. Obwohl kommunale Gruppen wie örtliche Gemeinden religiöser Dissidenten im 16. und 17. Jahrhundert von vielen Staaten verfolgt und in den Widerstand getrieben wurden, sind sie inzwischen von der revolutionären Bühne verschwunden und von anderen abgelöst worden, die aufgrund eines gemeinsamen kulturellen Erbes und der Tatsache, daß sie die Mehrheit der Bevölkerung in einem bestimmten Gebiet stellen, das Recht auf die politische Führung in diesem Gebiet für sich in Anspruch nehmen. Bis 1992 sind es sehr viel häufiger ethnische Gruppen als Klassenkoalitionen oder die Vertreter von Sonderinteressen, die europäischen Regierungen die politische Macht streitig machen.

Warum? Aus den gleichen Umständen, die im 18. und 19. Jahrhundert zu den Veränderungen in den europäischen Staaten geführt haben, erklärt sich auch die Tatsache, daß der Anspruch jeder Nation auf die Unverletzlichkeit ihres Territoriums heute wieder eine so große Rolle spielt. Beginnend mit der Rekrutierung der Soldaten für ihre stehenden Armeen aus der eigenen männlichen Bevölkerung, haben die europäischen Herrscher ihre Territorien und deren Ressourcen fest in den Griff genommen und sich darum bemüht, ihre Bevölkerung zu homogenisieren, zu disziplinieren und in ein direktes Herrschaftssystem einzubinden. Mit der Bereitstellung der militärischen Mittel erwarben sich diese Untertanen das Bürgerrecht und gewisse Ansprüche gegenüber dem Staat. Das wiederum führte zum Entstehen von Interessengruppen, die ihrerseits an der Regierung beteiligt werden wollten und nun automatisch in das politische Kräftespiel einbezogen wurden. Die Grundsätze der zentralisierten territorialen Verwaltung, des direkten Regierungssystems und der Nationalisierung der Kultur schlossen andererseits die Teile der Bevölkerung von der politischen Mitwirkung aus, die sich zu einer anderen als der staatlich geförderten kulturellen Tradition bekannten.

Auf diese Weise entstand eine paradoxe Situation: Die gleichen Umstände, die den Wert der Staatsangehörigkeit erhöhten und sie zugleich von der gemeinsamen Herkunft abhängig machten, verwehrten sie der großen Mehrheit derer, die sie ebenfalls hätten beanspruchen können. Obwohl die Fürsprecher der meisten dieser an den Rand gedrängten «parochialen» Gruppen sich mit ihren Forderungen nach Eigenstaatlichkeit nicht durchsetzen konnten, ist es einigen von ihnen trotz aller Widerstände doch gelungen. Der Zerfall der großen Reiche und die Grenzziehungen am Ende von Kriegen, bei denen das Selbstbestimmungsrecht der Völker ostentative Beachtung fand, verliehen diesen jetzt autonomen Teilgebieten Modellcharakter, besonders für die Intellektuellen und andere, die großen Wert auf ihre bikulturelle Identität legten und selbst ein Leben führen wollten, das nicht durch die neuen nationalen und parochialen Identitäten eingeengt wurde. Diejenigen regionalen Eliten, die sich als Gleichberechtigte den nationalen Eliten anschließen konnten, ergriffen die Gelegenheit und streiften oft ihre parochiale Identität ab, aber diejenigen, die sich auf nationaler Ebene mit untergeordneten Positionen begnügen mußten, wurden zu den fanatischsten Nationalisten.

Trotz der Renaissance eines nach staatlicher Unabhängigkeit strebenden Nationalismus in jüngster Zeit gibt es Anzeichen dafür, daß der Nationalismus auf die Dauer abnehmen wird. Die wichtigste Veränderung in diesem Zusammenhang ist die zunehmende Unfähigkeit der europäischen Staaten, die grenzüberschreitende Mobilität des Kapitals, der Arbeitskräfte, der Waren und Dienstleistungen, des Geldes und der Kultur, die sie vor zweihundert Jahren einzudämmen begannen, noch länger zu kontrollieren. Nach zwei Jahrhunderten, in denen sie die Verwendung der vorhandenen Ressourcen innerhalb der Grenzen ihres Staatsgebiets steuern, diese für sich in Anspruch nehmen und notwendige Reserven bilden konnten, haben die Regierungen in Westeuropa immer größere Schwierigkeiten, die Wanderbewegungen der Arbeitskräfte, den internationalen Drogenhandel und die Ausfuhr von Technologien und Kapital wirksam zu überwachen. Alle diese Aktivitäten werden mit einem erstaunlichen Tempo transnational.

Die Europäische Gemeinschaft verschärft diese Probleme für ihre Mitglieder dadurch, daß sie den freien Austausch von Kapital, Waren und Arbeitskräften fördert, eine gemeinsame Währung einführen will und sich für Grundsätze in der Sozial- und Wohlfahrtspolitik einsetzt, die in allen Mitgliedsländern gelten sollen. Auf die Dauer wird dieser Druck die Autonomie und territoriale Integrität der einzelnen Staaten unterminieren und es jedem Staat außerordentlich erschweren, eine eigene Finanz-, Wohlfahrts- oder Militärpolitik zu führen. Der relative Vorteil, der in der Beherrschung eines Staatsapparats liegt, wird sich damit verringern. Es ist durchaus möglich, daß sich die vielen Aktivitäten, die der Staat zur Zeit der Französischen Revolution und danach auf sich vereinigt hatte, nun der staatlichen Zuständigkeit entziehen werden. So könnte zum Beispiel das Kapital künftig ohne Rücksicht auf staatliche Interessen und allein in der Verantwortung einer freien Wirtschaft zum Einsatz kommen. Wenn das geschieht, wird es kaum noch einen Anlaß geben, den staatlich gelenkten oder staatenbildenden Nationalismus zu unterstützen.

Man kann sich aber auch vorstellen, daß sich als Ergebnis der kulturelle Partikularismus ironischerweise ausweiten wird, denn nun wäre er von der Last befreit, sich gegen die staatliche Autorität wehren und die politische Autonomie anstreben zu müssen. Künftig könnte sich der kulturelle Pluralismus durchaus mit der Übernahme der wirtschaftlichen und politischen Macht durch sehr große Einheiten vereinbaren lassen, die nicht mehr mit den festgefügten staatlichen Strukturen identisch sind, wie wir sie seit zweihundert Jahren kennen. Was einige als das Zeitalter eines neuen revolutionären Nationalismus ansehen, könnte sehr wohl die Vorstufe zu einem Zeitalter seiner endgültigen Überwindung werden.

Anhang

Literaturhinweise

Die nachfolgenden Literaturhinweise verzeichnen nur die im Text genannten Titel. Für eine umfassendere Bibliographie vgl. Charles Tilly: *A Bibliography of European Revolutions, 1492–1992,* Working Paper 149, Center for Studies of Social Change, New School for Social Research, September 1992.

Alefirenko, P. K. (1958): *Krest'ianskoie dvizhenie i krest'ianskii vopros v Rossii v 30–50-x godax XVIII veka.* Moskau: Nauk.

Amann, Peter (1962): ‹Revolution: A Redefinition›, in: *Political Science Quarterly* 77: 36–53.

Arendt, Hannah (1965): *Über die Revolution.* München: Piper.

Aya, Rod (1990): *Rethinking Revolutions and Collective Violence. Studies on Concept, Theory, and Method.* Amsterdam: Het Spinhuis.

Aylmer, G. E. (1986): *Rebellion or Revolution? England 1640–1660.* Oxford: Oxford University Press.

Baechler, Jean (1970): *Les phénomènes révolutionnaires.* Paris: Presses Universitaires de France.

Bairoch, Paul (1976): ‹Europe's Gross National Product: 1800–1975›, in: *Journal of European Economic History* 5: 273–340.

Bercé, Yves-Marie (1974): *Histoire des Croquants. Etude des soulèvements populaires au XVIIe siècle dans le sud-ouest de la France,* 2 Bde. Paris: Droz.

– (1980): *Révoltes et Révolutions dans l'Europe moderne.* Paris: Presses Universitaires de France.

Berend, Iván & György Ránki (1977): *East Central Europe in the 19th and 20th Centuries.* Budapest: Akademiai Kiado.

Blickle, Peter (1977): *Die Revolution von 1525.* München, Wien: Oldenbourg.

– (1978): ‹Communal Reformation and Peasant Piety: The Peasant Reformation and its Late Medieval Origins›, in: *Central European History* 20: 216–28.

– (1988): *Unruhen in der ständischen Gesellschaft, 1300–1800.* Enzyklopädie Deutscher Geschichte, Bd. I. München: Oldenbourg.

Bois, Paul (1981): ‹Aperçu sur les causes des insurrections de l'Ouest à l'époque révolutionnaire›, in: J.-C. Martin (Hg.), *Vendée-Chouannerie,* 121–6. Nantes: Reflets du Passé.

Braddick, Michael (1991): ‹State Formation and Social Change in Early Modern England: A Problem Stated and Approaches Suggested›, in: *Social History* 16: 1–18.

Brady, Thomas A. Jr. (1985): *Turning Swiss. Cities and Empire, 1450–1550.* Cambridge: Cambridge University Press.

Brinton, Crane (1959): *Die Revolution und ihre Gesetze.* Frankfurt a. M.: Nest Verlag.

Broeker, Galen (1970): *Rural Disorder and Police Reform in Ireland, 1812–36.* London: Routledge & Kegan Paul.

Chandler, Tertius & Gerald Fox (1974): *3000 Years of Urban Growth.* New York: Academic Press.

Charlesworth, Andrew (1983): Hg., *An Atlas of Rural Protest in Britain, 1548–1900.* London: Croom Helm.

Chassin, Charles-Louis (1892): *La préparation de la guerre de Vendée,* 3 Bde. Paris: Dupont.

Clark, J. C. D. (1986): *Revolution and Rebellion. State and Society in England in the Seventeenth and Eighteenth Centuries.* Cambridge: Cambridge University Press.

Clark, Samuel D. & J. S. Donnelly (1983): Hgg., *Irish Peasants: Violence and Political Unrest, 1780–1914.* Madison: University of Wisconsin Press.

Clay, C. G. A. (1984): *Economic Expansion and Social Change: England 1500–1700,* 2 Bde. Cambridge: Cambridge University Press.

Comaroff, John (1991): ‹Humanity, Ethnicity, Nationality: Conceptual and Comparative Perspectives on the U.S.S.R.›, in: *Theory and Society 20: 661–88.*

Cornwall, Julian (1977): *Revolt of the Peasantry 1549.* London: Routledge & Kegan Paul.

Cronin, James E. (1991:) *The Politics of State Expansion. War, state and society in twentieth-century Britain.* London: Routledge.

Davis, Natalie Zemon (1975): *Society and Culture in Early Modern France.* Berkeley: University of California Press.

Dawson, Philip (1972): *Provincial Magistrates and Revolutionary Politics in France, 1789–1795.* Cambridge: Harvard University Press.

Dekker, Rudolf (1982): *Holland in beroering. Oproeren in de 17de en 18de eeuw.* Baarn: Amboeken.

Dietz, Frederick C. (1932): *English Public Finance 1558–1641.* New York: Century.

Dunn, John (1974): *Moderne Revolutionen.* Stuttgart: Reclam.

Eisenstadt, S. N. (1992): ‹The Breakdown of Communist Regimes›, in: *Daedalus* 121 (2): 21–42.

Fitzpatrick, David (1985): ‹Review Essay: Unrest in Rural Ireland›, in: *Irish Economic and Social History* 12: 98–105.

Fitzpatrick, Sheila (1982): *The Russian Revolution 1917–1932.* Oxford: Oxford University Press.

Fletcher, Anthony (1968): *Tudor Rebellions.* London: Longman.

Forrest, Alan (1975): *Society and Politics in Revolutionary Bordeaux.* Oxford: Oxford University Press.

Friedrich, Carl J. (1966): Hg., *Revolution.* New York: Atherton.

Furet, François (1989): ‹L'idée démocratique est l'avenir de l'idée socialiste›, (interview) in: *Le Monde de la Révolution Française,* 1:28.

– & Mona Ozouf (1988): *Dictionnaire critique de la Revolution française.* Paris: Flammarion.

Gambrelle, Fabienne & Michel Trebitsch (1989): Hgg., *Révolte et société. Actes du Colloque d'Histoire au Présent, Paris mai 1988,* 2 Bde. Paris: Histoire au Présent.

Goldstone, Jack A. (1986): ‹Introduction: The Comparative and Historical Study of Revolutions›, in: Jack A. Goldstone (Hg.), *Revolutions. Theoretical, Comparative, and Historical Studies,* 1–17. San Diego: Harcourt Brace Jovanovich.

– (1991): *Revolution and Rebellion in the Early Modern World.* Berkeley: University of California Press.

Greenfeld, Liah (1990): ‹The Formation of the Russian National Identity: The Role of Status Insecurity and Ressentiment›, in: *Comparative Studies in Society and History* 32: 549–91.

Greer, Donald (1935): *The Incidence of the Terror during the French Revolution.* Cambridge: Harvard University Press.

Griffiths, Gordon (1960): ‹The Revolutionary Character of the Revolt of the Netherlands›, in: *Comparative Studies in Society and History* 2: 452–72.

Hanson, Paul R. (1989): *Provincial Politics in the French Revolution. Caen and Limoges, 1789–1794.* Baton Rouge: Louisiana State University Press.

't Hart, Marjolein (1989): ‹Cities and Statemaking in the Dutch Republic, 1580–1680›, in: *Theory and Society* 18: 663–88.

– (1990): ‹Public Loans and Lenders in the Seventeenth Century Netherlands›, in: *Economic and Social History in the Netherlands,* Bd. I, 119–40. Amsterdam: Nederlandsch Economisch-Historisch Archief.

– (1991): ‹«The Devil or the Dutch»: Holland's Impact on the Financial Revolution in England, 1643–1694›, in: *Parliaments, Estates and Representation* 11: 39–52.

Heller, Henry (1991): *Iron and Blood. Civil Wars in Sixteenth-Century France.* Montreal: McGill-Queen's University Press.

Hirst, Derek (1986): *Authority and Conflict. England, 1603–1658.* Cambridge: Harvard University Press.

Hobbes, Thomas (1991): *Behemoth oder Das Lange Parlament.* Hg. v.

Herfried Münkler, Frankfurt a. M.: Fischer Taschenbuch Verlag. (Etwa 1668 abgeschlossen, zuerst veröffentlicht 1682.)

Hobsbawm, E. J. (1986): ‹Revolution›, in: Roy Porter & Mikulas Teich (Hgg.), *Revolution in History,* 5–46. Cambridge: Cambridge University Press.

Hood, James N. (1971): ‹Protestant-Catholic Relations and the Roots of the First Popular Counterrevolutionary Movement in France›, in: *Journal of Modern History* 43: 245–75.

– (1979): ‹Revival and Mutation of Old Rivalries in Revolutionary France›, in: *Past and Present* 82: 82–115.

Jessenne, Jean-Pierre (1987): *Pouvoir au village et Révolution. Artois 1760–1848.* Lille: Presses Universitaires de Lille.

van Kalken, Frans (1946): *Histoire de Belgique des origines à nos jours.* Brussels: Office de Publicité.

Kennedy, William (1964): *English Taxation 1640–1799. An Essay on Policy and Opinion.* New York: Augustus Kelley. (Zuerst 1913)

Kimmel, Michael S. (1990): *Revolution. A Sociological Interpretation.* Philadelphia: Temple University Press.

Knecht, R. J. (1989): *The French Wars of Religion 1559–1598.* London: Longman.

Koenker, Diane P. & William G. Rosenberg (1989): *Strikes and Revolution in Russia, 1917.* Princeton: Princeton University Press.

Kossmann, E. H. (1978): *The Low Countries 1780–1940.* Oxford: Clarendon Press.

Laitin, David D., Roger Petersen & John W. Slocum (1992): ‹Language and the State: Russia and the Soviet Union in Comparative Perspective›, in: Alexander J. Motyl (Hg.), *Thinking Theoretically About Soviet Nationalities. History and Comparison in the Study of the USSR,* 129–68. New York: Columbia University Press.

Laqueur, Walter (1968): ‹Revolution›, in: *International Encyclopedia of the Social Sciences* 13: 501–7. New York: Macmillan.

Lebrun, François & Roger Dupuy (1985): Hgg., *Les résistances à la Révolution.* Paris: Imago.

LeDonne, John P. (1991): *Absolutism and Ruling Class. The Formation of the Russian Political Order 1700–1825.* New York: Oxford University Press.

Le Goff, Jacques & Jean-Claude Schmitt (1981): Hgg., *Le Charivari.* Paris: Mouton.

Le Goff, T. J. A. & D. M. G. Sutherland (1984): ‹Religion and Rural Revolt in the French Revolution: An Overview›, in: János M. Bak & Gerhard Benecke (Hgg.), *Religion and Rural Revolt,* 123–46. Manchester: Manchester University Press.

Lenin, V. I. (o. J.): *Ausgewählte Werke in 6 Bänden.* Berlin: Dietz.

Lepetit, Bernard (1988): *Les villes dans la France moderne (1740–1840).* Paris: Albin Michel.

Leroy-Beaulieu, Anatole (1990): *L'Empire des tsars et les Russes,* 3 Bde. Paris: Robert Laffont. (Zuerst 1881–89)

Le Roy Ladurie, Emmanuel & Michel Morineau (1977): *Histoire economique et sociale de la France. Tome I: de 1450 à 1660. Second Volume: Paysannerie et croissance.* Paris: Presses Universitaires de France.

Lesthaeghe, Ron J. (1977): *The Decline of Belgian Fertility, 1800–1970.* Princeton: Princeton University Press.

Levy, Jack S. (1983): *War in the Modern Great Power System, 1495–1975.* Lexington: University Press of Kentucky.

Lewis, Gwynne (1978): *The Second Vendée: The Continuity of Counter-Revolution in the Department of the Gard, 1789–1815.* Oxford: Clarendon Press.

Lewis, Gwynne & Colin Lucas (1983): Hgg., *Beyond the Terror. Essays in French Regional and Social History, 1794–1815.* Cambridge: Cambridge University Press.

Luard, Evan (1987): *War in International Society.* New Haven: Yale University Press.

Lucas, Colin (1973): *The Structure of the Terror: The Example of Javogues and the Loire.* London: Oxford University Press.

Lyons, Martyn (1980): *Révolution et Terreur à Toulouse.* Toulouse: Privat.

MacCulloch, Diarmaid (1979): ‹Kett's Rebellion in Context›, in: *Past and Present* 84: 36–59.

McPhail, Clark (1991): *The Myth of the Madding Crowd.* New York: Aldine De Gruyter.

McPhee, Peter (1988): ‹Les formes d'intervention populaire en Roussillon: L'exemple de Collioure, 1789–1815›, in: Centre d'Histoire Contemporaine du Languedoc Méditerranéen et du Roussillon, *Les pratiques politiques en province à l'époque de la Révolution française,* 235–52. Montpellier: Publications de la Recherche, Université de Montpellier.

Manning, Roger B. (1988): *Village Revolts. Social Protest and Popular Disturbances in England, 1509–1640.* Oxford: Clarendon Press.

Markoff, John (1985): ‹The Social Geography of Rural Revolt at the Beginning of the French Revolution›, in: *American Sociological Review* 50: 761–781.

Martin, Jean-Claude (1987): *La Vendée et la France.* Paris: Le Seuil.

Mironov, B. N. (1985): *Khlebn'ie tsen'i v Rossii za dva stoletiia (XVIII–XIX vv.).* Leningrad: Nauka.

Moody, T. W. & F. X. Martin (1987): Hgg., *The Course of Irish History,* Cork: Mercier Press.

Mousnier, Roland (1967): *Fureurs paysannes: les paysannes dans les révoltes du XVIIe siècle (France, Russie, Chine).* Paris: Calmann-Lévy.

Nahaylo, Bohdan & Victor Swoboda (1990): *Soviet Disunion. A History of the Nationalities' Problem in the USSR.* New York: Free Press.

Nell, Edward (1991): ‹Demand and Capacity in Capitalism and Socialism›, Working Paper 22, Political Economy Program, New School for Social Research.

O'Brien, Conor Cruise (1989): ‹Nationalism and the French Revolution›, in: Geoffrey Best (Hg.), *The Permanent Revolution. The French Revolution and its Legacy, 1789–1989,* 17–48. Chicago: University of Chicago Press. (Zuerst 1988)

O'Brien, Patrick K. (1988): ‹The Political Economy of British Taxation, 1660–1815›, in: *Review* 41: 1–32.

– (1989): ‹The Impact of the Revolutionary and Napoleonic Wars, 1793–1815, on the Long-run Growth of the British Economy›, in: *Economic History Review* 12: 335–95.

Østergard, Uffe (1992): ‹Peasants and Danes: The Danish National Identity and Political Culture›, in: *Comparative Studies in Society and History* 34: 3–27.

Palmer, R. R. (1959, 1964): *The Age of the Democratic Revolution,* 2 Bde. Princeton: Princeton University Press.

Palmer, Stanley H. (1988): *Police and Protest in England and Ireland 1780–1850.* Cambridge: Cambridge University Press.

Popovsky, Linda S. (1990): ‹The Crisis over Tonnage and Poundage in Parliament in 1629›, in: *Past and Present* 126: 44–75.

Prevenier, Walter & Wim Blockmans (1985): *The Burgundian Netherlands.* Antwerpen: Fonds Mercator.

Richardson, R. C. (1977): *The Debate on the English Revolution.* New York: St. Martin's.

Rosenberg, Harriet G. (1988): *A Negotiated World: Three Centuries of Change in a French Alpine Community.* Toronto: University of Toronto Press.

Rowen, Herbert H. (1972): Hg., *The Low Countries in Early Modern Times.* New York: Harper & Row.

Rozman, Gilbert (1976): *Urban Networks in Russia 1750–1800 and Premodern Periodization.* Princeton: Princeton University Press.

Rule, James B. (1989): *Theories of Civil Violence.* Berkeley: University of California Press.

– & Charles Tilly (1972): ‹1830 and the Unnatural History of Revolution›, in: *Journal of Social Issues* 28: 49–76.

Russell, Conrad S. R. (1982): ‹Monarchies, Wars, and Estates in England, France, and Spain, c. 1580–c. 1640›, in: *Legislative Studies Quarterly* 7: 205–20.

– (1990): *The Causes of the English Civil War.* Oxford: Clarendon Press.

– (1991): *The Fall of the British Monarchies 1637–1642.* Oxford: Clarendon Press.

Scott, William (1973): *Terror and Repression in Revolutionary Marseille.* New York: Barnes & Noble.

Shanin, Teodor (1986): *The Roots of Otherness: Russia's Turn of Century,* 2 Bde., New Haven: Yale University Press.

Stone, Lawrence (1972): *The Causes of the English Revolution, 1529–1642.* London: Routledge & Kegan Paul.

Sugar, Peter F. (1990): Hg., *A History of Hungary.* Bloomington: Indiana University Press.

Swanson, Guy E. (1967): *Religion and Regime. A Sociological Account of the Reformation.* Ann Arbor: University of Michigan Press.

Tarrow, Sidney (1989): *Struggle, Politics, and Reform: Collective Action, Social Movements, and Cycles of Protest.* Occasional Paper No. 21, Western Societies Programme. Ithaca: Center for International Studies, Cornell University.

– & Sarah Soule (1991): ‹Acting Collectively, 1847–49: How the Repertoire of Collective Action Changed and Where it Happened›, unpublished paper presented to the Social Science History Association, New Orleans.

Thompson, E. P. (1972): ‹Rough Music: Le Charivari anglais›, in: *Annales; Economies, Sociétés, Civilisations* 27: 285–312.

Tilly, Charles (1982): ‹Britain Creates the Social Movement›, in: James Cronin & Jonathan Schneer (Hgg.), *Social Conflict and the Political Order in Modern Britain,* 21–51. London: Croom Helm.

– (1984): ‹Demographic Origins of the European Proletariat›, in: David Levine (Hg.), *Proletarianization and Family History,* 1–85. Orlando: Academic Press.

– (1986): *The Contentious French.* Cambridge: Harvard University Press.

– (1991a): ‹From Mutiny to Mass Mobilization in Great Britain, 1758–1834›, Working Papier 109. Center for Studies of Social Change, New School for Social Research, March.

– (1991b): ‹Revolution, War, and Other Struggles in Great Britain, 1789–1815›, Working Paper 127. Center for Studies of Social Change, New School for Social Research, September.

Tracy, James D. (1985): *A Financial Revolution in the Habsburg Netherlands. Renten and Renteniers in the County of Holland, 1515–1565.* Berkeley: University of California Press.

Trotzki, Leo (^{2}1923): *Die russische Revolution.* Berlin.

Underdown, David (1985): *Revel, Riot, and Rebellion. Popular Politics and Culture in England 1603–1660.* Oxford: Clarendon Press.

Verdery, Katherine (1991): ‹Theorizing Socialism: A Prologue to the «Transition»›, in: *American Ethnologist* 18: 419–39.

de Vries, Jan (1984): *European Urbanization 1500–1800.* Cambridge: Harvard University Press.

Wallerstein, Immanuel (1986): *Das moderne Weltsystem: Kapitalistische Landwirtschaft und die Entstehung der europäischen Weltwirtschaft im 16. Jahrhundert.* Frankfurt a. M.: Syndikat.

Watkins, Susan Cotts (1990): *From Provinces into Nations.* Princeton: Princeton University Press.

Winter, J. M. (1986): *The Great War and the British People.* Cambridge: Harvard University Press.

Wuthnow, Robert (1989): *Communities of Discourse. Ideology and Social Structure in the Reformation, the Enlightenment, and European Socialism.* Cambridge: Harvard University Press.

Zagorin, Perez (1982): *Rebels and Rulers, 1500–1660,* 2 Bde. Cambridge: Cambridge University Press.

Register